安徽大学长三角一体化发展研究院资助

长三角一体化发展研究丛书

长三角场域中安徽发展策论

ON ANHUI'S DEVELOPMENT STRATEGY IN THE INTEGRATION FIELD OF THE YANGTZE RIVER DELTA

宋　宏◎著

全国百佳图书出版单位

时代出版传媒股份有限公司

安徽人民出版社

图书在版编目（CIP）数据

长三角场域中安徽发展策论 / 宋宏著 . -- 合肥 : 安徽人民出版社 , 2023.11
ISBN 978-7-212-11629-3

Ⅰ . ① 长… Ⅱ . ① 宋… Ⅲ . ① 区域经济发展 — 安徽② 社会发展 — 安徽
Ⅳ . ① F127.54

中国国家版本馆 CIP 数据核字 (2023) 第 164225 号

长三角场域中安徽发展策论

CHANGSANJIAO CHANGYU ZHONG ANHUI FAZHAN CELUN

宋　宏　著

出 版 人：杨迎会	责任编辑：李　芳
责任印制：董　亮	封面设计：润一文化

出版发行：安徽人民出版社 http://www.ahpeople.com

地　　址：合肥市蜀山区翡翠路 1118 号出版传媒广场 8 楼

邮　　编：230071

电　　话：0551-63533258　0551-63533259（传真）

印　　刷：安徽联众印刷有限公司

开本：710 mm × 1010 mm　1/16　　　印张：27.5　　　字数：410 千

版次：2023 年 11 月第 1 版　　　2023 年 11 月第 1 次印刷

ISBN 978‐7‐212‐11629‐3　　　　　　　　定价：58.00 元

以建设强大的区域统一市场为抓手
构建长三角新发展格局

刘志彪

安徽大学长三角一体化发展研究院谋划出版长三角研究的系列论著,研究院负责人胡艳教授热情地邀请我给这套书写个总序。长三角区域经济研究虽然不是我的专业,但是我从2000年左右开始,一直担任教育部人文社科重点研究基地南京大学长三角经济社会发展研究中心的负责人,因此也写过不少以长三角经济发展为研究对象的论著。从2017年开始,因为做国家高端智库的工作十分繁忙,对长三角发展方面的研究才逐步放了下来。但是这些年我一直关注这方面的研究进展,也非常喜欢看有关长三角研究的新成果,因此,当胡艳教授邀请我作序时,我欣然从命。

众所周知,长三角包括上海市、江苏省、浙江省、安徽省全域(面积35.8万平方公里),是我国经济最具活力、开放程度最高、创新能力最强的区域之一,是"一带一路"和长江经济带的重要交汇点,在国家现代化建设大局、高质量发展以及全方位开放格局中具有举足轻重的战略地位。2005年,安徽开始参与长三角区域一体化合作。2014年,安徽正式成为长三角一员。进入新时代,习近平总书记对推动长三角一体化发展作出一系列重要指示。2018年,长三角一体化发展上升为国家战略。党的二十大报告提出推进京津冀协同发展、长江经济带发展、长三角一体化发展,推动黄河流域生态保护和高质量发展。显然,长三角一体化已经成为完善中国改革开放空间布局的重大战略安排。

2020年4月,习近平总书记提出要建立以国内大循环为主体、国内国际双循环相互促进的新发展格局。同年8月,在合肥主持召开的扎实推进长三角一体化发展座谈会上,习近平总书记强调,面对严峻复杂的形势,长三角应率先形成新发展格局;10月,党的十九届五中全会对构建新发展格局作出了全面部署。作为党中央把握未来发展主动权的战略性布局和先手棋,率先形成新发展格局是长三角区域在新发展阶段必须着力推动完成的重大历史任务,也是长三角一市三省贯彻新发展理念的战略行动和重大举措。因此,趁着为本丛书写序言的机会,我试图讨论一下率先形成新发展格局与长三角高质量一体化国家战略之间的逻辑关系,总结一下长三角区域在率先形成新发展格局中制度创新的实践经验,并提出长三角加快形成新发展格局的行动方向和改革举措。

与珠三角地区一样,长三角区域既是上一轮我国参与经济全球化的主要代表者,更是这场由跨国公司发起的经济全球化浪潮的红利获得者。总的来看,这个时期长三角区域的发展格局,是典型的由国际大循环主导的双循环,具有"两个市场、两种资源、出口导向、大进大出"的特征,是一种出口导向型的经济全球化,其增长利用的是西方国家的市场,也可以称之为一种"客场全球化"模式。现在党中央要求加快形成的新发展格局,就是要从确立高水平自立自强出发,把国际循环为主的双循环,转型为国内循环为主的双循环。要从利用西方国家市场为主转变为利用自己的市场为主,利用自己的庞大内需市场,向内和向外集聚生产要素和资源,从而发展自主创新经济。显然这是"基于内需的经济全球化",也可以称之为一种"主场全球化"模式。

　　这里，发展格局转换的关键问题是利用谁的市场。由此决定了形成长三角区域性的统一大市场，是畅通该区域经济循环的基础和前提。这一判断并不难以理解。因为，过去在经济转轨过程中，因国内市场分割和国内市场规模狭窄，我们难以规模化地利用国内市场来实现持续有效的经济增长，企业是在国际市场的导向下，把国内作为加工制造的平台，以此实现国内外经济循环。这个时期，国内市场的分割，反而刺激了企业寻求出口的努力，成为激励出口的动力机制来源。显然，国内统一市场并非实现出口导向战略的充分必要条件。但是在新发展阶段，当我们想转向新发展格局时，如果没有形成强大的国内统一市场，如果市场仍然是处于分割状态的，那么国内市场将无法成为支持企业成长和经济发展的主要力量，这个市场也无法作为虹吸全球资源的手段和工具，无法用内需拉动全球经济，无法用内需链接国内经济与全球经济。

　　因此从这个意义上我们说，长三角区域高质量一体化国家发展战略，首先就要想办法打破市场分割格局，让企业能够在更大范围内进行充分的竞争，先形成强大的区域统一市场，以促进加快率先形成新发展格局。这个国家战略不仅要加速推进区域市场一体化，更要以市场一体化为基础，加速推动整个社会经济运行的一体化。市场一体化，是就市场的非制度分割特性而言的，它的本意是国内各区域市场之间形成日益紧密的联系和协调，相互影响、相互促进，逐步让价格体系统一调节商品和要素的配置。市场一体化之所以要成为整个区域社会经济运行一体化的基础，是由我国经济体制改革的目标决定的。众所周知的是，我国社会主义市场经济体制改革的目标，是要让市场在资源配置中起决定性作用，同时更好地发挥政府作用。只有以市场取向的改革为基础推进其他领域的改革和发展，才能真正实现竞争性领域资源的有效配置，同时也才能更加准确地界定政府的作用领域，发挥政府对市场的调控作用以及在非竞争性的公共领域中的功能。

　　由此，长三角高质量一体化发展国家战略，通过突出"高质量""一体化"

两个关键词，逐步形成强大的区域统一市场，成为长三角区域率先形成新发展格局的最重要的推进器。

第一，构建强大的区域统一市场，有利于在新的经济全球化态势下把握发展的主动权。现在，中国实施"客场全球化"的环境和条件已经发生重大变化，发达国家"内顾化"倾向明显，其国内支持经济全球化的政治经济资源在减少，全球产业链不断收缩，长三角难以继续维持过去的出口导向型全球化战略。随着中国经济实力不断增强，中国的内需市场不仅可以支撑中国经济增长，而且可以在一定程度上带动世界经济增长。

第二，构建强大的区域统一市场，有利于促进国内外经济的良性循环。"双循环"新发展格局，关键是生产要素、资源和商品要能够正常循环起来，而且要以国内循环来带动促进国际循环。就如人体健康要调理好阴阳气血、打通任督二脉一样，经济活动也需要打通在产业链上的各个环节、片段，需要企业实现无缝链接，正常循环。如果链接或循环过程中出现堵点、断点，微观上企业就要停产、限产甚至破产，宏观上就会出现增速下降、失业增加、风险积累、国际收支失衡等严重问题。现阶段畅通经济循环，最重要的是要保证产业链的安全性、稳定性和有效性，消除关键技术、原材料等的瓶颈，增强供给体系的韧性。显然，健全的区域统一大市场，尤其是不断发展的要素市场，将在其中发挥极其重要的载体功能。

第三，构建强大的区域统一市场，有利于实现经济体系高水平的自立自强。新一轮科技革命和产业变革加速演变，凸显了加快提高我国科技创新能力的紧迫性。随着西方国家不断加大对我国的科技封锁，以及对关键产业的"卡脖子"行动，建设高水平的自立自强的产业体系迫在眉睫。习近平总书记要求上海和长三角区域不仅要提供优质产品，更要提供高水平科技供给，支撑全国高质量发展。如果长三角可以立足于区域强大的统一市场，把区域内大循环畅通起来，就能够造就高技术产业的金刚之身，在各种压力下增强自己的生存力、竞争力、发展力和持续力。区域统一大市场可以激发技术创新的动机、降低技术创新的成本、集聚技术创新人才，尤其是来自需求端消费者不断的挑剔行为，可以激励竞争性企业形成持续性的技术创新动力。为此，长三角区域要发挥人才富集、科技水平高、制造业发达、产业链比较完备和市场潜力大等诸多优势，积极探索形成新发展格局的路径。

第四，构建强大的区域统一市场，有利于推动高水平对外开放。长三角一直是我国改革开放的前沿地区。对标国际一流标准改善营商环境，以开放、服务、创新、高效的发展环境吸引海内外人才和企业安家落户，成为联通国际市场和国内市场的重要桥梁，这些方面一直是长三角努力实现的目标。强大的区域统一市场，将是长三角确立链接国内外经济运行的"枢纽"地位的关键。我们不仅可以据此向内集聚资源，形成对全球要素资源的强大吸引力，发展我国创新经济，也可以据此向外集聚资源，使企业依托于国内市场走出去，增强其在全球配置资源的能力。强大国内统一市场这种双向集聚资源的双重作用，显然强化了国内大循环在双循环中的主导作用，塑造国家参与全球合作和竞争的新优势。

正如习近平总书记指出的那样，"当今世界，最稀缺的资源是市场。市场资源是我国的巨大优势，必须充分利用和发挥这个优势，不断巩固和增强这个优势，形成构建新发展格局的雄厚支撑"。长三角区域高质量一体化国家战略，将通过市场一体化和扩大内需的有效制度创新，为国家建设超大规模的国内统一大市场探路，为率先形成新发展格局作出示范。

既然大力推进市场一体化发展和形成强大的区域统一市场，是长三角率先形成新发展格局的最重要的推进器，也是长三角高质量一体化发展国家战略的首要的任务、使命和目标，那么在这些年的实践中，长三角区域在"高质量""一体化"的制度创新实践中，有哪些值得总结和分析的经验和教训呢？显然回答这个问题，不仅有利于长三角区域下一步更加坚决彻底地把国家战略落实落地落细，而且对于寻求可复制、可推广的区域一体化发展经验，促进全国加快形成新发展格局也有重要的现实意义。

自 2019 年 12 月中共中央、国务院印发《长江三角洲区域一体化发展规划纲要》以来，长三角地区贯彻落实落地该规划纲要的主要的、具体的体现，就是在 2021 年度长三角地区主要领导座谈会上审议发布的《长三角地区一体化发展三年行动计划（2021—2023 年）》。全面细致地评估这个国家战略实施中制度创新的经验及教训，显然不是本文能够完成的，但是并不妨碍我们可以撇开对一些具体做法的论述，而用比较抽象的方法进行分析和总结。

（一）大体上，长三角区域在实施上述国家发展规划纲要时，把制度创新和实施行动的目标，总结为 8 句话、40 个字，即"战略一盘棋、规划一张图、交通一张网、环保一根线、市场一体化、治理一个章、民生一卡通、居民一家亲"。这既统一了各地推进国家战略的思想，也形象地描绘了长三角高质量一体化发展的目标和愿景，给出了发展状态的理想模样。其中，"战略一盘棋"，指的是要从长三角代表国家参与新一轮全球竞争的全局出发，不折不扣地贯彻执行国家关于高质量一体化发展规划纲要的精神；"规划一张图"，指的是要打破行政利益边界，把各地分散制定的寻求本地利益最大化的发展规划进行统筹，整合为国家整体目标导向下的发展规划；"交通一张图"，指的是包括海陆空轨道交通等在内的交通基础设施，要实现无缝对接，断绝各管一段、互不链接的现象；"环保一根线"，指要对长三角各地区实施统一标准的生态环保要求，并进行统一执法；"市场一体化"，是指要破除市场分割和行政藩篱现象，让竞争性价格机制主导资源配置；"治理一个章"，是指在社会治理方面对区域内公共资源进行统一协调配置；"民生一卡通"，是指对交通、医疗、养老服务等方面的百姓生活，实行一卡通管理；"居民一家亲"，则是指一市三省民间互动交流频繁，没有各种来自社会、行政、经济、文化等方面的障碍。

（二）根据高质量一体化战略实施中所涉及的直接对象，对上述 8 句话、40 个字的一体化发展的愿景，分为三类来分别实施。其中，第一类是涉及政府基本的公共职能的愿景，主要指"战略一盘棋、规划一张图、交通一张网、环保一根线、治理一个章";第二类是涉及营利性企业的活动,主要指"市场一体化";第三类是涉及居民利益的活动,如"民生一卡通、居民一家亲"。在推进一体化发展中,这一分类具有十分重要的操作意义和实践价值。第一类一体化行动,因为涉及公共利益,而且基础设施具有不可分割性特征,因此在讲政治纪律的政府机构之间开展合作,是完全可行的,也是比较容易实现的。这种合作经常要求地方政府能够让渡一部分行政权力,把协调权力交给某个按照协议成立并运作的机构去执行(如长三角一体化示范区)。第二类一体化行动,涉及政府与市场的边界界定和职能的划分,需要政府层面实施统一的竞争政策,而企业方面只需要在统一的竞争法下,进行自我协调和效率竞争。这类行动需要确立规则主导下企业的主体地位。第三类一体化行动,直接关系到居民的利益。如果可以让绝大多数居民享受直接的利益,则可以立即推进,但是如果损害一部分人的利益,也容易引发很大的社会矛盾,如放开大城市和特大城市户籍管理、实施教育一体化等,需要十分小心。长三角一体化发展中涉及竞争性企业的其他重要事务,如技术创新合作化、产业发展集群化等内容,各地政府并没有把其列入一体化发展的愿景。究其原因,可能是因为这些一体化目标大多属于竞争性领域,是市场主体间的自我协调和自我选择,很难成为地方政府推进一体化的操作目标。

(三)按照先易后难的原则,选择推进一体化的操作次序。操作次序上如果把一些敏感的、难度大的问题首先挑出来实施,容易出现阻力,陷入议而不决状态并遭遇失败。长三角一体化的区际合作,一是先从公共领域开始,本着共建共享、成本分担的原则,消灭"断头路"等,实现了基础设施的互联互通,进行了"联合河长制"等环保领域合作创新,以及在 41 个城市实现 58 项政务服务事项跨省市"一网通办",等等。二是推进竞争性产业部门的一体化。这并不是要求由政府来详细地规划和布局产业,而是要制定竞争性市场的负面清单、减少政府管制,以充分竞争实现市场协同。三是推进科技创新的一体化。沪宁合科技产业创新带、G60 科创走廊的提出和运作,充分利用了江浙皖的科教资源、人力资本和产业基础，更有利于加速实现国家赋予上海要建设有世界影响力的科技创新中心这一目标。但是也应该清醒地看到，科技创新合作是外部性很大的事情，制度设计不容易回避出现"搭便车"的情况，长三角一体化中由政府出面干预研发合作的实际效果，还有待进一步评估。四是民生领域推进一体化的问题。这实质上是均等地区间、城乡间在公共福利上的差距。当民生一体化稀释了大城市本地居民的利益时，可能会遭到本地居民的强烈反对和抵制。因此一体化战略在现阶段，不能从"均贫富"的理念和要求出发陷入盲动，不可能在发展差距很大的地区间搞民生的"一样化"，更不可以是"一起化"。地区间民生发展水平差距的平抑，最终要通过生产率差距的缩小和分配调节逐步来实现，是一个很长的历史进程。

（四）以长三角区域一体化发展示范区建设为样板，启动一市三省高质量一体化发展的战略议程。长三角一体化在起点阶段，就选择由浙江省嘉兴市嘉善县、上海市青浦区、江苏省苏州市吴江区三个地区共同组成了长三角生态绿色一体化发展示范区。示范区总规划面积大约2200平方公里。一体化示范区构建了"机构法定、业界共治、市场运作"的新型跨域治理模式，以共建共享政策和机制联动为保障，以项目合作为抓手，加快建设基础设施和创新载体。如在"规划一张图"方面，针对各地出台的规划标准不统一、空间不协调的普遍性问题，提出了规划建设的指导准则，统一了规划标准和品质。在"生态环保一条线"方面，针对跨省域环评办法各异的矛盾，建立统一标准和统一监测机制，组建跨省生态环境保护综合行政执法队。在"市场一体化"方面，为了畅通生产要素在更大范围内的自由流动，率先开展了"长三角科技创新券"通用通兑试点，出台示范区建设用地机动指标统筹使用操作办法，探索建立土地周转指标机制，解决指标跨区域统筹等问题，率先实现跨省土地资源统筹使用管控。尤其在解决制约区域合作的财税激励机制方面，出台了示范区"增量起步、资本纽带、要素分享、动态调整"的跨域财税分享实施方案，在水乡客厅开发建设、跨区域协同招商、跨区域企业迁移等方面明确了财税分享路径。应该指出的是，长三角区域一体化发展示范区由原来的区际分散竞争全面转向区域竞合，除了有上级部门的强有力协调外，主要是实现了各地行政权的适当让渡，由此保证了新组建的示范区运作机构能够按照合作共赢的原则进行决策和运作管理。

（五）建设强有力的推进一体化发展的领导、组织、执行体系，首先推进省内全域一体化。2008 年，长三角一体化就建立了具有合作决策层、协调层和执行层的"三级运作"机制。2019 年正式上升为国家战略之后，国家又在此基础上建立了长三角一体化发展领导小组，形成了"上下联动、三级运作、统分结合、各负其责"的领导、组织、执行体系。这一体制机制在实现长三角重大基础设施衔接、疫情防控、复工复产、产业链稳定等方面发挥了重要作用。值得肯定的是，当前一市三省政府都在各自的行政区管辖范围内，全力推进以建设现代化为主要目标的全域一体化，在此基础上通过竞相开放，逐步向长三角区域一体化迈进。其实，在当前的转轨经济阶段，每个省一级的内部，也呈现出"行政区经济"的基本格局，长三角一体化发展，首先要解决省内各行政区的合作和一体化发展问题。相对来说，省内推进一体化发展的领导、组织、执行体系相对比较完善，推进合作的手段和办法也要多一些，但是这并不意味着省内区域间的长期合作来得更加容易。

习近平总书记给长三角区域高质量一体化国家战略的任务有三：一是率先形成新发展格局；二是勇当我国科技和产业创新的开路先锋；三是加快打造改革开放新高地。如本文第一部分所述，这三者都需要以推进强大区域统一市场建设作为工作上的抓手。由此凸显了建立健全强大区域统一市场的重大意义和实践价值。在分散竞争、出口导向的经济全球化红利逐步消失的背景下，长三角高质量一体化国家战略正在转向寻求区域合作、基于内需的经济全球化红利。区域一体化的推进是为了形成强大的区域统一市场，从而可以获得由市场协调的规模经济和范围经济，助推新发展格局的形成。

因此问题的关键归结为，如何在长三角一体化中有力、有效地推进区域

统一市场建设。实践证明，在"行政区经济"体系中推进市场一体化，其进程
会遇到各种摩擦和障碍，消除这些摩擦和障碍是有成本的。党中央国务院颁
布的《长江三角洲区域一体化发展规划纲要》为破除这些障碍指出了方向，
落实这个规划的《长三角地区一体化发展三年行动计划（2021—2023 年）》，
则为破除这些障碍提供了近期的解决方案。为深入推进长三角高质量一体化
发展，我在总结过去一段时期实践经验和教训的基础上，提出如下几条制度
创新的建议：

第一，长三角区域间的合作要从具体项目的合作开始做起，避免在范围
广泛的领域中反复进行抽象议论和长时间讨论。欧共体形成初期，采用了当
时法国外交部长舒曼的建议，从煤、钢、原子能合作利用等具体问题开始。从
具体项目的合作入手，其好处是可以立即见效，增加各地区人民的获得感，
从而最大限度地争取到各种支持合作发展的政治力量。长三角应该学习借鉴
欧共体建设的经验，首先在一体化示范区推行"制度创新＋项目化推进"的
双线管理办法，然后逐步把经验向长三角一市三省推广，以深化一体化发展
的进程。以项目合作化来推进一体化，需要有制度创新的支撑，否则在现有
体制机制下，项目合作也会遇到很多难以克服的障碍。如在长三角各地合作
中，经常发现那些各地都可以得到好处的项目是很容易进行的，但是那些一
地暂时受损、另一地受益的项目，实践中就很难推进，如长江、太湖、森林
覆盖等环保项目的合作，如果没有适当的财政补偿制度创新，是无法正常实
施的。

第二，要把企业作为推进区域经济一体化的主体。现在实践的一体化发
展，还是政府这一头很热，企业这一头处于被动应付状态。虽然地方政府之
间的合作，是长三角一体化中有关公共领域合作的非常重要的内容，但是政
府间的合作毕竟不能替代企业间的合作。企业之间的竞争与合作，将会自动
地产生政府做不到的一体化效应。这是经济和市场一体化的微观基础。如长
三角企业之间就投资项目的联合，就可以在增量资本或存量资本的股权联合

的基础上，为区域一体化发展奠定微观基础，如由上海领头、一市三省政府带领企业共同投资参与长三角一体化示范区的建设活动，再如推动长三角民营企业沿"一带一路"走出去，联合起来投资国际产能合作区或开发区，等等，都可以自动地达到经济一体化的目的。把企业作为推进区域经济一体化的主体，要求政策上真正落实法律赋予企业的市场主体地位，尊重企业的自我选择和自我发展权利。

第三，要充分地激励长三角区域内企业的收购兼并活动，这将会产生巨大的一体化效应。过去在分散竞争的格局中，长三角各地为追求 GDP 增量和税收增加，存在着比较普遍的、较为严重的盲目重复投资建设情况。这是长三角区域非一体化发展、市场分割的重要表现。欧共体成立之初，欧洲产业还比较分散，产业集中被认为是欧洲一体化途径之一。因此《欧共体条约》没有专门对企业合并审查进行明文规定。一般认为，这是欧盟为鼓励加快推进一体化进程，故意设计了与美国反托拉斯法严控兼并的不同做法。这为企业在欧盟内的收购兼并活动留下了很大的空间。如果我们鼓励企业在长三角区域内大力进行各种收购兼并活动，那么除了可以消除区域内长期存在的严重产能过剩问题外，还可以实现产业发展和市场运作的实质性一体化。如长三角的汽车产业，如果经过了大力的收购兼并，那么企业的标准运作方式一定是把总部放在上海，而把零部件生产配置在其他制造基础优良的地区。这样，企业董事会的运作就能消除盲目竞争、产能过剩，实现产业优化配置和布局。

第四，要在双循环新发展格局下，选择适合区域经济一体化发展的产业组织形式。尽快形成双循环新发展格局的要求，凸显了加快建设国内经济与国际经济连接机制和枢纽地带的重要性。选择适合的产业组织形式是解决这一问题的重要思路。根据当今全球价值链重塑的趋势，未来中国企业参与全球产业竞争的方式，可能要由过去中国供应商竞争跨国公司订单的全球价值链上的竞争形式，转向全球产业链集群之间的竞争形式。对于长三角区域一体化发展战略来说,一是要加快建设由国内统一大市场为导向的国内价值链,让更多的中国企业通过做大做强,登上国内价值链的"链主"地位;二是要用内需去链接和推动中国企业对全球价值链的深度嵌入,如利用内需去虹吸全球价值链上的先进生产要素尤其是人才技术资源,发展我国的创新经济,依托内需支持中国企业走出去开拓国际市场和利用国外资源,等等。

第五,要把建设全球产业链集群作为推进长三角一体化的重要载体和手段。长三角一体化发展中,要充分利用上海现代生产性服务业集聚的优势,降低长三角地区发展制造业的交易成本,以取得最大的国际竞争力。具体来看,就是要在上海"六个中心",尤其是全球科技创新中心、国际航运中心、国际金融中心、国际贸易中心等服务功能的建设中,让其他三省各地区的制造业积极主动地接受上海的功能辐射,以此在开放中逐步形成长三角地区的全球产业链集群。未来全球竞争呈现为全球产业链集群之间的竞争形式,既是当今全球价值链呈现"纵向缩短、横向区域化"调整的结果,也是中国顺应全球化趋势变化、积极应对的战略措施之一。众所周知,我国在"十四五"规划中,明确提出要建设若干具有世界竞争力的先进制造业集群的目标。长三角地区作为代表中国参与世界舞台高水平竞争的重要力量,大力推进全球产业链集群的建设,既是义不容辞的光荣任务,也是构建长三角一体化的重要载体,是实现长三角一体化的重要手段和工具。

第六,要充分发挥长三角区域内各种国家战略的作用,允许国家政策在长三角区域内进行复制,以消除政策歧视,提倡效率竞争。在过去的发展中,国家在长三角区域内配置了许多不同的国家战略和区域政策。这些大大小小的战略和不同的政策,是过去分散竞争中留下来的宝贵财富。但是也应该看到其作用的时代性和局限性,就是它们创造了许多政策"洼地"效应,导致区域间竞争政策环境的不公平或区域歧视。未来如果国家允许这些战略和相应的配套政策可以在长三角区域内进行复制,那么不仅可以节约政策资源、充分发挥政策的作用,而且可以顺利地实现区域内竞争条件的公平性,为强大区域统一市场的建立奠定制度基础。

众所周知，2020 年 8 月 20 日，习近平总书记在安徽合肥主持召开扎实推进长三角一体化发展座谈会，开启了长三角一体化发展新的"加速器"。"十四五"时期是安徽深度参与长三角一体化高质量发展的关键时期。在"十三五"时期参与基础上，安徽在"十四五"时期深度参与新发展格局下的长三角一体化高质量发展，得到了安徽各级党委、政府部门和学界、企业界的高度重视和强烈关注。本系列丛书就是在上述的政策背景和实际需要中推出的，是迄今为止不多见的系统研究安徽深度融入长三角一体化更高质量发展的理论准备和路径支持的学术普及型丛书。这套丛书的特色是视野宽阔，方法新，如用关于一体化分析的"三维"方法和公平均等的价值导向等，分析长三角一体化和安徽经济的高质量发展。另外是资料丰富，可读性强，既从长三角的角度看安徽，又把安徽纳入长三角中研究，并突出了安徽中部省份的特性。特此推荐。

（作者系南京大学长江产业经济研究院院长，教授，博士生导师）

发挥优势，着力推动
长三角率先形成新发展格局

李伟

　　安徽大学和安徽省人民政府发展研究中心共建的"安徽大学长三角一体化发展研究院"谋划出版长三角研究系列丛书，全面推介长三角高质量一体化发展的研究成果，该平台将是开放式的，诚邀一市三省及国内外的学者加入，我认为这是一项很有意义的工作，对进一步推进长三角高质量一体化发展有着重要的促进作用。研究院胡艳院长邀请我为系列丛书作序，我自知才疏学浅，难堪大任，但在安徽大学和安徽省人民政府曾经工作过的经历，特别是作为安徽省从长三角"旁听生"到"插班生"再到"正式生"的一名见证者，作为长期关注长三角发展，并以区域经济为自己学术主要内容的一名研究者，使我无法谢绝，恭敬不如从命，所以不揣浅陋，以此小文抛砖引玉。

　　举世瞩目的党的二十大不久前胜利闭幕，党的二十大是在全党全国各族人民迈上全面建设社会主义现代化国家新征程、向第二个百年奋斗目标进军的关键时刻召开的一次十分重要的大会。党的二十大报告科学谋划了未来5

年乃至更长时期党和国家事业发展的目标任务、大政方针,对于引领时代、开创中国式现代化宏图伟业具有重大理论和实践意义,是我们今后很长一段时期的行动指南和根本遵循。

党的二十大报告明确指出,在新发展阶段以中国式现代化全面推进中华民族伟大复兴的首要任务,就是推动高质量发展,就是要加快构建以国内大循环为主体、国内国际双循环相互促进的新发展格局。学习党的二十大报告之余,结合本丛书的主题,长三角应率先建设新发展格局的想法油然而生。

习近平总书记指出,构建以国内大循环为主体、国内国际双循环相互促进的新发展格局,是根据我国发展阶段、环境、条件变化,特别是基于我国比较优势变化,审时度势作出的重大决策,是事关全局的系统性、深层次变革,是立足当前、着眼长远的战略谋划。发展阶段、环境、条件是影响国家发展战略格局的重要因素,众所周知,我国先后经历了自力更生、艰苦创业的国内循环,积极参与经济全球化进程、立足自身资源禀赋和竞争优势的以国际大循环为主阶段。进入新时代,我国社会主要矛盾已经转化为人民日益增长的美好生活需要和不平衡不充分的发展之间的矛盾,世界百年未有之大变局加速演进,新一轮科技革命和产业变革深入发展,国际力量对比深刻调整,我国发展进入战略机遇和风险挑战并存、不确定难预料因素增多的时期。构建以国内大循环为主体、国内国际双循环相互促进的新发展格局,是在不确定难预料的国内外环境中应对一切不确定难预料的最大确定性、最大保证性。

建设新发展格局是一项深层次改革,是一项系统工程,时间上不可能一蹴而就,空间上不可能齐头并进,时空的安排决定有必要让有条件的地区先行一步,为全国作出示范。2020 年 8 月习近平总书记在扎实推进长三角一体化发展座谈会上强调,面对严峻复杂的形势,长三角应率先形成新发展格局。总书记的要求对长三角来说既是信任,也是激励;落实总书记的要求对长三

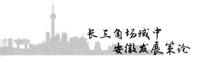

角来说既是使命，更是责任。

长三角无论是经济地位、作用，还是所处的位置，对构建新发展格局而言都具有非常好的经济基础和条件，是最有可能率先建设新发展格局的区域之一。长三角常住人口 2.2 亿，是全国总人口的六分之一；2021 年长三角 GDP27.6 万亿元，在全国占比 24.1%；长三角的工业增加值、社会消费品零售总额和地方一般公共预算收入在全国占比分别为 25.6%、25.3% 和 26.6%；长三角的净出口总额、外商直接投资、对外投资在全国占比分别为 37%、62%、29%；长三角集中了全国四分之一的双一流高校、国家重点实验室、国家工程研究中心，拥有全国三分之一的研发经费支出和有效的发明专利。经过多年奋进，尤其是长三角一体化发展战略上升为国家重大区域战略后，长三角区域间推出了 30 多项一体化制度创新，签订了 120 多项合作协议，建设了 60 多个合作平台，目前规划政策体系的四梁八柱初步建成，多层次工作机制开始发挥实效。

但按照高质量一体化的要求，长三角率先建设新发展格局，只能说开局良好，后续任务仍然艰巨。新发展格局的核心是"以我为主"，为此就要不断增强国内大循环内生动力和可靠性，就要大力提升国际循环质量和水平，就要加快建设现代化经济体系，就要提高全要素生产率，就要全面提升产业链供应链韧性和安全水平。在新发展格局下，长三角的对标就不能局限于国内，而是与国际发达区域强手比较；就不能仅仅满足于国际先进的二传手，而要成为中国经济的重要动力源、参与国际竞争的国家队。

与国际先进区域比较，无论是人均 GDP、亩均产值、全要素生产率、世界 500 强企业拥有数、关键核心产品数等，还是科技创新能力、系统性和基础性创新成果、科技成果转化率等，都有不小的差距。从自身来看，区域合作与协同发展进入利益深水区后，一些深层次的矛盾和问题逐渐浮出水面，体制机制障碍极大地制约了长三角高质量一体化发展的深入推进。

习近平总书记曾指出，构建新发展格局，要坚持扩大内需这个战略基点，使生产、分配、流通、消费更多依托国内市场，形成国民经济良性循环。要打通经济循环堵点，提升产业链、供应链的完整性，使国内市场成为最终需求的主要来源，形成需求牵引供给、供给创造需求的更高水平动态平衡。

率先建设新发展格局，要求长三角区域产业发展深度对接，基础设施深度互联，开放创新深度合作，生态文明深度联建，公共服务深度协同，发展规划深度衔接，通过区域内深度融合充分释放长三角经济内生增长潜力、外向带动张力、国际竞争活力，成为以国内大循环为主体、国内国际双循环相互促进的动力源、枢纽点。

率先建设新发展格局，要求我们在有效市场和有为政府结合上作出新探索，建立统一、开放、竞争、有序的市场体系，各类生产要素、创新要素按照市场经济的原则，突破行政区划边界的束缚，在省市之间、城市之间、城乡之间跨界自由流动、自由重组和科学化配置，最大限度地不断提高区域经济效率和劳动生产率，实现区域发展的动力变革、效率变革和质量变革。

率先建设新发展格局，要求我们深化改革开放，破除地方政府之间长期条块分割的路径依赖，分灶吃饭、财政包干孕育的地方主义思维，以 GDP 和财政收入论英雄而形成的人为封锁，破除"行政区经济"对高质量一体化发展的束缚。在不改变行政隶属关系基础上，探索跨界地区分工、合作、协同和共享的协调发展机制。深入探索共享模式，为有力实施一体化重大举措和平衡相关利益关系，基于互利共赢、合理适当的原则，视具体情况建立利益分享和补偿机制。

率先建设新发展格局，前进道路上还有很多已经出现的和未曾出现的问题，还将面临不少躲不开、绕不过的深层次矛盾，需要我们一一面对，需要我们一一破解。面对、破解的过程就是建设新发展格局的过程；面对、破解的过程就是迈向中国式现代化的过程。

衷心希望丛书有更多体现习近平新时代中国特色社会主义经济思想，尤

其是区域协调发展思想,有更多反映长三角改革发展理论与实践的精品力作问世。

是为序。

（作者系安徽大学长三角一体化发展研究院专家咨询委员会主任,安徽大学创新发展研究院学术委员会主任,教授,博士生导师）

目　录 //

第一篇
长三角一体化深化与拓展

第一章

安徽打造链接长三角和中部地区要素资源对接整合枢纽：格局、重点、路径

在国家"双循环"和区域战略升级背景下，充分发挥安徽地理和经济区位"左右逢源"、国家多重战略叠加优势，从高站位高位势上推动安徽打造链接长三角和中部要素资源对接整合的枢纽，是大格局、前瞻性的谋略，对于落实国家"双循环"和区域战略、实现安徽建设"三地一区"目标，具有重大而长远意义。

第一节 安徽在新发展格局及其战略纵深的战略方位

一、"双循环"及其战略纵深改变了地缘经济关系

党中央提出"双循环"新发展格局，同时对我国区域发展布局作出新的战略安排，即将原有的东中西梯度推进战略布局加以升级，进一步部署"四区两带"（四区是京津冀、长三角、大湾区和成渝经济圈，两带是长江经济带和黄河生态经济带）六个国家重大区域战略。以城市群为主体的京津冀、长三角、大湾区和成渝经济圈要打造国家重要的战略性区域增长集群，以大河流域为主体的长江经济带和黄河生态经济带则构建连接东中西部纵深贯通的增长带。在"四区两带"区域重大战略布局中，中部的河南、山西处于黄河

生态经济带范围，而安徽与东部沪苏浙和中部湖北、湖南、江西同属于长江经济带。国家区域战略布局升级，使我国地缘经济关系发生深刻变化。

构造统一大市场是完善发展社会主义市场经济体系的基本环节。国家"四区两带"区域战略布局是一个超大规模、覆盖广阔的战略纵深体系，也是统一大市场的广域体系，"中心—腹地—网络"的节点和枢纽具有关键地位与支柱作用。哪个地方能够成为这种节点和枢纽，这个地方就能够获得更高的发展位势，赢得更多发展空间和机遇。安徽建设长三角与中部链接枢纽，必须置于"双循环"和统一大市场的新格局，秉持战略纵深理念，从而把握建设枢纽的方位。

二、安徽建设长三角与中部链接枢纽的方位与条件

安徽在自然和历史地理上有"承东启西""左右逢源""吴头楚尾"之说，然而仅有自然地理和历史因素并不能构成安徽建设长三角与中部链接枢纽的充分条件，更重要的是有赖于现时区域经济发展大趋势及其给出的条件。相对而言，安徽在长三角一体化格局中与沪苏浙的经济联系融合密度日益增强，区域经济体系和区域组织体制机制也日臻完善，但安徽与中部地区的经济联系融合密度远低于前者，这就决定了现阶段安徽建设长三角与中部地区链接枢纽必须着力于补短板，通过省际"点对点"合作来开发和提升与中部三省的经济联系密度。

长江经济带上的长三角一市三省加中部鄂湘赣三省是我国人口最为稠密、经济密度最大的区域之一，空间广阔，市场容量巨大、资源承载力强，2021年区域生产总值占全国40%，在国家"双循环"格局和超大规模市场体系的战略纵深中具有举足轻重的意义。综合研判，一是在长江经济带纵深推进下，长三角地区与中部三省跨区联动发展已经成为地缘经济大趋势；二是引领区域经济社会发展的城市群体系加速发育，两地空间形态和空间结构上已趋于一致；三是以高铁为骨干的现代交通条件更加完善；四是安徽特别是都市圈中心城市已形成科创、产业等增长极，集聚与辐射效应持续增强。这

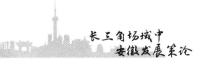

就给安徽打造长三角与中部三省链接枢纽提供了客观态势、良好基础和现实条件。根据国家区域重大战略布局和经济地理的距离"第一定律",安徽建设长三角与中部链接枢纽的方位应该在长江经济带体系,立足于安徽交汇长三角与中部鄂湘赣三省的空间距离和区位承东启西优势,聚焦于安徽在长三角与中部三省纵深连接上加以定位和谋划。

三、安徽建设链接长三角与中部枢纽的两个层次、两大重点

为跨越原有东中西区域分割、贯通长三角与中部三省链接,形成大纵深的长江经济带中下游联动发展体系和增长集群,必然需要一个相当长的过程,需要一步一步渐次推进。必须指出,长三角一体化既是区域经济体系,也是区域经济组织,具有一定范围边界和排他性特质。因此,安徽建设链接枢纽并非简单地把长三角与中部三省资源要素捏合在一起,而是要深度与沪苏浙融为一体,在长三角经济体系和经济组织中形成一批强实力高势能基地平台的前提下,依托这些基地平台顺应长江经济带战略纵深推进趋势,前瞻性布局与中部地区合作,建设一批富有集聚—辐射功能的链接枢纽,从而双向度、大空间整合配置资源要素。

根据国家长江经济带、长三角一体化和中部高质量发展有关规划给出的目标及其要求,结合长三角与中部三省重大共性任务,现阶段宜选择两大重点:(1)在城市群引领区域经济发展和长江经济带的长三角城市群、长江中游城市群、成渝经济圈体系中,安徽应发挥合肥都市圈及沿江主要城市的国家交通枢纽、科创中心和产业基地优势,以长三角沪宁合发展轴向中部延伸、长三角沿江发展带向中部推展两条轴线为空间布局,着力构建合肥、芜湖、安庆等科创、产业、交通流通的枢纽型功能性平台;传导长三角一体化合作机制,深化拓展中心城市全面战略合作,增强合肥及芜湖、安庆链接长三角与中部的资源集聚辐射的位势和功能。(2)贯彻党中央提出的长江经济带发展必须坚持生态优先绿色发展的战略定位,特别是"双碳"目标引领下的长江中下游地区重要生态功能区建设要求,以长三角和中部共同的重要生态

屏障即大别山区作为链接长三角与中部枢纽，推动皖鄂豫三省共建大别山碳汇经济试验区，从而抬升长三角与中部三省之间的"发展低谷"，并争取上升为国家战略。

第二节　以平台为抓手建设安徽科创、产业、流通链接枢纽

一、从供给侧结构性改革明晰长三角与中部链接的阶段性重点

我国是发展中大国，以经济建设为中心的发展始终是第一要务。当前世界经济动荡变革加剧，不确定因素有增无减，我国经济面对需求收缩、供给冲击、预期转弱的三重压力，深化和加快供给侧结构性改革成为现阶段促进"双循环"新格局形成的关键。现阶段供给侧结构性改革主要解决三大问题：一是科技创新以提供发展新动能，二是产业转型升级以提供有效供给，三是畅通交通和流通以开拓内循环统一大市场。因此，安徽建设长三角与中部链接枢纽要以科创、产业和流通为主题，遵循长板链接原则，发挥安徽特别是中心城市的科创、产业、流通比较优势，搭建传导长三角与中部在三个领域资源配置的枢纽型功能性平台，形成链接的增长极点，从而增强要素集聚辐射功能及其效益。

二、安徽建设长三角与中部链接枢纽的空间安排

在新时代我国地缘经济演进中，长三角与中部已然呈现"东延中接"即长三角向中部延展纵深、中部则向东对接长三角的走势。长三角一体化发展规划部署及其近几年的实施，形成了沪宁合发展轴和沿江发展带两大"东延中接"的空间态势。安徽要顺势而为，以沪宁合发展轴向中部延展和长三角沿江发展带与中部连接为主要空间，着力在合肥和沿江主要城市布局建设科创、产业和流通链接枢纽。为促成这一空间格局，一要发挥合肥科技创新、战新产业和随着北沿江高铁建设形成的东中西连接大通道等优势，深化合肥、武汉、长沙和南昌"中四角"合作。二要向中部传导长三角沿江发展带延展，在安徽沿江主要城市构造承接长三角战新产业沿江布局和依托长江黄金水道综合交通体系的若干产业、交通枢纽。

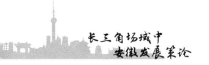

三、厚筑合肥科创、产业、流通枢纽

在长三角沪宁合发展轴向中部延伸布局中，合肥要充分发挥综合性国家科学中心的高势能，传导长三角科创共同体合作的资源和机制，推动形成"中四角"科创矩阵，整合域内创新要素，推动关键核心技术联合攻关，建设成科技创新策源枢纽。发挥"芯屏器合、集终生智"等优势战新产业的优势，锻造大空间集聚资源的区域产业链，在具有优势的领域担当"链主"，发挥主导作用。依托合肥国家交通枢纽位势，强化长三角与中部三省大交通大流通的中继枢纽功能。

四、打造"长三角—中部"产业纵深布局的重要廊道，建设芜湖、安庆产业枢纽

顺应"双循环"格局下产业和资本、技术面向国内市场再布局的大趋势，延伸长三角一体化的沿江发展带布局，以提升皖江城市带承接产业转移示范区为纽带，打造连接长三角和中部地区要素集聚产业转移的枢纽。延伸长三角的沪宁合增长轴和沿江发展带，对接湖北"一轴两翼"沿江布局、江西昌九产业走廊和湖南长株潭发展带，基于产业关联推进互补性接链和一体化强链，纵深整合长三角与中部资源打造高能级产业集群。发挥芜湖的省域副中心、G60科创走廊节点、长江大交通枢纽等优越位势，发挥安庆的长三角与中部接合部区位优势，着力将两市建设成为"长三角—中部"产业纵深布局重要廊道上的枢纽。马鞍山、铜陵、池州等要增强节点功能，形成多节点支撑枢纽的合力系统。

五、织密交通和流通网络，营造合肥、芜湖等交通物流枢纽

在沪宁合发展轴向中部延伸线上，借势长三角综合交通向中西部延伸，织密合肥和皖江城市与中部三省综合交通运输网络，依托北沿江高铁、合安九高铁等新高铁通道，提升合肥的国家高铁枢纽的功能，加密与鄂湘赣三省主要城市的快速交通；在沿江发展带溯流中游线上，重点以芜湖港为枢纽，深化与上海、南京、宁波港联运合作，联动郑蒲港、安庆港等，加强与武汉港、

九江港等沿江港口合作，完善集疏运系统，建设完善的江海联运枢纽。

六、加强现代产业基础，建设一批服务产业的数字经济平台

针对疫情以来我国现代产业基础关键技术来源出现空白、物流体系和秩序的组织调度失灵和产业链阻断现象严重三大痛点，把握产业基础现代化发展趋势，利用中央给出着力完善现代产业基础建设的政策窗口，聚力构造一批区域性服务科创产业的数字经济平台。一是区域性技术交易转化数字经济平台，依托列入长三角科创共同体的安徽创新馆及安徽技术交易大市场，加密与中部三省主要技术交易市场联动，将其塑型为服务长三角—中部的区域性技术交易转化的数字经济平台。为此需要加快科创成果数字化和数据库建设，充实撮合技术交易转化的人工智能设施与工具，加强远程技术交易转化和线上支付功能，健全知识产权维护监管线上服务，等等。二是枢纽型物流数字经济平台，依托合肥的全国重要交通物流枢纽区位和合肥已有一批专业物流大数据开发和物流数字平台公司，建立合肥枢纽型物流数字经济平台。这一平台要联通长三角—中部乃至全国物流信息网络，建立物流货源、货柜、车船、线路、接驳、仓储等大数据，实时为物流企业和客户提供数据服务、监测服务和业务撮合服务等。三是服务细分行业的产业链数字经济平台，依托芜湖算力集群，发挥长三角产业大数据资源汇集的优势，加强面向中部三省产业信息数据资源开发汇集，以工业互联网特别是服务细分行业的产业链数字经济为突破口，建设服务长三角—中部区域的产业链数字经济平台。着重围绕安徽和长三角—中部三省重点产业，撮合产业链上中下游再接链再布局，促进区域产业体系加快修复和勃兴。

七、推进长三角和中部三省大市场深度开发一体建设

一是在要素市场领域，着力建设芜湖、合肥"东数西算"中心，加快构建合肥区域性科技金融中心。二是在消费市场领域，集聚提升消费供给，建设消费中心和节点。促进合肥创建国家消费中心城市，构建皖江区域性的芜湖消费枢纽和马鞍山、铜陵、滁州、池州、安庆等消费节点城市。三是开发长三

角与中部三省串连的现代消费新产品新服务，大力发展串连式都市消费、都市旅游，依托资源优势做强新医疗康复、养生保健、森林康养等消费服务业。加快建设畅通的供应链渠道、快速物流网络、城乡配送网络，共建高标准市场体系，促进长三角与中部消费大市场繁荣发达。

第三节　推动皖鄂豫三省共建大别山碳汇经济试验区

一、推动皖鄂豫三省共建大别山碳汇经济试验区，并争取上升为国家"双碳"战略布局

我国实现"双碳"目标的关键基础是生态功能区，特别是大面积强功能的生态功能区。大别山位于鄂豫皖三省交界处，山脉连绵千余公里，为长江和淮河两大水系的分水岭，是长江中下游平原的生态安全屏障，其丰富的绿色植被使之素有"华中之肺"的美称，也是武汉都市圈、合肥都市圈、中原经济区的重要水源地，过去曾是国家14个集中连片特困地区之一，现在又是25个首批国家重点生态功能区之一。脱贫攻坚目标在"十三五"末期胜利完成后，如何推进大别山区继续振兴实现富裕，成为摆在鄂豫皖三省面前共同的新命题新任务。在"双碳"目标下，更好地保护和发挥大别山区生态功能，深度开发其增氧固碳、净化大气、调节气候的碳汇功能，是长三角和中部生态建设和达成"双碳"目标的重要依托，也是现阶段长三角与中部共同诉求与共同利益的焦点所在。截至2021年末，国家已设立了7个市县范围的生态产品价值实现机制国家试点，但尚未有跨区域、大范围、山脉级的国家试点。鄂豫皖三省共建生态系统固碳功能、生态产品价值实现的大别山碳汇经济试验区，具有更高的层面、更丰富的内容和更大的战略价值，最具上升为国家"双碳"战略布局的可能性。如争取成功，大别山碳汇经济试验区就拥有更高位势，不仅能够整合集聚皖鄂豫三省资源，而且能够得到国家政策、项目、投资等诸多支持，增添强劲的动能。

对安徽而言还有一层重要的战略意义。皖北和皖西南是安徽的欠发达地区，也是促进区域协调发展的重点地区。在长三角一体化发展体系下，目

前通过沪苏浙八市（区）与皖北八市结对合作，借力借势长三角合力拉动皖北地区加快振兴，给皖北发展开辟了新的空间与路径。但是，以大别山区为主的皖西南迄今还没有如同皖北那样的省内外合力推动发展的态势，有可能导致"低谷陷阱"效应，因此急需为皖西南开拓发展注入新的动能。安徽在"十四五"时期打造"三地一区"，其中经济社会发展全面绿色转型区需要有大的先行示范载体，大别山碳汇经济试验区正是这样的大载体。

二、共建大别山碳汇经济试验区要抓住三个关键点

围绕国家发展碳汇经济的焦点难点，试验区要在三个方面先行先试：低碳产业做加量，碳汇资源做增量，碳汇交易做流量。

一是低碳产业做加量。发展低碳产业是加快大别山区经济社会发展、乡村振兴和生态文明建设的最佳结合点。从区域产业体系考量，（1）构建低碳产业体系。对传统产业进行低碳化改造，建设绿色工厂、开发绿色产品、打造绿色生产线和供应链；发展优质高效种植业、特色经济林业和农林产品精深加工业；大力发展节能环保型的战略性新兴产业，与合肥、武汉、郑州等中心城市战略性新兴产业加强承接、配套，打造一批低碳高技术企业和产业园区。（2）加快推广低碳技术应用。广集国内外特别是北京、上海、合肥、武汉、郑州等碳汇科技机构的资源，在碳监测、减碳、固碳、碳利用等领域加强引进和应用较为成熟的低碳技术。

二是碳汇资源做增量。碳汇是利用生态系统实现"负排放"的方式。大别山区拥有植被和森林土壤碳储量优势，生态碳汇能力大、林业碳汇效果佳。（1）发展固碳林业。通过造林、再造林、修复退化生态系统、建立农林复合系统等来增加森林碳储量。（2）实行林地改造以增加碳汇产品价值。大别山脉主体区域现有森林覆盖率已达67%，新增林业用地十分有限。为使大别山区森林资源进一步提升固碳功能，持续增加碳汇产品价值，必须实行林地改造，在不大规模扩大林区占地情形下，通过改造杂草灌木林，增加阔叶林造林面积，从而使固碳功能提高，碳汇资源持久增加。应在大别山区推广塞罕

坝植树造林精神，从现在起实行大别山区森林改造，新增阔叶林造林需经过
10~20 年新木生长成为大树，恰与 2030 年、2060 年前我国实现碳达峰、碳中
和的时间要求相适应，届时大别山区林业碳汇资源及其功能将在长江中下游
地区更为举足轻重。

三是碳汇交易做流量。碳汇交易是实现不同功能地方总体碳中和平衡的
市场配置资源机制。2021 年 7 月全国碳市场启动，开展了 CCER（中国核证
减排量）原有备案项目在规定条件下的碳汇交易，为建立发展我国全面的碳
汇交易开辟了广阔前景。林业碳汇属于新鲜事物，目前国家在全国若干地方
进行试点，我们预测在 3~5 年内全国林业碳汇交易市场将会建立。试验区要
抓住 3~5 年内的探索创新期，探索林业碳汇交易方式、交易规则等机制，攻
克碳汇定价、碳汇核算等难点。发挥三省大别山区整体联动效应，突破一市
一县范围层次，着力促进碳汇交易和大市场建立，从而实现大别山区林业碳
汇交易大流量及其经济效益。

第四节　安徽建设长三角与中部链接枢纽的路径

一、以功能性平台为载体建设科技、产业、交通物流链接枢纽

1. 推动建设"中四角"科技创新联合体

进一步激活已有的"中四角"科技合作机制，依托合肥综合性国家科学
中心和量子科学国家实验室等战略科技力量平台，向西联动武汉光谷科技创
新大走廊、湘江西岸科技创新走廊和赣江两岸科创大走廊等平台载体发展，
以合肥"一肩挑两头"形成东中创新合作的新局面。芜湖、蚌埠也要发挥科技
创新的特色优势，融入安徽链接长三角与中部的科技创新格局。推动打造"中
四角"科技创新联合体，建立量子科技、新材料、新能源、人工智能等领域的
合作平台，拓展战略性联合攻关项目，着力从中观和微观层面拓展多层次的
科创联合载体和机制，包括深化国家及省实验室合作、国家及省技术创新中
心合作、新型研发机构合作，建立细分领域研发合作机制，推动科技创新服
务互通互联，构建四省技术交易市场联动机制。

2. 营造多类型的产业链接平台

以疫情后长三角区域产业再调整再布局为契机，以合肥为核心、皖江城市带为廊道，链接长三角与中部三省产业协同，共建现代产业体系的大系统产业链，形成长三角与中部地区产业融通协同的中继枢纽。一是打造长三角与中部地区产业链联盟。借鉴 G60 科创走廊广设跨省技术创新联盟、产业行业联盟的经验，立足合肥及皖江城市带特色优势、配套优势与部分领域先发优势，龙头企业要在细分产业的联盟中当"链主""盟主"，用好产业联盟平台。近期可重点从皖鄂湘赣均列为重点战新产业的新能源汽车产业突破，从电池、零部件、整车、智能网联、市场开发营销、售后服务等系统的水平分工和垂直分工进行链式整合，联合四省主要企业建立产业联盟。江淮大众、蔚来、奇瑞要争取担当"链主"发挥支柱作用。二是开展产业园区伙伴合作，探索组建以合肥、芜湖、安庆等开发区为主要载体的长三角与中部地区重点行业产销对接平台，提升区域内部供应链配套能力；开拓安徽自贸区与中部自贸区的联动合作，搭建投资促进与市场拓展咨询服务平台。

3. 打造串连式大市场大流通枢纽

一是增强合肥、芜湖"东数西算"和合肥区域性科技金融中心等要素市场枢纽功能。二是以长江黄金水道和快速公铁及空港为纽带，拓展双向物流空间，重点建设合肥、芜湖、安庆交通物流枢纽。要以长江为纽带，联动下游江海联运和中游江湖河联运功能；通过多种所有制资本参股、兼并、联合等形式组建大型物流企业，引入物流央企，整合全省物流供应链核心资源构造链主龙头企业。枢纽城市创新"港产城"融合发展机制，兴建"枢纽经济"。三是建设合肥的国家消费中心城市，营造皖江城市带上芜湖、安庆等区域性消费中心或节点城市。利用特色资源、区位条件，大力发展新消费供给。

4. 强化市场化营商，发挥商会协会联盟功用

"双招双引"是安徽整合长三角与中部资源要素的重要路径，必须完善市场化营商环境，加强以商招商。一是设立商会协会联盟平台，将安徽主办

的世界制造业大会国际商协会(安徽)会议常态化,将合肥作为永久性会址。二是鼓励行业协会商会在安徽举行经贸洽谈、招商推介等主题展会,支持行业协会商会联合地方招商部门、专业招商机构开展定向招商、产业链招商等。鼓励行业协会商会搭建各类产业对接交流平台,针对企业专业共性服务需求,建立行业公共服务平台,积极组织会员企业参与国际、国家行业标准制定等。

二、推动共建大别山国家碳汇经济试验区

1. 首先倡议主动推进

通过安徽与鄂豫的高层互访,将共建大别山国家碳汇经济试验区列为战略合作重大事项,争取达成共识,参照长三角一体化协调机制形成三省共建机制,合力争取上升为国家试验区。从国家战略层面支持大别山区碳汇经济试验区建设,开展财政、产业、土地等政策创新,支持试验区先行先试跨省碳汇交易市场建设和林业碳汇项目交易。

2. 共同探索发展山区碳汇经济的新路

一是破解难点共拓新路。围绕国家"双碳"目标急需破解的难点,共同开发碳汇综合管理平台,开展碳汇计量监测,探索基于森林碳汇的碳中和市域循环、碳交易项目开发。二是科技创新联合攻关。依托合肥、武汉、郑州的中国科学院及地方有关机构,开展大气污染研究、能源与环境影响研究、资源与污染控制技术开发,共建我国大气环境监测关键共性技术创新平台;依托国家林草局和中国科学院在上海、南京有关机构,进行"双碳"前沿技术和新材料、碳捕集利用与封存技术、碳循环转化利用及零碳能源技术研发与应用。三是合力开拓大别山碳汇交易市场。安徽可考虑支持六安建设大别山碳汇技术创新中心和大别山碳汇交易市场平台。

3. "融圈"承接低碳产业

融入合肥、武汉、郑州等中心城市的科技创新和现代产业布局,通过招商招才、引资引智将都市圈产业资本要素导入大别山区,布局低碳化的中心

城市战新产业零部件制造业、农产品深加工业、山区特产加工业；加强周边中心城市消费市场营销，将山区产业深度融入都市圈市场体系。用足国家振兴革命老区相关支持政策，对接国家对口支持部门、有关央企，争取产业项目布局和资本力量支持。

三、完善链接枢纽建设相关体制机制

1.推动多层面合作机制深化完善

安徽开发和提升与中部三省合作链接，首先，应在中心城市展开。效法长三角一体化体制安排和机制创新，推动已有的"中四角"合作体制机制进一步深化完善，包括顶层设计协调机制、常设执行机制、分领域对接协调机制、区域政策协调机制、市场主体联盟机制、联合项目合作机制、共建园区合作机制等。支持合肥在"中四角"合作中加大主动作为力度，促进"中四角"提升顶层会商层次、建立常设执行办公机制、加强整体规划和统合政策设计引领等。其次，在市场主体微观层面，支持安徽科创主体和企业担当科创联合体、产业联盟、商协会联盟的"链主""盟主"，在长三角科创共同体与中部科创联合体链接、长三角各产业联盟与中部产业联盟链接的格局中加强传导纽带和集聚辐射功能。第三，在枢纽平台层面，按照创新链、产业链、供应链、物流链、资金链的逻辑，以接链强链为目标，着力构建以项目为纽带的平台链接合作常态化机制。

2.谋划建设皖鄂赣区域协调发展合作区

黄梅县、宿松县和九江市地处鄂皖赣三省交界处，是湖北、安徽、江西三省无缝对接的省际毗邻地区。借鉴已有的经验，可以仿照"长三角一体化示范区"和安徽滁州、马鞍山与南京共建三个毗邻地区合作区形式，在三县市共建皖鄂赣区域协调发展合作区。由于三地均为欠发达地区，属弱弱合作，需要在省级层面上给予更大支持，特别需要核心城市和中心城市加持助力，将核心城市和中心城市的科创、产业等资源输入进来，探索都市圈外围地区跨省弱弱合作的可行路径和合作模式。

第二章
安徽在长三角和长江经济带中战略方位和重点

　　为深入贯彻落实国家长三角一体化发展和中部崛起战略，充分发挥安徽地理和经济区位"左右逢源"、国家战略叠加优势，推动安徽打造链接长三角和中部要素资源对接整合的枢纽，是具有大格局、前瞻性的谋略，对于国家"双循环"新发展格局的形成和安徽实现建设"三地一区"目标，具有重大而深远的意义。本研究旨在基于新发展阶段、新发展格局和国家区域发展"四区两带"重大战略布局，围绕当前国家重大战略需求和指向，运用地缘经济相关理论与实际结合的方法，研判安徽在长三角一体化与中部崛起局势中的战略方位和特色优势，辨识安徽链接长三角与中部的主要"接口"与路径，立足坚持运用市场逻辑、资本力量和平台思维，研究和选择当前阶段建设链接枢纽的具体"落点"，加快提升在全国区域发展格局中的位势，在深入分析研判基础上提出相关政策建议。

　　应该说明的是，安徽成为长三角一体化成员以来，已与沪苏浙建立了全方位的科创、产业、基础设施、生态和民生领域一体化体系和组织，形成了众多功能性枢纽和节点。安徽要建设链接长三角与中部的资源要素对接整合枢纽，是在已形成的长三角一体化体系中的枢纽节点的基础上，向西方向的中部地区进行功能与空间上的接续延伸，因而需要更加着重面向中部的研究设计。本文对安徽在长三角一体化体系中已有的功能枢纽节点不拟赘述，而将以此为前提和基础，着重研究安徽面向中部建设链接枢纽的思路与对策。

第一节　新发展格局及其战略纵深

一、认知新发展格局及其战略纵深

党的十九大以来，面对世界经济动荡变革，基于我国迈进建设现代化强国新征程，党中央提出了构建以国内大循环为主体、国内国际双循环相互促进的新发展格局。我国构建新发展格局的优势基础条件，在于国内已经具有依托人口数量、国土空间、经济体量、统一市场等条件的超大规模市场，这种超大市场容量利于推动产业内外部分工深化，从而促进生产技术提高、生产成本降低以及产业竞争力提升。我国拥有世界规模最大的工业体系，具有强大的生产能力和较为完善的配套能力，有条件、有能力充分发挥大国经济的规模效应、范围效应和产业链循环效应。构建新发展格局既为我国应对全球动荡变革不确定性因素开拓了充足有效的回旋余地，也为经济持续稳定健康发展提供了巨大潜力和坚强支撑。

与此相联，党中央在我国区域发展格局上也作出新的战略布局，即将原有的东中西梯度推进战略布局加以升级，进一步部署"四区两带"六个国家重大区域战略。以城市群为主体的京津冀、长三角、大湾区和成渝经济圈要打造国家重要的战略性区域增长集群，以大河流域为主体的长江经济带和黄河生态经济带则构建串连东中西部纵深贯通的战略性增长带。应该说，"四区两带"重大区域战略布局是延续近 30 年的东中西梯度推进区域战略的升级。东中西区域战略是基于东向面海开拓国际市场的区位和三个区域经济发展水平的差异而作出的安排，其特征是将三个区域加以南北向的纵向划分，这一战略在改革开放初期到 21 世纪前十年我国成为世界第二大经济体时期发挥了巨大的积极作用。当我国进入新发展阶段，工业化和城市化达到中后期水平，城市群成为社会经济的空间中心和主导力量，大河流域成为连接"中心—腹地—网络"的空间载体和联系纽带，加之现代快速交通网络改变了各地的区位条件，使我国的经济要素资源的流动配置、空间布局逐渐超越了原有东中西区域板块分界，从而必然引致区域战略布局升级，并使我国地缘经济关系发生深刻变化。

构造统一大市场是完善发展社会主义市场经济体系的基本环节。国家"四区两带"区域战略布局是一个超大规模、覆盖广阔的战略纵深体系，也是统一大市场的广域体系。新发展格局特别是内循环主体以国内超大规模市场为依托和动力，超大规模市场具有资源分布广、要素丰度高、生产能力强和消费潜力大等特征，是从生产、流通、分配到消费的循环系统。这种市场形成体现在空间区域布局上，还具有大纵深、广覆盖、多链接的特征，这就是空间上的战略纵深。所谓战略纵深原是军事学名词，意为可做战略性运动的地域空间，呈现为"前线—后方"的空间结构。面积广大的战略纵深区域既能为作战军队提供后方支援和阻滞敌方进攻的空间，又可为发起战役提供集结军队、出击进攻的基地①。经济发展空间的战略纵深，首先是指空间范围及其面积规模，其次可理解为区域经济的"中心—腹地—网络"结构的地域空间，在幅员辽阔的国家还呈现多个层次的"中心—腹地—网络"的空间形态。吸收和辐射一个经济区的"中心"可称为"节点"，而连接、吸收和辐射多个经济区的"节点"则称为"枢纽"。国家"四区两带"区域战略布局特征是改变了原先东中西三个区域南北向的纵向分割，而成为以四个大城市群为增长极、重在东中西的横向贯通。在新的区域战略纵深布局中，"中心—腹地—网络"的节点和枢纽具有关键地位与支柱作用，也是当前各地竞相关注和着力的焦点。哪个地方能够构建成为这种节点和枢纽，这个地方就能够获得更高的发展位势，赢得更多发展空间和机遇，在推进"双循环"新格局形成中显示更大作为。

在长江经济带战略纵深上，从长江中下游地区国土空间面积看，长三角地区沪苏浙皖总面积35.06万平方公里，中部地区鄂湘赣三省面积达56.47

---

① 米·尼·图哈切夫斯基. 大纵深战役理论 [M]. 北京：解放军出版社, 2007.

万平方公里，加总达 91.53 万平方公里。从长江中下游地区人口规模看，第七次人口普查数据显示，长三角地区沪苏浙皖常住人口为 2.3519 亿，中部地区鄂湘赣常住人口为 1.6937 亿，加总达 4.0456 亿。从长江中下游地区经济体量看，2021 年末，长三角地区沪苏浙皖地区生产总值分别为 4.32 万亿元、11.64 万亿元、7.35 万亿元、4.30 万亿元，共 27.61 万亿元；中部地区鄂湘赣分别为 5.00 万亿元、4.61 万亿元、2.96 万亿元，共 12.57 万亿元，加总为 40.18 万亿元，约占当年全国 GDP 的 40%。数据表明，长三角一市三省加中部三省的区域是我国人口最为稠密、经济密度最大的区域之一，国土空间广阔，市场容量巨大，资源承载力强，在国家"双循环"格局和超大规模市场体系的战略纵深中具有举足轻重的意义。毫无疑问，在这一区域中打造枢纽，具有巨大的战略价值和更高的战略位势。

概括而言，"双循环"新发展格局下"四区两带"的国家重大区域战略布局是原有东中西梯度推进战略的升级，是基于我国超大规模市场体系的战略纵深拓展，内在地要求区域板块发展与跨区联动发展有机结合。安徽建设长三角与中部链接枢纽，必须置于"双循环"新发展新格局，秉持战略纵深理念，从而把握建设枢纽的方位。

二、在新的地缘经济关系中安徽如何链接长三角与中部

安徽在原有东中西梯度发展区域战略布局中单纯属于中部地区，党的十八大以来逐步深入融合于长三角，随着长三角区域一体化发展上升为国家战略，现已全域纳入长三角区域，成为既是长三角的重要成员，又是中部地区的重要组成，还是长江经济带的省区之一。从地理区位考量，在长江流域，安徽属长江中下游地区，历史上就是"吴头楚尾"，天然成为长江流域东部与中部两大经济区域的连接地，也因此有安徽"承东启西""左右逢源"之说。然而必须指出，仅有自然地理和历史因素并不能构成安徽成为链接长三角与中部枢纽的充分条件，还必须考量是否具有现时区域经济发展大趋势及其给出的条件。

区域经济学研究表明，在工业化城市化中后期阶段，在市场经济条件下，区域之间的经济联系主要是城市之间的经济联系，这种联系的区域空间现象，就是城市群和都市圈的出现。城市群或都市圈之间的时空距离和集聚密度反映了战略纵深的"中心—腹地—网络"内在联系的紧密程度，紧密程度越高，区域协同发展乃至一体化发展的基础和条件就越好。从长江中下游区域考察，东部长三角地区正在建设世界级的长三角城市群，其中又有上海大都市圈、苏锡常城市群、南京都市圈、杭州都市圈、合肥都市圈和宁波都市圈等亚城市群或都市圈；中部地区也形成了武汉都市圈、长株潭城市群和环鄱阳湖城市群等，并且这些城市群或都市圈的核心城市除江西南昌外均为地区生产总值超万亿的特大型城市。这表明，长江流域的东部与中部在空间形态和空间结构上已趋于一致，差异缩小。对此，学术界近年来已经关注和研究了"东中一体"问题。2017 年 6 月，中国社科院课题组与经济日报社共同发布的"2017 年中国城市竞争力报告"提出了"东中一体"趋势及其概念，该报告通过对东部地区和相邻的中部地区城镇化、都市圈、城市群发展的考察与比较，认为东中部地区正在形成"东中一体"的网络状城市体系[①]；随后在"2018 年中国城市竞争力报告"指出，一年来"东中一体"具有强化趋势[②]；"2019 年中国城市竞争力报告"又进一步显示，"东中一体"趋势已初现端倪[③]。这个研究报告连续三年对"东中一体"演变发展的观察与分析，表明了原东中西梯度推进区域格局已然发生了突破板块分割、东中部联通一体的新趋势。

同时，在任何一定范围的空间，其承载力总是有极限的，过度集聚导致"拥挤"效应将使得该地不堪重负而发生崩溃。因此，经济地理学和区域经济学理论都注意到"中心区边界"问题，如上海的学界和政府在早些年就研究规划了"上海城市边界"。为解决"中心区边界"的限制，出路在于拓展战

---

① 2017 年 6 月 22 日中国经济网。
② 2018 年 6 月 23 日《经济日报》。
③ 2019 年 6 月 24 日《经济日报》。

略纵深，将中心区功能向外部腹地延伸，扩大吸引与辐射的空间。为此，早在2009年5月，上海与武汉就签署了《关于进一步加强沪汉全面战略合作的协议》，旨在开拓东部与中部联动合作的战略空间。进入新发展阶段以来，在构建"双循环"新发展格局背景下，长三角地区与中部地区的对接更趋紧密。尤其在2021年，上海·湖北合作发展交流座谈会于4月举行，携手推动沪鄂合作再上新台阶；江苏·湖北合作发展交流座谈会于4月举行，力促苏鄂交流合作取得更多实质性成果；浙江与江西在2019年即联合打造"衢饶"示范区，表明了长三角地区与中部地区联动协同呈现加密高频态势。

安徽纳入长三角，与沪苏浙形成互为战略纵深的一体化发展格局，为未来发展提供了强大动能和广阔空间。必须指出，长三角一体化既是区域经济体系，也是区域经济组织。在理论与实际上，区域经济具有一定边界和排他性。安徽作为长三角一体化成员，建设链接枢纽并非简单地把长三角与中部三省资源要素捏合在一起，首要之务是深度与沪苏浙融为一体，在区域经济体系和区域经济组织中求得更大发展，缩小乃至抚平与沪苏浙的发展落差。因此，把扎实推进长三角一体化作为安徽发展的首要指向和方位是不可摇摆的。另一方面，安徽也要在长三角经济体系和经济组织中形成一批强实力高势能基地平台的前提下，依托这些基地平台顺应长江经济带战略纵深推进趋势，前瞻性布局与中部地区合作，就势建设一批富有"集聚—辐射"功能的链接枢纽，从而双向度、大空间整合配置资源要素的枢纽。还必须指出，由于区域经济组织的界定与排他性，一个地方不能将区域整体的合作组织合作机制简单地扩展于其他地方，一般只能以地方"点对点"形式开展合作。如2021年上海、江苏与湖北协商建立战略合作，即长三角区域省市与中部地区省份"点对点"的省际合作。如果说"左右逢源"，安徽当下必须以长三角一体化为主为重；如果说"东中链接"，安徽则要以省际"点对点"形式开拓与中部合作的前瞻性布局。就进展而言，这是一个延续的关系和渐进的过程。

从长期看，安徽如同沪苏浙一样，还需要更大的战略纵深空间，而且不能等到"拥挤"效应发生和发展空间受限之际才被迫拓展战略纵深,而必须未雨绸缪,现时就应该对此有前瞻性意识、远虑性布局和主动性行为。长三角地区与中部地区联动协同呈现加密高频的新趋势,昭示了安徽长期发展开拓更大战略纵深空间的方向与可行路径。因此,安徽建设链接长三角与中部枢纽是国家"双循环"格局战略纵深形成和长三角一体化深入推进的需要,也是安徽长期持续发展的客观需要,顺势而为具有必要性,也具有现实可行性。

大尺度区域的经济联系取决于时空距离,现代交通特别是国内高铁是改变时空距离和促进区域经济联系的重要基础条件。长三角地区目前是我国高铁通车里程最长的区域,但在前些年,长三角与中部三省的高铁快速交通体系不够发达和畅通,如沪汉之间经合肥后便由高铁时速降为动车时速,沪宁经合肥到南昌则无直达高铁线路,远不及长三角中心城市之间的快速通达状况。据我们在上海调研与有关专家交流时了解到,上海虽然早在 2009 年就与武汉开启了战略合作,但也正因为快速交通的基础条件不够健全,资源要素流动的时效低、成本高,致使两地合作的深广度、便捷性等不尽如人意。进入"十四五"时期,长三角地区与中部三省的快速交通体系加快建设健全,上海经南京、合肥到武汉的北沿江高铁开建,合安九高铁 2021 年通车使南京、合肥直达南昌再无高铁"断头路"之虞,杭州经黄山到南昌的杭黄昌高铁将于 2023 年全线贯通,大幅提高了长三角地区与中部三省的快速交通线路密度,缩小了时空距离。依托畅达的快速交通,长三角地区与中部三省加密经济联系的基础条件比以往更为成熟和优异。安徽拥有长三角与中部三省高铁交通的合肥枢纽和多个节点,也由此获得了链接两个地区的交通区位优势。

综合考量,长三角地区与中部三省跨区联动发展已经成为地缘经济大趋势,引领区域经济社会发展的城市群体系加速发育,两地空间形态和空间结构上已趋于一致,加之以高铁为骨干的现代交通条件更加完善,从而给安徽打造长三角与中部三省链接枢纽提供了客观态势、良好基础和现实条件。也就是说,时与势都已经扑面而来,安徽必须与时俱进、顺势而为。

第二节　安徽发挥承东启西区位优势的阶段性重点

一、立足国家重大区域战略布局把握定位

在国家"四区两带"区域重大战略布局中,中部的河南、山西均处于黄河生态经济带范围,而安徽与东部沪苏浙和中部湖北、湖南、江西同属于长江经济带。未来一个时期,国家在区域发展战略纵深有关安排将在"四区两带"特别是贯通东中西的"两带"展开。事实上,国家在出台长三角一体化发展规划后,随之于 2021 年 6 月颁布了《关于新时代推动中部地区高质量发展的指导意见》,又紧接着于 2021 年 10 月发布了《成渝地区双城经济圈建设规划纲要》,体现了国家在长江经济带的战略纵深布局的深化和细化,呈现出长江经济带以上海为"龙头"、以武汉等中游城市群为"龙身"、以成渝双城经济圈为"龙尾"的大纵深区域协同发展的战略安排。

在经济地理和空间经济理论中,中心向周边吸引和辐射随着距离延长而趋于递减的边际效应是其"第一定律"。因此,在长江经济带大纵深区域中,必须有根据空间距离边际效应安排的一系列"中继"节点和链接枢纽,以"中心＋枢纽(节点)"来传导和接续吸引与辐射效应,从而形成网络整体协同。根据国家区域重大战略布局和经济地理"第一定律",安徽建设链接长三角与中部枢纽的方位应该在长江经济带体系,立足于安徽交汇长三角与中部鄂湘赣三省的空间距离特征和区位优势,聚焦于安徽在长三角与中部三省纵深连接来研判和谋划枢纽建设。这一方位的选择与国家长三角一体化规划部署的"两轴三带"(沪宁合、沪杭甬 2 个发展轴,沿海、沿江、沪杭赣 3 个发展带)是吻合的,也是与长江经济带纵深发展战略部署吻合的。此外,中原地区与长江流域有关的部分如河南的大别山区,本来就与安徽和湖北的大别山区天然一体、同一山脉,既是长江三角地区的生态屏障,又是华中地区的生态屏障,因此也是安徽建设长三角与中部地区链接枢纽必然涵盖的区域。

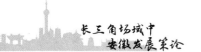

二、安徽链接长三角与中部的现阶段重点

1. 选择建设链接枢纽重点的基准

"密度"是标志区域经济关联程度的范畴。相对而言，安徽在长三角一体化格局中与沪苏浙的经济联系融合密度日益增强，区域经济体系和区域组织体制机制也日臻完善，但安徽与中部地区的经济联系密度远低于前者，这就决定了现阶段安徽建设长三角与中部地区链接枢纽必须着力于补短板，通过省际"点对点"合作来开发和提升与中部三省的经济联系密度。简而言之，安徽与长三角沪苏浙要进一步深融加密，而与中部地区则是开发提升密度。

跨越原有东中西区域分割、贯通长三角与中部三省链接，形成大纵深的长江经济带中下游联动发展体系和增长集群，必然需要一个相当长的过程，需要一步一步渐次推进。从中长期阶段观照，国家《长江经济带发展规划纲要》提出的目标是，到2030年，长江经济带水环境和水生态质量全面改善，生态系统功能显著增强，水脉畅通、功能完备的长江全流域黄金水道全面建成，创新型现代产业体系全面建立，上中下游一体化发展格局全面形成，生态环境更加美好、经济发展更具活力、人民生活更加殷实，在全国经济社会发展中发挥更加重要的示范引领和战略支撑作用。

根据这一目标及其要求，应该把建设长三角与中部链接枢纽分为两个层次：第一层次是应对我国经济面临的三重压力，切合国家战略急需，聚焦科创、产业和交通物流三个现时"痛点"建设相应的链接枢纽；第二层次是基于消弭安徽与中部链接"低谷"，发挥特定地域的禀赋优势，争取建设国家战略层级的功能性枢纽。从现阶段研判，在第一层次上，在城市群引领区域经济发展的时代背景下，大纵深的长三角与中部联动发展要以城市群特别是中心城市联动协同为主体，长江经济带的长三角城市群、长江中游城市群、成渝城市群三大增长极体系中，安徽应充分利用已有"中四角"（武汉、合肥、长沙、南昌四城市）合作机制，发挥合肥的国家交通枢纽、科创中心和产业基地优势，深化拓展与中三省中心城市全面战略合作。依托皖江城市带承接产业示范区升级，链接长三角—中部产业廊道，在沿江芜湖、安庆等城市搭建产业和大交通大流通枢纽。在第二层次上，贯彻党中央提出的长江经济带发展必须坚持生态优先绿色发展的战略定位，特别是最近提出的"双碳"目标引领下的长江中下游地区重要生态功能区建设要求，以长三角和中部共同的重要生态屏障即大别山区作为链接长三角与中部枢纽的重点之一，是安徽在其中实现更大作为的必要选择。

2. 以搭建科创、产业、流通枢纽型功能性平台和深化"中四角"合作为安徽建设长三角与中部链接枢纽的重点

我国是发展中大国，在"双循环"格局下战略纵深推进，以经济建设为中心的发展始终是第一要务。当前世界经济加剧动荡变革，不确定因素加大，我国经济面对需求收缩、供给冲击、预期转弱的三重压力，深化和加快供给侧结构性改革是现阶段促进"双循环"新格局形成的关键。现阶段供给侧结构性改革主要解决三大问题：一是科技创新以提供发展新动能，二是产业转型升级以提供有效供给，三是畅通交通和流通以开拓内循环大市场。因此，安徽建设长三角与中部链接枢纽必然要以科创、产业和流通为主题。遵循长板链接原则，发挥安徽特别是中心城市的科创、产业、流通比较优势，搭建传导长三角与中部三个领域资源配置的枢纽型功能性平台，形成链接的增长极点，从而增强要素集聚辐射功能及其效益。

为搭建这样的枢纽型平台，需要充分利用长三角沪宁合发展轴向中部延伸、长三角沿江发展带溯流向西推进之势，深入开拓中心城市节点城市之间的多方位合作。这是基于城市群（都市圈）已成为人口、市场、产业主要载体和驱动区域发展的引擎，城市群特别是其中心城市的竞合联系起着主导作用。据教育部人文社科重点研究基地——华东师范大学中国现代城市研究中心发表的"长江经济带城市协同发展能力指数（2020）"统计研判，长江经济带上的龙头城市上海以及杭州、南京、成都、武汉、重庆、苏州、宁波、合肥、无锡、长沙等高级区

域中心城市分别具备了较强的对全流域、对所在区域的协同发展能力①。另据江苏长江经济带研究院发表的《长江经济带协调性均衡发展指数报告2020》，通过对2020年度长江经济带110个城市协调性均衡发展总指数进行分析，排名显示，长江经济带下游尤其是长三角地区的城市表现出色，基本都处于第1~3层级，总指数在1以上；中游除武汉、长沙和南昌等少数省会城市外，大多数城市的总指数并不理想，普遍处于第4~5层级；上游的情况与中游类似，除重庆和成都外，大都处于第4~5层级，协调性均衡发展总指数偏低。该报告还指出，长江经济带地区发展条件差异大，基础设施、公共服务和人民生活水平的差距较大。区域合作虚多实少，城市群缺乏协同，带动力不足②。从我们调研情况看，武汉、长沙和南昌的学界专家、政府部门和企业界人士都希望与长三角地区中心城市加强科技创新、产业发展和市场开发等领域合作，以增强区域协调发展推动力。正因为如此，2021年上海和江苏党政代表团赴武汉签署战略合作协议，备受中部三省及其三个中心城市的欢迎。安徽省于2021年11月主办了2021世界制造业大会国际商协会（安徽）会议，长三角国际商会联盟和中部地区国际商会联盟的13家国际商会负责人聚首合肥，正式签订两个联盟合作备忘录，建立常态化对接机制。安徽此举在中部三省也引起了热烈反响。长三角向西拓展战略纵深，中部三省向东放大发展空间，已成相向而行的态势。由此可见，安徽依托已有的"中四角"合作平台和机制，深化合肥与武汉、长沙、南昌的中心城市之间以及都市圈之间的合作，在加密区域经济结网中把合肥建设成为长三角与中部链接的枢纽城市，是因势利导的战略抉择。

需要指出，在中微观层面，安徽建设长三角与中部链接枢纽的"接口"随着未来的更加广深领域的扩展还会有很多。而在当下阶段，尤其应注重在国家战略需要和区域发展大势层面上选择重点，以求得高层面的链接和建设高能级的枢纽。

① 曾刚等：《长江经济带城市协同发展能力指数（2020）研究报告》，华东师范大学中国现代城市研究中心，2021年12月。
② 江苏长江经济带研究院：《长江经济带协调性均衡发展指数报告2020》，2021年11月。

3. 以共同开发大别山"碳汇"战略价值作为安徽建设链接枢纽的重点

做出这一选择，是基于对大别山区生态功能及其战略价值的再认识。"双碳"的最终目标是碳中和，即碳净零排放。净零排放并不意味着无碳排放，如人口、工业、大城市稠密区将相对较多碳排放，而要达成碳中和，就需要生态功能区固碳、封碳来对冲使之平衡。因此，我国实现"双碳"目标的关键基础是生态功能区，特别是大面积强功能的生态功能区，其战略价值与时俱增，极其巨大。大别山位于鄂豫皖三省交界处，山脉连绵千余公里，为长江和淮河两大水系的分水岭，是我国华中平原和长江三角洲地区生态安全屏障，其丰富的绿色植被使之素有"华中之肺"的美称，也是武汉经济圈、合肥经济圈、中原经济区的重要水源地。在"双碳"目标下，更好地保护和发挥大别山区生态功能，深度开发其增氧固碳、净化大气、调节气候的碳汇功能，是长三角和中部生态建设和达成"双碳"目标的重要依托，也是现阶段长三角与中部共同诉求共同利益的焦点所在。

事实上，据我们调研湖北、河南有关部门和专家了解到，鄂豫两省的大别山区都分别处于武汉都市圈和中原城市群外围，也属欠发达地区，同样有推动大别山区绿色发展闯出新路的迫切诉求。这一共同需求，正为三省合作共建大别山碳汇经济试验区并争取上升为国家战略奠定了坚实基础。如能上升为国家战略层面，则可以获得规划、政策、投资、项目、工程等更有力的支持，并吸引带动更多的社会资本和各界力量参与建设。

综合考量，我们建议，安徽主动首倡和推动由安徽、湖北、河南三省共建大别山碳汇经济试验区，并争取上升到国家级战略。在欠发达的革命老区、国家生态功能区跨省联手共建碳汇经济试验区，这一举措既符合国家长三角一体化、中部地区高质量发展乃至长江经济带发展的战略部署与要求，又切合国家"双碳"目标引领的战略要求，也有利于增强皖西南地区发展的动能，促进安徽区域协调发展。将这一试验区上升到国家级战略，有利于提升皖鄂豫三省大别山绿色低碳发展战略价值和政策加持，也有利于提升安徽建设长

三角与中部链接枢纽的位势。

三、建设长三角与中部链接枢纽需要把握的原则

在长三角与中部联动发展的态势下，安徽建设长三角与中部链接枢纽应注意把握以下原则，并将其贯穿建设进程之中。

1. 长板链接原则

区域发展不平衡是长三角与中部联动发展面临的现实情形，针对区域不平衡就必须基于比较优势，以各方的"长板"进行链接。长板理论是"木桶理论"的变式，"木桶理论"是说当木桶正放置时其容量由最短板决定，而长板理论是指当木桶斜放置时则由长板决定其最大容量。比如大别山区现为欠发达地区，在"木桶理论"视域下是短板劣势，而在"双碳"目标引领的新背景下，大别山区的生态资源和固碳减碳功能却成为比较优势和禀赋长板。以此比较优势，推动皖鄂豫三省共建大别山碳汇经济实验区，正是长板链接之举，也因此最易于形成长三角与中部联动发展的特色增长极，并具有上升为国家级战略的现实可能性。

2. 互补合作原则

在社会主义市场经济条件下，资源要素的充分流动是多向度的，而在区域联动中这种流动更多表现为双向对流，且在本质上是市场交易行为。互通有无、互补长短的互补性构成了区域联动协同和资源要素双向对流与市场交易的基础，也是区域合作的准则。如上所述，长三角与中部的空间形态和空间结构正在形成"东中一体"的网络状城市体系，各地均已形成了增长极，其集聚效应与外溢效应不再是先后发生，而呈现为同步进行。因此，长三角与中部链接的必然要求在于互补合作。长三角和中部加快形成"双循环"格局，在科技创新、现代产业体系、生态大保护、统一市场完善等领域都有需要大纵深配置资源和合力攻克瓶颈的一系列战略重任，各扬所长、互补协同是最有效之道。安徽建设链接枢纽，无论是与鄂豫共建大别山碳汇经济试验区，还是搭建枢纽型平台以及深化 "中四角"合作，都要秉持互补合作原则，采人所长补己之短，又扬己之长助人补短，从而由互补达成共赢。

3. 有效市场与有为政府相结合原则

长三角与中部链接是跨行政区的链接，突破行政边界、建设统一的高标准市场体系是市场发挥资源配置决定作用的关键，也是有效市场的根本特征。贯通东中部大市场，仍需要进一步健全市场体系基础制度，当下重点在于营造公平竞争市场环境，加快土地、劳动力、资本、技术、数据等要素市场体制改革与体系建设。充分激发各类微观主体参与区域合作的能动作用，创新合作载体和组织，大力发展科技攻关联合体、创新联盟、产业行业联盟、商协会联盟、企业供应链联盟、功能性公共平台、合作园区、飞地园区等。在大纵深区域互补合作进程中，有为政府的作用主要在于各级地方政府间的协同合作，包括共同谋划顶层设计、制定统合性政策、运用好财政政策和货币政策工具等，重点是规划、科技、产业、投资、消费、生态、人才、区域协调等方面的政策配合，在合作红利分配上相向施策，并要大力营造市场化、法治化、国际化营商环境，提高为微观经济主体服务的效能。近年来长三角一体化深入推进中产生了诸多行之有效的新鲜经验，安徽建设长三角与中部链接枢纽应加以借鉴或复制。

基于本报告分析研判，我们在后面章节将分别从上述两个层次就当前阶段安徽建设长三角与中部链接枢纽的两大重点，即建构枢纽型平台进一步提升安徽与中部三省经济密度、推动皖鄂豫共建大别山碳汇经济试验区，加以具体分析和对策谋划。

第三章
以平台为主体建设安徽科创、产业、流通枢纽

第一节　安徽建设链接枢纽的阶段性重点与空间分布

一、从供给侧结构性改革明晰长三角与中部链接的阶段性重点

从区域合作组织机制考量，目前长三角区域一体化已具有从中央领导小组、四省市主要领导座谈会、城市群城市经济协调会到各工作专班、中微观层次的各种联盟等完整而系统的区域合作组织体系及机制，但在"中部崛起"框架下的中部6省尚未有这样完整的组织体系及机制，唯有长江中游4个省会城市层级的"中四角"合作组织机制形成并运行多年，成为成熟的区域合作组织机制。安徽建设长三角与中部链接枢纽，必须充分利用这一组织机制。之所以要深化拓展"中四角"中心城市全面战略合作，是基于城市群（都市圈）已成为人口、市场、产业主要载体和驱动区域发展的引擎，城市群特别是其中心城市的竞合联系在区域发展和协调中起着主导作用。长三角和中部鄂湘赣三省在城市群（都市圈）体系建设上已经趋同，空间形态和空间结构也趋于一致，东中部地区正在形成"东中一体"的网络状城市体系，地缘经济关系日益密切，因此，城市群（都市圈）主导长三角与中部链接的态势已然成形，条件已然成熟。在"双循环"新格局下，深化"中四角"合作，是长三角与中部协同构

建长江经济带战略纵深的客观要求。以"中四角"合作为纽带,以高能级大平台为抓手,是安徽发挥区位优势建设长三角与中部链接枢纽的可行路径。这里需要指出,"中四角"合作不像第二篇所说的大别山碳汇经济试验区那样具有自然地理空间边界的特征,而是在更大程度上具有区域经济组织化形式的意义。

二、安徽建设长三角与中部链接枢纽的空间分布

在新时代我国地缘经济演进中,长三角与中部已然呈现"东延中接"即长三角向中部延展纵深、中部则向东对接长三角的走势。长三角一体化发展规划部署及其近几年的实施,形成了沪宁合发展轴和沿江发展带两大"东延中接"的空间走向,随着长江经济带战略纵深的推进,未来长江经济带长三角城市群"龙头"、长江中游城市群"龙身"和成渝经济圈"龙尾"共舞态势将逐步形成。安徽要顺势而为进行布局,以沪宁合发展轴向中部延展和长三角沿江发展带与中部连接为主要空间,着力在合肥和沿江主要城市布局建设科创、产业和流通链接枢纽。

为促成这一空间格局,一是基于城市群及其中心城市主导长三角与中部三省地缘经济联系的态势,充分利用已有的"中四角"合作机制,发挥合肥科技创新、战新产业和随着北沿江高铁建设形成的东中西连接大通道等优势,深化合肥、武汉、长沙和南昌"中四角"科创和产业合作,推动四个城市群中心城市共建"中四角"科技创新矩阵,建立多层次的科创联合体。二是向中部传导长三角沿江发展带延展,建设"长三角—中部"产业廊道,在安徽沿江主要城市构造承接长三角战新产业沿江布局和依托长江黄金水道综合交通体系的若干产业、交通枢纽。根据长板对接原则考量,合肥是长三角区域乃至国家重要科创重镇,战略性新兴产业也形成了特色及优势;芜湖是 G60 科创走廊成员,有长江黄金水道上的良港,新兴产业已具有相当规模和能级;安庆则是长三角沿江发展带的西向终端城市,又是长三角向中部地区战略纵深推进的"接口",区位特殊,且为长江深水良港。因此,应着力在合肥、芜湖、

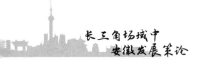

安庆围绕科创、产业和交通流通构筑高能级的链接平台。

第二节　建设"中四角"科技创新矩阵，厚筑合肥科创枢纽

一、瞄准"中四角"科技创新交集领域建设科创矩阵

安徽科技创新在合肥牵引下已经整体融入长三角科技创新一体化体系，包括合肥与上海张江综合性国家科学中心的"两心同创"、G60科创走廊、长三角科技创新共同体等，建立了多层次的科技创新合作组织、联合攻关载体和技术市场平台。在建设长三角与中部三省科技创新链接枢纽方面，安徽仍然要以合肥为牵引，传导长三角科创共同体合作的资源和机制，加密与武汉、长沙和南昌科技创新联动合作，形成"中四角"科创矩阵。"中四角"科创资源和科教资源丰富，有合肥综合性国家科学中心、武汉和长沙的全国重要科教城市、四城市大批科研机构和高校科创资源，有利于整合域内创新要素，推动关键核心技术联合攻关，建设成科技创新策源区域和科技成果转化高地。合肥要充分发挥综合性国家科学中心、G60科创走廊和长三角科技创新共同体重要主体的高势能，在具有优势的领域当好主角，发挥主导作用。

建设"中四角"科技创新矩阵，必须着眼于四地科技创新领域和重点的交集，在交集部位发力。环顾中部城市群三个中心城市：（1）武汉在"十四五"时期科技创新的重点是，围绕"光芯屏端网"、生物医药、先进制造、现代农业等重点产业，瞄准未来网络、生命健康、生物育种、前沿材料、量子信息、人工智能、区块链、空天科技、海洋科技等前沿技术领域，加快打造重大科技创新平台，已组建了光谷实验室等，并将着力建设若干大科学装置。（2）长沙的科技创新聚焦工程机械、生物种业、新材料、医疗器械、人工智能等优势产业，创建国家级技术创新中心，在智慧新能源汽车、半导体技术与应用、创新药物、食品加工等领域布局一批新型研发机构。推进岳麓山大学科技城、马栏山视频文创园、长株潭国家自主创新示范区、国家新一代人工智能创新发展试验区。（3）江西的科技创新确定为"一核十城多链"战略安排，一核即强化南昌创新"头雁"地位，把大南昌都市圈建成中部地区创新发展重要

一极；十城是建设南昌航空、中国（南昌）中医药、南昌 VR、赣州稀金、鹰潭智慧、上饶大数据等十大科创城；多链即部署航空、先进制造与装备、新材料、新能源、汽车、新一代信息技术、新一代人工智能技术、现代服务业、中药、生物医药和绿色食品等多条产业创新链，打造南昌科学岛。江西还提出加快赣江两岸科创大走廊北拓南延，打通与 G60 科创走廊和大湾区科创走廊连接通道，表现出与长三角科创体系对接的积极意愿。

对照合肥"十四五"时期乃至更长时期的科技创新重点领域，"中四角"城市至少在新一代信息技术、人工智能、新材料、生物医药医疗、量子信息、智慧新能源汽车等领域具有深广交集，其中合肥在新一代信息技术中的集成电路、量子信息和量子计算、人工智能、智慧新能源汽车等若干领域具有相对优势。"中四角"会商曾明确提出议题：依托合肥综合性国家科学中心、武汉光谷科创走廊、长沙国家科技创新中心、南昌赣江两岸科创走廊等重要科创平台，加快构建"中四角"科创合作机制，近年来四城市也推动了这一进程。合肥要顺势用好用足这一已有机制，在瞄准四市科创的交集领域，聚焦自身相对优势部位，进一步深化拓展与武汉、长沙和南昌的科创合作。

二、推动打造"中四角"科技创新联合体

安徽在长三角一体化上升为国家战略之际，首倡建设长三角科技创新共同体，现已成为长三角的共同行动，并在 2021 年由科技部印发《长三角科技创新共同体建设发展规划》，获得国家支持。适应国家科技创新力量的纵深布局，建设"中四角"科技创新联合体已是正当其时。安徽应在建设长三角与中部链接枢纽中，再次首倡打造"中四角"科技创新联合体，以合肥为枢纽拓展多层次科技创新联合。目前"中四角"科创合作仅有指向性安排和倡议，尚未如同长三角建设科创共同体那样形成统一规划。合肥要着力促成"中四角"加强科创合作的顶层规划编制，把意愿变成规划并落实于组织和行动。在推动打造"中四角"科技创新联合体的统领下，关键是从中微观层面拓展多层次的科创联合载体和机制。

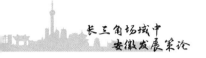

1. 深化新型研发机构合作

新型研发机构是极具活力、富有效率的创新主体,长三角和"中四角"各地纷纷组建市场化运行的新型研发机构,搭建科技成果面向市场需求转化的平台和桥梁。要开展各地新型研发机构的合作,强化新型研发机构"核心技术产业化孵化器"功能,打造平台型新型研发机构,加快建设公共技术服务平台、工程化研究(试验)平台和概念验证中心等,为各区域创新主体提供产业公共技术服务,打造创新型产业集群。通过建立健全"核心技术+行业及应用领域"模式,形成技术相关、市场互补的产品群和企业群,实现创新联合体辐射带动作用。

2. 建立"中四角"研发合作机制

围绕产业链部署创新链,加强推进长三角的创新资源与中部地区制造业的需求对接,由合肥、武汉、长沙和南昌根据各市优势产业牵头组建若干联合研发机构,面向区域制造业场景推进共性技术研发、装置设备共享、技术资源互通、标准规范互认、成果中试熟化、技术推广应用,形成"研发在中心城市、生产在制造基地"的模式。鼓励掌握核心技术的龙头企业通过跨区域交叉持股、企业重组、股权转让等方式,整合区域生产链上下游资源,促进产业内部联动和产业链深度融合,合力打造中部地区的先进制造业集群。

3. 推动科技创新服务互通互联

推动"中四角"普遍运用科技创新券工具,落实科技创新券通用通兑的运行机制,将优势高校、科研院所等科技资源纳入区域创新券合作支持范围,鼓励科技创新领域中小企业使用创新券在全域购买研发设计、技术服务等增值服务,推动科技资源共用共享、科技服务互通互联。组建前沿科研院所合作创新联盟、大型科技仪器设备共享联盟、科技创新公共服务互通联盟,促进创新资源集聚一体化发展。

4. 构建一体化的技术交易市场

发挥安徽科技大市场(安徽创新馆)与长三角各科技大市场机构协同的

位势，联合江西省网上常设技术市场、湖北技术交易所、潇湘科技要素大市场等，深化技术交易机构联盟合作，促进科技创新成果转移转化和创新要素畅通流动，共同服务区域创新需求。

三、厚筑"2+N"科创平台和联盟

1. 推动"中四角"共建2个高能级科创平台

（1）"中四角"战略科技创新平台。以合肥综合性国家科学中心、武汉光谷实验室等重点实验室、长沙岳麓山大学科技城、南昌科学岛等为主体，围绕新一代信息技术、人工智能、新材料、生物医药医疗、量子信息、智慧新能源汽车等领域的共性基础研究、前沿技术研发、关键核心技术联合攻关等具有战略意义的科创领域，搭建"中四角"战略科技创新平台。（2）"中四角"科技大市场平台。发挥安徽科技大市场（安徽创新馆）与长三角各科技大市场机构协同的位势，联合湖北技术交易所、潇湘科技要素大市场、江西省网上常设技术市场等，以市场联合体或联盟形式及其机制，共建"中四角"科技大市场平台，促进科创成果在"中四角"空间加速转移转化、科创要素顺畅流动和合理配置。

2. 推动"中四角"共建细分科创领域的若干（N）个科创联盟

以科创机构、新型研发机构和科创型企业为主体，以联合攻关项目为纽带，以跨地区科创体制机制改革为动力，建设一批细分领域的科创联盟，共建一批科创孵化器，着力健全联盟合作和孵化器运行机制。合肥应主动开拓，在新一代信息技术、人工智能、新材料、生物医药医疗、量子信息、智慧新能源汽车等领域发挥相对优势，担当发起和"盟主"角色。

第三节　打造"长三角—中部"产业纵深布局的沿江廊道

一、以提升皖江城市带示范区为纽带打造要素集聚产业转移的枢纽

1. 以延伸对接进行产业及其资源再布局

顺应"双循环"格局下产业、资本、技术面向国内市场再布局的大趋势，延伸长三角一体化的沿江发展带布局，以提升皖江城市带承接产业转移示范

区为纽带，打造连接长三角和中部地区要素集聚产业转移的枢纽。延伸长三角的沪宁合增长轴和沿江发展带，对接湖北"一轴两翼"沿江布局、江西昌九产业走廊和湖南长株潭发展带，基于产业关联推进互补性接链和一体化强链，纵深整合长三角与中部资源打造高能级产业链。具体路径是：一要增强合肥制造业集聚的优势功能，在与长三角沪苏浙共建若干个世界级产业集群的基础上，扩展与中部三省特别是以其省会为中心的产业集聚带（区）的链接，塑造产业枢纽。二要发挥芜湖的合肥都市圈副中心、G60科创走廊节点、长江大交通枢纽等优越位势，发挥安庆的长三角与中部接合部区位优势，着力将两市建设成为"长三角—中部"产业纵深布局重要廊道上的枢纽。三要加强皖江城市带联动，马鞍山、铜陵、池州、宣城等要增强节点功能，形成多节点支撑枢纽的合力系统。

2. 把握建设产业链接枢纽的主攻领域

根据调研可以发现，目前皖江城市带主要城市与武汉、长沙和南昌在产业门类与结构上有显著的相似性或同质性，因此竞争关系突出，但同时在细分行业特别是在产业链环节及其关联上也存在明显的互补性，因此仍有较大的合作空间。

"十四五"时期，武汉、长沙和南昌的产业发展重点各有千秋。（1）武汉：巩固发展传统制造业，提升核心基础零部件、关键基础材料、核心电子元器件、先进基础工艺以及工业基础软件等方面技术水平。推动"光芯屏端网"新一代信息技术、汽车制造和服务、大健康和生物技术等发展。同时优化钢铁、石化、建材、食品、轻工、纺织等传统产业转型升级。大力发展集成电路、新型显示器件、下一代信息网络、生物医药四大国家级战略性新兴产业，布局发展电磁能、量子科技、超级计算、脑科学和类脑科学、深地深海深空等未来产业。（2）长沙：进一步推动科技、金融、会展、现代物流、电子商务、咨询服务等生产性服务业和旅游休闲、文化创意、家政服务、健康养老、商贸服务等生活性服务业发展。推动精细农业发展，全力构建现代农业体系。进一步提升核心基础零部件(元器件)、关键基础材料、先进基础工艺、产业技术基础和基础工业软件等方面技术水平。大力发展工程机械和先进储能材料产业。攻关新一代信息技术、智能制造装备、新材料、生物技术、新能源及节能环保等战略性新兴产业,聚焦新一代人工智能、3D打印、VR/AR、区块链、尖端生命科技等前瞻产业。(3)南昌:推动现代金融、现代物流、创新创意、总部运营等生产性服务业和商务商贸、文化旅游、健康养老、新服务经济等生活性服务业发展。持续推进绿色食品、现代针纺、新型材料、机电装备等产业转型升级,推动航空、军民两用电子信息、卫星应用等军民融合产业发展。建设电子信息产业集群,大力发展虚拟现实、移动智能终端、LED、5G产业链;建设生命健康产业集群,大力发展中医药、生物制药、医疗器械产业链;建设高端装备产业集群,大力发展汽车和新能源汽车、航空产业链。

反观安徽皖江城市带的合肥、芜湖、安庆,在产业发展上也各具特色。(1)合肥:持续推进制造业发展,夯实制造基础支撑。推进"三重一创"建设,大力发展建设新型显示电器、集成电路、人工智能、新能源汽车、生物医药、新材料、光伏及新能源等领域。聚焦量子科技、第三代半导体、精准医疗、超导技术、生物制造、先进核能等未来产业。在服务业领域,重点是推动研发设计、软件信息服务、检测认证、金融服务、现代物流等生产性服务业和健康、养老、育幼、文化、旅游、体育、家政、物业等生活性服务业发展。(2)芜湖:要形成优势产业和战新产业"双轮驱动"的发展格局,打造新能源和智能网联汽车、新型建材、智能家电3个国际领先的优势产业,工业机器人、电线电缆、互联网休闲食品、铜板带及精深加工、铸铁管件及精密铸造、快递物流装备6个在国内领先的优势产业,以及航空、新型显示、微电子、3D打印4个在国内有影响力的优势产业。(3)安庆:重点发展汽车及零部件、高端装备制造产业、化工新材料和医工医药,布局新一代电子信息、5G、人工智能等新兴产业,加快纺织、服装、食品等传统产业升级,推动支持安庆石油炼化绿色、延链发展。

综合分析,由于皖江城市带主要城市与中部三省省会城市的产业发展总体上竞争关系相对强于合作关系，像长三角皖沪苏浙合力共建世界级产业集群的现实条件尚不够成熟，因此适宜从细分产业链环节层面拓展基础材料、元器件零部件、配套装备、工业互联网联通以及技术工艺、检验检测等服务领域的纵向分工与横向分工链式合作。相对于安徽与沪苏浙构造若干世界级产业集群及其产业链而言，安徽与中部三省及其中心城市产业合作的现阶段指向在于战略布局，即逐步加密产业协同和链式合作，深化重点产业链细分环节纵向横向分工协作和互补链接，塑造"长三角—中部"沿江产业廊道现代产业生态，奠定"东中一体化"成熟背景下长江经济带超大现代产业体系建设的基础。

二、共建"长三角—中部"沿江产业廊道现代产业生态

发挥安徽新兴产业集聚，产销配套与要素成本等比较优势，在更大范围内整合产业资源，配置市场要素，推动产业链群区域协作与提质增效，以合肥为核心、皖江城市带为廊道，链接长三角与"中四角"产业协同，共建现代产业体系的大系统产业链，提升在区域经济一体化、全球价值链与生产网络中的位势，建设成为长三角与中部地区产业融通协同的中继枢纽。

1. 合力优化产业体系和结构，拓展新兴产业集聚高地建设合作

深化合肥及皖江城市带与沪苏浙新兴产业合作，强化新型显示、人工智能、机器人、新能源汽车等优势产业链，吸引长三角和中部三省相关资源，锻造产业集聚高地，支撑长三角和"中四角"打造电子信息、汽车、高端设备等先进制造业产业链合作。加强承接产业转移协同协作。推动皖江城市带与湖北荆州、赣南、湘南湘西承接产业转移示范区以及鄂湘赣沿江地区城市协同发展，加快承接长三角中心区装备、材料、医药、食品轻纺等优质项目转移和再布局。皖江城市带尤其要加大与上海、苏南、浙东北以及武汉等地"双招双引"力度，促进优质产业来皖布局发展。共同推动传统产业转型升级。实施传统产业共性技术、通用技术改造升级工程，支持马鞍山、铜陵等与长三角、中部地区相似城市加快传统产业改造升级，发挥宝武、海螺等头部企业带动作

用，着力推进"长三角—中部"沿江产业廊道的钢铁、采矿、有色金属、化工、建材、食品轻纺等传统产业绿色化、数字化、智能化转型。加强工业互联网赋能。聚焦布局新基建，推广新模式、融合新技术、培育新产业等，加大创新平台与头部企业招引力度，围绕汽车、电子信息、家电、纺织等特色优势行业，打造一批服务于长三角和中部地区企业共性需求的"双跨"平台、特色平台和公共服务平台，引领支撑区域性工业互联网标识解析体系建设，在分行业、分领域创造一批可复制、可推广的"工业赋能"以及工业互联网应用标杆。

2. 发展长三角与中部地区产业链联盟

借鉴 G60 科创走廊广设跨省技术创新联盟、产业行业联盟的经验，立足合肥及皖江城市带特色优势、配套优势与部分领域先发优势，坚持市场化、轮值制等原则，引领或参与构建一批涵盖长三角与中部地区相关主体的产业链联盟。加强产业链上下游信息、技术、人才、资金等要素对接、联合攻关和推广应用，促进产业链创新平台和科研资源共享，联合开展补链固链强链行动，共同构建自主安全可控产业链供应链。推动长三角集成电路、生物医药、新能源汽车、人工智能等长三角产业链联盟向中部地区拓展，提升长三角与中部地区产业联系与协作程度。整合长三角与中部地区相关资源，主导构建新型显示、工业机器人、智能家居、绿色食品等产业链联盟，积极推动成立高端装备、新材料、节能环保等区域性产业链联盟。

3. 开展产业园区伙伴合作

推动长三角与中部地区资源互补性强、产业关联度高的园区（集聚区）成立联盟，支持建立"一对一""一对多"和"多对多"的伙伴园区合作关系，复制推广先进运营管理经验，在项目孵化、产业落地等方面协同发展。探索组建以合肥、芜湖、安庆等为主要载体的长三角与中部地区重点行业产销对接平台，提升区域内部供应链配套能力，组织相关企业抱团开展跨境原材料、中间品采购等行动。深入开拓安徽自贸区与中部自贸区的联动合作，搭建投资促进与市场拓展咨询服务平台，支持本土大企业在价值链中高端环节开展

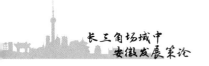

跨国经营,鼓励中小企业抱团走出去,深化国际产业链供应链合作,构建自主的全球价值链网络。

4. 充分发挥长三角与中部地区商会协会联盟功用

推进产业主体中观层次组织建设,设立商会协会联盟平台,将安徽主办的世界制造业大会国际商协会(安徽)会议作为常设会议,合肥作为永久性会址。充分发挥商会、行业协会联盟在市场与政府之间的桥梁纽带作用,建立健全长三角国际商会联盟和中部地区国际商会联盟合作机制,做大做强传统优势产业行业协会商会,加快设立和完善新兴产业行业协会商会,推动组建长三角和中部地区各类行业协会商会联盟,积极打造区域性商贸洽谈与"双招双引"平台、企业合作与行业发展平台、政企交流沟通平台、企业家成长平台等,促进资金、信息、技术、人才等要素的互联互通和高效共享,带动长三角与中部地区更多领域、更高层次、更广区域间协作。鼓励行业协会商会在安徽定期召开经贸洽谈、招商推介等主题展会,支持行业协会商会联合地方招商部门、专业招商机构开展定向招商、产业链招商等。鼓励行业协会商会搭建各类产业对接交流平台,针对企业专业共性服务需求,建立行业公共服务平台,积极组织会员企业参与国际、国家行业标准制定等。完善政府部门与行业协会商会间信息沟通共享机制,鼓励行业协会商会参与政府重大战略、规划与课题研究,支持行业协会商会组织开展行业调查研究、运行监测和发展趋势分析等。推动成立中部地区企业家(职业经理人)联盟,推动长三角与中部地区开展企业联盟开展协作,搭建企业家交流学习、建言献策等平台。

第四节　打造长江经济带大流通的交通物流枢纽

发挥安徽承东启西的交通区位优势,拓展双向物流空间,以长江黄金水道和快速公铁及空港为纽带,重点建设合肥、芜湖、安庆交通物流枢纽。

一、织密交通网,建设合肥、芜湖、安庆交通物流枢纽

1. 织密合肥与中部三省的交通连接,提升合肥交通枢纽位势

在沪宁合发展轴向中部延伸线上,借势长三角综合交通向中西部延伸,

织密合肥与中部三省特别是三个都市圈(城市群)主要城市的综合交通运输网络,依托北沿江高铁、合安九高铁等新高铁通道,提升合肥的国家高铁枢纽的功能,加密与鄂湘赣三省主要城市的快速交通。

2. 以长江为大通道,联动下游江海联运和中游江湖河联运功能

一是构建通江达海的港航运输体系。在沿江发展带溯流中游线上,发挥长江黄金水道效能,芜湖、安庆港要积极对接上海港、宁波—舟山港、连云港港等沿海港口,推进"江海联运 + 集装箱直达运输"模式发展,形成海运直达、江海转运、为长江中上游及内陆地区中转联运的内河航运网络,构筑起覆盖中西部地区众多航点并连接沿海主要港口的江海转运物流体系。同时,协同沪苏浙打造长三角世界级港口群,实现物流基础设施在规划建设、运营管理等多环节协同优化航运通道及港口体系布局、推动省际标准等级衔接。二是提升港航物流产业的服务供给能力。提升合肥港、芜湖港和安庆港的港航物流产业规模和辐射能级,依托现代物流、综合保税、装备制造等临港物流园区,积极培育物流产业集群,通过向上下游延伸产业链,完善精细化、专业化物流服务,扩展金融、保险、法律、经纪、信息等高端航运服务业态发展空间,对接中西部地区承接长三角产业转移需求,引导传统物流企业向供应链服务企业转型,培育一批供应链领先的物流服务企业。三是拓展港航区域一体化经营合作。推动安徽省港口集团与上港集团、浙港集团、苏港集团等通过交叉持股等方式开展全方位合作,并组建跨省跨地区企业联盟,积极参与中上游地区港航一体化经营,依托区域协同工作机制,加强跨省物流发展在规划建设、资源利用、市场监管、安全监管、执法监督等方面的标准化和一体化。

二、构筑安徽联通长三角和中部的物流枢纽

1. 构建物流服务市场的联动格局

优化安徽大型企业的运输规模与服务结构,提升其在长三角及中部地区的影响力,培育一批有区域领导力的全国骨干企业,引进国内国际具备先进

经验的大型企业(集团)来皖发展,吸引中集、长航、上港、东航等全国行业领军企业扩大投资,加速在枢纽城市落地,打造物流集聚区。通过多种所有制资本参股、兼并、联合等形式组建大型物流企业(集团)实现全省物流供应链核心资源要素整合,并以"谁投资,谁受益"原则,形成各级政府间、政府与企业间、不同所有制类型企业间合作互动、利益共享机制,通过完善各级政府及国有企业股权分配及事权分割方式,激励地方参与全省物流体系建设。

2.提升多式联运的功能,完善现代综合物流体系

依托全国与长三角综合交通走廊,以芜湖港口型国家物流枢纽,合肥、芜湖、安庆国家物流枢纽承载城市为重点,发挥芜湖、马鞍山、安庆江海联运枢纽、合肥江淮联运中心的航运枢纽功能,大力推进江海河、铁公水、中欧班列等多式联运模式发展,鼓励和培育多式联运市场,推动大宗货物长距离运输"公转铁""公转水",推动重点港口铁路专用线全覆盖,完善不同类型口岸功能,支持铁路港等无水港口岸功能扩展完善,发展内外贸集装箱兼备的多式联运体系。

3.完善枢纽城市的综合物流功能

创新"港产城"融合发展机制,兴建"枢纽经济",在芜湖、合肥等国家物流节点城市规划建设一批布局合理、规模适度、功能齐全、绿色高效的商贸集聚区、产业园区、开发区、海关特殊监管区等配备多式联运功能、支撑保障区域和产业经济发展的物流服务载体,优先发展信息、商贸、金融、保险、仲裁等高端物流服务与高端制造、新材料新能源等新兴战略性产业,扩展并完善各类港航资源交易中心、公共资源交易中心功能,建成链接长三角与中部物流市场服务基地。

第五节　推进长三角和中部三省大市场深度开发

形成良好的"双循环"格局,基础在于国内统一的超大市场,包括要素市场和消费市场。安徽要秉持扬己所长原则,在优势领域与区位推进长三角和中部三省要素市场的深度开发。

一、构建"东数西算"枢纽和合肥区域科技金融中心

在开拓要素市场方面，当前应在国家推动数字经济布局和安徽科技创新优势上选择链接枢纽。具体是以下两大枢纽：

1. 建设芜湖、合肥"东数西算"枢纽

大数据资源是现代经济重要的新要素。国家部门的《关于加快构建全国一体化大数据中心协同创新体系的指导意见》提出，在京津冀、长三角、粤港澳大湾区、成渝，以及贵州、内蒙古、甘肃、宁夏等地布局建设全国一体化算力网络国家枢纽节点，国家枢纽节点之间进一步打通网络传输通道，加快实施"东数西算"工程。国家枢纽节点以外的地区，统筹省内数据中心规划布局，与国家枢纽节点加强衔接，参与国家和省之间算力级联调度，开展算力与算法、数据、应用资源的一体化协同创新。芜湖已经列入"东数西算"枢纽；腾讯上海超算中心也在合肥设立分中心，合肥要借势发力，创建大数据算力中心，未来更需瞄准量子计算前沿，创建国家量子计算中心。以芜湖、合肥为枢纽，加快打造算力高质量供给、数据高效率流通的大数据发展高地，集聚和运用大数据资源，助力数字经济发展。

2. 加快构建合肥区域性科技金融中心

合肥作为长三角城市群副中心、全国四大综合性国家科学中心之一和"十四五"时期要构建有影响力的科技创新策源城市，且已跻身全球科研城市榜前20强，科创资源跨区域集聚与辐射日益拓展，极有必要匹配区域性科创金融中心功能。随着合肥科创资源、活动和成果转化的跨区域流动与配置，联合攻关和创新链跨区域布局，科技金融跨区域供需以及投融资不断提升，因此先行构建科技金融中心应是合肥建设区域性金融中心最重要的突破口之一。

据调研，合肥建设区域性科技金融中心基础良好、条件趋于成熟。

目前合肥已初步形成涵盖银行、保险、担保、租赁、小贷的专营性科技金融组织体系，产业、创业、天使投资基金体系日益扩展，科技金融产品和

服务方式日渐丰富。随着合肥科技创新活动持续活跃、实力和体量不断增大、创新成果愈加丰富、在长三角和中部地区辐射转化力度加大，建设合肥区域性科技金融中心亟须加快扩量提质。具体路径有：（1）大力引培科技金融服务机构。当前长三角区域银行、券商总部在肥设立区域性金融总部、分支机构、投行分部、科创服务中心等积极性很高，要乘势而为，加大引进力度；以市属金控平台为依托，以现有科技租赁、科技担保、科技小贷为基础，持续关注市场上的银行、证券、保险等牌照交易动态，探索设立区域性科创银行、科技创业证券公司、科技保险公司等专业化科创金融机构；打造地方科创银行，提升科技金融集中度和规模体量。（2）做大做强科创基金体系。科创基金在科技金融中日益显示出越来越活跃的趋势和重要的作用。要发挥政府引导基金功能，扩大政府性引导基金规模，通过政府引导、市场培育等方式，搭建覆盖天使投资、风险投资、股权投资、并购投资等在内的完整科创金融服务体系，建立覆盖种子期投资、天使投资、风险投资、并购重组投资的科创基金体系；设定早期项目投资比例，建立可操作性强的尽职免责和容错机制，有效引导及带动风投创投机构投资初创期、早中期科技型企业；探索设立 S 基金，促进股权投资和创业投资份额的转让与退出，有效放大创投资本服务科技创新的能力。（3）谋划成立区域性科创金融发展联盟。聚焦京、沪、宁、杭、汉等区域金融发达城市，围绕科技前沿与经济金融领域的重点、焦点，整合科学界、产业界、金融界各方资源，通过举行专业研讨会、高端峰会、国际交流会等方式，着力打造科创投融资"朋友圈"，为合肥市综合性国家科学中心建设及国内外企业家、科学家、金融家提供高层对话对接平台，政产学研资源紧密联系互动平台、信息平台和合作共赢平台，为创新发展提供要素对接服务，实现创新链、产业链、资金链和服务链的顺畅链接。（4）补齐科技金融的辅助产业链。按照专业化、市场化、规模化方向，加快法律会计、管理咨询、评估认证、创业孵化等科技金融辅助服务机构发展，并推进合理集聚。完善科创企业信用评级和知识产权评估建设。依托"信易贷"平台,针对科技型企业建立独立的信用等级评定机制,形成统一规范的信用评定标准,降低科创企业的融资和时间成本。着力搭建知识产权评估体系,促进科创企业"知产"变"资产"、"知本"变"资本"。

二、构造一批服务区域科创产业的高能级数字经济平台

第三次工业革命把产业推进到信息时代,其底层逻辑就是产业活动数字化、信息化,从产业要素配置到产业运行过程的组织、筹划、调节、控制和监测等,越来越多地依靠和运用大数据和人工智能。新科技产业革命加速了这一产业基础现代化进程,大规模、泛在化的大数据与人工智能日益广泛地运用于产业活动及其管理,由此催生出产业服务型数字经济、平台经济等新经济模式。

数字经济和平台经济,是依托云、网、端等网络基础设施并利用人工智能、大数据分析等数字技术工具的新经济模式,其主要业务包括经济活动数字化、撮合交易、传输内容和管理流程。我国数字平台经济在近些年发展迅速,如阿里、腾讯、京东等,极大地改变了企业生产和人民生活的方式。但是,新冠疫情所暴露的技术来源缺损、物流秩序紊乱、供应链中断等痛点,也反映出现有的数字平台对产业服务的功能存在不足,当产业活动发生急剧动荡变化时,数据搜集、处理和运用都跟不上形势,也表明了现代产业基础的薄弱。中央明确提出,要全力扩大国内需求,发挥有效投资的关键作用,全面加强基础设施建设,其中强调了要加快现代产业基础设施建设。显然,这是一个政策窗口,也是一个时间窗口,安徽应该积极把握,针对当下现代产业基础设施的痛点,发挥相关的比较优势,加紧谋划构造一批区域性服务产业的高能级数字经济平台。

1. 构造区域性技术交易转化数字经济平台

安徽在"十四五"时期要建设"三地一区",其中科技创新策源地发挥为疫情后经济恢复和稳增长提供自主创新技术来源的功能,具有更为重大的战略意义。安徽可依托安徽创新馆及安徽技术大市场,加密与长三角沪

苏浙和中部三省的技术交易大市场联动,聚焦科创新成果,强力推动成果转移转化,从而支撑产业复苏和发展。安徽创新馆和安徽技术大市场要适应产业基础现代化、信息化、数字化趋势与要求,打造成长三角与中部三省主要的区域性技术交易转化的数字经济平台。为此需要加快科创成果数字化和数据库建设,充实撮合技术交易转化的人工智能设施与工具,加强远程技术交易转化和线上支付功能,健全知识产权维护监管线上服务等。构建高能级的区域性技术交易转化数字经济平台,可以大大扩展新技术来源,开拓更大的产业用户市场,贯通创新链与产业链,并利用大数据和人工智能提高科创成果交易转化的精准度和效率。疫情后产业创新以及再调整、再接链、再布局,对这种技术交易转化数字经济平台的现实需要必然紧迫而持续,因此安徽应当从速谋划建设。

2. 构造枢纽型物流数字经济平台

大物流是全国统一大市场的关键环节,疫情中暴露的物流痛点除了封控原因外,物流业的数字化程度不高、物流信息不畅达也是重要原因,疫情后经济恢复将必然加快弥补这一短板。合肥是全国重要的交通物流枢纽,目前合肥已有一批专事物流大数据开发和物流数字平台公司,如中国科学院合肥技术创新工程院的安徽省第三方物流信息数据中心与云服务平台、国家三部委评定为骨干物流信息平台试点的维天运通信息公司等多家实体,以此为基础构造枢纽型物流数字经济平台具有良好条件。当前需要整合物流数字经济资源,克服小而散格局,建立合肥枢纽型物流数字经济平台。这一平台要推动全省物流加快信息化、数字化和并网,建立物流货源、货柜、车船、线路、接驳、仓储等大数据,实时为物流企业和客户提供数据服务、监测服务和业务撮合服务等。依托枢纽型平台,联通长三角乃至全国物流信息网络,逐步增强集聚与辐射功能。

3. 构造服务细分行业的产业链数字经济平台

在国家大数据算力"东数西算"布局中,安徽芜湖已规划建设全国一体化算力网络国家枢纽节点芜湖集群，构建城市云计算中心集群，协同拓展承接长三角地区人工智能、大数据等相关企业的存算服务，打造长三角地区存算供给中心，重点发展支撑工业互联网、金融证券、实时游戏、灾害预警、远程医疗、视频通话、人工智能推理等抵近一线、高频实时交互性的数据中心等。可依托芜湖算力集群，发挥长三角产业大数据资源汇集的优势，首先以工业互联网特别是服务细分行业的产业链数字经济为突破口，建设区域性的产业链数字经济平台。着重围绕安徽和长三角与中部三省重点产业，撮合产业链上中下游再接链再布局，促进区域产业体系加快修复和勃兴。

需要强调的是，构造服务科创产业的数字经济平台及其基础设施要以商用化为指向，不是做单纯科研实验平台，而必须是大数据商用服务供应商实体；要以市场逻辑和资本力量，将政府产业投资和国企民企投资结合，建立现代公司模式的建设运营主体，实施市场化经营。

三、集聚提升消费供给，建设消费中心和节点

消费既是再生产循环的终点又是新起点。长三角和中部三省人口众多、城市体系发达，拥有超大规模的消费市场。在消费大市场中，安徽要着力集聚和提升消费供给，建设一批消费中心城市和节点城市；加快建设畅通的供应链渠道、快速物流网络、城乡配送网络，建设高标准市场体系，促进消费大市场繁荣发达。

1. 促进合肥创建国家消费中心城市

合肥要适应特大城市消费功能升级的需求，利用长三角城市群副中心和"中四角"一极的区位优势，创建国家消费中心城市。一是优化都市消费空间布局。充分发挥城市轨道交通以及高铁站点对商业布局的引导和集聚作用，优化拓展商贸流通空间布局。对标沪宁杭汉等大都市，高标准建设主城区的中央商务区，重点发展品质零售、智慧零售；发挥地铁交通对城区商业中心布局的引领作用，提高沿线商业发展品质。在滨湖新区进一步丰富新兴商贸服务业集聚区内涵，将以"精美特"为标准，大力发展商贸流通新兴服务业态，

以发展会展、电子商务、服务外包、商务服务、金融服务基地为重点，推动实施商旅文融合发展，打造商贸休闲中心。拓展延伸东部商贸融合发展示范区、西部数字商务综合试验区、北部商贸物流集聚区、西南部商产融合建设区。优化调整它们的商业网点布局，提升商务服务的便利化和品质化，打造长三角重要商贸流通中心。二是扩充提升都市消费载体。统筹布局，推动商圈多元化、差异化发展，打造一批国内知名商圈。深入开掘都市历史文化、民间风俗、生活习惯、新消费方式等元素，建设一批特色街区、夜间经济空间。三是培育发展都市旅游。以休闲游憩和互动体验式消费为指向，开拓都市历史文化旅游、科技旅游、工业旅游、时尚休闲旅游，联动周边郊县民宿、温泉、乡村度假旅游。四是提质社区消费服务。丰富社区商业网点和便民服务网点资源，鼓励社区商业在产品、服务、文化、技术、体验等方面体现特色，发展24小时零售、无人零售等，创新开展定制配送、物流分拨、共享式社区冷柜、线上预约等服务。五是大力发展线上消费、文化创意智能消费。满足新一代线上消费需求，完善供应链渠道、快速物流网络、配送网络配套设施与服务。适应人工智能赋能新消费趋势，开发合肥 AI、VI 技术在文化创意消费领域的应用场景，发展手游、电竞、虚拟旅游、空中娱乐等文化创意智能消费。

2. 构建皖江区域性消费枢纽和节点城市

一是建设芜湖区域性消费枢纽城市。发扬芜湖通商重镇、中国米市等传统商埠优势，依托长江经济带重要交通物流枢纽支撑，利用高成长性大城市消费潜力，加强与马鞍山商贸连接互动，建设成为区域性消费枢纽城市。二是沿沪宁合发展轴西延和皖江城市带西延方向建设一批消费节点。处于长江黄金水道、腹地连接名山（九华山、大别山和黄山）的铜陵、池州、安庆，以及处于沪宁合发展轴上的滁州、六安等城市，适宜建设区域性消费节点城市。

3. 开发长三角与中部三省串连的现代消费新产品新服务

一是串连长三角与中部三省的都市消费、都市旅游，拓展都市商务区、商圈、特色街区的合作，扩大各地名品名店串连布点，发展线上线下消费连锁体系，形成高质量大容量的长三角与中部消费大市场。安徽的消费中心、区域性消费枢纽和节点城市，应加强与长三角和中部都市消费领域的合作。比如将"皖美消费"塑造为串连长三角与中部都市消费的链接载体，把传统促销活动升级为常态合作平台。二是依托资源优势做强新消费服务业。包括在长三角旅游产业联盟的基础上，推动长三角与中部三省旅游对接融合，设计开发"东中一体、都市联动、山水相宜"旅游新产品。统筹利用安徽生态资源和长三角优质医疗、养老资源，在皖江城市带消费节点城市大力发展医疗康复、养生保健、森林康养等新消费服务业，增加高品质供给，打造覆盖长三角和中部地区、具有全国影响力的综合养老和康养旅游目的地。

第六节　关注两个潜力增长点

一、谋划建设皖鄂赣区域协调发展合作区

黄梅县、宿松县和九江市地处鄂皖赣三省交界处，是安徽、湖北、江西三省无缝对接的毗邻区，也是长三角与中部区域的接合部。可以仿照"长三角一体化示范区"和安徽滁州、马鞍山与南京共建三个合作区形式，与湖北、江西共同设立皖鄂赣区域协调发展合作区，将黄梅、宿松、九江打造成协同发展、优势互补、共建共享的一体发展区域，探索"东中一体"协调发展的模式、机制和路径。根据三县市禀赋条件和比较优势，秉持长板对接原则确定合作定位，充分发挥一系列重大区域发展战略的叠加效应。优化合作区经济发展布局，提高资源空间配置效率，形成区域内分工合理的协调发展景象。加强三县市交流合作，激发经济增长动能，发挥整体大于部分之和的效应，谋求合作区在整体水平上有更大发展，探索长三角和中部地区毗邻区域协同发展适宜和有效模式，进一步探索，为多方位多层次跨区域跨省市合作提供经验。

应当指出，建设发展皖鄂赣区域协调发展合作区并非完全等同或相似于上海、江苏、浙江三地共建青吴嘉"长三角一体化示范区"和安徽滁州、马鞍

山与南京共建三个合作区,主要区别在于这些示范区和合作区或是强强合作,或是强弱合作,都具有很强的内生带动力,而皖鄂赣毗邻三市县综合实力均不强,三市县合作可谓弱弱合作,内生带动力不强。但是也正因为这一特征,对于开辟欠发达地区弱弱合作的新路子、促进欠发达地区发展又有其特别的意义。皖鄂赣区域协调发展合作区的建设发展不能仅靠三县市力量,而是需要在省级层面上给予更大支持,特别需要两大区域核心城市加持助力,将科创、产业和体制机制创新等资源输入皖鄂赣区域协调发展合作区,以促进其尽快成长。

二、做好宁西铁路开通链接"一带一路"的前瞻谋划

宁西铁路是从南京到西安以货运为主的干线铁路通道,也是"一带一路"国内东西向连通的主要"动脉"之一。宁西铁路预期将在"十四五"之后全线连通,经过安徽合肥、阜阳到河南至陕西,为安徽的中欧、中亚班列和拓展国际贸易开辟更经济的通道,这将提升合肥在"一带一路"格局中节点的位势。安徽应推动宁西铁路加快建成,并加强与沪苏和河南省的相关协同,在"十四五"后期着手谋划宁西铁路沿线地区的产业、物流以及城际合作,争取从中再构造西北方向的"长三角—中部"链接枢纽。

附表:安徽建设长三角和中部链接枢纽平台列表

类别	名称	依托基础	合作领域
争取上升为国家战略部署的平台			
	大别山碳汇经济试验区	皖豫鄂三省以及大别山主体的23个县(市)	发展生态山区低碳产业;进行"双碳"前沿技术和新材料研发与应用;开拓大别山碳汇交易市场;发展固碳林业;革命老区、脱贫地区高质量跨越发展
	大别山碳汇技术创新中心(六安)	中国科学院在北京、合肥、上海、武汉有关科研机构,安徽、湖北、河南有关科创院所	协同攻关碳汇领域重大科技难题;开展大气污染研究、能源与环境影响研究、资源与污染控制技术开发;双碳前沿颠覆性技术和新材料、碳捕集利用与封存技术、碳循环转化利用及零碳能源技术
链接长三角与中部的区域性平台			

类别	名称	依托基础	合作领域
科创平台	"中四角"科技创新联合体	1. 合肥综合性国家科学中心； 2，武汉光谷科创走廊； 3. 长沙国家科技创新中心； 4. 南昌赣江两岸科创走廊	以合肥为枢纽拓展多层次科技创新联合，关键是从中微观层面拓展多层次的科创联合载体和机制 1. 深化新型研发机构合作； 2. 建立"中四角"研发合作机制； 3. 推动科技创新服务互通互联
	"中四角"战略科技创新平台	1. 合肥综合性国家科学中心； 2. 武汉光谷实验室等重点实验室； 3. 长沙岳麓山大学科技城； 4. 南昌科学岛	围绕新一代信息技术、人工智能、新材料、生物医药医疗、量子信息、智慧新能源汽车等领域的共性基础研究、前沿技术研发、关键核心技术联合攻关
	合肥区域性技术交易转化数字经济平台	1. 安徽科技大市场（安徽创新馆） 2. 湖北技术交易所 3. 潇湘科技要素大市场 4. 江西省网上常设技术市场	建设安徽创新馆技术交易所转化数字经济平台，以市场联合体或联盟形式及其机制，促进科创成果在长三角中部三省空间加速转移转化、科创要素顺畅流动和合理配置
	细分科创领域的若干（N）个科创联盟	以科创机构、新型研发机构和科创型企业为主体，以联合攻关项目为纽带，以跨地区科创体制机制改革为动力，建设一批细分领域的科创联盟，共建一批科创孵化器，着力健全联盟合作和孵化器运行机制	1. 合肥在新一代信息技术、人工智能、新材料、生物医药医疗、量子信息、智慧新能源汽车等领域发挥相对优势，担当发起和"盟主"角色； 2. 芜湖在新能源汽车、工业机器人、新型建材等细分领域参与"中四角"科创联盟
产业平台	"长三角—中部"产业纵深布局沿江廊道	1.增强合肥制造业集聚的优势功能，与长三角沪苏浙共建若干个世界级产业集群，扩展与中部三省特别是其省会为中心的产业集聚（区）连接，塑造产业枢纽； 2.着力将芜湖和安庆市建成"长三角—中部"产业纵深布局重要廊道上的枢纽； 3.加强皖江城市带联动，马鞍山、铜陵、池州、宣城等要增强节点功能，形成多节点支撑枢纽的合力系统	1. 延伸长三角的沪宁合增长轴和沿江发展带，对接湖北"一轴两翼"沿江布局、江西昌九产业走廊和湖南长株潭发展带； 2. 基于产业关联推进互补性接链和一体化强链，纵深整合长三角与中部资源打造高能级产业链
	"长三角—中部"沿江产业廊道	以合肥为核心、皖江城市带为廊道，链接长三角与"中四角"产业协同，共建现代产业体系的产业生态系统	1. 合力优化产业体系和结构，拓展新兴产业集聚高地建设合作； 2. 打造长三角与中部地区产业链联盟； 3. 开展产业园区伙伴合作； 4. 充分发挥长三角与中部地区商会协会联盟功能

类别	名称	依托基础	合作领域
流通平台	建设合肥、芜湖、安庆交通枢纽	长三角沪宁合发展轴西延交通；长三角沿江发展带对接鄂、赣、湘产业带(廊)交通；主要城市城际快速交通	1. 织密合肥与中部三省的交通连接，提升合肥交通枢纽位势； 2. 以长江为大通道，联动下游江海联运和中游江湖河联运功能
	构筑安徽联通长三角和中部的物流枢纽	依托全国与长三角综合交通走廊，以芜湖港口型国家物流枢纽，合肥、芜湖、安庆国家物流枢纽承载城市为重点	1. 构建物流服务市场的联动格局； 2. 提升多式联运的功能，完善现代综合物流体系； 3. 完善枢纽城市的综合物流功能； 4. 枢纽型合肥物流数字经济平台
要素市场平台	芜湖、合肥"东数西算"枢纽	1. 芜湖"东数西算"枢纽； 2. 合肥国家量子计算中心	加快打造算力高质量供给、数据高效率流通的大数据发展高地，集聚和运用大数据资源，助力数字经济发展
	合肥区域性科技金融中心	合肥科创资源、活动和成果转化的跨区域流动与配置，联合攻关和创新链跨区域布局，科技金融跨区域供需以及投融资不断提升	1. 大力引培科技金融服务机构； 2. 做大做强科创基金体系； 3. 谋划成立区域性科创金融发展联盟； 4. 补齐科技金融的辅助产业链
消费市场平台	消费中心城市和节点城市	合肥、芜湖、皖江城市带其他城市和六安等消费中心或节点城市建设，加强新消费新产品新业态开发	1. 合肥创建国家消费中心城市； 2. 芜湖建设长江经济带区域消费中心； 3. 其他城市构建区域性消费节点城市； 4. 开发长三角与中部三省串连的现代消费新产品新服务
营商平台	长三角与中部地区商会协会联盟	行业协会商会搭建各类产业对接交流平台，针对企业专业共性服务需求，建立行业公共服务平台	沟通长三角与中部地区企业家、投资商，鼓励行业协会商会在安徽举行经贸洽谈、招商推介等主题展会，开展定向招商、产业链招商；组织会员企业参与国际、国家行业标准制定
园区合作平台	皖鄂赣区域协调发展合作区	黄梅县、宿松县、九江市；皖鄂赣三省以及合肥都市圈、武汉都市圈和环鄱阳湖城市群加持	仿照"长三角一体化示范区"和安徽滁州、马鞍山与南京共建合作区形式，与湖北、江西共同设立皖鄂赣区域协调发展合作区，将黄梅、宿松、九江打造成协同发展、优势互补、共建共享的一体发展合作区，探索"东中一体"协调发展的合作园区模式、机制和路径

第四章
安徽推进长三角一体化的战略考量

第一节　区域经济一体化的制度合作基础

国家部署建设长江经济带，对长江中游城市群等沿带地区和城市发展都是重大战略利好。建设长江经济带，核心是区域经济逐次实现一体化，也就是市场、要素一体化和经济体制机制统一的过程，也是各相关方深化全面合作的过程。新常态下加速长江中游城市群一体化发展，其宗旨是"深化合作、共赢未来"。

一、新的区域经济一体化要以政府制度合作为基础

西方区域经济理论和经验表明，区域经济一体化有四个阶段：一是贸易一体化，二是要素一体化，三是政策一体化，四是区域合并式完全一体化。目前长江经济带的贸易一体化已基本实现，但要素一体化和政策一体化还有待努力推进，而区域合并式的完全一体化则无可预期。这里需要指出，中国的旨在区域一体化的区域间合作，包括长江中游城市群合作，可能不像西方区域经济理论所给出的四阶段次序，而是更多需要以政府间制度合作为基础，即应把政府间制度合作排到前位。

在关于区域合作的讨论中，受到最多诟病的当属各行政区之间"行政壁

垒""体制障碍"，而这些显然都与区域政府关联。地方市场分割和地方保护主义阻碍了经济资源的自由流动和跨地区的经济合作。尽管随着经济发展水平和市场发育水平的提高，随着国家立法的完善和执法环境的变化，地方市场分割、地方保护主义的内容和表现形式也在发生变化，但造成该现象的体制性根源依然根深蒂固。因此，不少人认为，中国新一轮区域经济一体化进程必须摒弃"政府主导"，应当由市场主体发挥决定作用。但是，我们可以从另一角度观察这一问题：正因为行政壁垒和体制障碍是区域经济一体化的最大瓶颈，这便形成了区域政府合作的逻辑起点，也决定了推进区域经济一体化的运作起点，正所谓"解铃还须系铃人"。

更进一步认知这一问题，需要深刻理解现代市场经济制度。中国改革开放以来逐步形成并正在通过全面深化改革加以完善的社会主义市场制度，属于现代市场制度范畴。现代市场制度不同于斯密、马克思、马歇尔时代的市场制度，重要的一点就在于现代政府已经是内置于市场的存在。现实存在的市场制度不是单纯的经济制度，而是经济、政治、社会、文化多种因素的综合体。也可以说，现代市场客观上是市场和政府互动的体系；没有政府这一方，就没有现代市场体系，只有"黑板上的市场"。

中国现代市场制度的特点，在于我们的市场经济是从计划经济转轨而来，是渐进的市场化改革的产物，是政府主动推进、市场自然发育和对外开放重大催化作用的共同结果。在整个转轨发展过程中，政府事实上发挥着顶梁柱的作用。政府根据市场化改革的进展也对自身的机构、职能进行一系列调整，对政府工作任务、目标和能力要求不断进行修正和调整。尽管如此，改革过程前期逐步形成的制度安排，客观上存在偏颇、不周与盲区，政府与市场关系的某些制度存在缺陷。因此，党的十八届三中全会指出，发挥市场的决定性作用和更好发挥政府作用，推进治理体系和治理能力现代化，是全面深化改革的目标。这一战略取向意味着，中国进一步的改革强调市场决定作用，但并不意味着削弱政府作用，而是要在发挥市场决定作用的同时更好地发挥政府在现代市场中应当发挥的作用。长江中游城市群新一轮区域合作作为"以两地政府的制度合作为基础的区域制度创新"，正是深化体制改革应当推进目前薄弱甚至空缺的领域之一。

笔者曾与诺贝尔经济学奖得主、美国经济学家托马斯·萨金特做过有关区域一体化机制问题的交流。他的理性预期理论认为，经济主体的行为是理性即趋利避害的，在有效市场及真实周期内做出的决策都是合理的，任何经济政策的实施效果都会因经济主体的理性应对而削弱甚至抵消，就是说政府的作用是有限的。中国的体制优势，在极为贫弱时期主要表现为集中力量办大事，现在则更侧重于有远见的战略谋划和有效实施。中国经济体制改革当然要把发挥市场决定作用放在首位，但这不意味着因此放弃符合未来方向的优势。改革的本质是扬弃而不是完全摒弃，是扬长补短的制度创新。

我们主张长江经济带区域一体化要以区域政府间制度合作为基础，并不是简单的传统的"政府主导"含义，而是在市场决定的前提下更好发挥政府作用，在横向关键性、战略性联系方面推进制度创新。改革开放以来的经验也反复证明，只要政府的政策、规划、布局顺应发展规律，对市场主体正面积极的引导作用就十分明显。新一轮区域经济合作将呈现这样的性状：合作的主体越来越市场化，而政府制度合作也越来越重要。

二、政府间制度合作的创新着力点

长江经济带区域经济一体化如何以政府间制度合作为基础，应该说是一个极具创新性的课题，值得深入研究。区域政府间制度合作及其创新有着丰富内涵，但限于篇幅，本文不拟展开论述。从现实"问题导向"切入，这里仅着重指出一个制度合作创新着力点。

众所周知，在现有的区域经济合作中，普遍存在一个突出问题：虽然地方政府间建立了经济区或城市群合作框架协议，但协议基本是愿景式、形式化的，不具有正式契约性合约的内在约束效力，致使政府间制度合作虚化弱化。

制度是由一系列规则组成的，区域经济制度一体化其实就是规则一体化。

区域一体化的政府间合作协议，不能仅仅是表达意向和愿景的宣示文件，而应该是政府间正式契约，是双边或多边共同遵守的规则性的区域公约。从制度理论的角度说，区域合作规则是区域内利益相关的各地方政府，在一个有限的博弈中产生的、以一致同意为前提的一种合作均衡，而且这种规则必须在一个经济共同体内以正规的方式发挥作用并被强制执行。这种规则性的合约应具有以下三个特点：第一，规则的形成是地方政府间相互博弈的产物，体现了参与者的一致同意；第二，将规则以契约甚至立法的形式规定下来，具有正式的制度性；第三，有正式的执行机制和协调执行组织。

首先，考量长江经济带及其各城市群的区域经济一体化实际，区域政府间制度合作需要在以下方面给出规则和制度安排：形成区域科技创新资源配置和协同运作的原则；形成区域生产力布局原则和区域产业发展准则；开放共同市场，促进要素高效流动；建立协调的基础设施网络，统一开发利用自然资源，统一整治和保护环境；建立协调与管理制度，在人口迁徙、户籍制度、住房制度、就业制度、医疗制度、教育制度、社会保障制度等改革方面加强行政协调，联手构建统一的制度架构和实施细则，以此协调各地区的政策行为；在招商引资、土地批租、外贸出口、人才流动、技术开发、信息共享等方面，营造无特别差异的政策环境，等等。这一规则体系不仅需要有总体框架，而且更需要有分领域的专门规则及其实施细则。按照法治国家要求，区域政府间合作合约经过一段时间实践不断磨合、纠错、完善，待比较成熟后应将公约上升为区域发展与管理法，实现区域制度架构的融合，达到制度一体化。

其次，区域政府的制度合作必须有跨行政区的制度性的协调组织机构。由于我国区域经济一体化是建立在跨行政区基础之上的，为了消除局部利益对区域共同利益的侵蚀，必须在分立的行政区基础上形成共同的内在机制，并在保证共同利益的基础上制定具有约束力的共同政策和制度规范，实现组织体系内的超行政区的协调与管理。目前在区域政府合作中，通常建立了会议协调机制，但会议协调一般只是会商、决策，却不具有执行和日常管理功能，执行这一功能必须有跨行政区的协调组织机构。没有统一的跨行政区的区域协调管理机构，区域合作就很难进入真正的实质性阶段；没有明确的协议或制度，就很难保证地方政府在追求地方利益的同时不会对共同利益产生消极影响。跨行政区的协调管理机构充当了地方政府间利益纠纷的中间人，对什么是违反规则的行为作出裁决，以一种正式化的方式维护区域合作规则。这种机构应该有明确的职能和权限，对缔约的各级地方政府的行为构成有效约束。只有建立健全这一组织，区域政府制度合作的激励和约束机制才能真正被遵守和执行而落到实处。

第二节　长三角一体化发展规划专家咨询观点概览

长三角一体化发展是党和国家重要的战略决策，事关全国发展大局，也是全国第一个以高质量发展为主题的发展规划。国家发改委就规划研究编制工作制定了工作方案，组织了调研并完成研究报告，于 2018 年 9 月 18 日和 9 月 19 日分别召开了北京地区和长三角地区专家咨询会（三省各 2 位专家，上海市 3 位专家），目前规划进入起草阶段。笔者应邀参加了长三角地区专家咨询会，现将咨询专家发表的观点作一概览，并提两点建议。

一、长三角一体化发展的十大焦点问题

与会专家的发言既是个人观点，也反映了三省一市的地方诉求，体现了共同关注的十个焦点问题。

1. 长三角高质量发展要基于共同需求、共同利益形成动力机制。区域发展需要有足够的动力支撑，而区域发展动力问题就是要寻找各地共同需求、共同利益。20 世纪 80 年代上海经济区的失败就是因为没有寻找到合适的区域合作动力机制。区域内各城市的共同利益主要体现在基础设施、生态环境和商品市场的一体化等方面，尤其是交通重大基础设施建设是区域一体化发展的重要方面；随着工业化发展，生态环境保护逐渐成为区域关注的重点；随着市场化改革，商品和要素市场一体化逐渐成为大家的共同利益。现阶段的规划，也要研究区域的共性问题，尤其是高质量发展的共性问题和共性需

求。地方向中央提诉求是纵向关系,而区域内各地必须更加注重从横向关系上了解和兼顾彼此诉求,以找到共同点和互补性,这样才能相互联动合作,实现一体化高质量发展。

2.高质量的创新发展是长三角高质量发展的重中之重。专家们一致认为,这是长三角高质量发展的核心动力机制,也是新兴动能。这需要考虑到三个维度:一是创新要素的高质量、高效流动和配置,需要面向全球,加快推动长三角区域协同创新以及人才、知识等要素合理配置,促进创新载体和平台建设等。二是创新型的产业体系,现在都是在提创新性的产业集群,在长江经济带相关规划文件中也提出了长三角重点发展的产业领域,包含航天航空、造船装备等。长三角有条件打造世界级的产业集群,目前长三角产业发展现状与国际发达地区相比还有差距,但是通过产业结构优化调整、新兴产业培育、相关关键技术创新突破等一系列路径,还是有希望在未来形成突破。三是一体化的创新要素市场,现在要素市场也受到行政区划分割,长三角要素市场要面向全球、全国服务,而不能局限在长三角本地,其中如何依托"一带一路"倡议进行创新要素的全球配置是重点。

安徽提出打造网络化结构的长三角创新圈得到专家们的一致肯定。目前有关地区和部门提出以上海松江为引领的G60科创走廊,但缺少上海浦东及其他城区和南京等重要城市,需要充实和提升。长三角创新圈分两个层次,第一个层次是上海、合肥、南京和杭州四个中心城市的创新轴,建设国家综合性创新中心和产业科技创新中心,成为创新策源地;第二个层次是若干个创新走廊,主要是提供科技成果产业化和加工制造基地的空间。轴、廊相联互动形成一个网络化结构的圈,协同进行创新策源、成果转化和新兴产业成长。

3.高质量的绿色发展是长三角区域发展的重要方向。目前在长江经济带生态优先的环境下,大家都在搞关停并转,但是除了生态环境保护,促进经济社会的绿色发展也十分重要。长三角需要探索自身绿色发展的模式和路径,关键是技术、产业、产品和生产过程的绿色化改造，例如当前循环产业园建设等一些实践工作开始在各地展开，但是，总体上绿色发展目前还在探索阶段，尤其是区域之间生态环境的联防联治、区域内部的生态环境补偿机制还要探索，国家规划应该对长三角地区高质量绿色发展给出指引。

4. 推动长三角更高质量的对外开放。一直以来长三角对外开放是全球领先的，近年来上海自贸区也提出全方位接轨全球，但是目前很多方面对外开放还有很多局限，尤其是金融对外开放等领域还需适度扩大领域、深化合作。今后一个时期我国对外开放面临新的局面和巨大压力，这次规划需要探讨未来长三角对外开放可能在哪些领域和行业有所突破，如数字资源和产业的对外开放，这一过程中相关机制和政策体制的设置也需要探索。

5. 促进高质量城市化、深度同城化和建设区域城市网络。长三角地区的基础设施，尤其是城际轨道的建设与发达国家和地区相比是落后的。落后的主要原因是相关建设和审批权限的高度集中，国家能否探索将城际轨道建设的权力适当向地方下放。此外，未来长三角轨道交通网络建设的重点应该是城乡之间轨道交通建设、同城化地区规划交通基础设施建设。同时，长三角的各中心城市集聚了大量的外来人口，现在很多地方对外来人口市民化避而不谈，但实际上是绕不过去的。本次规划需要对这部分人口和相关问题进行重要探讨。提升城市外来人口、大都市周边乡村人口的消费能力，从而拉动内需、带动经济增长，可能成为未来经济高质量发展的新增长点。

6. 长三角高质量发展要进一步完善一体化机制。专家们希望这次规划对推进长三角区域一体化发展可在部分领域实现突破。目前，交通、能源、科技创新等领域较为容易、也可以快速实现突破，但是在民生、公共服务等领域的一体化发展的重大举措还不明确。近年来长三角一体化的重大举措是成立长三角地区一体化办公室，这是长三角高质量一体化发展的重大突破。但在其他领域，如长三角合作基金、地区生产总值与税收共享、长三角一体化营商环境、长三角地方合作立法等方面的重点任务和举措可以进一步探索和推进。

7.复制推广国家在长三角改革创新的成果,推动重大改革举措的集成联动。改革开放以来,在长三角地区国家密集分布了大量的国家改革开放和体制创新的试点,但缺乏互通。这些各地的体制改革创新经验在长三角地区内部的复制和推广也是长三角一体化的发展过程。本次规划应该思考并提出相应的举措和设想,推动重大改革举措的集成联动。区域一体化发展实质上是区域内部各地的高水平开放,一体化的核心含义是破除政府设置的行政壁垒,高质量一体化发展就是要求转变政府职能,尤其是政府对各地商品和要素市场的分割。长三角一体化发展需要先就一些关键领域等(如基础设施建设、旅游产业发展合作等)进行渐进式的改革,快速推动区域内相关体制的整体创新。

8.长三角高质量发展要大力支持实体经济,解决企业困难。近年来实体经济企业遇到各种压力,但产业变革也迫使结构调整和企业重组。要鼓励以企业为主体开展并购投资发展,实现以企业为主体进行产业合作与协调。政府要大力鼓励长三角地区的并购活动,尤其是跨省市的企业并购重组。并购是产生一体化的基础,并购可以通过企业主体来协调政府和其他市场主体无法协调的领域。可以借鉴欧盟的竞争法,建立和完善长三角区域内部的企业兼并机制。

9.长三角高质量发展要扩展原定空间范围。浙江专家提出,现在来看2016年出台的长三角城市群建设规划是存在一些问题的,其中之一是没有将浙江温州和江苏连云港包含在城市群规划范围内,没有很好地突出长三角黄金海岸线的优势。安徽专家提出,规划的空间范围可以将原定的若干都市圈空间范围进行适当的扩展,例如杭州和黄山两市之间的联系不断加强,流域供水和国际文化旅游目的地建设合作正在深化,建议杭州都市圈适当放大到黄山,进行重大的生态建设和产业布局,开展城市协作。再如,近年来安徽与江苏开展了淮河生态经济带建设的研究和规划编制,皖北和苏北也都在转型发展生态经济,建议这次规划把这一生态经济带建设纳入其中,作出部署。

10.跨省市配置资源要用好"飞地经济"模式。专家们认为，"飞地经济"是解决地方行政区经济与区域一体化经济冲突的可行路径。江苏提出，要在有形的飞地上打造无形的互联网平台。长三角地区可以借鉴江阴靖江园区的先进经验，借助飞地经济发展实体经济，打造互联网平台，江苏制造业需要加互联网，浙江的互联网需要加制造业。安徽专家提出，苏浙皖交界地区的溧阳、宜兴、郎溪、广德、长兴和安吉等地具有良好的合作发展基础，上海白茅岭农场坐落在安徽郎溪境内，形成了天然的"三省一市"无缝对接的功能区块，可建设长三角产业合作示范区。专家们建议，这次规划应支持长三角各省市用好"飞地经济"模式，在兼顾各方利益的有效机制上促进资源要素全域优化配置。

二、两点建议

国家编制长三角一体化发展规划将在既有的长江经济带、长三角城市群等规划的基础上有新的提升和充实，对安徽是一个重要机遇。为此建议：

第一，进一步汇总安徽诉求，抓紧信息对接。长三角一体化发展规划涉及安徽诸多地区，规划的深广度较之以往有关规划也将有新的拓展。建议安徽省委省政府进一步动员各地深入谋划，汇总诉求；有关部门抓紧与国家发展改革委地区司（具体负责规划编制工作）对接，加强与规划编制单位中国科学院地理和湖泊研究所（在南京）的工作团队沟通，充分反映传递安徽在长三角高质量发展进程中的诉求，争取尽可能多地纳入规划，进入国家部署。

第二，注重诉求立足点的改进。长三角一体化发展是在国家重大区域战略格局下的新进展，区域关系的特征是横向合作与竞争关系。要突出区域共同需求、共同利益，避免只从本地一己需求和利益着眼，不仅要讲"安徽话"，更要讲长三角共同语言。谋划项目、举措、模式、机制应深入研究和突出在长三角区域中的互补性、协同性、共享性，强调合作与合力及其效应，以赢得国家和区域的切实有力的支持。

第三节　安徽推进长三角一体化发展的若干着力点

近年来，笔者在多次调研考察时，陆续与京津广深沪苏浙皖数十位知名专家进行了交流，着重围绕安徽扎实推进长三角一体化发展的着力点问题展开分析研讨。归纳综合起来，专家们提出了如下若干着力点的对策建议。

一、以高能级创新平台为抓手构建长三角科创共同体

为落实中央关于长三角要勇当科技产业创新开路先锋的战略要求，应加快推进科创共同体的构建。安徽应以高能级创新平台为抓手，着力推进三类平台建设。

一是基础科研能力建设平台。积极推进上海张江、安徽合肥"两心共创"，建设两个国家科学中心基础研究、大科学装置实验、自主原始创新项目的协同联动平台；依托"双一流"高校及科研院所共建一批具有世界领先水平的国家和省级重点实验室，支持优先布局国家重大科技基础设施和国家重大战略项目。

二是细分产业的技术创新中心平台。以"链主型"高新企业为主体，推动沪苏浙皖企业共建共性技术创新平台，合作解决一批战略性新兴产业发展中"卡脖子"的重大共性和关键技术难题，争取国家在安徽及长三角地区更多布局国家技术创新中心。依托G60科创走廊加快沿线技术和产业创新带的建设，重点把合肥、芜湖并延伸到蚌埠打造成为G60科创走廊的安徽技术和产业创新轴。

三是科技成果转移转化平台。科技成果交易市场建设要注重特色化和专业化，安徽在长三角各省市建设科技成果交易市场格局中，应发挥自身优势，主攻重点领域特色类型的专业化建设，以形成某些领域和专业成果交易市场的区域中心。进一步参与和利用长三角技术交易市场联盟，依托现有国家科技成果转移转化示范区，建立健全协同联动机制，深化技术交易市场的互联互通，共建全球创新成果集散中心，实现成果转化项目资金共同投入、技术共同转化、利益共同分享，推动创新成果无障碍转移转化。

二、以自贸区建设为抓手加快融入"双循环"大格局

专家们认为，安徽自由贸易试验区获批建设，是安徽经济加快融入全国"双循环"大格局的大好机遇，是建设开放新高地的有力抓手。

一是加快安徽自贸区从"后发"到前沿的追赶。安徽自贸区在长三角区域中虽属"后发"，但疾步追赶仍可居于前沿。应切实对标对表沪宁杭自贸区先行经验和进展，聚焦制度性创新，全面推进与沪宁杭自贸区战略协同、产业协同、监管协同、政策协同，达到一体化的同质同标。自贸区建设的各相关部门要加强统合，对重大体制机制改革任务集中攻坚、联合发力，尽快形成一批制度创新成果，使安徽自贸区耸立开放高地形象，增强融入"双循环"载体功能。

二是增强自贸区"贸"的功能性平台。自贸区的主要功能在于"贸"，货物和服务产品进出口，投资的流进流出，都是"贸"的功能表现，而"贸"的功能要通过相应的功能性平台来实现。国际经验表明，国际化高端展会即为这样的平台。合肥已有世界制造业大会、世界显示大会等功能性平台，还可以由安徽自贸区各片区根据优势进一步联合策划建设一批重大展会平台，如某些领域技术交易展会、细分行业的国际性技术产业展会等，持续发力提升重大展会平台影响力和辐射力。密切与沪宁杭自贸区合作，举办长三角轮值展会，共建长三角区域共同的重大展会品牌。

三是完善自贸区治理体制。实行统一领导，将自贸区各运作环节纳入同一管理机构的管理范畴，顺利推进以"一线放开""二线安全高效管住"为核心的监管服务改革。创新外贸投资模式，学习上海自贸区率先推行的大宗商品、数字贸易、金融服务等国际贸易新模式，促进资金流动自由、人员从业自由、技术合作自由，不断改善营商环境。

三、以补链、扩链、强链为抓手合作建设长三角现代产业体系

在全球经济动荡变革形势和我国以国内大循环为主体、国内国际"双循环"相互促进新格局下，建设长三角区域现代产业体系是率先形成新格局的

当务之急。专家们认为，安徽在一些产业领域具有显著优势，可以在此进程中发挥更大作为。

一是进一步深度参与长三角产业的区域分工体系。以共同协力构建具有国际竞争新优势的现代产业集群为共同目标，安徽应当在补链、扩链、强链上展开更加紧密的区域合作，打通产业链、供应链中物流、人流、资金流、信息流等关键断点、堵点；以产业链核心企业为龙头，通过优化产业配套半径，促进上下游、产供销、大中小企业的协同发展，以有效增强长三角产业链、供应链的稳定性、安全性和竞争力，同时增强本省的现代产业体系实力。

二是打造新兴产业集聚区。安徽近年来大力发展"芯屏器合""集终生智"等新兴产业，在全国具有很强的影响力和竞争力。根据新兴产业的集聚发展规律，应进一步加强新兴产业集聚发展，在合肥等中心城市要抓好主导产业更替，建设一批高水平的新兴产业集聚区。为促进安徽区域协调发展，充分利用皖北粮食主产区的综合优势，引进长三角相关投资开发和经营管理主体，发展农产品加工、大健康、文化旅游等特色产业及配套产业。完善土地供给、筹资融资等配套政策支持，有序引导符合环保标准的轻工食品、纺织服装等劳动密集型制造向皖北承接产业转移集聚区搬迁。

三是促进长三角产业平台对接合作。围绕打造世界级先进制造业集群的共同目标，加强在长三角区域中的优势产业分工协作，全面推进省际产业合作园区等平台对接合作，有序推动产业跨区域转移和生产要素双向流动。切实支持长三角毗邻地区产业集群建设，发展"飞地经济""共建园区"，完善跨区域产业集群发展协调机制。

四、以沿江绿色发展示范区为抓手推进长江生态共保联治

一是建立安徽长江生态绿色发展示范区。专家们指出，安徽近年来致力于长江沿线"水清岸绿产业优"长江大保护举措，取得显著成效。下一步应借鉴沪苏浙三地共建生态绿色发展示范区的经验，在长江安徽段建立若干示范区，以更加适应安徽实际的典型经验带动全线生态保护。可考虑在马鞍山、

铜陵和安庆这三个原重化工产业比例大、长江生态保护任务艰巨、经济转型迫切性突出的城市建立安徽长江生态绿色发展示范区，以节点带线，以示范带面。通过示范区建设，变被动为主动，发挥示范带动效应。要注意完善示范区在规划管理、土地管理、财税分享、要素流动、公共服务共享的示范机制，利用国家长江经济带发展和长江生态大保护等政策机遇，争取更多资源支撑，加快示范城市产业结构和城市形态转型升级，探索形成在长江安徽段全线可复制、可推广的成功经验。

二是建立长江绿色发展示范区有效治理运行机制。安徽三市的长江生态绿色发展示范区涉及央企、省企、城区、园区等多元主体，可借鉴沪苏浙示范区经验，建立"理事会＋执行会＋发展公司"的三层治理运营架构，实现"业界共治＋机构法定＋市场运作"的治理格局。理事会由多元主体联合成立，实行各主体轮值、统一决策，确定发展规划、改革事项、支持决策、项目协调。充分授权、精简高效，建立执行委员会，负责发展规划、制度创新、改革事项、重大项目、支持政策的具体实施。各主体共同出资成立生态绿色发展示范区发展公司，负责基础性开发、重大设施建设和功能塑造等。

三是构建生态综合治理体系。推深做实河（湖）长制，水体治理必须按照长三角一体化标准对废水进行无害化处理，并且要健全高质量的跨区域生态补偿机制。新安江生态补偿的创新实践为长江水生态保护治理提供了经验，如黄山市编制产业准入负面清单、率先建成农药集中配送体系等，有效防治了工业点源污染以及农村面源污染，促进了产业生态绿色化发展。这些成功经验应向安徽长江沿岸广泛推广。

五、以制度对接为抓手深化一体化体制机制创新

一是推动市场一体化。长三角区域一体化发展应重点关注形成有质量的效率型增长方式和以发展得相对公平推动区域之间差距逐步缩小两大问题，为此需要打破资源条块分割，放宽市场准入条件，持续完善推广负面准入清单，消除制度性障碍，实现产业要素共享。

二是促进要素流动畅通。鼓励本土市场哺育的企业以整体抱团模式带着资本、技术、创新走出去。通过长三角区域内的商品、资金、劳动、技术和信息的畅通流动，带动交通、能源、通信、环保与旅游设施工程建设管理的一体化。结合"飞地经济"发展和产业园区共建等重要举措，探索在产值、税收、利润、节能减排等重要指标上进行区际分割的有效模式。

三是加强政策和制度层面的对接。各地政府要在制定公平竞争等政策、制度方面深度对接，要积极对接国家治理体系与治理能力现代化要求，提升区域协同治理能力。可结合推进跨地区投资、产业转移等重大事项，形成特有的政策体系和制度设计。通过决策层、协调层、执行层的三级磋商机制，统筹考虑整个长三角的共性特征以及各省市具体实际，完成由单一治理向协同治理蜕变。

第五章
架构长三角科创共同体

第一节　推进范式变革，加快长三角科技创新共同体建设

习近平总书记 2020 年 8 月在合肥主持召开扎实推进长三角一体化发展座谈会时强调，长三角区域要勇当我国科技和产业创新的开路先锋；长三角区域不仅要提供优质产品，更要提供高水平科技供给，支撑全国高质量发展。这是对长三角科技产业创新一体化的宏伟擘画，更是对"双循环"新发展格局中长三角科技产业创新的重托和要求。为落实习近平总书记指示、拓展长三角科技创新一体化新局，需要高度关注和大力推进科技创新范式变革，深化长三角区域科技创新特别是一些重点领域和关键环节科技创新的协同合作。

一、长三角区域科技创新面临战略攻关期

当今世界正经历百年未有之大变局。一方面，国际经济、科技、文化、安全、政治等格局都在发生深刻调整，世界进入动荡变革期；另一方面，国内发展环境也经历着深刻变化，我国已进入高质量发展阶段，急需以科技创新催生新发展动能。进入高质量发展阶段，党中央根据我国发展阶段、环境、条件变化，提出要推动形成以国内大循环为主体、国内国际"双循环"相互促进的

新发展格局。这是重塑我国国际合作和竞争新优势的战略抉择。以国内大循环为主体，简要说来就是基于新科技、开发新产业新产品、适应满足新消费的全过程循环，其中科技创新是这一大循环的前端和基石。同时，新一轮科技革命和产业变革加速演变，国际科技竞争乃至科技战愈演愈烈，更加凸显了加快提高我国科技创新能力的紧迫性。在这样的时代背景下，实现高质量发展，必须实现依靠创新驱动的内涵型增长，大力提升自主创新能力，尽快突破关键核心技术。长三角区域是我国科技创新资源要素、综合能力和前沿水平最强最高的区域之一，理应更加自觉主动肩负起科技创新开路先锋的战略担当。

当下世界新的科技革命和产业变革领域聚焦于5个方向，即新能源、新材料、新一代信息智能、生命生物和生态环境；重点有20个领域，包括物联网、机器人与自动化系统、智能手机与云计算、智能城市、量子计算、混合现实、大数据分析、人类增强、网络安全、社交网络、先进数码设备、先进材料、太空技术、合成生物技术、增材制造、先进医学、新能源、食物和淡水科技、新型武器和对抗全球气候变暖。从长三角区域各地科技创新有关规划、行动方案观察，长三角区域科技创新不仅大面积覆盖了上述领域，显示了创新的前沿、高端的走向，而且创新重点有大面积交集，呈现出创新系统化互补互动结构、创新链上下游及衍生关系密切的特点。但是也可以看到，在一些领域和环节，创新主动权还不掌握在自己手中，仍受人掣肘。尤其是在长三角区域主攻的且关系国内大循环体系的重大战略性新兴产业成长的集成电路、生物医药、人工智能等科技产业创新重点领域，虽然拥有良好基础和发展能力，但一些核心技术关键技术尚待突破与掌控。习近平总书记明确指出，长三角区域要加大科技攻关力度，一市三省要集合科技力量，聚焦集成电路、生物医药、人工智能等重点领域和关键环节，尽早取得突破。打好关键核心技术攻坚战，创造有利于新技术快速大规模应用和迭代升级的独特优势，加速科技成果向现实生产力转化，提升产业链水平。突破我国自主创新基础研究和战略性新兴产业的关键技术与核心技术，关系到我国发展全局，是形成以国内大循环为主体的关键，同时又是难度极大的"硬骨头"。由此应当认识到，长三角区域科技创新正处于战略攻关期，而"十四五"时期正是战略攻关的关键时段。

二、把握范式变革趋势，拓展长三角科技创新协同合作

长三角一体化发展上升为国家战略以来，长三角区域科技创新协同合作不断拓展深化，区域科技创新共同体建设取得扎实进展。依托长三角科技创新共同体联合攻关计划，综合性国家科学中心、国家实验室和长三角国家技术创新中心等建设，高水平共建沿沪宁产业创新带和G60科创走廊等具体行动，长三角区域的企业之间的创新主体协同已然形成，各地域之间的创新合作也产生了溢出效应，高质量的区域协同创新，发挥出"1+1>2"的良好效果。同时，"内聚外合"也正成为创新一体化发展的主方向，彰显了长三角区域科技创新协同合作攻关的勃兴态势。

从世界新的科技革命和产业变革呈现的新趋势考量，在新阶段推进长三角区域科技创新攻关，需要把握科技创新范式变革。

以往科技创新主流是线性科研模型。"二战"以后，时任美国科学研究发展局主任的万尼瓦尔·布什撰写了《科学：无止境的前沿》的报告，将研究工作区分为"基础研究"和"应用研究"，提出"基础研究—应用研究—产品开发"的线性科研模型。在随后的数十年里，这一模型成为全球科研的基本模式或称固定范式。我国也不例外，不仅全面实行了这一范式，而且增加了"成果转化"的环节。以这种线性科研范式为基础的各国科技政策和体制，一方面促进了科技发展，但另一方面又在当代新一轮科技革命孕育进程中阻碍了科技发展。其典型表现是，基础研究和应用研究集中于院所高校，科研活动以论文和实验品为成果形式，但这种成果形式距离产品化产业化还存在一道深沟。在产业和经济已然高度依赖科技创新，线性科研模式的内在缺陷就成为一个致命的障碍。

当代科学技术表现为越来越庞大的复杂体系,各领域科技已然高度关联、互相交叉、跨界集合、系统集成,客观性质具有综合性、整体性和融合性。有科学家指出,线性科研模型的依据是科学一定先于技术和工程,只有基础研究才能发现新知识,而应用研究只是知识的应用,然而事实上科学、技术与工程是平行发展的,并无绝对先后。发明与发现是一个有机整体,新发现可能产生新发明,新发明也可能导致新发现。因此,将基础研究和应用研究拆分为上下游关系不利于科学技术的发展。

对线性科研模式的反思与突破,是近年来世界科技界着力解决的大事。美国科学家文卡特希·那拉亚那穆提于2016年出版《发明与发现:反思无止境的前沿》,提出了新的"发现—发明循环模型"。主要观点是,跨出对研究动机的单纯关注,让发明与发现深入融汇,坚持问题导向、需求导向、效益导向,打通基础与应用的通道,消除分隔,推动科技创新从"论文—论文"循环转变为"市场—论文—市场"循环。

在新科技革命时代建设长三角地区科技创新共同体,一个前提就是必须认知和适应科技创新新范式的新特征新要求。至少包括:其一,从"线性科研模式"转变为"发现—发明循环模式",即改变把基础研究—应用研究—产品开发按时序先后、主体分离、过程区隔的线性模式,转向坚持问题导向、需求导向、效益导向,打通基础与应用的通道,使技术发明与知识发现深入融汇,消除分隔。用当下耳熟能详的语言来说,这就是围绕产业链部署创新链,创新链与产业链交互融合。其二,从单一线性结构转变为系统集成架构,这是因为当代科学技术表现为越来越庞大的复杂体系,各领域科技已然高度关联、互相交叉、跨界集合、系统集成,客观性质具有综合性、整体性和融合性,在知识产权上则表现为一个大专利套着数十成百小专利的系统构成。新一轮科技革命和产业变革周期具有"技术群"特征,科技创新和产业创新都不是单一技术的发生与支撑,而是多项技术簇群的融合与集成。科技创新链并不是单一线性形式,而是多元多层子系统汇聚的系统化结构。其三,由科技创新系统化特征决定,科技创新协同合作方式也从以单一主体或中心为主展开转变为多主体多中心合作展开,未来在区块链条件下还将可能呈现为去中心合作展开。其四,创新活动集聚空间也发生变化,在现代高速交通条件下从地理空间集聚转向关系密度式集聚,在互联网发达条件下从物理空间转变为在网络空间中的平台集聚方式。上述科技创新范式变革,不仅是科技创新运行管理体制的变革,而且在微观层面上是科技创新组织的范式变革,更是区域科技创新协同合作模式与路径的范式变革。这种变革,可为长三角区域科技创新一体化开辟出更加深广的合作机遇和更加有效的展拓进路。

三、加强政策统合,推深做实长三角科技创新共同体

我国已然进入新发展阶段,正加快形成"双循环"新发展格局。共同推进长三角区域科技创新一体化进程,合力打好区域科技创新攻坚战,需要长三角区域统合性规划即共同政策引导。目前长三角各省市的创新活动,本身具有创新链、产业链的内在逻辑和系统结构,必然越来越多地产生共同行动、共性问题和共同利益,为此要以编制"十四五"规划为契机,加强长三角区域科技创新规划和制度统合,建立规范协调这些共同行动、共性问题和共同利益的目标引导与规则体系,目标引导靠一体化规划,规则体系即区域共同政策。

在规划引导上,需要考虑和关注:一是加大作为创新源头活水的基础研究投入,加快建设上海张江和合肥综合性国家科学中心,支持南京、杭州基础研究创新中心或基地建设,尤其需要安排四大创新中心城市在基础研究创新领域的横向协同合作项目、行动、载体,鼓励长期坚持和大胆探索,为建设科技强国夯实基础。二是聚焦长三角区域科技创新战略攻关的重点领域和关键技术,着重在集成电路、生物医药、人工智能等方面,精细梳理科技创新链与产业链的系统结构和链网关系,引导资源的整合配置和两链的强链补链。三是依托我国超大规模市场和完备产业体系,发挥长三角区域综合优势,着重加强科技创新成果转化环节改革建设,创造有利于新技术快速大规模应用

和迭代升级的独特优势，加速科技成果向现实生产力转化，提升产业链水平，维护产业链安全。四是充分发挥企业特别是在科技产业创新链中的"链主型"企业在技术创新中的主体作用，支持培育一批具有开发关键技术和带动性强新产品能力的"链主型"企业，使之成为区域创新要素集成、科技成果转化的生力军。五是共建区域科技创新生态，深化创新要素市场化改革，保障创新要素顺畅流动，打造科技、教育、产业、金融紧密融合的区域创新体系。

在完善共同政策上，应考虑和关注：一是在长三角区域创新共同体建设现有基础上，进一步聚焦重点领域和关键技术的创新共同体或联盟组织机制、知识产权交易与保护制度、科技要素流动与激励政策、科技产业合作平台与运管机制、创新投入与产出利益分配政策等方面的制度体系，调节和规范资源有效集成，高效开展创新。二是建立长三角创新共同体基金。共同政策是事权和财权的结合配套，为保障共同政策的落实，需要加强财力支持与调节。应加快由国家＋省市＋社会合力建立的长三角创新共同基金及其重点领域和关键技术专项基金，在长三角统合配套使用。三是深化科技体制机制改革，加快院所高校科研单位改革，大力建设新型研发机构，着力培养和引进国际一流人才和科研团队，改革完善有效激励机制最大限度调动科研人员的积极性，提高科技产出效率。四是开拓对外循环的新路径新机制，发挥长三角科研设施、创新水准、应用场景、转化空间等良好"黏性"，加强多层次多形式的国际科技交流合作。

四、推进微观层面的科技创新组织范式变革

我国科技创新组织范式变革是伴随着经济体制、科技体制和高教体制等改革而展开的，新型研发机构即这一变革的产物。它是一种在属性、机制和功能上不同于传统科研机构的创新平台组织，其核心特征是集成科研、孵化、资本等功能的创新生态模式。

据笔者近年对中国科学院深圳先进技术研究院、深圳清华大学研究院、浙江之江实验室、阿里达摩研究院等调研了解，他们把这种模式用"四不像"

来概括：研究院既是大学又不完全像大学，文化不同；研究院既是科研机构又不完全像科研院所，内容不同；研究院既是企业又不完全像企业，目标不同；研究院既是事业单位又不完全像事业单位，机制不同。在体制方面，传统科研机构是单一的事业单位性质，也是传统科研管理的运行机制，而新型研发机构则是混合体制，其中既有事业单位，又有企业和社团；其设立主体有高校、科研院所，也有企业、中介机构和投资机构。在功能方面，传统科研机构专注于学术研究以及教学，以学科的知识探索为使命，而新型研发机构的功能则更加多元化和集成化，把科技研发、成果转化、产业孵化、企业培育、投资服务等融为一体。

新型研发机构对传统研发组织模式的变革，其要义在于：（1）构建了政府、高校科研院所、企业之间的制度性通道，为创新要素的整合提供了一个混合制度空间和实体组织载体，显著提高了应用创新资源的集聚效率；（2）功能定位明晰，就是以应用创新为中心，围绕产业链融合创新链，讲求创新的应用性、转化率以及经济效应；（3）坚持发挥市场的决定作用，灵活运用市场机制实现科研、投资、孵化等不同能力的协调和整合，并给予所有创新主体充分有效的激励；（4）实行现代企业管理模式，确立理事会领导下的院长负责制，明晰机构运营自主权，实施公司化管理，使整个组织能够针对创新活动实际作出及时决策和快速反应。

加快建设长三角科技创新共同体，必须在微观层面推进科技创新组织范式变革，具体路径可以新型研发机构为突破口之一，加快科研体制、成果转化体制、创新企业培育体制等体制机制改革，按照"四不像"模式建设新型研发机构。

第二节 安徽主动推进长三角创新圈建设的策略

一、长三角全域创新：从"廊"到"圈"的发展趋势

国家《长江三角洲城市群发展规划》提出把长三角城市群打造成具有全球影响力的科技创新高地，长三角地区主要领导座谈会已将建设 G60 科创走

廊列入创新合作的切入口和重大任务。从发展趋势看，长三角科技创新一体化格局将在此基础上由"廊"进一步演进为"圈"。区域一体化发展具有"点→线（轴、廊）→面（圈）"的递进规律，而长三角是科技创新资源富集区，具有全域性创新的现实条件，因而"点→线→面"的递进节奏与速度将会较快。

长三角 G60 科创走廊是首先由上海松江区、浙江嘉兴市和杭州城西科创园区组成的"沪嘉杭国际科创走廊"基础上扩展而来，沿着新近通车的商合杭高铁延伸到浙江湖州、安徽宣城、芜湖和合肥，形成横跨两省一市的 G60 科创大走廊。此外，在长三角还有实际上的线状创新走廊，如江苏打造的扬子江城市带就内含城市创新带，再如安徽的合芜蚌创新示范区也是区域创新带。建设长三角创新圈，就是把现有分布的区域创新点、线互联互动，架构成覆盖面更深广、链接更密切的网络型广域性一体化创新体系。

随着 G60 科创走廊的建设，必将激励长三角各地其他创新带或走廊建设，从而为全域构建长三角创新圈奠定日益雄厚的基础，推动创新"点→线→面"格局加速递进。安徽在合力共建 G60 科创走廊的同时，着眼大趋势大格局，主动推进长三角创新圈构建，是顺应"时"与"势"的重大战略之举，无论是对于安徽、长三角和长江经济带乃至国家创新发展，都必将彰显极为重要而深远的意义和作用。

二、创新圈的分工协同结构

当代科技创新群体迸发与产业变革迫切需求交汇，形成了科技与产业创新高度融合的时代特征。长三角创新圈既是科技创新与产业创新融合的大系统，又是长三角三省一市创新发展的共同体。根据系统理论和生产力布局理论，在长三角创新圈大系统和共同体中，必须形成资源与功能高效配置的分工协同结构。

从功能分工结构看，科技创新为产业变革提供技术来源，产业变革是科技成果转化的实现载体。在长三角创新圈，既要有科技创新策源，又要有产业变革载体。分析 G60 科创走廊的结构可以看出，沪杭合等中心城市以其雄厚的科技创新资源和实力，必将成为走廊的科技创新主要策源地，逐步增强创新链辐射和带动新产业作用；其他次级区域中心城市虽然有丰度不等的科技创新资源，但还不能达到主要策源地的功能和水平，因此更大限度地作为技术成果转化的实现载体，成为产业变革的承载地。上海基于"城市边界"空间有限，提出"研发在上海，转化在外地"的策略，反映的就是这样的功能分工理念与选择。

从创新圈的空间结构看，当前区域一体化发展已经呈现多中心带动态势，取代了单个中心带动的传统模式。长三角创新圈的空间结构，必然是若干个科技创新中心城市共同带动由"线"到"面"的区域科技产业创新格局。譬如G60科创走廊，就是上海、杭州、合肥三大科技创新中心城市共同带动走廊中其他次级中心城市以及小城市和特色小镇。长三角创新圈的空间结构，也将是以上海、杭州、合肥加上南京为创新策源中心，以创新链和产业链的关联性、互补性为纽带，联通成果转化与产业创新承载地，形成若干创新走廊，进而连接成网，辐射带动长三角全域的科技产业创新，架构网络型一体化的创新高地。

从创新圈的协同关系结构看，顶层是四大创新策源中心城市的协同合作，其次是一批区域性或跨区域科产融合功能型走廊。沪杭宁合四大中心城市聚集了丰富而高端的科技创新资源，全国四大综合性国家科学中心长三角拥有两个，杭州互联网技术创新水平国内最高，南京科技创新资源丰富雄厚，四个城市都在国家创新型城市试点之列。国家的长三角城市群规划布局了沪杭甬和沪宁合两条发展轴，这条发展轴首先要成为科技创新轴，唯有依靠科技引领、创新驱动，才能形成区域增长极的发展轴。依托沪杭宁合科技资源优势共建长三角创新圈的策源轴，推进四大策源中心城市科技创新互联协同，应该说是长三角创新圈的顶层架构。其次是在G60创新走廊的基础上，继续构建一批区域性或跨区域的科技产业融合、创新策源与产业承载链接的功能型走廊，实现"点轴"协同的架构。通过集聚→扩散的路径，带动长三角全域

创新发展。

三、推进长三角创新圈建设近期措施的建议

1. 主动推进 G60 科创走廊建设。G60 科创走廊是长三角地区主要领导人座谈会确定的三年行动计划任务之一，安徽要发挥主体推动作用。目前 G60 科创走廊建设处于延伸扩容后新规划设计的节点，建议省政府及有关部门会同合肥、芜湖、宣城组建省市专门工作小组，对接 G60 科创走廊的沪浙其他城市，特别是对接长三角合作办公室的相关工作机制，参与走廊建设规划、行动方案编制，达成战略对接、行动协同和合理布局。合肥、芜湖、宣城等走廊成员城市应把推进走廊建设作为专项工程，列出与走廊沪浙成员城市协同合作的项目库、工程蓝图和施工方案，一方面为走廊新规划提供依据，另一方面使走廊新规划落地实施。

2. 平行推动沪宁杭合创新策源轴建构。按照管理学的"生产一个，研发一个"层层递进道理，在推进 G60 科创走廊建设的同时，平行推动沪宁杭合创新策源轴建构。长三角四大中心城市在综合性国家科学中心建设、知识创新交流外溢、关键和共性技术协同攻关、成果转化和新兴产业培育、转移或承接先进的科技服务资源、利用异地空间承载优势建立"飞地经济"等方面都有很强的互补性，合作领域非常广阔。建议安徽以合肥为龙头并整合覆盖合芜蚌，主动联合沪宁杭共同研编创新策源轴建设指引和规划。在精细调研基础上，梳理四市创新资源、创新机构、创新平台、创新园区等，瞄准重点领域、重大项目，拓展多主体、多领域、多层面、多形式的对接合作。同时，在创新要素柔性流动配置、创新政策跨区通兑等方面加强一体化协同，共建相关体制机制。争取以长三角区域合作办公室工作安排形式，四地联合编制"长三角创新策源轴合作指引"和"长三角创新策源轴建设规划"，以规划引领和动员各类主体拓展多样化合作，实现一体化协同发展。

3. 着力完善双层创新合作机制。长三角创新圈的创新合作机制可有两个层面：一是各地政府层面的联盟式合作机制，二是微观层面的实体型合作机制。政府层面的联盟式合作机制,主要表现为政府会商决策、战略对接、规划共编、政策联通、空间统筹、重大项目工程协同和地方利益协调等方面,一般以政府间战略合作协议(协定)形式建立运作机制。微观层面的实体型合作机制,主要是科研机构、企业、高校、社会组织、园区等之间的科研项目、成果转化、产业项目、空间开发等合作,一般以科研协同合作、共建创新平台、合资运营企业、共建合作园区等形式建立实体型合作机制。这两个层面的合作机制具有互动性,政府联盟式合作机制提供战略指引和制度保障,微观主体间实体型合作机制则是实施操作各种形式的具体创新行动。建议在平行推进 G60 科创走廊和四市创新策源轴建设中,一是在长三角主要领导座谈会机制统领下,深化省际和城际政府间联盟式合作机制建设,着重充实细化战略执行细节和流程。二是支持安徽微观主体更加主动地与沪苏浙的科研机构、企业、平台、园区拓展实体合作,包括多样化的知识交流分享活动合作、全方位的科技创新成果区际市场交易、更便捷的科技创新主体柔性流动、深层次的研发项目协同合作、更加融合的创新链产业链资金链集成、共建功能型平台以及"飞地型"园区等,在深化微观合作中取得共建共赢实效。

第三节　安徽如何积极回应江苏建设沪宁合创新带倡议

创新一体化是长三角地区更高质量一体化发展的核心动力。2018 年长三角三省一市主要领导人座谈会前后,安徽提出了建设"长三角创新圈"的倡议,得到了高度肯定和广泛响应。2019 年 1 月 14 日,在江苏省两会期间,南京市政府领导邀请了上海、安徽和中国科学院南京分院部分专家,就江苏省科技发展战略研究院根据江苏省及南京市主要领导要求起草的《沪宁合创新带总体发展规划倡议(讨论稿)》进行咨询座谈,笔者应邀参加了咨询座谈。这一倡议对国家正在调研编制长三角地区更高质量一体化发展规划必然极具影响,也给出了安徽联合兄弟省市合力推进长三角创新圈建设并上升为国家战略的有利契机。对此,安徽有必要作出积极回应。

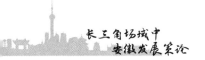

一、"沪宁合创新带"建设的基本内容

1. 空间范围。江苏提出的"沪宁合创新带",以 G42 高速、沪宁合高铁、南北沿江高铁等交通干线为主轴,以上海、南京、合肥为支柱,包括苏州、南通、无锡、常州、泰州、扬州、马鞍山、芜湖等共 12 座城市。其核心内容,是在现有的长三角 G60 科创走廊的基础上,再建设以长三角中心城市为支柱的创新带,使长三角创新一体化布局全面覆盖三省一市,依托四大中心城市及其周边制造业强市的创新优势提升长三角创新能级。

2. 建设目标。经过若干年建设,沪宁合创新带要形成完善的跨区域创新体系,在重要领域科技创新接近或达到世界先进水平,形成一批在国际上有核心竞争力的自主知识产权和自主品牌,在全球价值链和产业分工体系中的位置大幅跃升,国际影响力显著增强,基本建成为创新要素集聚、创新功能完善、创新企业汇聚、创新人才云集、创新文化活跃、创新服务便捷、创新氛围浓厚的世界级创新带,汇聚和配置全球创新资源能力全面提升,为中国跻身世界创新型国家前列提供有力支撑。

3. 合作机制。一是健全政府工作机制,在长三角区域合作办公室领导下,建立沪宁合创新带联席会议制度和专题会商制度;组织成员城市共同研究制定创新带建设相关规划、政策、行动计划、年度发展报告和专题报告;设立实体运作的沪宁合创新带办公室,争取更多先行先试改革创新举措落地;协同建立知识产权联动服务和联合执法等。二是强化专题合作,深化区域科技产业深度联动。三是建立区域统一市场,加速创新要素自由流动。四是布局共建载体设施,创新合作模式。

二、江苏建设沪宁合创新带倡议的价值和影响

1. 江苏倡议有利于合力建设长三角科创共同体。安徽提出的"长三角创新圈"包括沪宁杭合四大中心城市为主体的创新轴,江苏提出的沪宁合创新带倡议与安徽提出的创新圈谋划可谓不谋而合,表明共建长三角地区创新一体化体系中打造创新主轴的共识更为契合。共同诉求和相同谋划形成的合力,

将有力推动长三角创新一体化共同体深化建设与提升水平。对于安徽，必将有利于发挥优势和特色，更好彰显主体推进创新一体化的作用。

2. 江苏倡议有利于长三角创新一体化布局完善和升级。目前长三角创新一体化已布局了一条 G60 科创走廊，率先实施了跨行政区创新一体化行动，在长三角地区开了先河，因此列入了三年行动计划并先行一步。但是，G60 科创走廊在空间上不涵盖江苏南京和苏锡常等大中城市，也不包括上海科技创新的核心区张江和杨浦，因而普遍认为其在空间覆盖上不够全面。同时，G60 科创走廊沿线除杭州和合肥外大部分中小城市科技产业创新资源丰度不高，制造业特别是战略性新兴产业还不够发达，因而也被认为创新能级不够高。江苏的倡议在长三角创新一体化布局上是对 G60 科创走廊布局的进一步扩展和完善，有利于更全面地充分激发长三角创新资源富集区进行科技产业创新合作，实现分工、协同和互动，提升长三角创新一体化朝着具有国际水准和影响力创新高地目标迈进的整体能级。对于安徽，有利于联结更多更优的合作伙伴，拓展科技产业创新合作与联动。

3. 江苏倡议有利于突出长三角创新一体化的优势、特色和效应。长三角沪宁合等中心城市不仅科技教育资源厚积，而且分布着密集优势制造业，针对创新型国家和现代产业体系尤其是制造强国建设的国家战略，在京津冀、粤港澳大湾区和长三角三大国家战略板块中具有显著优势、特色和效应。沪宁合创新带围绕国际科技发展前沿、聚焦现代制造业和现代服务业进行创新，突出科技创新策源、新兴产业发展、突破行政壁垒的建设指向和功能。其中尤其重视和着力培育科技型企业，发展世界级科技型新兴制造业集群。如此建设，这一创新带将成为世界级的创新高地，并成为我国创新型国家的强有力支柱。安徽是制造业大省，有利于借助创新带的集成资源和优势空间，获得构建现代科技产业体系的强大动能。

当然，江苏倡议也有值得完善之处。如座谈中专家们建议，"沪宁合创新带"应该与 G60 科创走廊对接，即要把杭州纳入，建设"沪宁合杭"或"沪宁杭合"创新带。沪宁合杭的科技创新和产业创新各具特色、各有优势，并且更重要的是具有互补性，四个中心城市携手联动，合作共建，必将集聚更强的创新实力，形成更完善的体系。对于"创新带"概念，也要与国家已有的长三角城市群规划衔接，用城市群规划提出的"沪宁合发展轴""沪杭甬发展轴"的概念，即"沪宁合杭创新轴"。座谈会上，南京市决策部门表示认同专家意见。

三、几点建议

江苏提出建设沪宁合创新带倡议与安徽提出建设长三角创新圈高度契合，互为呼应，有利于合力促进长三角创新一体化共同体结构、布局更加完善，有利于更好发挥安徽优势互补、联动创新主体作用，有利于更完善的长三角创新一体化战略谋划上升为国家战略规划。为此建议：

积极回应江苏省的倡议，增进相关共识和推动合力。在全国两会前后，加强与江苏省和南京市决策层及有关部门（发改、科技等）的沟通交流，对"创新圈"和"创新带"建设的有关内容深入磋商达成共识，形成合力共推、互动合作，争取长三角四大中心城市为主体的创新共同体布局进入国家战略规划，取得国家更有力的支持。

提升合肥与沪宁杭的城际创新一体化合作。在现代创新链、产业链和城市化新背景下，长三角地区创新一体化共同体的建设发展，必须依靠中心城市为引擎。地区中心城市之间的城际合作，具有牵动性和辐射力。合肥是安徽科技产业创新的龙头，也是长三角地区创新一体化格局中的一极，应更加着力加强与沪宁杭的创新城际合作。支持合肥发挥主动性，深入细化合肥与沪宁杭共建创新轴的谋划与合作，推进战略对接、项目牵引和机制共建，把创新轴建设落到实处。

重视蚌埠、滁州的融入。江苏倡议初稿中的创新带范围不包括安徽的蚌埠和滁州，其考虑不够周全。安徽在回应江苏倡议和合力推动中，要重视蚌埠和滁州的融入。滁州本在长三角城市群规划的沪宁合发展轴之中，建设沪宁合杭创新轴应把滁州纳为成员。蚌埠是国家合芜蚌自主创新区的重要一极，科技产业创新也具有一定特色和优势，且与创新轴中的合肥、南京距离都相当于扬州到南京，应该成为创新轴的成员。两市融入有利于优化安徽科技产业创新的结构和布局。

第四节　以"联盟"为载体加强长三角创新共同体组织建设

组织化程度是区域发展一体化实现水平的关键标志。安徽提出长三角共建创新共同体，已经得到长三角各地方各主体广泛而积极的响应，当前需要进一步以多层次多类型联盟为载体，加强和提升长三角创新共同体的组织建设。最近笔者就此作了多方调研和智库交流，感到安徽应更加主动地推进此项工作。

一、长三角地区各类联盟建设现状

从国家颁布建设长三角世界级城市群规划以来，特别是长三角区域一体化上升为国家战略以来，长三角地区的各类跨省市"联盟"组织蓬勃发展，目前已形成两大类型的联盟组织：一是城市联盟，二是产业联盟。

1. 城市联盟争先发展。目前主要有 2 个：一是发起于 2016 年 G60 科创走廊，已成为长三角一体化发展中率先成型的城市联盟。2018 年 G60 科创走廊共有 9 个城市，在深化产业集群布局、加强基础设施互联互通、推进协同创新、推动品牌园区深度合作和产融结合、推广"零距离"综合审批制度改革等方面发力，并已有诸多举措出台，组织化程度快速提高，显示出非常活跃的整合联动效应。二是长三角产业创新城市联盟，该联盟由上海市普陀区，江苏南通、盐城、连云港，浙江舟山、台州，安徽淮北、铜陵共 8 个市（区）建立，联盟聚焦"产业 + 资本"，探索城市协同创新和区域合作共赢的新方向、新模式、新空间，扩大联盟影响，深化产业合作内涵，提升资本合作能级，引领区域产业和创新资源的优化、整合、协同，促进产城乡一体化融合。

2. 产业联盟百花齐放。这类联盟基本上是以促进产学研企政用之间的交流合作、深度融合和效应产出为目的，由高校院所、行业机构及其主管部门共建的。2018 年以前建立的有 3 个：长三角 8 所 985 大学共建的长三角高校合作联盟、长三角城市会展联盟、长三角文化创意产业联盟等。2018 年以来产业联盟新平台快速发展，已建 19 个：长三角文化产业发展联盟、长三角企业服务联盟、长三角企业高校国际技术贸易服务联盟、长三角科普场馆联盟、长三角智慧城市合作发展联盟、长三角特色小镇发展联盟、长三角生态旅游区联盟、长三角开发区协同发展联盟、长三角时尚产业联盟、长三角美术馆联盟、长三角重要产品追溯联盟、长三角产业创新智库联盟、长三角汽车产业创新联盟、长三角 5G 创新发展联盟、长三角文旅产业联盟、G60 科创走廊新材料产业技术创新联盟、G60 科创走廊机器人产业联盟、G60 科创走廊智能驾驶产业联盟、G60 科创走廊新能源产业联盟。在建有 3 个：G60 科创走廊的人工智能产业联盟、生物医药产业联盟和产融结合联盟。

二、联盟组织在区域一体化中的作用

联盟是为共同利益和共同行动而通过一定契约（协定、合同等）所结成的集团性组织，本质上是一种互相协作和资源整合的合作模式与机制。在区域一体化中，联盟是一种有效的一体化组织载体。

城市联盟是城市政府间的合作组织与机制。长三角区域是我国城市化率最高的区域之一，长三角区域一体化发展目标之一就是建设具有优势竞争力的世界级城市群。在区域城市化达到城市群发展阶段，城市间合作就成为区域一体化的重要引擎。以往阶段的长三角地区城际合作大都是"双边型"即两个城市间的合作，而现时则拓展为"多边化"跨省区的城际联盟合作模式，合作内容从局部领域扩展为全面战略合作，合作形式也从间歇性深化为紧密而持续性。城市联盟使城市间合作的组织化程度显著提高，如 G60 科创走廊的城市联盟，已形成的由成员城市政府共建的决策协调机制，有整合一体的办公执行机构，有总体规划和专项规划构成的引导机制，有经过协商一致的共同行动计划。城市联盟把原先行政分割的城市关系转变成为融合协同关系，尤其是政府间联盟合作有利于政府经济资源、制度资源等整合，对消除区域一体化进程的行政分割和制度障碍具有不可替代的作用。

产业联盟是一种重要的产业组织形式。据笔者调研，近年来长三角地区产业联盟方兴未艾，呈现出新兴产业领域的产业联盟发展最快的特征，主要动因在于解决创新驱动产业发展的共性问题。新一轮科技革命和产业变革导致产业共性问题日益突出，即单个企业的发展越来越依赖整个产业的发展水平和产业的发展环境。从长三角地区看，产业共性问题主要表现在五个方面：一是共性技术研发，产业联盟促使企业重视联合研发共性技术以降低创新不确定性带来的风险。二是技术标准制定，技术标准是新技术、新产品和新产业进入市场的"入场券"，急需各方协作有秩序地制定并实施。三是产业链配套，由于产业分工越来越细，专业技术越来越深，技术投资也越来越大，必须有多家上下游企业完成整个产业链。四是提升中小企业的市场进入能力，长三角地区的广大创新型中小企业单打独斗难以跨过市场门槛，必须"抱团"联盟才能达到必要的经济规模，从而具备市场进入能力。五是建立相关的产业发展规则和秩序，产业联盟的共商、协调和约束机制有助于形成产业行业规则，促使企业遵守，避免恶意竞争，从而建立良好的产业发展秩序。

三、安徽主动推进联盟建设的两点建议

在国家长三角一体化战略大格局中，在联盟建设蓬勃发展的大趋势下，主动推进城市联盟和产业联盟建设是安徽主体推动长三角一体化的重要着力点。综合考量长三角地区目前城市联盟和产业联盟建设态势，提出两点建议：

第一，倡议并推动长三角沪宁杭合四大中心城市全面战略合作。四大中心城市处于长三角世界级城市群的发展轴，是带动长三角全域一体化发展的核心和副中心，四城市紧密合作是全域城市合作的枢纽和引擎。目前长三角区域已建的城市联盟没有全部覆盖长三角发展轴，其层次和能级都不够。为此，安徽可以乘长三角一体发展国家规划发布落实之势，倡议并推动长三角沪宁杭合城市联盟建设。在名称上，可称城市联盟，也可称全面战略合作。按

照分阶段分步骤推进规律，启动阶段宜突出科技创新与新兴产业创新的深度战略合作，进一步落实长三角区域发展轴和创新轴建设，这是应对严峻国际挑战和培育新增长点的共同利益与迫切需要。安徽以合肥为执行操作主体，支持合肥加紧与沪宁杭的政府间沟通互访，共商共建四大中心城市战略联盟。启动阶段的推进重点宜放在四城市科技产业创新规划编制引领、国家重大科技产业创新任务的协同实现、促进创新要素流动释放的体制改革相通以及建立四城市创新支持基金等。在联盟治理上，可在联盟理事会领导下，长三角合作办公室由四市派员成立专门处（组）作为执行机构，不再超越已有四省市政府间合作机制框架另设机构。

第二，大力支持和推动安徽优势科创机构和企业，发起和主导建立产业联盟。坚持市场决定和企业主体，按照创新链和产业链，细分领域和行业，依托"龙头"机构和企业组建跨省市产业联盟。比如在综合性国家科学中心层面可建立协同创新联盟，在量子科技领域、智能语音领域建立科产创新联盟，在家电家居领域建立家电家居智能制造联盟等。同时，引导和支持安徽企业积极参与长三角地区其他各细分行业的产业联盟，加快嵌入其创新链产业链，融入产业集群发展体系。需要指出，应重视中型企业在这一进程的地位和作用。新兴产业不像传统产业那样有成熟的大型企业和产业集中度，目前大都是中型企业为骨干，多处于成长"爬坡"期。对大型企业和小微企业都有针对性支持政策措施，但中型企业则给人以处于政策空白区的印象。因此，引导和支持安徽企业发起和主导建立产业联盟，要特别关注行业龙头的中型企业，完善相应的针对性支持政策措施。

第五节　长三角科创共同体深入建设亟须再加力推进

建设长三角科创共同体是落实习近平总书记提出的长三角区域要"勇当我国科技和产业创新的开路先锋"要求、增强国家科技战略力量的重大举措，其现实紧迫性日益强化。安徽作为建设主体之一，面对共同体建设进程中遇到的新问题，应更加主动加力推进长三角科创共同体建设，就此提出若干具体建议。

一、长三角科创共同体建设需要解决的问题

共建长三角科创共同体由安徽省委省政府首先提出动议并与沪苏浙形成共识，2018 年一市三省签署了《长三角地区加快构建区域创新共同体战略合作协议》，之后在每年度长三角地区主要领导人座谈会上，推进长三角科创共同体建设都是重要议题之一。2020 年 12 月科技部印发《长三角科技创新共同体建设发展规划》（简称《规划》），明确了战略协同、高地共建、开放共赢、成果共享的指向与要求，并提出了重点任务及其布局。通过各方努力，近年来长三角科创共同体建设取得了一些积极进展。

但是也应看到，建设进程中还存在需要解决的问题，主要有：

1. 缺乏贯彻科技部《规划》的长三角区域统合性实施方案。目前只有安徽已出台"共同体建设实施方案"，而其他省市尚未公布相关实施方案，尤其是没有一市三省共同的统合性实施方案。缺乏统合性整体设计，使得长三角区域现有的各科创系统建设难以整合。如 2019 年沪苏浙签署了共同推进长三角创新体系建设协议，其中遗漏了安徽；长三角 G60 科创走廊系统包括沪杭合，却没有南京；近期上海和江苏提出共建"沪宁创新带"，杭州和合肥不在其列。长三角科创共同体本应是全域范围，特别是沪宁杭合等科创中心城市的系统整合与联动，构成科技与产业"双循环"、各科创中心多维链接的网络化体系。而分割、板块化的格局不利于共同体形成和重大项目联合攻关，也不利于提高科创资源配置效率和产出效率。

2. 科创激励政策互通性不够。长三角各地都加大了激励科创政策支持力度，但在信息、资源、成果的跨地流动和互通共享方面的政策供给仍嫌薄弱，此地政策到彼地常常行不通，有的四地共商的新政策也难以落实。如沪浙和合肥都出台了"创新券"政策工具，但缺乏通用通兑性，在长三角其他地方更不可用。

3. 支持联合攻关的区域科创共同基金有待设立。长三角作为国家科创高

地,要在战略性的科技产业创新中攻克一系列重大前沿、核心和关键技术,需要承担大量的联合攻关项目和活动。目前相应的资本力量及其工具仍嫌不足,已有基金都是各地方而无全区域的,导致越是跨地联合攻关越是难以得到基金等资本力量支持,提出多年的长三角区域科创共同基金至今尚未设立。

二、安徽加力推进长三角科创共同体建设的对策

针对上述突出问题,安徽应以2022年度长三角地区主要领导人座谈会为契机,将深化推进长三角科创共同体建设列为重要议题,主动提出动议,争取共识形成顶层设计,列入共同行动计划。对于深化推进的具体抓手,专家们提出如下建议:

1. 推进一市三省联合编制实施科技部"长三角科创共同体建设规划"统合性方案。安徽可在长三角地区主要领导人座谈会上提出动议,把沪苏浙皖联合编制实施"长三角科创共同体建设规划"统合性方案列入当年工作计划,借鉴国际大科学计划模式和欧盟科学技术共同政策模式,运用新型"举国体制"逻辑,凝练部署发挥长三角科创特色优势的战略性重大科创计划和项目,整合全域重要科创主体进行分工和协同,聚焦战略性基础研究、关键技术、卡脖子技术等加强联合攻关,从而以统合性实施方案、重大科技计划与项目以及联合攻关行动加强共同体运行机制,推进共同体实体化。

2. 推动加快设立长三角联合创新基金。发挥资本力量加强"科创+资金",联合设立长三角科创共同体联合攻关基金。安徽可与沪苏浙联合申报国家发改委、科技部,由国家部委牵头、长三角四地参与,共同出资设立长三角联合创新基金。联合基金针对基础性、战略性关键科技研究开发,配合长三角共同体重大科创计划和项目,集中突破集成电路、生物医药、物联网、人工智能、新能源、高端装备制造等战新产业卡脖子技术。参照大湾区的财政科研资金跨境拨付做法,建立各省市财政科研资金跨行政区使用机制和管理办法,允许联合攻关项目资金直接拨付其他省市的牵头和参与单位,建立畅通的资金

拨付"绿色通道"。

3.整合共享科技资源促成创新成果共用。以有效整合推动长三角科技资源共建共享,当前切入口应是创建长三角科技资源数据系统和数据中心,构建区域科创合作信息网络。由省科技、数据资源部门联合沪苏浙相关部门,开设长三角科技资源信息共享服务专门平台,实现智能匹配精准对接,增加在线专家服务。编制科创共同体合作信息事项清单,包括转化成果、技术难题、专业人才需求及其来源机构等,完善动态更新。

4.共办会展路演,密切市场合作。充分运用市场机制,推动建立共办科创成果会展路演活动、密切长三角各省市技术交易市场合作机制。一是可倡议已有的长三角科技成果交易博览会、中国(安徽)科技创新成果转化交易会、中国(江苏)产学研合作成果展示洽谈会、杭州高新技术展示交易会等实行联合共办,打造高密度高效率的共享共用平台。进一步拓展完善国家技术转移东部中心在皖浙设立分中心网络,发挥上海技术交易所的国家级知识产权和技术交易场所功能,为全国科创成果落地长三角提供服务。二是主动加强安徽科技大市场与上海技术交易所、江苏省技术产权交易市场、浙江科技大市场的联动协同,提高各市场的联通共用性,使科创成果在长三角充分涌现、流动、转化落地。

第六章
合力建构长三角现代产业体系

第一节　合力建构全产业链的长三角区域制造业集群

由于自 2020 年到 2022 年国内外疫情的前所未有的冲击，并因为全球疫情发展的不确定性和可能长期化，导致国内外经济形势异常复杂严峻，可以预料国内外经济都将进入非比寻常的深度调整重建期，包括市场格局及其规则的调整重建、宏微观层面产业链调整重建、科技创新重点及其竞争调整重建等。因应这一大趋势，长三角亟须合力建构全产业链的区域制造业集群。

一、"两个对冲"和产业链再造的研判

在国内外经济深度调整重建大势下，事实上存在着两个主要"对冲"：一是全球经济贸易深度低迷与我国超大经济体的巨大内需动力之间的对冲，二是产业链供应链失序与产业链供应链重新架构布局的对冲。在第一个对冲层面，全球经济贸易深度低迷使我国作为第一贸易大国的外需拉力大幅减弱，但同时，2019 年我国内需消费对经济增长贡献率 57.8%，拉动 GDP 增长 3.5 个百分点，已连续 6 年成为经济增长首要拉动力。尽管疫情等因素一定程度地抑制消费，然而并不至于改变其首要拉动力的增长结构和基本态势，仍具

有极大潜力。在第二个对冲层面，全球产业链供应链在疫情剧烈扰动下断裂失序，但同时倒逼产业链供应链重新架构布局，以求微观企业生存和宏观产业体系恢复。就我国考量，由此必然出现两种趋势：一是内需为重、国内消费拉动成为经济增长基本动力，提振发展经济必须更多着眼于国内消费需求及其潜力的增长与释放；二是面向内需市场、以新消费新产品为导向、依靠科技创新进行产业链供应链调整、架构和重建战略布局。

根据最近时期学界有关研究观点和对现实部分案例的观察，可以初步研判，今后产业链供应链调整再造将至少呈现四个取向：靠近市场、靠近创新策源、区域化板块布局和全产业链安全可控。靠近市场有利于提高产业适应市场需求的灵敏性及时性；靠近创新策源有利于便捷利用新技术开发新产品；区域化板块布局意味着供应链布局呈现一定程度收缩，同时有利于要素集聚配置而更加成为生产力布局的主要空间组织形式；全产业链安全可控有利于整体发展产业链"微笑曲线"而使产业迈上中高端并保障系统安全。应该说，按此四个取向调整再造产业链供应链乃至先进制造业集群，不仅国家层面有着回旋空间，而且地方和企业层面也可大有作为。

二、合力建构长三角区域先进制造业集群拥有良好基础和条件

正如国家规划纲要指出的，长三角地区是我国经济发展最活跃、开放程度最高、创新能力最强的区域之一，要形成高质量发展的区域集群。在当前形势下，合力建构全产业链的区域先进制造业集群是应对异常严峻挑战的必由之道，也是长三角地区应有的战略担当。

长三角合力建构全产业链的区域先进制造业集群具有良好基础和条件。从新地理经济学的距离、密度和整合维度考量，首先在距离上，长三角地区高铁路网覆盖所有城市，已使全域时空距离在 3 小时以内，中心城市之间在 2 小时；其次在密度上，长三角地区制造业拥有门类众多的传统产业、战略性新兴产业和未来产业，且规模体量、技术和产品先进性、行业内在关联性、市场容量、产业要素互补性和流动性等均有相当高的水平。长三角一市三省根

据制造业基础和优势,已经明确推进产业一体化的重点并体现在国家规划中,具体包括:围绕电子信息、生物医药、航空航天、高端装备、新材料、节能环保、汽车、绿色化工、纺织服装、智能家电十大领域,强化区域优势产业协作,推动传统产业升级改造,建设一批国家级战略性新兴产业基地,形成若干世界级制造业集群。聚焦集成电路、新型显示、物联网、大数据、人工智能、新能源汽车、生命健康、大飞机、智能制造、前沿新材料十大重点领域,加快发展新能源、智能汽车、新一代移动通信产业,延伸机器人、集成电路产业链,培育一批具有国际竞争力的龙头企业。面向量子信息、类脑芯片、第三代半导体、下一代人工智能、靶向药物、免疫细胞治疗、干细胞治疗、基因检测八大领域,加快培育布局一批未来产业。进一步分析可见,长三角区域的这些制造业按产品细分,从科技创新、研发设计到原材料、元器件配套、零部件协作、制造加工、组装总成到市场营销、品牌推广等几乎都有覆盖上中下游的全产业链基础和环节,且有各类科研机构和产销厂商云集,从而在区域内建构全产业链先进制造业集群具有优异的基础和条件。

疫情发生前,长三角区域制造业在全球制造业供应链中居于相当重要的位势,有大量企业是适应外需的原材料供应商、中间品供应商、出口加工供应商和外需消费品供应商,与国内需求和产业链供应链关联不大,但在疫情暴发后全球产业链供应链失序、断裂和分化形势下,受到的冲击也异常严重,直接影响到长三角区域产业体系的稳定发展。随着产业发展以内需为重的转变,长三角区域制造业亟须全面而深度整合。其要点是:着重面向内需,以适应新消费的新产品新服务开发制造为导向,以细分产品的全产业链为中心,重组上中下游主体和产能的供应链,拓展全产业链的接链、补链和强链,合力共建以产业集群为牵引的区域全产业链先进制造业体系。

三、合力建构长三角区域先进制造业集群的推进思路

1.把合力构建全产业链的长三角区域先进制造业集群列入长三角一体化的紧迫议程。疫情持续蔓延导致的异常复杂局势已经使国内外产业链供应链不再可能"回到过去",因此必须调整更新之前的有关发展思路,将更多的资源和力量从围绕出口替代部署产业链供应链思路转向围绕内需新消费构建全产业链系统。长三角一市三省在先进制造业以及相关生产性服务业领域的全产业链中各具优势和长项,为合力共建区域全产业链的制造业集群,不仅需要各扬所长,更需要"长板对接",由分到合,由断到连,由散到整。为此,需要在国家规划和各省市行动计划基础上,进一步根据新形势深化和校准产业一体化的内涵和指向,在长三角地区高层协调机制中把其列入紧迫议程,加强协调,引导全域科创机构和企业主体合力建构全产业链的先进制造业集群。

2. 合作编制长三角区域先进制造业全产业链路线图。在之前编制长三角产业地图的基础上,按照从研发设计到最终产品全过程上中下游分工与关联的逻辑,进一步厘清并编制长三角先进制造业全产业链路线图,为科研机构和企业主体重建供应链并向全产业链集群集聚提供依据与指引。事实上,现已提出的长三角区域制造业发展重点领域和产业,大都分别属于基础原材料、中间品和资本品、最终消费品以及技术服务,在全产业链上都不能孤立发展,而必须相互依存、协同匹配。谋划重点产业领域和项目,必须讲求和建立产业链上中下游分工协同。同时,长三角各地先进制造业虽然各有所长各有所重,但在建立细分产品的全产业链上,由于资源要素有限,并非一地可以独立实现,因而必须在长三角区域的大空间中配置资源、分工布局、合作完成。编制长三角区域先进制造业全产业链路线图,正是为了系统解决片段式孤立发展和地方资源有限的问题。建议一市三省经信、发改、科技等部门组成专班,加紧开展这项工作。

3. 以新消费新产品为导向优化全产业链组织。面向我国以发展型消费为主流的扩大内需,最重要的是包括新一代耐用消费品、时尚快消品、智能化消费品和新型服务的新消费新产品终端,是制造业全产业链的最终凝结和价值实现。建构长三角区域全产业链的先进制造业集群,需要提升优化目前以

"技术导向"的产业联盟组织形式，转型为以"终端产品导向"、串联并联从研发设计到原材料、中间品到终端产品以及服务的全产业链大系统联盟，也就是把细分行业小集群进一步整合建设成为创新链产业链价值链融合的大集群。这种大集群将是技术创新、产品开发、工业设计与制造加工以及市场营销服务全过程各主体的集聚，是按照产业上中下游关联各细分行业小集群的更高层级集聚，形成全区域空间布局的系统整合集聚。为此，以扩大内需为目标，目前亟须新技术赋能更新传统消费品、基于新消费应用场景开发新产品、加强产业链"微笑曲线"两个高端生产性服务，提升长三角区域适应新消费的终端消费产品制造供给能力；亟须明晰以终端消费品为导向建设全产业链大集群，根据不同产业链长短优化布局，产业链短的适宜集中建设集群基地，产业链长的则适宜在全区域多点布局建设网络化集群；亟须进一步研判长三角各地禀赋条件，选准各地在产业链中的定位和主攻领域，建设稳定的前后向供应链，拓展与产业合作伙伴协同发展。为此，现有产业集群、产业联盟、产业基地、产业园区等需要应对新形势新走向，主动调整创新产业组织及其运行机制。

以上所述是思路性认知，意在为进一步谋划具体举措提供参考。

第二节　疫情冲击下长三角合力修复提升区域现代产业基础

正当长三角区域各省市奋力防控克服疫情、加快恢复经济民生之际，安徽省于2022年上半年印发了《长三角一体化发展规划"十四五"重大项目推进工作方案》（简称《方案》）。这一时间巧合绝非偶然，而是体现了安徽省在此异常特殊时期应对疫情给长三角区域经济带来深广冲击和全新挑战的主动意识与积极作为。安徽的《方案》表明，该省在"十四五"期间组织实施长三角一体化发展重大项目626个，总投资达26722.68亿元。其中，已有部分项目正在建设，一两年内将有大批项目投入实际运营。这对于疫情后长三角区域经济恢复振兴、保持长三角经济稳增长基本盘和打造国家重要增长集群势头无疑富有非同小可的意义与作用。

一、疫情中暴露出的长三角现代产业基础三大痛点

疫情对长三角区域经济的冲击是多方面的，其中突出的是暴露了长三角区域现代产业基础的一系列痛点，痛感最强的在于以下几个方面：其一，部分外资公司将其在集成电路、新型汽车、重要零配件等关键技术研发和制造机构迁出，形成一系列长三角区域重点发展的战略性新兴产业关键技术来源的空白，急需通过自主创新关键技术转移转化来替代和弥补。其二，物流体系和秩序遭受冲击尤烈，从货源、货柜、车船到通道、接驳、装卸，传统的人工化、微观化的组织调度大多失灵，特别是相关信息不对称不畅达，无法应对特殊情形下的大物流需要。其三，产业链阻断现象严重，尤其是疫情长时间持续导致既有供应链和部分供应商缺失，可以预期在疫情后必然要进行产业链修复的再调整、再接链、再布局。从现代产业体系维度考量，这些痛点总体上具有从技术到生产到流通的系统性风险的特征。对其疗伤修复不仅需要时间，而且更需要依靠现代产业基础设施的支撑，依靠长三角区域各省市更加紧密的互补互助与联动合作。

二、修复提升长三角区域现代产业基础的安徽努力

安徽省的《方案》关涉长三角一体化发展的全领域内容，其中令人关注的是，与当下长三角区域经济恢复振兴现实迫切需要契合、针对长三角区域产业基础的痛点，安徽部署了一大批重大项目。

在区域现代产业关键技术来源替代方面，安徽组织实施 59 个项目，聚焦新一代信息技术、人工智能、新材料、新能源汽车和智能网联汽车、生命健康等重点领域的关键和核心技术，推进相关重大科技基础设施、产业创新平台建设，不断提升科技创新策源能力，推动先进制造业提质扩量增效、战略性新兴产业集群化发展。此举旨在长三角区域创新链的强链，进一步加大关键和核心技术自主创新的力度，开拓区域现代产业关键技术的可靠来源。从长三角区域科技创新体系观察，新一代信息技术、人工智能、新材料、新能源汽车和智能网联汽车、生命健康等关键技术都是沪苏浙皖主攻的科技创新重

点领域,且有着创新链上的分工协同。因此,要着重应对疫情后区域科创资源、创新链环节等发生的巨大变化,更加自觉积极地推进提升长三角科创共同体建设,深化关键技术的系统化分工协作,加强创新链的衔接补缺,发挥长三角区域内的国家科学中心、技术创新中心、科创走廊、创新带和创新型城市等创新策源功能,有效激励联合攻关,加快克服技术痛点,为疫情后长三角经济恢复振兴提供可靠有效的科技支撑。

在现代交通物流体系建设方面,安徽着力抢抓国家适度超前开展基础设施投资的"窗口期",组织实施项目205个。包括加快沿江高铁、宁马城际、徐州至淮北至阜阳高速公路、合肥新桥国际机场改扩建、芜湖马鞍山江海联运枢纽、长三角全国一体化算力网络国家枢纽节点芜湖数据中心集群等建设,持续优化综合立体交通物流体系,加快建设数字长三角。实施这些项目,不仅可以进一步延展长三角区域向长江经济带和中西部战略纵深地区的辐射,加密长三角区域内部的快速通道网络,而且更重要的是在这些交通干线上建设一批物流枢纽及其数字经济枢纽。值得强调指出,第三次工业革命把产业推进到信息时代,其底层逻辑就是产业活动数字化、信息化,从产业要素配置到产业运行过程的组织、筹划、调节、控制和监测等,越来越多地依靠和运用大数据和人工智能。新科技产业革命加速了这一产业基础现代化进程,大规模、泛在化的大数据与人工智能日益广泛地运用于产业活动及其管理,由此催生出产业服务型数字经济、平台经济等新经济模式。数字经济和平台经济,是依托云、网、端等网络基础设施并利用人工智能、大数据分析等数字技术工具的新经济模式,其主要业务包括经济活动数字化、撮合交易、传输内容和管理流程。我国数字平台经济在近些年发展迅速,如阿里、腾讯、京东等等,极大地改变了企业生产和人民生活的方式。但是,此次疫情所暴露的现代产业基础痛点,也反映出现有的数字平台对产业、物流服务的功能存在不足,当产业、物流活动发生急剧动荡变化时,数据搜集、处理和运用都跟不上形势,也表明了现代产业基础的薄弱。可以肯定,疫情后的长三角区域经济将不可能都是原样恢复，而必将是更加依赖数字化、智能化、集成化的逻辑，整合重组科技、产业、物流及其要素流动，亟待相关数据信息深度更新及其宽领域、精准化服务。安徽在这批重大项目安排上，把现代交通物流体系与数字经济平台枢纽融合一体建设，应该说是适应了现代产业基础发展趋势，有利于用新技术新模式促进长三角区域交通物流体系康复与重生。

在推进长三角区域经济优化空间布局方面，安徽组织实施项目231个，主要是开发皖北承接产业转移集聚区、皖江城市带承接产业转移示范区、皖西大别山革命老区、省际毗邻地区新型功能区等重点区域板块，实施先进制造业、现代服务业、绿色农业等项目。不难看到，这些项目包含了沪苏浙与皖北城市结对合作帮扶、长江经济带的"长三角—中部"产业走廊、合肥南京都市圈"双圈融合"等区域战略安排，是长三角中心区产业布局的进一步扩展。疫情后长三角区域产业链再调整、再接链强链，内在地具有优化布局的趋势和要求，而优化布局正需要开拓空间战略纵深。我国新发展格局特别是内循环主体要以国内超大规模市场为依托和动力，超大规模市场具有资源分布广、要素丰度高、生产能力强和消费潜力大等特征，是从生产、流通、分配到消费的循环系统。这种市场形成体现在空间区域布局上，还具有大纵深、广覆盖、多链接的特征，这就是空间上的战略纵深。根据现代产业布局靠近市场、靠近创新策源和区域板块集聚等空间分布规律，疫情后长三角产业复苏将有一个转型、疏解、重聚、结网的过程，这就需要开拓空间战略纵深、给出广阔的回旋空间来优化产业布局。在此意义上，安徽开发这些重点区域板块是为长三角区域产业体系及其产业链的调整再造提供空间战略纵深和腹地。

三、攻坚克难尤其需要区域一体化合力

疫情以来，长三角区域一体化合作精神得到了极大的激发。为保卫大上海，苏浙皖立即组织了成千上万名医护人员、成千上万吨各类物资源源不断支援上海抗疫。有媒体称之为"一体化就是一家亲"，可谓长三角一体化合作精神的焕发和写照。疫情后长三角区域经济恢复振兴、现代产业基础夯实提

升,同样特别需要这种合作精神与合作行动。

针对疫情中暴露出的长三角区域现代产业基础三大痛点,要加大项目投资补短板。长三角一市三省应统筹好现代产业基础布局,发挥好各自"十四五"时期确定的重大项目工程的牵引带动作用,聚焦现代产业基础重点领域,加大投资力度,加强重大项目储备,扎实做好项目前期准备工作,有序推进项目建设实施,形成储备一批、开工一批、建设一批、竣工一批、收效一批的良性循环。尤其应加紧对疫情后长三角区域现代产业基础再造提升进行统筹规划,协调一市三省相关项目之间内在创新链、产业链、物流供应链关系,加强项目的互补、衔接和配套,以求构造深度一体化、区域整体性的现代产业基础系统。

修复提升长三角区域现代产业基础,无疑需要扩大相关投资。在此过程中,必须发挥市场在资源配置中的决定性作用,提高各类市场主体的积极性、创造性。应以建设统一大市场为导向,遵循市场规律、顺应市场需求,对长三角区域投资环境加以整体协同优化,激励引导各类市场主体参与区域现代产业基础项目投资,并以合资、参股、基金、众筹等市场化方式扩大加密投资合作。应规范推广政府和社会资本合作模式,稳妥开展基础设施领域不动产投资信托基金试点,形成存量资产和新增投资的良性循环。还应建立健全机制化政企沟通渠道,不仅要帮助市场主体纾解眼前之困,也要打消其后顾之忧,助其为长远发展积蓄力量,为民间投资创造良好条件。应注重把握国家财政金融的相关政策窗口,选准投资领域和项目,把有限的资金用于消除痛点短板、推进迭代升级的重点,提高现代产业基础项目投资的精准度和有效性。

第七章
加大安徽在长三角区域合作的密度

第一节　安徽积极回应国家有关南京都市圈和虹桥开放枢纽战略部署的思考

2021 年末和 2022 年初的两个月内，国家向沪苏浙皖省市政府密集发布了关于长三角一体化发展的三个文件：一是科技部发布的《长三角科技创新共同体建设发展规划》，二是国家发改委批复的《南京都市圈发展规划》，三是国务院批复的《虹桥国际开放枢纽建设总体方案》。在"十四五"开局之时，国家对长三角连续出台三个重要文件，表明国家就扎实推进长三角一体化发展加快了战略布局和重大部署。习近平总书记 2020 年 8 月在合肥主持召开的长三角座谈会时明确指出，长三角区域要率先形成新发展格局，勇当我国科技和产业创新的开路先锋，加快打造改革开放新高地。新发布的三个文件提出科技创新共同体、都市圈和国际开放枢纽建设，即为实现三大战略定位和任务建构实操支点。

长三角科技创新共同体、南京都市圈和虹桥国际开放枢纽均是长三角区域共建事项，但南京都市圈是以南京为核心，并且将合肥都市圈的芜湖、马鞍山、滁州三市囊括其中；虹桥国际开放枢纽则完全在上海市区，以上海为主导。

对此，省内外有议论说安徽及合肥、浙江及杭州处于被动甚或被游离。应该说，这种看法虽然指出了安徽及合肥面临的压力，但仍带有传统的行政区经济思维的片面性，没有看到跨行政区的区域一体化各事项本质是开放的，各方都可以在融入参与、共建共享中获得机会。当下安徽最需要的是，积极回应国家推进长三角一体化的新部署，把握机遇为我所用，变被动为主动，变压力为动力。

一、回应南京都市圈：乘势大力推进合宁双圈融合发展，加快制度性创新的突破

合肥与南京两大都市圈融合发展，是安徽及合肥"十四五"规划中都明确提出的战略，符合长三角一体化打造沪宁合发展轴的战略布局，有利于两个都市圈整合资源对接优势，在现代工业技术创新和先进制造业体系建设上形成区域集成优势。近年来安徽谋划了"顶山—汊河""浦口—南谯""江宁—博望"和"六县一地"等省际毗邻地区的合作园区，已然形成合宁双圈初步融合的态势。南京都市圈规划获批对于推进合宁双圈深度融合发展是一个契机，我们应以一体化思维和开放合作胸怀抱以欢迎态度，更需要抓紧采取以下举措：

1. 主动推进合宁双圈融合发展的顶层设计。回应南京都市圈规划获批，大张旗鼓宣扬合宁双圈融合发展的理念与战略，强化合宁深度融合的社会共识和区域一体化概念。建议把省际毗邻合作从市县（区）层面上升到合宁两大都市圈整体层面，宜在近期组织省及合肥都市圈党政代表团主动出访南京，推动建立合宁双圈融合发展的顶层设计与协调机制，实施更高层次的全面战略合作，以利于安徽更多引入南京优质资源，加快两大都市圈基础设施、产业布局和城市功能的对接与整合。以现有的省际毗邻合作园区为合宁双圈融合发展的先行区，在取得进展积累经验的基础上，进一步拓展非毗邻区域的更大空间的双圈多形式合作。

2. 抓住跨省都市圈合作的制度创新突破口。跨省都市圈融合发展是一个新生事物，其中关键点在于跨省合作相关体制机制创新。以现有的省际毗邻

合作园区的体制机制建构为突破口，在发现问题、积累经验基础上，建构有效市场与有为政府结合的运行机制和治理制度是合宁双圈融合发展的最重要创新点与现实切入点。这些大都需要在省级层面协调合作。为此，安徽应主动与江苏省及南京市在制度性创新上的对接协同，在用地、投资、企业新建重组、技术转移、产权保护、税费政策、利益分配、营商环境等一系列制度安排上，与江苏及南京共建工作专班具体操作，鼓励各先行区探索，及时总结经验，共推合宁双圈融合发展的制度一体化。

二、回应虹桥国际开放枢纽：嵌入功能性平台，借势建立安徽高水平开放窗口

虹桥国际开放枢纽不仅是上海的开放枢纽，也是长三角区域开放枢纽，其建设方式和功能塑造是开放的，国务院批复也明确要求长三角一市三省参与建设。安徽地处内地，对外开放的区位不如上海，非常需要在优势区位设立对外开放窗口和管道，"借船出海"不失为弥补短板塑造优势的可行路径。因此，安徽应抓住虹桥国际开放枢纽建设的机会，以嵌入功能性平台为具体抓手，借势建立安徽在虹桥枢纽的高水平开放窗口。

谋划组建安徽在虹桥国际开放枢纽的功能性平台。虹桥国际开放枢纽将建设一流的国际化中央商务区，包括打造现代服务业发展高地；建设开放共享的国际贸易中心新平台，促进各类贸易平台集聚。增强联通国际国内的开放枢纽功能，包括打造总部经济集聚高地；营造国际一流的商务生态环境，创设虹桥国际商务人才港等。安徽在这些领域都需要提升国际贸易投资水平，利用虹桥枢纽给出的空间，组建安徽在虹桥枢纽的功能性平台，嵌入虹桥枢纽的整体功能体系建设，可以为安徽增添高水平对外开放的窗口和管道。

在虹桥国际开放枢纽组建安徽功能性平台，不是简单地建（购）一座大楼、办一家公司，而是具有窗口和管道功能的实体平台，即能够整合安徽与国际贸易、投资、人才、信息资源，联通安徽与国际市场，既有实业经营功能，又具中介服务功能，把安徽对外贸易投资导出去，把国际货物和服务、技术、

人才、数据信息等要素引进来。在组建形式上，应注意国际贸易投资宽领域专业化要求，不一定仅有单一总部形式，而可以既有总部经济形式，也可有嵌入式的共建合办专业化公司并设立安徽事业部的形式等，以总部与嵌入式事业部等构成宽覆盖、专业化、集成型的功能性大平台。

主动对接上海有关运作部门和主体。宜由安徽发改、商务部门牵头，主动与长三角办公室、上海市发改、商务及虹桥国际开放枢纽主要建设主体沟通对接，协商安徽在虹桥建立功能性平台的可行性和实操方案，建立专题合作机制，协同推进建设。

最后，安徽积极回应南京都市圈和虹桥国际开放枢纽的谋划与举措，建议考虑列入 2021 年度长三角一市三省党政主要负责人座谈会的议题，作为年度推进长三角一体化的工作专项。

第二节　长三角一体化高质量发展的芜湖江城力道

对于芜湖的关注，是因为其作为安徽的副中心城市和长三角沿江发展带上重要枢纽型城市的定位。要实现这种定位，现时亟须提升芜湖城市功能和发展水平。

一、长三角版图上芜湖的前世今生

芜湖是在长江顺流东向到下游境内的第一个大城市。"芜湖"本是古代鸠兹湖泊之名，建城于东晋，成形于宋代，是当时皖南、巢湖和淮河流域的物资集散地。元代战争城市几毁，后又复苏于明代，繁荣于清中后期，1876 年成为对外通商口岸，是中国江南四大米市之首，冶炼、刀具、浆染等手工制造业发达，特别是城市沿江建设成为江城，在长江沿线上的水运交通和商业贸易地位极其突出，是百年前安徽最繁华的江城商埠，享有"江东名邑""吴楚名区"美誉。1949 年，芜湖城市人口 14 万，建成区 7 平方公里，远超过合肥和安庆，到 1958 年时安徽省将省会究竟放在合肥还是芜湖仍游移不定，直到当时毛泽东视察安徽时认为"合肥不错，居皖之中，是否要搬芜湖呢？"从而芜湖与省会城市失之交臂。但 1978 年以前，芜湖是安徽最重要的工业和交通城市之一（另一为蚌埠），城市工业和交通区位独具优势。

改革开放以来，芜湖在国家改革史册中也书写了浓重一笔。依凭江城商埠的悠久底蕴，芜湖民营经济崛起成为改革开放的标志性现象。"傻子瓜子"私营经济及其雇工现象在全国激起巨大影响，几经起落和邓小平同志为之正名，从此掀起中国民营经济大发展浪潮。

芜湖的工业也脱胎换骨，以奇瑞为标志的自主品牌汽车制造产业崛起，推动了家用汽车迅速普及，在中国汽车产业发展史册上彪炳一页。

随着国家特别是长三角区域现代交通体系建设，芜湖的交通区位更显优势，是长江水运第五大港，安徽省最大的货运、外贸、集装箱中转港，国家一类口岸。加上4条高铁交会，芜湖已成为长三角区域重要的交通枢纽城市。

江城综合经济实力近年来显著增强。"十三五"期末，芜湖辖6区2县，城区人口超300万而成为大城市。地区生产总值达3753亿元，经济总量在全国地级市排名从"十二五"末的75位上升到57位，是安徽第二大核心城市。

二、芜湖在长三角一体化进程中如何发力

在长三角一体化高质量发展格局中，芜湖与先发城市还存在差距，因此必须以更大力道追赶，求得新的跃升。在"十四五"时期，芜湖的发力可以关注以下几点：

明确定位。芜湖要建成为省域副中心城市和长三角具有重要影响力的现代化大城市，在要素集聚、新兴产业培育、科技创新、交通物流枢纽建设等方面取得更大作为，打造智造名城、创新名城、开放名城、生态名城。

发挥优势。发挥交通区位优势，借助沿江高铁和商合杭高铁交会、长江第五大港、宣芜机场，成为长三角沿江发展带的重要交通枢纽。发挥地缘经济优势，依托南京合肥两大都市圈交叠、长三角沿江发展带、G60科创走廊等，提升经济密度而成为重要节点。构建现代产业体系，具有优势的制造业形成汽车、工业机器人、通用航空器、新型建材等为骨干的体系。发挥生态优势，作为长三角上游江城，山水资源丰富，环境优良。

把握机遇。当今在国内外产业深刻调整和产业链重构大背景下，我国产业和资本正处于重新布局阶段。其特征大体有四：一是贴近市场，表现为聚焦消费升级市场、贴近消费中心的投向偏好；二是靠近创新策源，为的是更加便捷地获取新技术开发新产品；三是区域化板块布局，以求得细分行业专业化规模经济效应和空间集聚的各种"红利"；四是注重全产业链安全可控，表现为讲求上下游配套稳固和产业链系统相对完整。

综合研判，芜湖的区位、产业、环境容量等优势与我国产业和资本战略布局趋势高度吻合，是在长三角一体化高质量发展大格局中内生增长与承载布局有机融合的高成长城市。

三、芜湖的发力重点

1. 打造若干具有国际竞争力的产业集群，"十四五"力争实现"3355"目标。智能网联汽车产业集群以新能源汽车、智能汽车、新一代汽车电子、汽车半导体等产业为重点，实现产值 3000 亿元；智能装备制造产业集群主要包括机器人及智能装备、现代农机装备、高端航空装备、轨道交通装备、节能环保装备、智能家电、智能快递物流装备等产业，实现产值 3000 亿元。优势传统产业集群主要包括材料、电子电器、电线电缆等产业，实现产值 5000 亿元。线上经济产业集群主要包括云消费、云服务、云制造、云农业和云管理等领域，实现交易额 5000 亿元。

2. 壮大提升枢纽经济，变传统江城为现代港城。以芜湖"空铁水公"多种交通方式汇聚的优势为依托，重点壮大港口物流、空港物流、保税物流、快递物流、产业物流和应急物流，积极发展农产品及冷链物流。围绕港口型国家物流枢纽建设，借势自贸区芜湖片区，打造芜湖港朱家桥外贸综合物流中心以及裕溪口煤炭储配交易物流中心、三山临港产业物流中心和获港建材交易物流中心，加快建设江北港口公用物流码头，推动芜湖港向现代化综合物流型港口转型。空港物流加快推进芜湖（京东）全球航空货运超级枢纽港项目。依托综保区叠加中欧班列始发站、跨境铁路物流园区，培育跨境贸易新业态。

依托皖南快递物流产业园，加快建设"中国快递示范城市"。

3. 构筑 G60 科创走廊集聚高地。围绕产业链部署创新链，发挥 G60 科创走廊聚集功能，重点产业及骨干企业争创国家技术创新中心、产业创新中心、制造业创新中心、（重点）实验室等重大平台，骨干企业建设工程技术研究中心等研发机构。新能源及智能汽车、智能农业装备、第三代半导体工程研究中心、多品类食品大数据等争创细分行业国家级、省级产业创新中心。哈特机器人产业技术研究院、中科大芜湖智慧城市研究院、西电芜湖研究院、中国科学院上海光机所激光产业技术研究院等重点研发创新平台提质。深化与中科大、浙大、哈工大、西电科、东南大学、中国科学院上海光机所等合作，打造高等研究院，是 G60 科创走廊上继松杭合苏科创高地的第五高地。

4. 长三角城市群多中心支撑体系的重要支点。宁镇马芜城市连绵带的高水平经济密度，在长三角一体化深入发展进程中提升能级，彰显支点作用。世界级城市群的多中心体系，依赖若干都市圈、高密度城市连绵带"四梁八柱"，这种支柱性的地位和功能加速城市跃升。

5. 长江生态环境修复。芜湖地处长三角长江段上游，在长江生态环境修复系统中担当重任。构建"一带两片多廊道"保护格局，"一带"为沿长江湿地生态保护带，加强长江洲岛和江滩的生态保护，持续开展沿岸绿化造林，保护长江及其岸线的自然生态。"两片"为江北和江南丘陵山水生态涵养片区，江北片区由青苕山、天井山、万年台和竹丝湖等组成，江南片区由五华山、马仁山、西山、何湾—象山等组成，重点维护水土保持、生物多样性保护等自然生态功能，加快森林抚育和矿山修复，增强生态涵养能力。依托青弋江、青安江、青水河、荆山河、峨溪河、黄浒河等，建设沟通长江和江南、江北生态涵养片区的生态廊道，提高生态系统连通性。

6. 再造江城商埠繁盛。以"三只松鼠"为代表的皖南及江南"山货"集散中心，以"芜湖方特"为代表的都市沉浸式体验休闲旅游消费中心，以黄山、九华山和长江旅游门户区位的大旅游消费枢纽，发掘利用江南文化，加强长三角区域文化传承与弘扬。营造现代消费中心城市，再现江城商埠繁华兴盛。

经过如此发力，到"十四五"末，芜湖人均地区生产总值可望达到长三角平均水平（14.5万元），发展质量核心指标稳居长三角第一方阵，经济总量将进入全国城市50强，成为长三角城市群中的新明星城市。芜湖江城发展显现的强劲力道，前景广阔，富有特色，在长三角一体化高质量发展"一江春水"里中流击水、乘风破浪，崭露新的辉煌。

第三节　聚焦碳汇经济先行，提质上海六安对口合作

2022年6月，国家发改委印发了《革命老区重点城市对口合作工作方案》，其中部署了上海市与安徽六安市对口合作。随后，上海市政府、安徽省政府联合印发《上海市与六安市对口合作实施方案（2023—2025年）》，围绕文旅、农业、生态、科创、公共服务等领域，提出一批对口合作措施。根据实施方案要求，双方将共同实施一批优势互补、互惠互利的对口合作政策措施，秉持"政府主导、各方参与，市场运作、互惠互利，创新引领、系统推进"三大原则，推动上海企业与六安资源、上海研发与六安制造、上海市场与六安产品、上海总部与六安基地精准对接，扩大有效投资，壮大市场主体，共同推进政策、管理、平台、市场等资源在两地充分共享，推动一批标志性对口合作项目，从而进一步激发六安老区内生动力、发展活力和振兴速率。显然，这一实施方案的部署是全方位的，按渐进思路还需要分阶段分重点地操作推进。从当前阶段考量，需要突出针对六安的国家生态功能区定位和碳汇生态比较优势，聚焦碳汇经济先行，提质沪六对口合作。

一、发挥对口地区比较优势深化精准合作

上海市对口合作始于1992年，现已陆续开展了覆盖8省40多个地市的对口合作，包括新疆、西藏、云南、青海、贵州、重庆、湖北和安徽等地的"老少边"市县区。开展先进地区对口合作、带动次发达地区加快振兴，是促进区域协调发展的有效途径和机制，也是国家的重大战略布局。据调研，上海对

口合作在前若干年主要针对次发达地区扶贫脱贫的阶段性诉求，从多方面给予对口地区帮扶援助，到 2021 年，上海对口的地区全部完成了脱贫目标，取得了优异的成效。

进入新时代新阶段，区域对口合作面临着提质升级的新的内在要求，即从单向性帮扶援助转变为更加强调双向合作共赢。双向合作的基础在于各自发挥优势，特别是充分发挥次发达地区的比较优势，以使"对口"具有更多高效的"对接"。立足这一站位考量，上海六安对口合作应注重精准识别和有效发挥六安的比较优势，针对六安的国家生态功能区定位和碳汇生态比较优势，聚焦碳汇经济发展，共建长三角一体化的碳汇经济先行区。

二、上海六安开展碳汇经济先行区合作的比较优势

实现"双碳"目标是我国向世界做出的郑重庄严承诺。实现"双碳"目标的关键基础是生态功能区，特别是大面积强功能的生态功能区，以其碳负排放对冲碳排放进而达到碳中和。六安地处大别山区，山脉连绵千余公里，为长江和淮河两大水系的分水岭，是长江中下游平原的生态安全屏障和重要水源地，其丰富的绿色植被使之素有"华中之肺"的美称。六安大部属于大别山的主体区域，核心区森林覆盖率高达 67%，是具有重要生态功能和资源价值的富集地域。大别山区过去曾是国家 14 个集中连片特困地区之一，现在又是 25 个首批国家重点生态功能区之一。脱贫攻坚目标胜利完成后，在"双碳"目标下，更好地保护和发挥大别山区生态功能，深度开发其增氧固碳、净化大气、调节气候的碳汇功能。这既是六安最为突出的比较优势，也是长三角生态建设和达成"双碳"目标的重要依托，因此可谓上海六安对口合作在现阶段最适宜的"对接"端口。利用六安的这一显著比较优势，上海六安对口合作发展碳汇经济无疑具有广阔的前景。

三、上海六安开展碳汇经济先行区合作的三个关键点

围绕国家发展碳汇经济的焦点难点，试验区要在三个方面先行先试：低碳产业做加量，碳汇资源做增量，碳汇交易做流量，详见第一章中相关论述。

四、关于推进路径的几点建议

第一，安徽省及六安市与上海市有关对口合作职能部门进一步沟通衔接。在增进共识基础上，联合组织编制上海六安合作碳汇经济先行区规划。建立政府部门间专项工作协作机制，统一规划先行区低碳产业、碳汇科技、碳汇资源和碳汇交易发展及布局，协调先行区合作共建的政策协同与管理协同等。

第二，共同探索发展山区碳汇经济的新路。一是破解难点共拓新路。围绕国家"双碳"目标急需破解的难点，共同开发碳汇综合管理平台，开展碳汇计量监测，探索基于森林碳汇的碳中和市域循环、碳交易项目开发。二是科技创新联合攻关。依托上海、合肥等地的有关机构，开展大气污染研究、能源与环境影响研究、资源与污染控制技术开发，共建我国大气环境监测关键共性技术创新平台；依托国家林草局、中国科学院和上海、合肥、南京等有关科研机构，进行"双碳"前沿技术和新材料、碳捕集利用与封存技术、碳循环转化利用及零碳能源技术研发与应用。三是合力开拓大别山碳汇交易市场。在上海六安对口合作重大项目中可考虑支持六安建设大别山碳汇技术创新中心和大别山碳汇交易市场平台。

第三，推进六安"融圈"承接低碳产业。以上海六安对口合作为契机，推进六安深度融入上海、合肥等都市区（圈）科技创新和现代产业布局，通过招商招才、引资引智将都市圈产业资本要素导入大别山区，布局低碳化的中心城市战新产业、零部件制造业、农产品深加工业、山区特产加工业；加强周边中心城市消费市场营销，将山区产业深度融入都市圈市场体系。用足国家振兴革命老区相关支持政策，对接国家对口支持部门、有关央企，争取产业项目布局和资本力量支持。

可以想见，围绕国家重大战略急需，从碳汇经济先行切入，使上海六安对口合作提质升级，将会更富有区域合作创新价值。

第二篇
科技产业变革

第八章
发挥政府促进现代产业体系建设的作用

"十三五"伊始,国家即颁布了《中华人民共和国国民经济和社会发展第十三个五年规划纲要》。在这一规划纲要中,专辟一章"优化现代产业体系"对我国产业发展提出战略指向和要求,其中开宗明义指出:围绕结构深度调整、振兴实体经济,推进供给侧结构性改革,培育壮大新兴产业,改造提升传统产业,加快构建创新能力强、品质服务优、协作紧密、环境友好的现代产业新体系。"十三五"时期以来,安徽各方市场主体和各级政府贯彻国家"十三五"规划纲要的战略指向和要求,实施安徽省"十三五"规划纲要,在夯实现代产业基础、提升产业结构、优化现代产业体系方面倾力前行,取得了重要进展。在此过程中,运用产业政策、更好发挥政府作用应该说是一个重要因素。

第一节　围绕产业政策的大讨论:厘清市场机制与政府作用关系

从 2016 年下半年大体持续到 2018 年,经济理论界围绕政府产业政策展开了一场影响广泛的大讨论。这场关于产业政策争论的核心问题,在于产业发展乃至国民经济发展中,如何实现"市场在资源配置中的决定作用和更好发挥政府作用"的社会主义市场经济体制基本的内在要求,厘清优化现代产业体系中市场机制与政府作用的关系。这场大讨论虽然发生在经济理论界，其波澜却广泛延伸到政府决策界和企业界等领域，对于各级地方政府运用产业政策、企业执行产业政策或大或小地产生了现实影响。

一、大讨论的主要观点博弈

这场围绕产业政策的大讨论，发起于经济学者林毅夫与张维迎的学术争论，随后又有相当一批经济学者和企业界人士参与。这里我们借引江飞涛、李晓萍的《林毅夫与张维迎围绕产业政策的争论》一文对这场大讨论主要观点综述，简要地再梳理主要的不同观点。

林毅夫关于产业政策及产业政策中市场与政府关系的观点。在他看来，国民经济发展的实质是人均收入的提高和生活水平的提高，实现国民经济的发展需要有效市场和有为政府的共同作用。有效市场的重要性在于它能够（通过价格体系）很好地反映各种要素的相对稀缺性，以引导企业按照要素禀赋的比较优势来选择技术和产业，只有如此，"生产出来的产品在国内国际市场的同类产品中，要素生产成本才会最低，企业才可能获得最大的利润，整个经济才有机会创造最大的剩余和资本积累，使得比较优势从劳动力或自然资源密集逐渐向资本密集提升，为现有产业、技术升级到资本更为密集、附加价值更高的新产业、新技术提供物质基础"。他指出："成功的产业政策必须是针对有潜在比较优势的产业，而识别这种潜在比较优势也需要以有效市场反映各生产要素的相对稀缺性为前提。"林毅夫认为，由于公共物品、信息外溢、协调失灵等市场失灵的存在，要实现产业升级、国民经济持续发展，仅仅有有效市场是不够的，还需要有为政府。所谓有为政府要"以'产业政策'集中有限资源，协助企业家从事那些回报最高的技术创新和产业升级"，而协助手段包括基础设施建设、制度建设、基础科学研究等。

张维迎对于产业政策和市场机制的基本观点，可谓林毅夫观点的"反方"。张维迎对产业政策作了界定，即"政府出于经济发展或其他目的，对私人物品生产领域进行的选择性和歧视性对待，其手段包括市场准入、投资规模控制、信贷资金配给、税收优惠、财政补贴、进口关税和非关税壁垒、土地价格优惠等"。张维迎尤为强调作为市场主体的企业家在市场中的重要作用，指出"企业家是市场的主角，发现和创造交易机会是企业家的基本功能；正是通过企业家发现不均衡和套利，市场才趋向均衡；正是企业家的创新，使得市场不断创造出新的产品、新的技术，并由此推动消费结构与产业结构的不断升级"。张维迎认为产业政策注定不能成功，其原因是：一方面，产业政策作为一种集中化的决策模式，需要决策者对未来主导技术、主导产业及发展路径有准确的预测，但由于人类的认知能力限制，创新与新产业是不可预见的。实现创新、发现新产业的唯一途径是分散化的经济实验，也就是"每个企业家按照自己的警觉性、想象力和判断力来决定做什么、不做什么"，然后由市场竞争来决定谁是最后的成功者（例如，市场的主导技术、新的产业、主导企业）。另一方面，某些官员既不具有企业家的警觉性和判断力，也没有企业家那样的激励，很难像企业家一样行动。并且，产业政策还会导致某些企业家和某些官员的寻租和设租行为，扭曲激励机制，因此产业政策没有必要。

除了林毅夫和张维迎之间的"互怼"式争论观点外，田国强和顾昕则表达了不同于林张二位学者的观点。一方面，田国强认为，林毅夫提倡的有效市场与有为政府存在内在逻辑冲突，有效市场的必要条件是有限政府而不是有为政府。他指出："所谓有限政府指的是，只要市场能做的，就应让市场发挥作用，只有当市场不能做或失灵时，政府才应发挥作用，从而才可能导致好的市场经济或有效市场。"有限政府应是"聚焦于维护和提供公共服务和公共产品"，并"与市场保持一臂之隔"，政府的行为边界更为清晰，而林毅夫提出的有为政府几乎是无边界的，同时又排除了政府一般在经济活动中应该无为的至关重要性。另一方面，田国强又认为，张维迎否定市场失灵是缺乏依据的，他指出对于产业政策辩论的焦点不应该是需不需要产业政策，而应该是"政府职能是否需要从全能型、发展型的有为政府转向维护型、服务型的有限政府"。顾昕在参与讨论中阐述了他对于产业政策的主要观点:第一,产业政策有其必要性,产业政策的功能是(在产业发展的过程中)弥补市场不足、矫正市场失灵。第二,产业政策应立足于"市场机制充分发挥在资源配置中的决定性作用",产业政策不是要替代市场去"挑选赢家",而是要为产业发展提供服务。第三,产业政策的真正问题在于,建立什么样的制度与激励机制,政府才能为产业发展提供相对有效的服务。

随着大讨论的深入,学者们在进一步认知产业发展中市场机制与政府产业政策的关系上呈现了如下观点:第一,市场是配置资源、激励创新、推动效率提升与产业转型升级最为有效的机制,市场机制亦会内生发展出解决市场失灵或协调失灵的许多方式,并会通过竞争选择过程筛选出更具效率的方式,因此政府介入市场失灵应极为审慎,应将政府干预行为局限在比较狭窄的范围内。但是,市场机制是否能充分发挥以上作用,又高度依赖于政府所提供的制度体系的质量。现代国家政府最为重要的职能之一就是建立市场经济有效运行所必需的合适的制度基础与制度框架,促进市场体系的发育。第二,以直接干预市场为特征的选择性产业政策存在比较严重的缺陷,但在为产业创新发展创造良好条件方面政府可以发挥重要作用。应将选择性产业政策转变为功能性的产业政策(或横向的产业政策、协调主义的产业政策)。功能性产业政策本质上是横向性的(即政策针对所有产业或多个产业),旨在创造有利于产业竞争力提升的框架性条件,为企业和企业家捕捉盈利机会、实现他们的理念、从事经济活动提供框架性条件。这些框架性条件包括:良好的市场制度、维护公平竞争的市场环境、完善的公共设施、有利于创新和技术扩散的制度与环境、通过培训和教育提升劳动者技能、促进企业之间的合作等。第三,市场与政府互补协同关系。在新的产业政策体系中,与市场机制一起共同发挥作用的,是一个"有限""有效"的政府框架下积极作为的政府,政府应"完善市场制度,增进市场机能,扩展市场作用范围,补充市场不足"。在功能性产业政策体系下,市场与政府是互补与协同的关系,而不是替代的

关系。①

二、大讨论给我们的启示

事实上,发生于"十三五"时期的这场产业政策大讨论并非空穴来风,其意义也不仅仅是澄清一些有关概念和理论,而是在我国处于经济增长动能转换、发展方式转变、产业结构深刻调整的大背景下,对于以"发挥市场在资源配置中的决定作用和更好发挥政府作用"为根本特征的社会主义市场经济体制及其深化改革的再认知再廓清。结合这场大讨论与有关的国际惯例,我们至少可以得到如下认识:第一,在促进产业发展过程中,存在市场失灵情况,因此政府的产业政策手段有必要存在并发挥作用,例如对发展中国家和地区而言,按照WTO有关"黄箱"规则和惯例,对"幼稚产业"可以实行政府的产业支持扶助乃至保护政策,不能一概否定产业政策存在的必要性。第二,在优化现代产业体系中,发挥市场在资源配置中的决定作用和更好发挥政府作用具体体现为竞争中性政策与政府产业政策。其中,坚持竞争中性政策,营造公平竞争的营商环境,切实使企业等市场主体自主决策、自主经营资源配置发展产业,居于首要的位置。政府产业政策重在弥补市场机制失灵的缺失,一定力度地扶持具有不确定性风险的技术创新和新兴产业,促进产业结构更高效率地调整、转型和升级。第三,政府产业政策必须是"有限"而非"放任"的,既不能替代市场在资源配置中的决定性作用,也不能对微观市场主体创新经营活动横加行政干预,产业政策的制定和运用必须规范化进而法治化,从而有助于以更加科学合理有效的宏观治理手段和工具促进国民经济创新转型,建构现代产业体系。值得指出的是,对于各级地方政府来说,这场讨论也备受关注,引起了反思,受到了启迪,这将有益于各级地方政府在推动当地产业结构调整和升级进程中,秉持科学思路,运用合理手段,促进地方产业健康发展。

---

① 江飞涛,李晓萍.林毅夫与张维迎围绕产业政策的争论 [J]. 财经问题研究,2018(01):33-42.

第二节　安徽运用产业政策的实践

有关产业政策的理论定义很多,一般认为,所谓产业政策是指由政府制定的、主动干预产业经济活动的各类政策的集合。我国的政府产业政策形式主要有以下几类:产业规划、产业发展指导意见、产业发展目录、产业发展引导基金等,还有配套的财税金融政策以及土地环保政策,如减免税、地方税收返还、政策性贷款、政府担保、用地供给、环境评估审批等。

"十三五"时期,安徽省"十三五"规划纲要提出的一大目标任务是建立现代产业新体系,包括培育壮大战略性新兴产业、推动传统产业优化升级、加快发展现代服务业、推动军民深度融合发展,到期末基本形成以战略性新兴产业为先导、先进制造业为主导、现代服务业为支撑的现代产业新体系。为此,部署了几项工程:(1)战略性新兴产业集聚发展工程;(2)传统产业改造提升工程;(3)质量品牌升级工程;(4)服务业加快发展工程,等等。其中,列出了各门类的重点产业行业,并突出通过基地、集聚区建设着力打造产业集群。此外,还提出了大力发展现代农业的目标任务,包括构建新型农业三大体系(农业产业体系、生产体系、经营体系)、提高农业综合生产能力、促进农业安全高效可持续发展三个方面的内容。为实现这些产业发展目标任务,安徽省各地都着力运用产业政策的多种形式和手段加以推动。

一、产业规划加强各级"顶层设计"

产业规划是从国家层面到地方县级层面运用十分广泛和频繁的产业政策形式。比较而言,近年来,国家层面的产业规划已经较以前减少,但地方各级政府仍然运用较多。"十三五"时期,国家层面的产业规划典型的有《"十三五"国家战略性新兴产业发展规划》等,还有国家有关经济部门编制的若干细分产业的发展规划。同一时期,据我们调研的不完全统计,安徽省级的产业规划公开颁布的不少于30个,还对不少于10个细分产业规划进行了编制,但由于各种原因未予公开颁布。

在省级层面发布的这些产业规划，基本上属于细分产业的规划。其编制者也都是省级政府的有关产业主管部门，公布者则分别有省政府、省政府办公厅和省直有关主管部门。

不仅在省级层面有政府产业规划，而且在全省市级层面也编制发布了大量的产业规划。下表选取安徽 16 个设区市的部分产业规划中有代表性的规划。

表 8-1　安徽省辖市"十三五"产业规划（部分例举）

序号	规划名称
1	合肥市智能制造产业"十三五"发展规划
2	合肥市"十三五"战略性新兴产业发展规划
3	芜湖市"十三五"金融业发展规划
4	芜湖市"十三五"战略性新兴产业发展规划
5	蚌埠市"十三五"文化产业发展规划
6	蚌埠市"十三五"房地产业发展规划
7	马鞍山市"十三五"高新技术产业发展规划
8	马鞍山市"十三五"时期文化产业发展规划纲要
9	铜陵市旅游业发展"十三五"规划
10	铜陵市"十三五"养老服务业发展规划
11	安庆市"十三五"工业主导产业规划总体纲要
12	安庆市邮政业发展"十三五"规划
13	池州市电子信息产业"十三五"发展规划
14	池州市大健康产业发展规划
15	宣城市"十三五"文化旅游产业发展规划
16	宣城市"十三五"竹产业等三项特色产业发展规划
17	黄山市"十三五"工业主导产业发展规划
18	黄山市"徽文化"产业发展规划
19	六安市"十三五"工业主导产业发展规划
20	六安市皖西白鹅产业"十三五"规划
21	淮南市"十三五"工业发展规划

序号	规划名称
22	淮南市"十三五"新型墙体材料发展规划
23	滁州市战略性新兴产业"十三五"发展规划
24	滁州市家电产业"十三五"发展规划
25	阜阳市"十三五"期间金融业发展规划
26	阜阳市蔬菜产业"十三五"发展规划
27	亳州市"安徽省（亳州）现代中药产业发展规划"
28	亳州市"十三五"养老事业发展规划
29	淮北市物流业"十三五"发展规划
30	淮北市"十三五"工业发展规划
31	宿州市"十三五"工业主导产业及战略性新兴产业发展规划
32	宿州市"十三五"综合交通运输规划

注：此表根据安徽省 16 个省辖市政府网站公布资料列出。

市级层面的产业规划总量比省级更多，并且在重点产业选择方面不仅反映新一轮科技革命和产业变革的大趋势，均把战略性新兴产业作为地方产业政策的重点领域，而且注重体现当地的资源禀赋和比较优势，着力发展具有当地比较优势的特色产业。

在基层的县级和各地开发区，地方政府及其部门和开发区管委会也编制了为数众多的产业规划。如县级政府发布的《肥西县"十三五"工业发展规划》《芜湖县汽车零部件产业发展规划》等；开发区的产业规划如《合肥高新技术产业开发区节能环保产业发展规划》《芜湖高新区新能源汽车产业"十三五"规划》等。由于此层级规划数量繁多，这里不拟详细列举。需要指出的是，这一层面的产业规划，特点在于更加注重精选当地主导产业、培育新兴产业，反映了"十三五"时期的基层地方产业规划从以往不加选择的"捡到篮里都是菜"转向选择和聚焦少数主导产业新兴产业并着力做大做强，从一定意义上可以说是从范围经济模式逐步转变为规模经济模式。

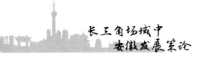

二、产业发展指导意见和产业发展目录细化政策完善

产业发展指导意见是政府调控产业发展的规范性文件,一般是对一个时期某一类产业或某亟须发展的重点产业给出宏观指导,特别是对有关的具体产业政策及其配套政策提出指导性要求,是调整完善有关具体产业政策及其配套政策的依据。通过比对分析可以看到,产业发展指导意见不同于产业规划之处,主要在于产业规划是对某一产业或产业簇群的发展给出定位、目标、布局、路径等,是针对产业本身发展的引导;而指导意见一般则重在针对政府关于某一产业或产业簇群的调控支持政策提出方向和要求,更多的是对政策本身的定位、调整和完善。"十三五"时期,安徽省各级政府针对若干产业出台了不同层级的产业发展指导意见。

在省级和市级的产业发展指导意见中,有的是省市政府根据本省本市亟须发展的重点产业而制定指导意见,也有贯彻国家有关某一产业或产业簇群发展指导意见而提出的实施意见,尤其在市级层面,这种贯彻国家和省级指导意见的实施意见占比更大。这一状况反映了各地各级政府在制定产业发展指导意见时,注重与上位指导意见的衔接,对具体产业具体政策的调整完善注重统一协调。

除产业发展指导意见形式外,产业发展目录也是一种产业政策形式。产业发展目录是引导投资方向、政府管理投资项目,制定实施财税、信贷、土地、进出口等政策的重要依据。由于产业发展目录应该覆盖具有门类众多、行业较全的产业,而基层一般不具有这样的产业体系,因此通常运用产业发展目录形式的是在国家层面,省级层面相对较少,市级及其以下层面则极少运用。

产业发展目录的作用,我们不妨以 2019 年 10 月国家发展和改革委员会修订发布的《产业结构调整指导目录(2019 年本)》[简称《目录(2019 年本)》]以及工业和信息化部的《产业发展与转移指导目录(2018 年本)》为例来观察。其一,国家发展和改革委员会早些年间曾经发布《产业结构调整指导目录(2005 年本)》,2011 年和 2013 年分别对目录进行了修订和修正。

进入"十三五"时期，我国经济已由高速增长阶段转向高质量发展阶段，新一轮科技革命和产业变革持续深化，产业发展面临的内外部环境发生了深刻变化，上一版目录已经无法适应新形势、新任务、新要求，因此予以修订后出台新版本。《目录（2019年本）》由鼓励、限制和淘汰三类组成，共涉及行业48个，条目1477条，其中鼓励类821条、限制类215条、淘汰类441条。根据有关规定，《目录（2019年本）》明确要求：对鼓励类项目，按照有关规定审批、核准或备案；对限制类项目，禁止新建，现有生产能力允许在一定期限内改造升级；对淘汰类项目，禁止投资并按规定期限淘汰。国家发改委在颁布这一版目录时还要求，在实际贯彻工作中，由各省（区、市）人民政府和有关部门建立协同推进和监督检查机制，切实加强政策协同，依照有关法律法规严格监督执法，各司其职、密切配合、形成合力，切实增强产业政策的执行效力。其二，工业和信息化部的《产业发展与转移指导目录（2018年本）》，旨在引导深化区域分工合作，努力构建西部、东北、中部、东部优势互补、错位发展的区域产业发展新格局。该目录按照西部、东北、中部、东部四大板块，分别提出了各板块的区域定位以及原材料工业、装备制造业、消费品工业、电子信息产业发展的方向，给出了全国区域工业发展总体导向。工信部在颁布该目录时强调，目录重在突出指导性和方向性，不对未列入优先承接发展的产业和地区进行限制；也不对引导优化调整的产业设定时间表、路线图、任务书。从两个目录的内容和要求可以看出，产业发展目录实际上是政府对某些产业支持与否的分类，是对细分产业的市场准入许可、政策支持范围的确认，也是对地方和企业的引导与约束。目录的动态修订再版，反映了不同时期和阶段政府对产业支持与否的政策调整。而目录背后的支撑，则是审批制度等行政手段。

"十三五"时期，安徽省市两级政府及其部门基本没有发布以产业发展或调整目录名义的产业政策文件，但是把国家有关产业发展和结构调整目录的内容与要求，分别体现在各级政府的产业发展指导意见之中。特别是，根据国家的产业目录,从激励的角度,在省市各级政府推出的重点企业支持名录、产业引导基金支持企业项目目录中,将鼓励类产业纳入其中,从而也显示出了产业发展目录的实施效果。

三、产业引导基金给出"真金白银"支持

产业引导基金是政府产业政策体系的重要组成部分。如果说产业规划、产业指导意见、产业结构目录等属于行政手段,那么产业引导基金则是"真金白银"的经济手段。两种手段相辅相成,互为支撑。自"十三五"时期开始后的近年来,安徽各级政府对设立产业引导基金、运用产业引导基金显示出越来越大的积极性,各层次产业引导基金呈现出迅速发展的态势。

产业引导基金是国家和地方政府为了引导高新技术和新兴产业发展而创设的政策性基金。政府设立产业引导基金的目的,在于撬动社会资金投入需要发展的产业,特别是高新技术和新兴产业。目前各地的产业引导基金均采用市场化方式运营,通常是设立政策性投资公司进行平台运作,通过财政资金设立或参股设立股权投资基金。从安徽情况看,省和各市政府产业基金基本上是由政府联合投资机构设立,对高新技术和新兴产业领域里具备高潜力的创新创业企业进行股权或准股权投资,待企业成熟后通过股权转让实现资本增值,其投资通常体现政府推动产业调整、升级的意志。

据调研获悉,安徽目前各地产业引导基金借鉴了国内已有的实践经验,结合当地实际,大体有以下不同的运作模式:一是在创业投资发展处于初期阶段,采用引入"补偿基金+股权投资"的模式以快速启动引导基金,将社会资本引入创业投资领域。二是在创业投资发展处于成长阶段,通过引入"引导基金+担保机构"的模式,扩大融资规模,加速创业投资的发展。三是当创业投资发展处于相对成熟阶段,通过引导基金作为母基金来吸引社会投资的方式,发挥其最大功效,促进创业投资发展。四是将产业引导基金定位于具有一定程度风险的基金,重点投向一些需要较大金额扶持、回报周期长的创新创业项目,从而把长期资本注入双创企业。同时,政府产业引导基金投

资运营公司与社会资本融合，以股份制形式设立了 1 支母基金 +N 支子基金的基金体系，从而使创新创业企业的政策性融资空间更加广阔。五是加大产业基金的覆盖广度，着力使产业基金覆盖全部支持的行业领域。如合肥市提出围绕该市优势主导产业发展的重点领域和薄弱环节，原则上按照一个行业或领域跟进设立一支基金的原则，加强与社会资本合作，合理确定基金数量和规模，引导社会资本促进优势主导产业发展和产业转型升级。

安徽的产业引导基金启动于 2008 年左右，经过十多年的发展运作，目前进入了高速发展期。尤其是根据 2018 年 9 月国务院发布"双创"升级版意见关于充分发挥国家新兴产业创业投资引导基金、国家中小企业发展基金等引导基金的作用，支持初创期、早中期创新型企业发展，加快发展天使投资，鼓励有条件的地方出台促进天使投资发展的政策措施，培育和壮大天使投资人群体的要求，安徽加大了针对创新创业和中小企业的地方产业引导基金的发展力度。目前我国政府引导基金存量已达数万亿元，安徽也达到千亿元的量级，且每年都有一批新基金设立。这里仅举 3 例。

例一：2018 年，安徽省政府为促进科技成果转化，组建 20 亿元规模引导基金。安徽拥有合肥综合性国家科学中心和一大批国家级与省级科研院所、高校，科技创新成果资源丰富，要把科技创新转变为现实生产力，科技成果转化就成为关键。为此，安徽省政府从三个方面来强化政府的引导支持。一是组建安徽省科技成果转化引导基金，规模为 20 亿元，重点投向科技成果转化种子期、初创期的企业；二是继续以参股或债权投入方式，省市共同支持高层次人才团队携带科技成果在安徽创办企业，每个团队支持力度为 600 万元至 2000 万元；三是加大科技成果转化项目与金融机构对接力度，放大基金带动金融的乘数效应。

例二：2018 年 12 月，安徽省投资集团联合上海市人民政府、上海国际集团、太平洋保险发起成立"长三角协同优势产业基金"，该基金总规模 1000 亿元，首期 100 亿元，投向生物技术、物联网、人工智能。这是在国家实施长三角区域一体化发展战略的背景下，安徽与长三角核心城市和投资界龙头企业合作成立的产业基金，表明一省一地的地方性产业基金展拓为多省市合作的区域性产业基金，昭示着产业基金的开放之路为产业基金发展开辟了更加广阔的空间。

例三：在安徽各地的市级层面，设立发展产业基金的积极性方兴未艾。2019 年，亳州市建安投资控股集团有限公司全资控股子公司安徽安诚资本有限公司旗下的安徽建安投资基金、安徽创晟投资基金、安元现代健康基金等 5 支投资基金，总规模超过 50 亿元的民营经济引导基金，已经落实到位。用于支持初创期创业企业、中医药新兴产业等。该市设立的股权投资基金，由市建设投资有限公司运营管理。此案例显示的是，地方产业基金通过母基金 +N 支子基金之路建构产业基金体系的模式。

从典型样本调研看，安徽的产业基金对于支持创新创业企业和中小企业发挥了重要作用，取得了可观效果。以安徽省投资集团为例，该集团于 2014 年在省属企业中率先启动产业基金体系建设工作，通过发起设立、参与设立或承接基金，联合社会资本开展投融资模式创新，探索国有资产资本化、国有资本基金化的投资运营改革道路。"十三五"时期以来，皖投产业基金历经三轮迭代升级发展，取得规模升级、布局升级、功能升级、管理升级、作战体系升级。截至 2019 年，安徽省投资集团发起设立和管理产业基金达 69 支，认缴规模 915 亿元，母子基金总实缴 417 亿元。有效发挥杠杆支撑作用，省级财政投入撬动 2.8 倍资金，基金布局覆盖全省 14 个地市，投资实现全省 16 个地市全覆盖。基金定位精准聚焦战略性新兴产业和"专精特新"企业，基本实现了对电子信息、先进制造、新材料、生物和大健康、新能源汽车、量子技术等安徽主要战略性新兴产业全覆盖，投资工具箱覆盖企业全生命周期。基金运作能级显著提升，打造形成了以国有独资的省创投公司、市场化遴选的专业管理机构以及团队持股的创谷资本为代表的三支作战队伍，构建起专业化投资体系，形成较强的产业投资能力。同时，参与设立国家集成电路基金、国家先进制造基金、长三角协同优势产业基金等一批国家大基金,为安徽经济导入高端产业资源和资本。截至 2020 年 4 月,基金投资项目达 676 个,投资金额 269 亿元,所投企业中战略性新兴产业企业 455 个、高新技术企业 283 个、"专精特新"企业 110 个,所投企业产值超千亿。坚持价值投资、赋能投资,坚持投大与投早投小相结合,重仓投资了蔚来汽车、铜化集团、丰原生化、华塑股份、天地一体化、国科量子、埃夫特机器人、星恒电源、科大讯飞、环新集团、蓝盾光电、富田精工、贝克制药、广信股份等一批顶天立地的大项目;前瞻投资了东超科技、云塔科技、华米科技、博微太赫兹、龙迅半导体、芯碁微装、芯动联科、微纳星空、中科重明、兆尹科技、中科普瑞昇、利夫生物、唯视阅医疗、壹石通新材料等一批科技创新小巨人,突破一批"卡脖子工程";招引投资了万润新材料、格林晟制造、晶瑞化学、华清光学、鹿港毛纺等 62 个项目,直接投资 23 亿,其中,2019 年新增招商 23 个项目,基金招商带动产值超过千亿,"基金 + 基地 + 引资 + 引智"形成良性循环机制。同时,通过证券化组合,持续优化实体企业资本结构,促进优质企业资产证券化,助力多层次资本市场建设,所投企业已实现上市(过会)23 家,其中科创板 6 家,通过基金引进上市公司 2 家,正在进行 IPO 审核排队的 13 家,接受辅导的 37 家,一批皖资、皖企上市及储备的"梯形军团"正在发展壮大。同时,皖投集团通过与私募股权基金的协同配合,有力推动安徽成为全国私募股权基金发展新高地,截至 2020 年 3 月底,全省备案基金达 901 支,管理机构 214 家,基金规模 4162 亿,居中部地区首位、全国第十。其中,皖投在合肥高新区建设的中安创谷基金大厦,已汇聚基金 71 支,认缴资金规模 1290 亿元,成为国内基金集聚度最高的运营单体之一,带动合肥形成基金发展集聚效应。尤其可圈可点的是,2020 年在疫情冲击下安徽省投资集团发展势头仍然不减,承接的省级股权基金多措并举,投资进度稳步提速,1—4 月,已完成投资(过会)项目 52 个,投资金额 35.99 亿元,带动投资超过 206 亿。4 月份以来,基金所投企业已连续新增 6 家首发上市(过会),蔚来汽车、丰原生化等一批重大项目落地,有效发挥了产业基金的投资引领作用。2019 年,得益于省委省政府的强力推动和各方共同努力,安徽省投资集团产业基金募投逆势增长,杠杆支撑作用凸显,新设子基金 14 支,新增募资 105 亿元,新增投资 82 亿元。[①]

第三节 综合运用支持产业的配套政策

产业政策与财税政策、土地政策和环保政策等具有直接关联性,产业政策的执行和落实,离不开财税政策、土地政策和环保政策的配合联动,因此安徽在发挥产业政策作用时,大力度地综合运用这些配套政策手段。

一、财税政策着力为市场主体减负

财税待遇和条件直接关涉创新创业主体的成本和负担。为促进"双创"发展动力升级,大幅降低创新创业成本,特别是在经济下行压力持续不减的情形下,更需要为市场主体纾困解难优化环境。以 2019 年为时间节点,当年安徽省委、省政府出台了两份重要的政策性文件。

安徽省人民政府 2019 年公布了《关于推动创新创业高质量发展打造"双创"升级版的实施意见》,明确提出加大财税政策支持力度的规范性要求。这一政策文件内容涉及多方面,其中有关财税政策内容主要是:其一,在税收政策方面,落实扶持小微企业发展的各项税收优惠政策。企业开展研发活动实际发生的研发费用,未形成无形资产计入当期损益的,在按规定据实扣除的基础上,在 2018 年 1 月 1 日至 2020 年 12 月 31 日期间,再按照实际发生额的 75% 在税前加计扣除;形成无形资产的,在上述期间按照无形资产成本的 175% 在税前摊销。对个人在二级市场买卖新三板股票比照上市公司股票,按照国家要求对差价收入免征个人所得税。将国家级科技企业孵化器和大学科技园享受的免征房产税、增值税等优惠政策扩大至省级,符合条件的众创空间也可享受。其二,在财政政策方面,完善创新创业产品和服务政府采购

---

① 安徽省投资集团. 安徽省投资集团产业基金发展报告 (2019)[R].

等政策措施。落实支持创新和中小企业的政府采购政策。发挥采购政策功能，加大对重大创新产品和服务、关键核心技术的采购力度，扩大首购、订购等非招标方式的应用。同时，加快推进首台（套）重大技术装备示范应用。落实《支持制造强省建设若干政策》和《安徽省首台（套）重大技术装备认定和示范应用管理暂行办法》，经省认定的首台（套）重大技术装备，对省内研制和使用单位，分别按首台（套）售价的15%给予补助，合计最高可达500万元；对本省企业投保首台（套）重大技术装备综合险的，按年度保费的80%给予补助。加快军民两用技术产品发展和推广应用。发挥众创、众筹、众包和虚拟创新创业社区等多种创新创业模式的作用，引导中小企业等创新主体参与重大技术装备研发，加强众创成果与市场有效对接。其三，运用财政专项资金的奖补工具，对创新创业主体取得一定进展的给予财政奖补。如在健全农民工返乡创业服务体系方面，省级财政对获得认定的国家级农民工返乡创业试点（示范）县，给予最高200万元资金补助。支持引导各地建设一批省级农民工返乡创业示范园，每个园区给予120万元资金补助。这些奖补资金从省级财政下达到县区和园区，县区和园区都不截留，均直接给予创新创业企业。

2019年2月，安徽省委、省政府印发了《关于进一步减负增效纾困解难优化环境促进经济持续健康发展的若干意见》，针对宏观环境更趋复杂、不确定性更大、风险挑战更多、经济下行压力进一步加大形势下，实体经济面临着成本高、融资难、环境不优的最大难题，这一意见聚焦实体经济、动力转换、供需两端、三大攻坚战、民生改善，给出了30条政策。在已有支持政策基础上，又提出了一系列帮助企业纾困解难、降本增效、优化环境的举措。按照国家部署，结合安徽实际，这一意见的重点之一就是减税降费，旨在"把能减的都减下来，能降的都降下去，让企业轻装上阵"。据综合测算，这些新的政策举措实施下来，全年可新减轻企业负担200亿元左右，加上既有的减税降费政策，预计全年可为企业减轻负担1000亿元以上。比如，国务院提出允许连续3年对增值税小规模纳税人最高按50%标准减征"六税两附加"，安徽顶格按 50% 的标准执行，经测算可减税 35 亿元左右；对契税适用税率的调整，全部按 3% 执行，预计减税 45 亿元左右；按"安徽货车、挂车、专用作业车等车船税年税额标准降至法定最低标准"，预计减税 5 亿元左右；电力直接交易预计降费 45 亿元左右；下调船闸收费降费约 0.3 亿元；相关政策为企业减轻社保费用负担 40 亿元左右。在为企业减税降费的同时，还着重为企业增添动力。这一意见延续并丰富了支持创新发展的财政激励等政策，省财政安排 130 亿元左右，采取"借转补"、事后奖补、产业基金等方式推动制造业高质量发展，并丰富完善了科技创新、"三重一创"等政策，支持企业加大研发投入，攻克关键核心技术"卡脖子"问题，支持企业在新一轮科技革命和产业变革浪潮中抢占先机。针对脱贫攻坚战特别是产业扶贫，财政政策也有新的举措。例如，在防范财政风险方面，允许使用财政库款提前开展专项债券对应的项目建设；对脱贫攻坚重点，明确提出省级财政专项扶贫资金增量部分全部用于贫困革命老区县、深度贫困县。

二、土地和环保政策引导"绿色发展"

土地是产业"落地"的空间载体，由于我国土地承载力严重不平衡的客观国情，国家的土地政策特别强调节约集约利用土地资源。生态环境也是产业发展的自然资源，由于产业活动不可避免地产生扰动损害生态环境的外部性效应，加强环境保护就成为国家生态文明建设、生态环境政策的基本指向。在产业政策体系中，土地和环保政策作为配套政策，具有约束性的显著特征。相对于前述的产业规划、产业发展指导意见、产业引导基金以及财税政策等政策工具的以激励为主的导向，土地和环保政策则突出表现为约束的导向。这一导向的目的，在于引导各产业和企业从粗放型模式转变为"绿色发展"模式，即集约节约利用土地和有效保护生态环境。近年来，安徽省遵照国家战略部署，实行严格的土地管理政策和环境保护制度和政策，并注重将严格的土地和环保政策的约束性与产业发展实际需要加以协调平衡。

第一，在土地政策方面，"十三五"时期以来，安徽陆续出台了有关支持产业实体经济发展的土地政策。主要政策条款有：（1）积极落实产业用地政策，深入推进城镇低效用地再开发，健全建设用地"增存挂钩"机制，优化用地结构，盘活存量、闲置土地用于创新创业。（2）各地在规定的土地使用税税额幅度内，可进一步优化土地使用税等级范围，降低税额标准。鼓励通过新增工业用地弹性出让或以租赁方式供地、允许部分工业项目分期供地、适当下调竞买保证金、实行过渡期土地政策等，降低企业用地成本。（3）在符合规划、不改变用途的前提下，鼓励原工业用地使用权人自主或联合改造开发。对传统工业转为先进制造业或与生产性服务业融合发展，以及工业企业、科研机构转型为生产性服务业等情况的，可享受在5年内不改变用地主体和规划用途的过渡期支持政策。（4）农村集体经济组织可依法使用建设用地自办或以土地使用权入股、联营等方式开办旅游企业。城乡居民可以利用自有住宅依法从事民宿等旅游经营。在不改变用地主体、规划条件的前提下，市场主体利用旧厂房、仓库提供符合全域旅游发展需要的旅游休闲服务的，可执行在5年内继续按原用途和土地权利类型使用土地的过渡期政策。（5）在符合规划条件的前提下，支持制造业企业依法按程序进行厂房加层、厂区改造、内部用地整理及扩建生产、仓储场所，提升集约化用地水平，不再增收地价款。（6）对集约用地的鼓励类外商投资工业项目优先供应土地，在确定土地出让底价时，可按不低于所在地土地等别相对应全国工业用地出让最低价标准的70%执行。（7）鼓励用地单位在不改变用地主体、不重新开发建设的情况下，充分利用原有工业厂房、仓储用房、传统商业街等存量房产和土地资源，发展研发设计、创意文化、旅游休闲、健康养老等业态。（8）在符合城乡规划前提下，企业退出后的工业用地转产发展生产性服务业，以及制造业企业利用自有工业用地兴办促进企业转型升级的自营生产性服务业，经批准土地用途可暂不变更。[①] 还有一些相关政策条款，这里不一一列出。

上述土地政策显示了在严格的土地管理制度下，按照集约节约利用原则，

① 安徽省"四送一服"办公室. 支持实体经济发展政策清单（2020年4月版206条）.

安徽运用土地存量再开发,优化产业空间布局、调整土地用途,拓展土地空间的竖向开发,土地有关税收优惠等组合式举措,尽可能地为产业为企业保障土地要素供给。同时,对土地利用和增量控制,也引导着各市县各产业各企业合理高效利用土地,制约粗放开发和低效浪费。

第二,在环保政策方面,"十三五"期间,安徽省于2018年正式出台实施修订后的《安徽省环境保护条例》,其中涵盖了产业发展中环境保护的各项要求和规范,在此意义上,这是地方产业政策体系中少有上升为地方性法规的"政策"。该条例涉及产业企业的主要规定有:(1)一切单位和个人都有保护环境的义务。各级人民政府应当对本行政区域的环境质量负责。企业事业单位和其他生产经营者应当坚持绿色低碳循环发展方式,防止、减少环境污染和生态破坏,对所造成的损害依法承担责任。这意味着企业成为环保的义务和责任主体。(2)新增了生态保护红线制度、河长制、林长制和生态修复制度等内容,这意味着各地发展产业和企业投资生产必须避免侵犯生态红线,对生态环境造成损坏的必须承担修复责任。(3)排放污染物的企业事业单位应建立环境保护责任制度,明确单位负责人和相关人员的责任,并且健全环境保护信息强制性披露制度,规定重点排污单位应当如实向社会公开其主要污染物的名称、排放方式、排放浓度和总量、超标排放情况,以及防治污染设施的建设和运行情况,列入国家重点监控企业名单的重点排污单位,还应当公开其环境自行监测方案和监测结果,接受社会监督。

环境保护督察是党中央、国务院推进生态文明建设和环境保护工作的一项重大制度安排。"十三五"期间,安徽与全国多省同步实施了被称为"最严厉的环保风暴"的环境督察行动,持续时间不少于两年。2015年底,《安徽省环境保护督察工作方案(试行)》印发。2016年,省政府成立环境保护督察工作领导小组。2016年9月,安徽首次启动环境保护督察。当年6个督察组分别进驻亳州、阜阳、淮南、滁州、芜湖、宣城,对各市贯彻落实国家和省环保决策部署情况、突出环境问题及处理情况、环保责任落实情况等进行重点督察。督察组进驻各市约 1 个月,采取听取汇报、调阅资料、个别谈话、走访问询、受理举报、现场抽查等方式进行督察。6 个督察组共与 338 人进行个别谈话,包括市委书记、市长等 76 名市级领导、退休同志等;现场抽查 46 个工业园区、401 家企业;查看水体断面、工程项目 116 处,并要求各市抓紧研究制订整改方案,限期报送省政府,并在 6 个月内报送整改情况。 2017 年 3 月又启动当年第一批环境保护督察,5 个督察组分别到合肥、宿州、蚌埠、六安、安庆市开展督察。2018 年 8 月至 9 月,安徽省分两批对合肥、亳州、宿州、马鞍山、芜湖、铜陵、池州、安庆等 8 市开展环境保护督察,并于 2018 年 11 月完成督察反馈。截至 2020 年初,8 市督察整改方案明确的 634 个问题,已完成整改 507 个,其余问题仍在按要求推进整改。通过督察整改,促进了一批生态环境突出问题得到有效解决。应当指出,在连续的环保督察整改中,涉及地方产业布局不符合生态红线界限、企业水气和固体废料等污染物排放、损害环境未予修复等问题占比有相当数量,对地方产业和部分企业造成的影响也相当之大。从正面效果看,约束性的环保政策以及环保督察倒逼地方和企业在产业发展中摒弃粗放、污染的传统方式,更加重视和践行"绿色发展"。

综合上述安徽运用产业政策及其配套政策的实践,可以看到,政府在产业发展中是有作用有作为的,主要是:其一,运用产业政策及其配套政策对产业发展起到了引导作用。在新的科技革命和产业变革中,科技创新和新兴产业代表了发展方向,而科技创新和新兴产业本身又具有不确定性的风险,政府适当运用针对科技创新和新兴产业的激励性产业政策及其配套政策,有助于引导投资者和企业加大在这些领域的进入与发展。其二,政府在运用产业政策及其配套政策中,既有激励性举措,也有约束性举措,尤其是约束性政策举措的导向和强制作用,有助于产业和企业转变发展方式和经营模式,切实纳入绿色发展、可持续发展的轨道。其三,政府运用产业政策及其配套政策,在"十三五"时期经济下行压力加大、产业和企业发展外部环境趋紧形势下,起到了"反周期"的宏观调控作用。各级政府的各项激励性政策,一定程度地对冲了经济下行因素的影响,缓解了市场主体的经营困难。有助于稳增长、保主体,进而稳定地方经济发展的基本盘。同时,也应当指出,在运用产业政策及其配套政策过程中,也存在一些执行操作的问题,比如,有的地方制定产业政策及其配套政策不严谨,仍然偏重纵向型产业政策,忽视横向型产业政策,使产业政策的应有公平性、普惠性受到不利影响。再如,有的地方在执行产业政策及其配套政策中存在偏颇操作现象,急于求成、搞"一刀切",缺乏系统协调统筹理念和操作方式,导致"解决一个问题却造成另一个新问题"。可见,运用产业政策及其配套政策,既要更好发挥政府作用,也要改进完善操作机制。

第四节　着力构建现代化、法治化、国际化营商环境

在关于政府产业政策的大讨论中,这一观点备受关注:应将纵向的选择性产业政策转变为功能性的产业政策（或针对所有产业或多个产业的横向产业政策、协调主义的产业政策）,旨在创造有利于产业竞争力提升的框架性条件,包括良好的市场制度、维护公平竞争的市场环境、完善的公共设施、有利于创新和技术扩散的制度与环境等、促进企业之间的合作等。事实上,这一问题是以发挥市场在资源配置中决定作用和更好发挥政府作用为目标的深化市场经济体制改革的题中应有之义。2020年5月颁布的《中共中央 国务院关于新时代加快完善社会主义市场经济体制的意见》就明确指出:完善产业政策,推动产业政策向普惠化和功能性转型。从现阶段形势需要考量,除了要完善产业政策等政府调控手段和方式外,更有必要打造普惠性的营商环境,为所有产业及企业提供公平竞争条件更优、政务交易成本更低、商事效率更高的制度环境。

一、打造"四最"营商环境的进展与政策举措

"十三五"时期以来,安徽省各级各地越来越重视营商环境的建设优化,将其作为支持产业企业发展、提升区域核心力、深化行政体制机制改革的聚

焦点加以大力推进。近年间，安徽在打造"四最"（即努力建成全国审批事项最少、办事效率最高、投资环境最优、市场主体和人民群众获得感最强省份之一）营商环境、开展"四送一服"、加强市场主体保护、优化市场环境、提升政务服务等方面，出台了一系列政策，实施了"放管服"改革一系列举措，取得了积极进展。

据 2019 年有关数据，安徽省各级政府大幅精简权力，其中省级行政许可事项由 320 项减至 197 项，为全国最少。在商事制度改革上全面推开"证照分离"，实行"五十七证合一"，此举走在全国前列。开展"互联网＋政务服务"，政务服务网实现五级全覆盖、服务事项应上尽上。进驻省政务服务中心的省级政务服务事项全部实现"最多跑一次"。各级政府聚焦企业关切，清理规范投资项目审批事项，探索企业投资项目承诺制改革试点，投资项目在线审批监管平台受理事项 66.8 万余件，审批效率不断提升。全省企业开办时间压缩至 3 个工作日以内，成为企业开办时间最短的省份之一。持续减轻企业负担，连续 3 年出台含金量高的降成本政策措施，顶格落实减税降费政策，2018 年减税规模达 1130 亿元，全省行政事业性涉企收费全部"清零"，企业用能、物流等成本持续降低。2018 年，全年新登记各类市场主体 85.58 万户，同比增长 21.53%。

在省直部门层面，把持续深化简政放权作为重点。如安徽省经信厅着重推进行政审批制度改革。一是动态调整清单。结合省级机构改革职能划转情况，省经信厅权责清单事项由原来的 38 项动态调整为 30 项；政务服务事项由 162 项动态调整为 126 项。二是加强事中事后监管。及时认领国务院部门对应的监管事项目录清单 59 项，编制省特色监管事项目录清单 34 项。对变相审批和许可进行自查整改。持续实施"双随机、一公开"监管，动态调整了 2019 年度随机抽查事项清单，健全完善"一单两库"，全年对 8 个监管事项随机抽取的 83 户企业严格实施抽查监管。三是不断优化服务。深入开展"减证便民"行动，省经信厅政务服务事项申报材料共 392 项，取消 154 项，减少

39.3%；统筹建设全省 16 个市和 2 个直管县减负综合平台，加强了全省的系统协同。

在地方市县层面，各级政府部门积极探索优化营商环境的有效路径。如合肥市市场监督管理局以加强"信息化"监管为具体"抓手"，采用"统一办、随时办"的工作机制，以自助设备、智能审批、社会协办、异地联办、全城通办等业务创新举措为支撑，积极推进企业登记全程电子化、企业登记智能审批、个体智能审批等一系列市场准入便利化举措，逐步实现社会公众"慧办事"、业务人员"慧审批"、各级领导"慧管理"。从 2017 年 4 月起，该局创新引入身份实名认证及全国商事登记系统中首创的移动端云证书电子签名等技术，探索研发出融合全程、融合半程、融合线下，覆盖所有企业类型和业务环节的全程电子登记系统。这套业务全程电子化系统上线运行，一方面为全省范围推行无纸化全程电子化企业登记投石问路，以最终实现市场监管领域的"互联网＋政务服务"；另一方面完成了企业设立登记从"人工窗口办理"到"网上在线办理"的智慧升级，降低了企业办事成本，提升了部门工作效率。到 2019 年，利用全程电子化系统上线的信息化方法为市场主体服务，极大地提升了企业办事便利化水平，企业线上登记业务占全部登记业务的 98%，智能审批业务占全部审核业务的 59%。当年 12 月，合肥市市场主体突破 100 万户，占全省总量的 25%，并迈入市场主体超百万户城市行列。

在总结行之有效的经验、做法的基础上，2020 年初，安徽省政府公布了《安徽省实施〈优化营商环境条例〉办法》，把优化营商环境有关政策做法上升到规章制度层面，使其进一步系统化、规范化，增强权威性、时效性和法律约束力，同时有针对性地解决本省优化营商环境实际工作中存在的问题，以持续优化全省营商环境、服务保障现代化五大发展美好安徽建设。

安徽省政府有关部门继 2019 年 4 月出台《创优营商环境提升行动方案》，根据形势需要，于 2020 年初又出台了《创优营商环境提升行动方案升级版》，推动全省着力打造更加稳定、公平、透明、可预期的一流营商环境，使本省营商环境持续走在全国前列。升级版行动方案由 1 个主文件和 20 个附件组成。主文件从明确总体目标、压实工作责任、强化统筹调度等方面提出明确要求，确保各项行动取得扎实成效。附件为 20 项具体行动方案，主要对标我国和世界银行营商环境评价指标体系，聚焦企业开办、工程建设项目报建、获得电力、不动产登记、纳税服务、跨境贸易、办理破产、获得信贷、保护中小投资者、执行合同、劳动力市场监管、政府采购、政务服务、知识产权保护、企业注销、行政审批制度改革等 20 个营商环境重点领域。此次升级版行动方案提出的创新举措主要有：在指标体系上，对标我国、世行营商环境评价指标体系及方法标准，逐一制订有针对性的行动方案，明确牵头部门，力求精准、可操作、可考核、可评价。在工作目标上，对标对表国际国内领先水平，定量目标、定性指标均以全国前列水平为标杆。如企业开办 1 个工作日内办结，不动产登记 3 个工作日内办结，纳税时间压缩到 110 个小时以内等。在改革举措上，坚持特色创新，围绕市场主体关切，借鉴国内先进经验做法，推出一批高含金量的改革举措。如将部分市实行的免费刻章服务在全省范围内推广，在全省各级政务服务中心开展 7×24 小时不打烊"随时办"服务，建设"皖事通办"平台，水电气进政务服务大厅及"皖事通"办理，建立银行业金融机构绩效与小微信贷投放挂钩的激励机制，健全破产管理人机制等。同时，每项行动方案增加了新、旧流程图对比和改进提升对比表等，简明扼要，一目了然。在推进机制上，坚持协同共治，明确统筹调度部门、事项牵头部门、协作相关部门的职责，建立线上线下工作机制，并发挥企业和公众对营商环境评价监督作用。

总体上看，安徽打造"四最"营商环境方兴未艾。实际上，任何事并无最好，只有更好。当前，面临国内外经济发展形势前所未有的变化，营商环境客观上成为一个地方稳市场主体、稳经济增长的核心竞争力。全国各地都在加大力度优化营商环境，并不断有新探索新经验出现，营商环境也成为竞争的一个新领域。因此，安徽仍需在优化营商环境上砥砺前行，更好地发挥政府

服务产业发展和市场主体的作用。

二、对标长三角进一步优化安徽营商环境

展望今后时期，要适应国内外经济深刻变化的新形势，回应深入实施长三角一体化发展国家战略的新要求，顺应全国营商环境竞争特别是长三角地区营商环境提升水平的新趋势，安徽要进一步拉高标杆、提升水平、提高效率，持续深化营商环境建设。

1. 把优化营商环境确立为深化经济体制改革的阶段性中心环节，突出政府的主导作用和主动作为

在国际投资贸易格局和规则体系深刻变动、我国社会主义市场经济不断发展的大背景下，营商环境现已成为一个国家、一个地区的核心竞争力。营商环境作为企业等市场主体在市场经济活动中所涉及的体制机制性因素和条件，其基本内涵在于充分发挥市场在资源配置中的决定作用与更好发挥政府作用，其基本问题在于科学界定和处理政府与市场、政府与社会的关系，其基本要求在于政府通过制度供给营造有利于解放生产力、发挥市场主体高效配置资源功能的制度环境。"十四五"时期，我国处在转变发展方式、优化经济结构、转换增长动力的关键时期，面临国际上的不确定性和挑战增多，因而必须突出以改革创新破解发展难题。从这一历史方位上观照，营商环境就必然地成为微观主体与经济体制的结合点，成为中国经济与国际经济在体制上的交汇点，成为国家治理体系现代化建设在经济体制领域的突破点，也是长三角一体化纵深发展中制度一体化的聚焦点。经济体制改革是一个长期性进程，在每个阶段都有一定的中心环节。在"十四五"阶段，安徽必须把优化营商环境作为深化经济体制改革的阶段性中心环节。

营商环境具有全局性，涵盖政府与市场、政府与社会的各方主体和各个领域，但政府作为制度供给者，在其中居于"矛盾的主要方面"。因此，营商环境的构建，主要依赖于政府发挥主导作用和自觉主动作为，优化营商制度的规则内容和制度执行落实的机制。中央明确要求，"十四五"时期各地要

在深化"放管服"改革、打造市场化法治化国际化营商环境上取得更大进展。为落实中央要求,安徽在"十四五"时期,必须更大力度地发挥政府主导作用和自觉主动作为,以贯彻实施国务院《优化营商环境条例》(简称《条例》)为契机,对标长三角先进经验和国际有关标准,从优化安徽营商环境的制度内容体系与强化各级政府及其部门的制度执行机制两个方面入手,切实在打造市场化法治化国际化营商环境上取得新的更大进展。

为落实把优化营商环境作为深化经济体制改革的阶段性中心环节,应抓住两个关键问题:一是在长三角一体化发展中扬皖创新所长,突出科技创新、技术和产业创新所需要的营商环境;二是补齐民营经济发展不足的短板,突出有效激励支持民营经济所需要的营商环境。还应抓住两个关键点:一是加强组织领导,按照国务院《条例》要求,省市县三级政府明确优化营商环境工作的主管部门;二是在贯彻《条例》、总结本省探索原创性差异化的优化营商环境成功经验的基础上,在条件成熟时进行"安徽省优化营商环境条例"的地方立法工作,应把此项工作列入"十四五"时期地方立法工作计划。

2. 对标长三角先进经验和世界银行营商环境标准,建立完善安徽版"10+N"制度体系,推进安徽与长三角营商制度体系一体化

长三角沪苏浙近年来在营商环境建设上探索早、行动快、进展大,形成和积累了许多先进经验。随着世界银行测评各国营商环境指标体系及标准越来越成为各国评判我国营商环境的重要工具,尤其是打造长三角对外开放高地面临克难突破的新形势,沪苏浙在营商环境的市场化、法治化基础上着力进一步提升国际化。如2019年浙江对标世界银行测评营商环境的指标,出台了"10+N"优化营商环境行动方案的指标体系、政策体系和评价体系。"10+N"的"10"是世界银行设置的营商环境便利化的主要指标,按照企业全生命周期分为企业开办、办理建筑许可、用电报装、用水报装、用气报装、不动产登记、获得信贷、纳税、跨境贸易、企业注销;"N"是指若干个无法很好量化的支撑性指标,具体包括惠企政策、执行合同、知识产权保护、办理破产等,是一组动

态开放的指标。浙江这一思路和方法值得参照借鉴，其实质是把地方探索形成的经验与国际标准叠加结合，从而形成更加全面完善的营商环境制度体系。

基于长三角地区优化营商环境的动态发展趋势，安徽进一步优化营商环境的制度体系建设完善，要遵循国家关于建设市场化、法治化、国际化总体要求，适应长三角为打造开放高地而突出国际化的新趋势，按照"10+N"思路来开展。首先，以国际化大视野和高站位，对标世界银行给出的、成为国际通行惯例的营商环境内容、结构、标准体系，按照企业从开办到注销的全生命周期及其各环节，制定完善相应的制度、规则和政策。其次，遵循国务院《优化营商环境条例》指明的"在法治框架内积极探索原创性、差异化的优化营商环境具体措施"原则，针对安徽营商环境阶段性突出问题和区域经济创新发展战略重点，制定完善具有个性化的制度、规则和政策。比如在安徽建设国家科学中心、技术创新和产业创新中心，发展壮大民营经济，培育发展创新型高新企业，拓展跨区域合作经济、飞地经济等领域，从创新主体、企业主体和建设主体对制度政策迫切需要出发，着重补齐补差，以完善制度供给。

为此，要抓紧精细梳理安徽"十四五"发展增长点、攻坚点、突破点领域的制度政策需要，科学确定具有安徽个性的"N"的内容。按照这一"10+N"营商环境建设思路和方法，有利于建立健全国际化一般与地方性特殊结合、长期性与阶段性相融的安徽营商环境制度政策完整体系，也有利于安徽营商环境建设与长三角营商环境建设趋势节奏"同频共振"，达到营商环境制度政策内容、结构、体系高度一致和相通。

3. 转变政策设计运作理念方式，破除部门碎片化，提升跨部门统合性

新时代建设市场化、法治化、国际化营商环境，是一场深层次的体制改革，意味着从思想理念到运作方式的巨大转变。其中一个最为突出的问题，即设计政策、配置权责的理念和方式需要转变。

长期以来，在政策设计和执行方面，惯常的理念和方式是从部门分工和

权责配置出发，哪个部门制定政策便由哪个部门执行，由此导致政策的部门分割化、规则碎片化、执行离散化现象。由于部门之间信息不相通不对称，部门设计政策难免发生片面、偏颇现象，造成部门政策不衔接甚至相互冲突。比如审批项目的前置条件，各部门政策设计常常引致前后冲突、顺序紊乱，操作中常常相互推诿、扯皮不休，使得市场主体和社会公众无所适从，损害了政府公信力和经济社会运行秩序。更深层的症结是，缺乏"服务型政府"的政策设计理念和出发点。在政府与市场、政府与社会的关系中，服务型政府是区别于管制型政府的角色定位。"管理"的本义是"激励（惩罚）—反馈"的双向互动关系及其过程，而单向的、无反馈的管理则是"管制"。"管制"的出发点，特征是部门管得方便、控制得住、限制得严。这种理念与上述的政策部门分割化、规则碎片化、执行离散化方式相辅相成，形成了营商环境的体制机制亟须改革的弊端。

新时代优化营商环境，要求政策设计和执行的立足点出发点必须转变，即从市场主体经济活动的需求出发，按照企业从开办到注销的全生命周期及其各环节，予以相应的政策供给和服务供给。在市场主体全生命周期的各个环节，相应的政策供给都不是单一部门按分工和权责所能够完成的，而需要多部门协同实现，这就必然要改变部门分割化、碎片化的制度设计与执行方式，转变为跨部门、跨系统、跨层级的统合性政策设计与执行方式。

综合考量，浙江省探索建立的"'10+N'行动"模式值得借鉴。浙江这一模式是把"10+N"的每一个指标都对应一个行动方案、一个牵头部门，对标一个世界最前沿、最高水平，按照每一指标由牵头部门统筹、所有涉及部门协同联动，根据指标要求进行职责重构，制定政策规则和执行方案，形成对应每一项指标的统合性制度运行。每一项指标的统合性制度运行有序衔接，又构成为营商环境整体的统合性制度运行模式。为此，安徽可根据安徽版"10+N"营商环境制度体系，首先，制订省级行动计划，以把制度设计与执行方式从部门分割化、碎片化转变为跨部门、跨系统、跨层级的统合性方式为目标,明确方向要求,统领指导整体框架的建立。其次,按照"10+N"的每个指标制定具体操作方案,形成统合性规则政策和执行程序,明确所有关涉部门的职责和工作流程。第三,各部门新出台涉及营商环境的政策,均应纳入"10+N"制度体系,并纳入统一的执行程序和工作流程。

4. 加强营商环境法规政策立改废释,并列为各级政府常态化工作

"十四五"时期是各级政府"放管服"改革持续深入的过程,有关营商环境的法律法规政策动态演进、不断完善,因此加强营商环境法规政策的立改废释必然成为一项重要的常态化工作。

长期以来,各级政府和各级部门出台有关营商环境的制度性政策文件和执行机制性文件数不胜数,虽然经过几次集中清理,但随后又有增无减。加上存在制度性政策与执行机制性政策不配套的现象,导致了制度内容和要求改了,但执行起来还用老机制、老办法、老流程的问题。这是安徽之所以存在制度性政策内容、要求、标准并不低于长三角乃至全国先进水平,但执行落实及其效果与先进地区差距不小的重要原因之一。

营商环境法规政策的立改废释,主要是围绕权力清单、责任清单和负面清单制度及其执行机制进行。具体对策包括:一是以国家《优化营商环境条例》实施为契机,根据国务院明确指出"要抓紧出台《条例》配套措施,加快清理、修改或废止不符合《条例》的规章和规范性文件,确保《条例》落地"的要求,结合安徽建立"10+N"营商环境制度体系和执行机制实际,集中一段时间对地方各级政府各级部门有关营商环境政策文件和执行机制规定进行彻底清理、修订或废止。省市两级政府应通过征求意见、合法审查、集中会审等方式对政府各部门的权力清单、责任清单和负面清单事项进行全面清理,清理结果向市场主体和社会公众公布,特别要使执行层面的操作人员熟悉掌握,避免执行梗阻现象。二是加强新的规范化营商环境制度政策体系及其执行机制、办事流程的全面公开公布和解释,运用各种媒体广泛宣传,使市场主体知晓、执行人员清晰、社会公众明白。三是改变把法规政策立改废释当

作短期突击性工作的方式，列为各级政府的经常性工作内容，以适应"放管服"改革不断深化、三个清单继续调整和营商环境持续改善的形势发展需要。根据国务院提出的法规政策立改废释工作由省级政府指定部门负责管理的要求，省政府应尽快确定负责部门。

5. 强化营商环境的科技支撑基础设施建设完善

新时代我国优化营商环境是在当代先进科技支撑下展开的，互联网、大数据、区块链等技术手段在优化营商环境中正在越来越广泛地运用，从而深刻改变和再造着"放管服"运作方式和工作流程，大幅提高了时空效率。国家加快建设全国一体化在线政务服务平台（以下称一体化在线平台），推动政务服务事项在全国范围内实现"一网通办"；上海先行开展的"先照后证""多证合一""证照分离"及其电子化和网上办理的改革不断深入；浙江"最多跑一次"依托了大数据、互联网技术的支撑。北京、重庆、山东等地借助区块链技术，均已实现企业开办的"一窗通办"与群众"掌上办事"；南京打造的区块链"不见面企业开办平台"等，就是利用区块链技术与电子证照结合，有效实现跨地区、跨部门、跨层级的政务数据交换共享，充分发挥业务协同效率，助力改善营商环境。显而易见，互联网、大数据、区块链等技术手段广泛运用，相关科技基础设施建设完善，已经成为优化营商环境的内在要求和必要支撑，并呈现出加快发展趋势。

安徽与先进地区相比，优化营商环境的科技支撑基础和水平仍有差距，必须急起直追。当务之急是与国家一体化在线平台对接，实现政务服务事项在全国范围内"一网通办"。按照国务院《条例》要求，一是加强全省范围的电子证照的推广应用，对接国家建立的电子证照共享服务系统，实现电子证照跨地区、跨部门共享和全国范围内互信互认。二是推动各地区、各部门应当将政务服务大厅与政务服务平台全面对接融合。三是通过政府网站、一体化在线平台，集中公布涉及市场主体的法律、法规、规章、行政规范性文件和各类政策措施，并通过多种途径和方式加强宣传解读。四是充分运用互联网、大数据等技术手段,依托国家统一建立的在线监管系统,加强监管信息归集共享和关联整合,推行以远程监管、移动监管、预警防控为特征的非现场监管,提升监管的精准化、智能化水平。

为此,需要加大投入,加快建设完善互联网、大数据等技术基础设施,特别要着力弥补基层政府和部门相关技术基础设施薄弱、底层数据抓取整理乏力、现有网络平台"孤岛化"现象犹存,向市场主体和社会公众推送应用技术和方式不足等短板。安徽已于2018年12月设立了省政府直属的省数据资源管理局(省政务服务管理局),各市也普遍建立了数据资源管理局,这是与全国一体化在线政务服务平台实现对接相通的组织基础。针对安徽现存的互联网、大数据等技术基础设施相对薄弱的各方面短板,应以省市两级数据资源管理局为主体,加大营商环境一网通办的技术基础设施建设投入,完善技术手段,组建精干的数据运管工作队伍,有效支撑和保障营商环境的网络化、数据化运作需要。探索区块链在营商环境科技领域的开发应用,可先行局部试点,积累技术基础和应用经验,为下一步提升营商环境科技支撑水平准备良好条件。

本章参考文献

[1]林毅夫,张维迎,等.产业政策:总结、反思与展望[M].北京:北京大学出版社,2018.

[2]小宫隆太郎,奥野正宽,铃木兴太郎.日本的产业政策(中文版)[M].北京:中国国际文化出版公司,1985.

[3]黄慧群,贺俊,等.真实的产业政策——发达国家促进工业发展的历史经验与最新实践[M].北京:经济管理出版社,2015.

[4]江飞涛,李晓萍.林毅夫与张维迎围绕产业政策的争论[J].财经问题研究,2018(01).

[5]刘志彪.经济新常态下产业政策功能的转型[J].南京社会科学,2015(3).

[6]沈梓鑫,江飞涛.美国产业政策的真相:历史透视、理论探讨与现实追踪[J].经济社会体制比较,2019(6).

[7]王勇.中国产业政策30年成功的经验[J].新华社-瞭望东方周刊,2010(9).

第九章
打造科技创新策源地

第一节　实施增量扩张，突破转化瓶颈，发挥国家科学中心建设效应

一、科技创新要实施增量扩张战略

积极打造具有全球影响力的科学中心，是许多国家和地区提升国家和地区综合实力、应对新一轮科技革命的重要举措。2017年1月，国家发改委和科技部批复合肥综合性国家科学中心建设方案，这是对合肥及安徽多年孜孜以求地走创新发展之路的高度肯定，也是对合肥及安徽"闯出新路"的殷殷期待。合肥能够成为当时三大国家科学中心之一，除拥有大科学装置群等因素外，另一重要原因是近些年合肥科技创新主要指标的增长速度较快，显示出创新的高成长性和巨大潜力。

但要看到，当代科技产业创新正在全球和国内铺展新的战略布局，国内外创新中心城市竞争日益激烈。如安徽周边江苏、湖北、山东、四川等省中心城市已在大力建设大科学装置群，争取成为第二、三批国家科学中心。合肥是"后发"城市，前十多年创新发展的增长速度相对较快，有原先基数较小的原因，这一时期的各项工作力度能够支撑这样的速度。合肥综合性国家科

学中心要成为具有"领跑"功能的国家重要战略支点,省、市政府及各建设主体仅仅维持原先的工作力度显然是远远不够的。合肥科技产业创新正处于高成长期,但现有资源、主体、实力、产出等体量仍落后于东部沪、宁、杭。因此,在战略选择上必须实施增量扩张战略,既不能在已有存量上故步自封,也不能仅限于存量结构调整,而必须做"加法",在存量之上和之外实施增量扩张。

一是在发展重要创新主体、创新机构、创新平台、创新园区等方面实施增量扩张。在大科学装置、国家级实验室以及创新中心方面,要"在建一个、准备一个、谋划一个",不断扩张增量。中国科学院刘文清院士具体建议,在省市确定量子科技国家实验室"一号工程"基础上,要加快再开建、准备几个国家级项目,如开建环境监测科技实验室等。

二是在进一步吸引导入外部创新资源,加强外部创新成果在合肥转化等方面实施增量扩张。要加强合肥科学中心与上海、北京科学中心的协同,拓展合肥与周边科技产业创新中心城市的合作,既有横向分工,更有纵向合作。

三是在加大政府各项资金、空间、政策支持力度方面实施增量扩张。省市两级政府和社会科技产业创新的投入增速应持续领先,尤其是科技创新专项、产业创新引导、成果转化奖励、人才贡献激励等资金、财税支持政策的力度需要做大增量。

四是加快创新成果转化和产业化。加强新产品新市场开发,培育"黑马"企业和"独角兽"企业,提高创新产出水平。只有这样,才能占据全国科技产业创新竞争的制高点。

二、突破成果转化瓶颈应是重中之重

建设好综合性国家科学中心,要实现三个目标也是三个效应:一是形成具有国际竞争力的创新环境和高端创新要素集聚地,产生一批具有重要影响力的科技成果;二是培育一批前沿技术产业化的创业企业和新兴产业,拥有一批具有国际竞争力的创新型知名企业；三是能够使该区域的企业通过创新加快发展，并成为产业创新的引领者，进而带动区域发展，促进社会进步。当前实现目标和发挥效应的最突出瓶颈就是"转化"。

有关数据分析显示，截至 2015 年我国科技成果转化率不到 20%，其中高校科技成果转化率和产业率最低。如安徽一所在肥重点大学现有专利数 1239 件，然而转化为产业的仅有 8 件。科技成果转化难的原因，有专利质量不高、知识产权保护力度不够、政策短期刺激、高校绩效考核僵化、传统文化的影响等，而从创新链与产业链衔接角度看，转化环节薄弱、功能不强是重要原因。科技成果转化为产业化，中间的转化是一个相对独立的环节，具体形式包括：自主转化、中介机构帮助转化、产学研合作转化、公共技术服务平台转化、中试等，其中公共技术服务平台转化是运用最多的形式。目前突出的问题是省市已建的技术服务转化平台有许多是主体单一、功能不全、目标偏离，即研发主体与产业主体不结合、转化过程的信息服务金融服务知识产权保护服务等功能不健全、中试资金短缺、以教学发文为评价导向而轻视转化效益等，导致转化"卡壳"。针对突出障碍，需要从以下方面突破：

第一，构建大型的科技成果转化公共服务平台。由官产学研多主体共建，借鉴上海、深圳和中国科学院合肥物质科学研究院的有关经验，组建区域性技术工程研究院。该平台要改变单一主体、单一项目的平台模式，而以开放的公共服务型的成果转化产业为主体功能，配套建立科技金融、知识产权交易与保护、孵化新兴企业的硬软件设施和机构，将其建成为创新链、产业链、资金链集成的转化功能型平台。

第二，建设科技成果中试基地。依托国家高新区、大学科技园、高校、科研院所、企业等建设一批科技成果产业化中试基地，引导科技成果对接特色产业需求。中试基地要以企业牵头、政府引导、科技金融与商业金融协同，解决中试阶段的主体、资金和服务等现实难题，加速成果产业化。

第三，建立科学合理的利益分配机制，加快完善相关政策。合理的利益分配机制对保护合作各方利益,调动各方积极性至关重要,科技成果转化利益分配机制尤为关键。虽然目前已有技术入股、技术交易等政策,但在执行中仍存在细则不完善、不明晰和各方执行标准不统一等问题。因此亟须省市政府进一步完善相关政策,特别是细则规范,如制定或完善科技成果转化中的利益分配计算办法、计算基数、补救措施,明晰单位与科研人员之间的产权归属及其利益分配比例等。

第四,简化转化程序,降低成果转化成本。科技成果转化是一项系统工程,具体到应用时一般都需要立项、审批、备案等程序,有的重大转化项目还要经过政府部门立项,并走相应程序,由此会产生时间成本和政务成本等。要注重简化转化程序,通过修改合作研发协议标准,精简需要提供的文件资料并加快审查、备案(或不备案)流程,实施新的许可项目,制定能够预先缓解企业对总成本担忧的制度,对文件流转情况进行详细分析,缩短技术转移进程,从而促进科技成果的迅速转化。

第二节　充分发挥大科学装置在创新策源地中支撑作用

大科学装置是综合性国家科学中心建设的标志性"要件"。合肥作为综合性国家科学中心,如何发挥大科学装置在打造创新策源地中的支撑性、驱动性作用,是备受关注和热议的问题。基于和部分中国科学院院士、发展中国家科学院院士和京皖两地科学家的交流,笔者对此有些新的体认和思考。

一、深入开发大科学装置支撑安徽新兴产业的应用功效

合肥综合性国家科学中心正在建设一批大科学装置,这些大科学装置带来的创新性技术对产业和社会具有中短期或长远期支撑效应。其中国家同步辐射实验室的合肥先进光源是国际最先进、亚洲唯一低能量区第四代同步辐射光源,亮度最高,相干性最好,实现复杂体系电子态/化学态/轻元素结构的精确测量,具有十分广泛的产业应用领域,并且是其中的关键技术。在能源安全领域,可应用于煤炭清洁高效利用(燃烧、裂解、煤气)、页岩油和剩余油开采、新能源技术(锂电、光伏)等;在产业链安全领域,可用于航空发

动机、航空用复合材料、航空轮胎、航空航天燃料组分优化、特种化工品等；在粮食安全领域，可用于土壤肥效、污染分析、微量元素分布、食品安全等；在国防安全领域，可用于战略武器抗腐蚀和长期存储中发生的表面物理和化学现象，海水提铀。从中短期产业应用考量，在信息通信产业，可用于量子材料与新一代器件、5G 光学膜、光学玻璃、芯片无损探测；在新材料产业，可用于航空航天轻质材料、高端聚烯烃、精细化工品、光学胶等电子化学品；在生命健康产业，可用于神经退行性疾病药物、生物技术、中药提取等；在资源环境产业，可用于清洁化工、稀土高效利用、新能源、环境保护、污染治理等。安徽"十四五"期间重点发展的十大战略性新兴产业，很多产业及其细分行业都需要应用先进光源相关技术。

目前，合肥先进光源已经在安徽"芯屏汽合"新兴产业中显示了新技术支撑作用。如集成电路产业，在光刻技术与工艺研发上助力长鑫、晶合、杰发、通富、芯碁等产业群；再如新型显示产业，先进光源的散射、谱学和成像技术帮助京东方、维信诺、三利谱、皖维、乐凯产业群解决"卡脖子"技术；又如新能源智能汽车产业，除应用散射、谱学和成像技术外，还提供质子交换膜、安全窗膜、高强轻量材料，安全、高能量密度、快充电池材料，以及清洁、低碳化学等技术，助力江淮、奇瑞、蔚来、比亚迪、国轩、星源等产业群。先进光源新技术得以扩散应用，主要依赖于实验室与企业形成直接沟通、对接合作、技术服务的机制。但是，目前有此机制的仅限于产业的头部大企业，覆盖面仍不大，更多企业还未能有意识地对接大科学装置研究机构。

全国已建和在建大科学装置有 38 个，合肥综合性国家科学中心已建和在建大科学装置有 8 个，还谋划了 2 个，具有得天独厚的优势。安徽要把大力开发大科学装置产生新技术的应用领域作为发挥科技创新策源地功效的重大举措，具体可行举措有：一是新技术信息扩散。组织力量全面梳理大科学装置形成的新技术，研判和分类中短期可应用与长远期运用的技术，除需保密的外，先行将中短期可用技术向产业界发布，增进科研机构与产业界的信息沟通和扩散。二是链接技术供需端。动员全省各地战新产业的头部企业和重点企业编制关键技术、"卡脖子"技术等需求清单，向各个大科学装置研究机构提交，链接技术供需端。三是健全技术服务交易机制。按照市场逻辑，健全大科学装置研究机构的技术服务交易机制，财税、审计、资产管理等部门应以改革思维和激励导向，完善有效的相关政策。

二、进一步加强科技创新协同联动体制机制建设

安徽打造科技创新策源地，需要进一步加强科技创新协同联动体制机制建设。一是策源地突出协同联动。要着重发挥大科学装置聚集优势和科教融合优势，打破单位和学科樊篱，努力在更深层次和更广层面协同联动。以共同建设合肥综合性国家科学中心为契机，以目标集中、力量集约、成果集成的建制化科研组织模式等手段，促使科学问题与装置平台互相索引，大科学装置建设与前沿研究趋势、方向和范式深度融合，形成战略目标明确、运行机制高效、资源整合有力的战略科技力量体系，产出一批具有全球影响力的科技成果。二是科技创新突出市场导向。在皖科研院所和重点高校要立足于安徽产业发展现实需要，聚焦集成电路、人工智能、生物医药等重点领域，攻克材料类、制造类和装备类关键核心技术，全面提升科技供给水平，支撑产业链向高端价值链发展。同时，要做好战略前沿技术部署，加快高技术领域的前瞻性、先导性、探索性重大技术突破，为区域经济未来产业培育和扩增提供关键支撑。三是科技改革突出治理能力。加快形成现代化科技创新治理体系，只有治理理得清，策源地才能行得稳。一方面，着力营造创新人才活力迸发、创新主体蓬勃发展、创新要素高效配置、创新活动联动紧密和激励创新、宽容失败的氛围。另一方面，治理更重要的是谋划未来，前瞻布局。每5年设定"跳一跳够得着"的创新目标，每10年做一次技术预见，每15年做远期愿景勾勒。中长期要做好战略研判、目标设定和路径选择，避免仅仅局限疲于解决当前问题，使创新主体命运相关，达成一致愿景，形成发展共识，提高创新效率。

第三节　强化应用创新，大力建设新型研发机构

安徽成功举办的世界制造业大会，充分彰显了安徽科技产业加速创新的最新成果和进展，安徽的创新发展举世瞩目。作为国家重要的创新策源高地，安徽拥有合肥综合性国家科学中心，在部分基础研究创新领域已占据前沿，但还需要在应用创新领域加强发力，更直接更快速地为构建现代产业基础和产业链提供支撑与动能。为强化应用创新，北上广深以及长三角苏浙等地大力推动新型研发机构建设，运用这种新的创新平台培育新兴产业和创新企业，并且日益形成全国性趋势。不久前，笔者随合肥党政考察团赴深圳对新型研发机构做了专门调研，感到对安徽建设新型研发机构很有借鉴和启示意义。

一、新型研发机构是更具活力的应用创新平台组织

新型研发机构是一种在属性、机制和功能上不同于传统科研机构的创新平台组织。从我们调研的中国科学院深圳先进技术研究院、深圳清华大学研究院、国家技术转移南方中心（中国科学院知识产权投资公司）看，其核心特征是集成科研、孵化、资本等功能的创新生态模式。他们指出，这种模式可以用"四不像"来概括：研究院既是大学又不完全像大学，文化不同；研究院既是科研机构又不完全像科研院所，内容不同；研究院既是企业又不完全像企业，目标不同；研究院既是事业单位又不完全像事业单位，机制不同。具体来看，在体制方面，传统科研机构是单一的事业单位性质，也是传统科研管理的运行机制，而新型研发机构则是混合体制，其中既有事业单位，又有企业和社团；其设立主体有高校、科研院所，也有企业、中介机构和投资机构。在功能方面，传统科研机构专注于学术研究以及教学，以学科的知识探索为使命，而新型研发机构的功能则更加多元化和集成化，把科技研发、成果转化、产业孵化、企业培育、投资服务等融为一体。这种新型研发机构给深圳应用创新带来了极其可观的活力和成效。仅中国科学院深圳先研院一家就已建立4个不同领域孵化基地，孵化企业450家，其中参股168家，市场估值超亿元企业达27家（上市3家）。

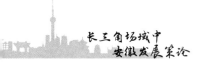

进一步考察可见，新型研发机构的"四不像"是对传统研发组织模式的变革，其要义在于：（1）构建了政府、高校科研院所、企业之间的制度性通道，显著提高了应用创新资源的集聚效率；（2）功能定位明晰，围绕产业链融合创新链，讲求创新的应用性、转化率以及经济效应；（3）坚持发挥市场的决定作用，灵活运用市场机制实现科研、投资、孵化等不同能力的协调和整合，并给予所有创新主体充分有效的激励；（4）实行现代企业管理模式，明晰机构运营自主权，实施公司化管理，使整个组织能够针对创新活动实际做出及时决策和快速反应。

二、安徽亟须大力建设新型研发机构

2018 年以来，安徽高度重视创新组织建设，省科技厅当年即出台建设新型研发机构的指导意见，并开展了省级新型研发机构申报等工作。目前除了国家科学中心的一系列基础研发组织之外，应用创新组织也取得长足进展。如合肥有中国科学院合肥技术创新工程院、清华大学合肥公共安全研究院、中科大先进技术研究院、合肥工业大学智能制造技术研究院以及国家大学产业园等，其他城市也有数量不等的由当地政府与科研机构、高校共建的应用创新组织，总体上呈现蓬勃发展的势头。

但是也应看到，安徽现有的应用创新组织绝大多数与新型研发机构还有距离。国内一家智库一份报告表明，截至 2019 年 8 月，据不完全统计全国范围内的新型研发机构累计达到上千家。其中安徽周边的上海 20 家、江苏 346 家、山东 27 家、湖北 7 家、河南 67 家，而对安徽的统计却是空白。一方面，这可能与安徽新型研发机构对外宣传不够有关，以致不为外界所知；另一方面，也反映了研发机构的"新型"属性和特征不显著，以致不被外界认可。

从我们近年对省内研发机构调查情况分析，在建设新型研发机构方面进展参差不齐，较为普遍反映困扰其建设运营发展的突出问题有：一是沿袭院所高校的事业单位属性和垂直隶属关系，对没有垂直隶属关系的则倾向排他，使平台本应有的创新资源开放集聚功能大打折扣；二是按事业单位模式运作，回避市场机制,对应用创新中的产权激励、收益分配、绩效薪酬、资本运作、人事制度等"禁区"过多,使平台本应有的运营活力受到较大抑制;三是功能定位多重纠缠,论文导向、教学导向、纵向课题导向等倾向较为严重,有的成为课堂和实验室的简单延伸,使平台本应有的围绕产业链部署应用创新链、产业策源和企业培育的主体功能受到干扰;四是治理结构不适应,权责利关系不够清晰合理,机构缺乏自主权,难以根据应用创新实际进行灵活快速决策、调度和管理,使平台本应有的相对独立自主性不能彰显,运营管理效率不尽如人意。归结起来,根子在于研发组织的体制机制问题。

三、选择若干着力点

国家长三角一体化发展规划纲要要求安徽"打造科技创新策源地、新兴产业聚集地、绿色发展样板区";中央多次指出要着力构建现代产业基础和再造产业链。这都意味着科技组织和产业组织必须改革创新,而已经被实践证明行之有效的新型研发组织就是顺应组织改革的先进的组织单元。安徽科技产业创新正进入加速拓展期,亟须基础层面的创新组织单元的大发展与强支撑。

1. 切实把新型研发机构作为本省及各市创新生态建设的中心环节。正如现代产业基础和产业链要以企业为中心环节一样,一个省一个市的创新生态也要以基本组织单元为中心环节。以往那些松散型产学研联盟、间歇式合作中心等组织形式已经不适应创新形势和需要,要以新型研发机构为模式,构造官产学研资集成的实体型应用创新组织。因此,应进一步完善本省有关创新平台、创新组织建设的政策文件、规划指引,明确把新型研发机构作为中心环节和建设重点,政策支持和规划布局向新型研发机构倾斜,使省市创新平台创新组织建设发展更加聚焦聚力,建构起省市创新生态的坚实高效的基本组织单元系统。

2. 以新型研发机构为突破口,加快科研体制、成果转化体制、创新企业培育体制等体制机制改革。按照"四不像"模式建设新型研发机构,一要打破传统的单位属性束缚,赋予其"法定机构"的相对独立地位及其人财物自主权，使之成为自主决策、自主运营、自我管理的应用创新实体；二要打破从实验品到商品、从研发团队到企业、从孵化器到市场海洋转化的体制性障碍，建立畅通转化的机制；三要建立公司制的法人治理结构，按照委托－代理结构，实行理事会领导下的院长负责制，打破行政化干预管理的制约，真正发挥市场化运营管理机制的作用；四是坚持以建设新型研发机构为导向，围绕新型研发机构建设发展需要深化科研体制、成果转化体制和创新企业培育体制改革，而绝不能相反地让新型研发机构适应顺从传统体制。应充分利用中央赋予安徽建设合芜蚌创新示范区先行先试的自主权和长三角创新一体化的机遇，在相关体制机制改革上大胆探索挺进。可由科技、发改、教育、国资、财政部门和重点院所、重点大学联合研制统合性的改革方案和相关政策。

3. 加快提升改造重点应用创新平台和机构。包括提升中国科学院合肥技术创新工程院、清华大学合肥公共安全研究院，进一步完善应用创新机制，增强运营功能；改造中科大先进技术研究院、合肥工业大学智能制造技术研究院，使之从大学附属机构转型为市场化运作的创新实体。省内各市其他创新平台和机构也要朝着新型研发机构模式进行提升改造，壮大增强安徽应用创新的基本组织体系。同时，借力长三角创新共同体建设，大力引进或合作共建新型研发机构，以开放汇聚创新要素、云集更大能量。

第四节　加快健全安徽高校院所技术成果转化机制

在科技革命和产业变革的时代背景下，安徽坚持创新驱动发展战略，科技产业创新活动日趋活跃，尤其是科技创新成果转移转化加速增长，有力地推动了高科技新兴产业发展，在全国的影响力与日俱增。但是应当看到，高校和科研院所的科技成果转化情况不尽如人意，与其应有的科技创新重要主体的地位功能不相适应。调查发现，导致这种现象的重要原因是高校院所技术成果转化机制缺失或不完善。对此应予高度关注，采取措施加快健全。

一、高校院所科技创新成果转化与其地位功能不相称

据科技部门统计，2018 年，安徽共吸纳、输出技术合同成交额达 354.5

亿元、321.3 亿元，分别较上年增长 31% 和 28.7%。其中，吸纳技术合同成交额已连续两年实现 30% 以上的增长。其间呈现三个特点：一是大量省外先进成果输入转化，当年全省吸纳省外技术合同 4399 项、成交额达 194.2 亿元，分别占全部吸纳技术合同和成交额的 21.9% 和 54.8%。平均吸纳省外每项技术合同成交额达 441.5 万元，超过省内 3.3 倍，显现高端成果向安徽汇聚的趋势。二是企业占据技术交易主体地位，当年全省企业共吸纳、输出技术合同成交额达 282.9 亿元、300.9 亿元，分别较上年增长 34.9% 和 27.3%，分别占全部吸纳、输出技术合同成交额的 79.8% 和 93.6%，企业依靠技术创新实现提质增效的需求凸显。三是高校院所占比过小，当年全省高校和科研院所共输出技术合同 2763 项，技术合同成交额 14.2 亿元，分别占全部输出技术合同的 13.6% 和 4.4%；共吸纳技术合同 850 项，技术合同成交额 9.05 亿元，分别占全部吸纳技术合同和成交额的 4.2% 和 2.6%。这个占比与高校院所的科技创新策源主体应有地位功能显得不相称。

二、高校院所成果转化机制存在缺失或不完善问题

近两年我们对省内部分高校院所技术创新成果转化情况进行了跟踪调查，发现高校院所技术创新成果转化机制缺失或不完善问题仍相当突出，当下反映强烈的有以下三个问题：

1. 技术成果转化组织机制普遍缺失。一是以往高校技术成果转化应用主要依托校办企业或合办企业，在前几年有关政策纪律要求下，省内高校的校办企业或合办企业大都收缩甚至停办，技术转化的组织载体陡然缺失。二是高校设立的科研处（科技处）是科技研究及其成果管理部门，但目前大都限于内部科研组织和成果统计的职能，并不具备技术成果对外转化推广功能，与社会企业和市场形成断裂状态。虽然有少数高校院所科研人员以个人交易方式转化成果，但组织化程度和效率低下。三是缺乏高校院所技术成果转化公共平台，虽然中国科学院合肥物质科学研究院、中科大、合工大等设立了先进技术研究院、智能汽车研究院等具有转化功能的平台，但均限于自家成果转化的各自为战式平台，而许多高校院所尚无实力自办平台又无公共平台分享，致使成果缺乏转化通道。据"智慧芽专利数据库"显示：安徽一"211高校"2017年技术专利总数为1239项，其中有效364项、失效308项、闲置567项；该校专利总价值约为2570万美元，按其有效专利占29%计算，约1824.7万美元专利价值闲置。其他非重点高校的专利及其价值闲置情况更为严重。

2. 成果转化激励机制不够完善。一是有关政策界限不够清晰一致。如有反映：2015年国务院《关于深化体制机制改革加快实施创新驱动发展战略的若干意见》（中发〔2015〕8号）中规定"原则上高等学校、科研院所不再新办企业"，教育部随后也出台了相关规定，都限制高校院所办企业；但在2022年国务院出台允许和鼓励高校院所事业单位科技人员技术入股办企业的政策，由原来"不办"变为"可办"，然而科技人员的技术成果部分属于职务性成果，涉及单位的股份和权益，因此高校院所也必然是办企业的产权主体之一，新政策对这些产权的主体和权益实现尚不明确，导致高校院所和科技人员心存顾虑。二是对技术成果转化管理人员缺乏激励机制。国家有关政策已明确规定：应为成果转化作出重要贡献的其他人员给予奖励。但据反映，由于没有管理人员可否并按何比例拿奖励的明确规定，导致高校院所从事成果转化的管理人员通常拿不到该奖励，因而缺乏从事技术成果转化管理工作的积极性和职业动力。三是考核导向欠科学。目前高校院所大都没有将技术创新成果转化纳入业绩考核体系，与职称、晋级无关，致使"科研终止于论文""成果搁置在电脑"。

3. 技术成果转化服务环节不匹配。一是技术成果转化环节的成果遴选和价值评估服务不匹配，高校院所科研人员因为专业分工局限，大都不懂得成果市场交易价值估值，对知识产权资本化也不够熟知，而在得不到相应服务帮助情况下，对成果转化或是漠不关心，或是敬而远之。二是技术成果转化需要的应用场景和产业化制造的工业设计服务不匹配，技术专利转化一般需要跟进应用场景、产品形塑、材料、生产工艺设计等配套服务，这些也不是高校院所科研人员熟悉并能完成的工作，由于缺乏相应服务，致使专利成果闲置。

三、加快健全高校院所技术成果转化机制的对策

高校院所科技创新是区域创新体系的重要组成，解决上述问题必须依靠官产学研几方合力，特别是加强政府的引导与支持具有牵动作用。

加快建立健全省属高校院所技术转移机构，在高校院所事业编制和经费中设立专项给予支持。借鉴行之有效的美国斯坦福大学技术转移办公室（OTL）设置与运作模式，深化高校院所技术成果转化创新管理与激励机制改革，构建功能型的成果转化组织载体。建议教育、科技、经信部门作出专门部署，先期遴选一批研发能力强、技术成果多的高校院所进行试点，使之专司高校院所技术成果转移转化职能，形成成果统计汇总、分析评估、转化服务以及收益管理分配等功能完备的转化服务平台。

进一步完善高校院所技术转化激励政策。激励目的就是要精准提升高校院所、科研人员、转化管理人员的主动性积极性，一是深化科技成果"三权"改革，重点是规范和保障高校院所的技术成果转化收益分配、处置等自主权，把科技成果作价入股后形成国有资产的处置权下放到高校院所。针对现实突出问题，借鉴国内外有关先进有效经验，充实完善省政府有关规范性政策。二是对省属高校院所建立技术成果转移机构给予资助，支持其开展科技成果登记与推介、知识产权布局与交易等工作，依据运行绩效进行评估验收后给予奖补，并按一定比例奖励管理人员。三是强化引导，由教育、科技等部门协同开展高校院所技术成果转化工作评价，并将评价结果作为科研项目申报和经费支持的重要依据。深化改革高校院所人员考核，把创新成果转化纳入业绩考核，并与职称、晋级挂钩。

推进科技服务企业进校园进院所，充实高校院所技术成果转化环节服务功能。高校院所既需要"走出去"与实体企业和市场对接，也需要科技服务企业"走进去"帮助其转化创新成果。技术转移服务业是科技服务业的一个细分行业，主要从事技术评估、技术交易、技术转让、技术代理以及技术集成等

业务，尤其是近年来技术转移服务由零散服务、线下服务向集成化、平台化、市场化、互联网化服务发展，因而涉及众多线下和线上专业企业。可由教育、科技、经信等部门组织引导高校院所与技术转移服务企业密切合作，让企业走进高校院所，通过建立校企联盟、开展对接活动、实施项目合作等，帮助高校院所弥补成果转化环节的功能短板。具体推进可从省内重点高校启动，省主管部门和当地政府协同支持，举办科技服务企业进校园对接活动，以此推动双方多边建立直接合作。注重把活动经验机制化实体化，从而在各高校院所和各城市推广。

第五节　建设合肥生命科学和先进医学创新集群的考量

一、生命科学和先进医学创新成为科创中心必备内容

在世界新的科技产业革命中，生命、医疗、医药、健康已成为各个创新大国决胜未来的战略必争领域。在世界科技产业革命聚焦的 20 个在未来 30 年内将获得突破的领域中，直接涉及生命、医疗、医药和健康的有先进医学、合成生物技术、人类增强、食物等，占比达 1/5。这些领域统称为生命科学和先进医学。在科技创新同时，其产业创新也蓬勃生长。以生物医药为例，2016 年美国生物医药总产值占 GDP 的 17% 左右，成为最具成长性产业之一；德国生物医药总产值占 GDP 的 12% 左右。随着基础研究的发展和技术创新的不断突破，我国生物技术产业规模也在不断壮大，年均增长高达 20%，2016 年我国生物医药产值达 3.8 万亿元，占 GDP 约 5%，预计到 2030 年这一比重将达 15%。

我国实现全面建成小康社会目标，在"后小康社会"时代，人民群众对生命、医疗、医药和健康的需求将必然呈现由数量型转变为质量型的质的飞跃，成为内需消费升级的重大标志。科技创新史启示我们，科技创新只有围绕人民群众新需求、提供新供给，才能具有效率、富有前景。当代科技创新的发动并非因为既有资源和个人兴趣使然，而是由社会需求的驱使与拉动，根据社会需求的指向而选定创新方向、谋划项目和整合资源。因此，安徽尤其是合肥，

要高质量建设综合性国家科学中心和滨湖科学城，必须积极回应"后小康社会"时代的社会需求热点，把生命科学和先进医学(包括医药)科技创新纳入科创中心建设发展的重要内容，加快建设该领域创新集群。

二、长三角地区生命科学和先进医学领域创新态势

长期以来，长三角地区在生命科学、先进医学和生物医药等方面保持着全国领先的优势。面对生命、医药、健康的科技变革，长三角地区具有代表国家抢占全球生命、医药、健康科技制高点的天时、地利、人和条件。"十三五"时期以来，长三角地区中心城市的上海把干细胞、合成生物、生物医药列入创新重点；南京突出生命科学的应用研究和创新；杭州强化生物医药和医疗器械、智慧医疗的科技产业创新，并都已取得可观的进展和成果。值得指出的是，目前南京、杭州均在积极争取建设综合性国家科学中心，且把生命科学和先进医学领域的创新作为建设科学中心的重要支撑。

从现代科学体系发展经验看，生命科学和医学从来就是不可或缺的重要组成系统。现代科学理念和科学精神的真谛，在于不仅关注物质世界，而且关怀人类自身世界。世界一流综合大学的科学体系，最早大都以理、工、医、文四大学科(学部)为基本"标配"，在此基础上再有商、法等学科(学部)的充实和完善。国内外科学创新中心地区的区域科创体系，也都少不了把生命科学和医学作为组成内容。长三角各中心城市均以生命科学和医学为科创重点，正反映了现代科学体系的发展规律、结构特征及其要求。从这个视角看，一个先进高端完整的科创中心体系，应该拥有生命科学和医学创新的内容与实力，应该构建生命科学和医学领域科技产业创新集群。

三、合肥生命科学和医学领域科创现状

以往多年安徽的生命科学和医学领域科技创新总体上呈零散分布，主要依靠省属四个医学高校及部分医院的科研活动，缺乏列入国家重点的科创平台。近年来，合肥的生命科学和医学科技创新发展势头良好，尤其是综合性国家科学中心的建设，有力地带动了生命科学和先进医学科创迅速发展。(1)

2015 年 10 月，合肥市政府与中国科学院合肥物质科学研究院合作共建的合肥离子医学中心建立，为综合性国家科学中心增添了一个前沿高端创新平台，其目标是依托国家大科学工程，以"自主＋合作"的创新模式，设立质子治疗和自主研制两个项目主体，建设集离子医学技术研发、治疗、培训、数据化处理中心以及高端医疗装备研发、关键部件制造、系统集成和产业化两个公共平台为一体的创新科技基地。（2）2017 年 12 月，中国科技大学生命科学和医学部成立，将中科大与原安徽省立医院前沿生物学科、基础医学研究与临床医学和医疗创新资源结合起来，发展具有自主知识产权的"新医学"医疗技术与装备，打造国家级临床医学研究转化平台。（3）安徽医科大学具有临床医学研究和医疗的深厚积淀和相当优势，在前列腺疾病临床医学、皮肤病临床医学等方面具有国内一流水平，拥有建设国家临床医学研究中心的实力，其中前列腺疾病临床医学还可填补科技部确定的到 2021 年建设 100 个国家临床医学研究中心的有关专科空白。（4）安徽中医药大学在传承和发展新安医学方面国内独树一帜，深有影响，顺应中医中药科学化、标准化、数据化、中西医结合发展趋势，该领域科技创新前景十分广阔。（5）合肥几个开发区云集了一批生命科学和医学医药研发机构与创新型企业，最近两年间不断有新机构新企业迁入，规模和实力日益扩张，并且与科学院和大学科研密切协同，已经形成了一定规模的创新链产业链。

　　这些状况表明，合肥已经形成了生命科学和医学科创要素、实体、平台不断聚集的态势，并且具有继续增强极化效应的趋势。因此，安徽和合肥极有必要顺势发力，着力加快构建合肥生命科学和先进医学创新集群。此举不仅有利于壮大合肥作为国家重要的科创中心的实力，而且有益于进一步完善合肥综合性国家科学中心的创新体系及其结构，并且有助于安徽在长三角创新共同体建设中更好地扬己所长、与沪宁杭科创中心更强地协同合作。

四、几点对策建议

　　为推动安徽和合肥生命科学和先进医学创新集群建设，借鉴国内外有关

经验,提出如下几点建议:

1.统合资源,加强规划引领。目前合肥的生命科学和先进医学创新资源仍存在"条块、央地"分割现象,缺乏统一规划的整合和引领。为此,需要从综合性国家科学中心和合肥滨湖科学城战略规划层次上,以安徽实施长三角一体化发展规划纲要行动计划具体落实为契机,由省综合性国家科学中心办公室牵头,与"条块、央地"各有关方面协同,将各方资源、要素和主体加以统合,纳入"一盘棋",研究制定合肥生命科学和先进医学创新集群建设规划。规划应明确生命科学和先进医学创新的阶段性细分化重点,以求形成创新"高峰";应突出以建构创新链为中心的协同创新,探索有效的协同机制,包括激励机制与约束机制;应强化创新链与产业链融合,引导新型政产学研联盟等创新组织建设完善;等等。

2.把握机遇,加快平台建设。生命科学和先进医学包括基础研究、应用研究和临床医疗等环节,在应用研究和临床医疗环节,科技部于2016年发布《国家临床医学研究中心五年(2017—2021年)发展规划》,规划在主要疾病领域和临床专科建成100家左右的高水平研究中心,目前仍有1/3以上的主要疾病领域尚未布局。这些领域既是国家急需,又是创新前沿,正是安徽推进国家级创新平台的机遇。为此,要大力推进条件相对优异的中科大临床医学研究转化平台、安徽医科大学前列腺临床医学研究中心、安徽中医药大学的中医药专科临床医学研究中心等实体建设,力争尽快建成国家级创新平台。省科技厅、卫健委等相关部门要给予切实支持和帮助,并争取国家有关部门支持。

3.创新共建,密切长三角合作。长三角区域特别是沪宁杭合四大中心城市均把生命科学和先进医学作为创新重点,且各有特色和优势,在细分领域创新链上彼此互补性很强。安徽建设合肥生命科学和先进医学创新集群,要充分利用长三角创新共同体建设的大战略、大空间和大网络,以平台为主体,激发院校企业的积极性主动性,密切与沪宁杭等中心城市相关主体的专题合作;以项目为载体,发展合作伙伴,建立长效合作的专业联盟;以创新链为中心,通过接链、扩链、补链等,构造基础研究—应用研究—临床实用—技术扩散的创新链,合力打造长三角生命科学和先进医学创新的区域集群。

第十章

勠力建设新兴产业集聚地

第一节　对接龙头企业战略布局　加快安徽家电产业智能化升级

一、家电产业智能化是大趋势

家电产业是安徽作为"制造大省"的最重要的支柱产业之一。目前已经涌现了一批以名牌家电企业为龙头的大规模工业园区，拥有以合肥、滁州、芜湖为主体的集家电研发、生产、销售、物流及相关配套企业集群的产业体系，成为国际、国内家电知名品牌最为集中的地区。与珠三角、山东半岛形成"三足鼎立"的中国家电业重要增长极。产业界有一共识指出，安徽要打造世界级产业集群，家电产业是最具现实可能性的产业之一。

自 2011 年以来，安徽家电产业在国内"三足鼎立"中地位强势上升，当年全省冰箱、洗衣机、空调三大白色家电产品总量达 7565.45 万台，稳居全国第二。其中，冰箱产量居全国第一，洗衣机产量和空调产量均居全国第二。从城市看，合肥冰箱、洗衣机、空调、彩电四大家电总产量已经超过顺德和青岛，居全国城市之首。2016 年 1—10 月份，安徽家电产业完成规模以上工业增加值 951.8 亿元，增长 9.3%。共生产家电产品 7862.8 万台，比上年同期增长 4.2%。其中家用洗衣机 1673.5 万台，增长 17.5%；家用电冰箱 2659.1 万台，增长 2.3%；房间空调器 2524 万台，下降 1.5%；彩色电视机 1006.2 万台，增长 12.5%。同期安徽家电积极开拓国际市场，实现出口 104 亿元，比上年同期增长 14.5%。在安徽产业经济格局中具有举足轻重的支柱作用，在全国仍居领先地位。

但是，家电市场已经显现为存量市场。无论是内需还是外需，在国内外经济整体下行态势没有扭转情况下，家电市场的需求绝对量将不再有显著增长的空间，甚至会出现相对萎缩。国内外行业内人士预测，家电市场已从增量市场转变为存量市场，市场需求更多表现为存量的结构性变化。随着家电市场的主流消费群体趋于年轻化，消费需求趋于个性化，对产品的更新换代需求提高，家电产品的更新性、改善性、升级性需求成为主要特征，因此消化既有的高库存与加快转型升级便成为家电产业的主导趋势。

安徽家电产业要继续保持全国领先地位、并发挥安徽从"制造大省"向"制造强省"升级的中坚作用，必须加强创新驱动、加快产业升级。据笔者在国内若干家电制造基地调研和与有关专家交流可知，家电产业升级方向在于产品智能化与制造智能化。在产品智能化方面，其技术路线是：从单一命令式，到人机互动式，并快速向网络交互式。在制造智能化方面，其技术路线是：从智能设计、智能元器件和零部件、智能装备到工艺、流程、管理等智能化。目前，国内外已经有互联网电视，物联网冰箱、洗衣机以及尚在研发过程中的物联网空调、热水器、微波炉、电饭煲等一系列产品在市场热销或预告，家电产业智能化升级已经掀起热潮。同时，欧美、日韩等国企业在家电智能化的研究上已经成形，不仅建立了相对统一的行业标准和规范，也形成了一套基础性的智能控制技术和硬件平台。

据笔者调查，安徽省内家电产业大都是跨国及全国性的整机及配件龙头企业，有海尔、美的、格力、长虹、京东方、三洋、西门子、日立等，构成安徽家电产业的主力。目前这些企业虽然在推进智能化升级，但由于它们的母公司均在省外海外，省内企业只是母公司的生产基地之一，基本上没有主要研发中心和战略决策权限，因此产业智能化升级的力度和进度颇不如人意，产品与国内外市场未来新需求差距甚大，智能化制造水平也落后于这些龙头企业在外地的其他基地。这是安徽家电产业升级的一大"瓶颈"，如不突破，安徽家电产业将有可能陷入"低端锁定"，从国内领先位置上跌落乃至趋于萎缩。

二、对接产业龙头企业牵引安徽家电产业智能化升级

最近一个时期，制造业实体经济的领军企业家群体强势出面，为制造业振兴升级发出响亮声音，激起巨大社会反响。国内家电产业龙头企业如格力、美的、TCL、长虹的领军企业家在发声中强调了企业迈向智能化产品和智能化制造的战略，并披露了一些具体选择、路径和措施。由于关涉商业和技术机密，他们不可能披露更多，但足以表明这些龙头企业正在进行全新的战略布局和战略运作，并且必将有大力度的动作实施。因此，安徽应特别抓紧这一机会下一着"先手棋"，迅速对接家电产业龙头企业战略，争取将龙头企业智能化升级的重大布局、项目和措施在安徽落地生根，促进安徽家电产业加快做强做优、升级换代。

第一，争取家电龙头企业在安徽部署战略布局和重大项目。仅靠龙头企业在安徽子公司向母公司争取显得力度不足，因此应由省级领导负责，带领省直有关部门、有关市政府领导和各家电龙头企业在安徽子公司负责人组团，分别走访各家电龙头企业总部，对接各龙头企业主要负责人，深入了解他们在产业升级上的战略布局和措施，表明安徽的积极态度和实施措施，争取把他们的战略布局和重大项目引入安徽，如主要研发中心、新产品事业部总部、智能化产品制造基地等。此事宜早不宜迟，宜快不宜慢。

第二，加强支持政策匹配。产业升级与产业转移不同，相应支持政策匹配也不同。要组织专门力量，研究各龙头企业实施产业升级的政策需求，在安徽产业引导资金和创新引导资金、土地和园区等政策上，针对家电产业智

能化改造升级实施精准对策。在对接和争取龙头企业总部战略布局基础上，研究制定支持家电龙头企业在皖子公司升级的具体措施，加强政策、环境等协调匹配，促进在皖公司加快推进智能化升级。

第三，促进新的家电产业集群建设。围绕主要家电整机和配套企业升级，研究制定支持省内各地既有中小配套协作企业的跟进改造政策，以加强本省配套能力，促进形成新的智能化家电产业集群。此举将为省内数百家中小配套企业开辟出路，并为其他产业中小制造企业作出示范。

第四，开展专项"活动经济"。在"2013首届中国智能家电趋势高峰论坛"（由中国商用电器商业协会、合肥市人民政府联合主办，于2013年11月27日在合肥举行）的基础上，进一步开展智能家电专项活动经济，可考虑举办常态化的中国智能家电博览交易会，融合智能家电技术、产品、装备、应用、论坛以及"双创"等展示与交易，使之成为国内智能家电博览交易的峰会和引导家电产业升级的旗帜。

第二节　大力发展安徽高端医疗器械制造业的构思

"十四五"时期，我国深入实施健康中国建设的国家战略，这是推进健康中国建设、发展医药工业的重要战略机遇期。医药工业包括药品制造业和医疗装备器械制造业，是大健康产业体系的基础和支柱。医疗器械制造业为其他大健康产业提供设备、工具、手段，已成为战略性新兴产业。长三角是我国医疗器械产业的最大集聚区域之一，沪苏浙的"十四五"规划都把高端医疗器械产业纳入生物医药产业体系，作为重点发展产业。安徽医疗器械产业近年来有了长足发展，虽然在传统医疗器械领域属于"后发"，但在科技创新支撑高端医疗器械产业的"新赛道"上呈现出迅速成长的势头。安徽应把握医疗器械产业发展的"黄金战略期"和长三角产业一体化效应，大力发展安徽高端医疗器械制造业。

一、我国医疗器械产业发展正面临"战略窗口期"

有关资料显示，全球医药和医疗器械的消费比例约为1∶0.7，其中发达国家为1：1.02，而我国仅为1：0.2，器械供给与医疗需求严重不匹配，直接影响了医疗保障水平。这一"短板"也昭示了我国医疗器械产业蕴藏着巨大的发展空间。目前全国医疗器械市场总量高达5700亿元人民币，而进口产品（主要是高端医疗器械）总额达到3900亿元人民币，占绝大比重。一方面，由于国际科技战、贸易战等因素，高端医疗器械未来贸易将存在巨大的不确定性，可能成为我国建设健康中国的一项"卡脖子"风险。另一方面，由于进口高端医疗器械价格高昂，加重了群众医疗支出负担。因此，加快发展我国高端医疗器械制造业不仅具有国民健康安全的战略意义，而且具有现实紧迫性。

近年来，国家各层面政策对国产器械和创新器械加强了引导扶持，使得国产医疗器械已经具备快速增长的两大逻辑：第一，依靠科技创新，部分高端国产医疗器械已经具备进口替代的资质，可以扩大市场占有率，逐步摆脱进口依赖；第二，政府管理部门加快创新医疗器械的审评审批，从审批环节加快国内企业上市创新医疗器械，鼓励国内企业进行医疗器械创新研发投入和生产制造。这为我国以及安徽大力发展高端医疗器械产业开启了战略"窗口期"。目前，江苏常州、昆山和四川成都已大力建设高端医疗装备器械制造业基地，争取成为国内的行业龙头，显示了我国高端医疗器械制造业正在进行战略布局的态势。

二、安徽医疗器械制造业现状和存在问题

据我们调研，截至2020年底，安徽共有取得二、三类医疗器械注册证的生产企业470家，其中三类器械生产企业34家，二类器械生产企业459家；当年医疗器械产业产值约80亿元，占整个医药工业的1/10左右。值得指出的是，安徽医疗器械制造业虽然属于"后发"，但显现出科技创新强驱动、高起点的鲜明特征。现已有欧普康视、美亚光电等8家企业在科创板上市，还有依托中国科学院和中科大等培育了中科超精、中科普瑞昇、大族科瑞达激光等一批创新企业，引进了尼普洛、鼎晶生物、金域医学、华大医学等国内外龙头企业，在基因测序、基因检测等领域形成了从产品研发生产和检测服务的产业闭环。我们调研了与安徽医科大学、合肥工业大学深度产学研合作的合肥德铭电子有限公司，其主要产品集中在医学影像和微创内镜治诊疗等领域，科技创新项目填补了国内空白、打破了国外垄断。时任安徽省委书记李锦斌视察合肥德铭电子实验室，高度赞赏以智能微创为代表的医疗装备重大科技创新项目，并要求积极探索政产学研用一体化新模式，促进更多的科研成果向现实生产力转化，大力支持国产高端医疗装备在各级医疗机构推广使用，保障医联体建设，助力分级诊疗顺利实施。

医疗器械产业链包括上游器械零组件制造，中游医疗器械研发、制造、销售和服务以及下游医疗卫生行业和家庭用户三个环节。在产业创新格局中，医疗器械产业链的创新牵引、下游拉动的特征十分显著。因此，医疗行业的创新产品应用是产业发展的关键。从这一视角考量，安徽医疗器械产业当前存在的突出问题有：

一是各级公立医院严重依赖进口医疗器械。虽然目前省内招标制度上对国产医疗器械表现出一定的倾斜，逐步接受国产设备，但医疗机构购买和使用国产医疗器械的动力不足。尽管部分国产自主品牌的创新医疗器械和高端医疗器械已在技术层面与跨国公司产品无显著差异并在性价比上领先，但由于对价格相对不敏感的三甲医院更信赖传统国际巨头产品，国产医疗器械在三甲医院关键科室的市场份额仍然较小。

二是医疗领域信息化建设相对滞后。各层级医疗机构在高端医疗器械资源配置和拥有应用上信息不通，缺乏信息标准，信息孤岛林立，信息壁垒重重，阻碍了资源有效运用和分级诊疗顺利实施。特别是"医疗互联网"发展大趋势下，安徽相关的基础信息技术和平台建设更显滞后。

三、围绕关键环节采取四项举措

大力发展安徽高端医疗器械制造业，需要抓住具有自主知识产权的国产高端医疗设备器械应用这个关键环节。为此建议：

1. 完善政府有关采购政策。进一步深入落实 2017 年安徽省政府办公厅印发的《促进医药产业健康发展实施方案》，国产药品和医疗器械能够满足要求的，政府采购项目原则上须采购国产，特别是本省的产品，从而扭转各级公立医院偏重进口产品依赖现象。比如：明确将本省自主知识产权的智能无线微创医疗装备、智能移动医疗、专科医师规范化培训装备等高端医疗装备纳入各级医疗机构的优先采购目录内，让本省的高端医疗装备企业为安徽省的医改提供服务。建议安徽卫健和医改部门完善政府采购政策，及时更新采购目录，将安徽医疗器械的创新产品纳入目录，从应用环节促进安徽高端医疗器械制造业加快发展。

2. 细化出台推动医疗装备器械数字化、智能化制造政策。医疗装备器械数字化、智能化制造是医疗器械业的发展趋势，因而应是安徽大力发展高端医疗器械制造业的战略方向。积极响应《"健康中国 2030"规划纲要》和《国务院关于积极推进"互联网 +"行动的指导意见》，建议安徽出台细化的"互联网医疗"支持政策。例如：扶持智能微创等高端医疗装备产业发展，支持"互联网 + 智能微创诊疗"等装备技术研发和应用，通过人工智能和信息化助力各科医联体和医学联盟建设。这些政策措施有利于解决医疗资源不均衡等问题，推进分级诊疗顺利实施；同时也有利于促进安徽高端医疗装备器械制造企业进入数字化、智能化的新"赛道"，实现高起点、高质量发展。

3. 加快建设医疗互联网信息平台。重点支持安徽医疗互联网企业为医疗卫生机构、符合条件的第三方机构搭建互联网信息平台。例如：利用本省医疗互联网企业自主研发的"德医云"互联网医疗平台开展远程医疗、健康咨询、健康管理服务，促进医院、医务人员、患者之间的有效沟通，并鼓励医疗联合体要积极运用互联网技术，加快实现医疗资源上下贯通、信息互通共享、业务高效协同，便捷开展预约诊疗、双向转诊、远程医疗等服务，推进"基层检查、上级诊断"，推动构建有序的分级诊疗格局，并鼓励企业根据市场需求持续研发和应用。

4. 加强专业性公共技术服务平台配套。目前安徽医疗器械领域缺少专业的注册检验服务加速平台，也缺少医疗器械大动物实验平台，一定程度上制约着本地医疗器械的创新发展。为此建议在有条件和有志于建设高端医疗器械制造业基地的市县配套建设一批专业性公共技术服务平台。

第三节　加速育成城市管网生命线安全产业

党的二十大报告把"发展要安全"摆在显要位置，以总体国家安全观逻辑，明确提出"以新安全格局保障新发展格局"。在实现中国式现代化新征程上，随着城市化进入中后期，城市人口、功能和规模不断扩大，城市运行系统日益复杂，更高水平地保障包括管网生命线的城市基础设施安全、保障人民群众生命财产安全无疑是构建新安全格局的题中应有之义。安徽省委省政府着力推动以清华大学合肥公共安全研究院及一批相关企业为生长点育成城市管网生命线安全产业，是具体落党的二十大精神的战略擘画和发展新兴产业的一着先手棋。我们就加速育成我省城市管网生命线安全产业作了调研，现报告如下。

一、城市管网"生命线"安全产业前景和政策导向特征

城市管网指埋设在城市地下的各类管线及其附属设施，主要有供水管网、排水管网、燃气管网、集中供热管网等，是保障城市运行的重要基础设施和"生命线"。

1. 城市管网生命线安全产业市场加速扩大。中研产业研究院《2020—2025年中国城市管网建设行业发展潜力分析及投资战略规划分析报告》研判，住建部统计表明，2020年我国城市管道长度约310万公里，其中供水管道总长度为100.69万公里，天然气管道长度为85.06万公里，供热管道长度为42.60万公里，排水管道长度为80.27万公里。我国城市管网市场规模从2010年的2777.87亿元增长到了2020年的6070.64亿元。特别是"十四五"时期，全国各地规划提出的管网投资总规模超1.4万亿元，城市管网改造和建设进一步加速。城市管网生命线安全产业是对城市管网运行管理的数字化、

智能化赋能，有关专家估算，到 2022 年全国智慧管网应用市场规模可达到 4244 亿元。随着未来更大范围和规模的城市管网改造，该产业的市场空间将会加速扩大。

2. 政策导向力度密度持续加大。在国家层面，2018 年 1 月，中央办公厅、国务院办公厅印发了《关于推进城市安全发展的意见》，明确要求加快实现城市安全管理的系统化、智能化，深入推进城市生命线工程建设，积极研发和推广应用先进的风险防控、灾害防治、预测预警、监测监控、个体防护、应急处置、工程抗震等安全技术和产品。2022 年 7 月，住建部印发通知，在浙江省、安徽省及北京市海淀区、辽宁省沈阳市等 22 个市（区）开展城市基础设施安全运行监测试点工作，规定了建设安全运行监测系统、鼓励创新管理模式、强化科技创新和应用、推动标准体系建设等 4 项试点任务。在地方层面，全国各省区市均已出台《关于深入推进城市安全发展的实施意见》；2022 年长三角地区各大中城市普遍开展了城市地下管网安全检查与设施完善工作，上海市还出台了《本市供水管线安全排查和整治工作方案》《城市供水管网安全风险评估技术规范》等专项政策文件。这些政策突出的着力点主要是：搭建城市基础设施安全运行监测系统，推进智能化感知设施建设；以场景应用为依托，充分运用大数据、人工智能、云计算等技术，开展运行监测预警技术产品研发和迭代升级；推动标准体系建设等。

二、城市管网生命线安全产业亟须解决的突出问题

自 2021 年以来，安徽省委省政府着力推动以清华大学合肥公共安全研究院及一批相关企业为生长点建设城市管网生命线安全产业，全面推广城市生命线安全工程"合肥模式"，建成全省城市生命线安全一期工程，在全国率先实现省域地级城市全覆盖，并以平台的逻辑、市场的力量在全国复制推广，产业培育和成长在国内走在前列。但从调研中也看到，作为我省城市管网生命线安全产业的科技产业创新策源生长点的清华大学合肥公共安全研究院还有一些亟须省市政府帮助解决的突出问题。

一是技术创新方面亟须发力转变高端元器件依赖进口状况。城市生命线安全工程主要由"云"和"端"组成，在云计算和感知端特别是感知端主要靠的是数百种专业传感器。近些年，该院先后在激光传感芯片及模组、智能监测球、水质多特征检测仪等多项产品上实现重大突破，但不少高性能传感器件以及部分高端芯片、核心元器件仍依赖进口，占比 10%~20%。这些高端元器件大都属于国际科技战略竞争的敏感区，如果遭到科技战、贸易战的限制，则将严重阻碍国内城市管网"生命线"产业成长。

二是市场开拓方面亟须深广度开发规模化新场景。近年来，该院以生命线安全云和消防安全云"两朵云"为牵引的城市生命线安全工程"合肥模式"，已覆盖全国 60 多个城市，初步具备工业互联网平台发展基础。从全国万亿乃至数万亿级的大产业发展考量，其应用场景深度广度还有极大的开发空间，但目前城市生命线安全云与制造业、服务业、建筑业、保险金融业等融合还显不够，需要引导相关产业相向融合。

三是引留人才方面亟须完善相关政策。清华合肥院同志反映，目前该院正处于高速发展期，人才总量规模不够大、高层次专业人才不多、产业组织人才不足等问题凸显。该院一直以来对高端人才坚持"不求所有但求所用"原则，采取兼职挂职、技术咨询、项目合作等多种形式，柔性引进一批行业顶尖专家担任首席科学家。但在省市新型研发机构、人才奖励等政策中多数都要求"全职"，人才政策与科创现实不相适应。目前该院已获批国家科教融合学院和产教融合基地，但在招生指标、培养经费、科研项目等落地政策配套还不完善、不落实。

三、相关三点建议

1. 建立智能传感器关键技术联合攻关机制。新一代智能传感器被业界普遍认为是智慧工业的"心脏"，国内已初步形成长三角、珠三角、东北、京津以及中部五大产业集群。长三角以上海、无锡、苏州和南京等城市为中心，形成热敏、磁敏、图像、称重、光电、温度、气敏等较为完备的传感器生产体系及产业配套。我省合肥以美亚光电为代表的光电传感器行业在国内居有一席之地,近年来中国科学院合肥物质科学研究院、中科大等院所也发展起了智能传感器技术创新。建议省及合肥市科技、经信、住建部门协同牵头,整合合肥地区智能传感器关键技术和元器件研制的院所企业,并开展与沪、锡、苏、宁相关院所企业合作,建立城市生命线安全高端智能传感器联合攻关机制。以清华大学合肥公共安全研究院为载体,建立高端智能传感器联合攻关技术创新中心;在省市科创产业引导基金中设立专项基金给予精准支持。

2. 更深广度开发城市生命线安全技术应用场景和市场需求。目前城市管网生命线工程已覆盖全省 16 市,为更深广度开发城市生命线安全技术应用场景和市场需求,建议住建部门把城市管网生命线工程纳入今后全省城市(包括县城)管网基础设施新建、改造、升级的各级规划,将管网建设与安全系统建设一体化设计、投入和实施。在此进程中,推进安全系统标准化。

3. 加快完善新型研发机构人才政策。以清华大学合肥公共安全研究院人才引留问题为鉴,适应各类新型研发机构人才流动、引留柔性化现实要求,进一步打破固化人才单位所有的隶属、待遇、奖励等不合时宜的认识与政策限制,对新型研发机构人才政策进行再完善。适应我省正在推进的科教融合、产教融合,教育部门应将融合体机构的招生、培养等纳入高教和职教统一计划,给予切实保障。

第四节 聚力构造一批服务科创产业的高能级数字经济平台

疫情对我国经济造成了巨大冲击,预期防疫长期化常态化情势给构建现代产业体系以及产业基础现代化带来全新挑战和要求。为应对疫情冲击、保持经济稳增长,中央明确提出了加强包括现代产业基础的基础设施建设重大方略,安徽要抓住这一时间窗口,把握产业基础现代化发展趋势,聚力构造一批服务科创产业的数字经济平台及其基础设施。

一、疫情中暴露出现代产业基础的三大痛点

疫情对我国以及长三角区域现代产业基础的冲击是多方面的,并且疫情

后的经济恢复将不可能都是原样复原，而会是更加依赖于数字化、智能化、集成化的逻辑，整合重组科技、产业及其要素流动。在此轮疫情中已经暴露出长三角区域现代产业基础的一系列痛点，其中最为突出的在于以下几个方面。一是部分外资公司将其在集成电路、新型汽车、重要零配件等关键技术研发和制造机构迁出，形成一系列关键技术来源的空白，急需通过自主创新关键技术转移转化来替代和弥补。二是物流体系和秩序遭受冲击尤烈，从货源、货柜、车船到通道、接驳、装卸，传统的人工化、微观化的组织调度大都失灵，特别是相关信息不对称不畅达，无法应对特殊情形下的大物流需要。三是产业链阻断现象严重，尤其是疫情长时间持续导致既有供应链和部分供应商缺失，而在疫情后必然会发生产业链修复的再调整、再接链、再布局，亟待相关产业链数据信息深度更新及其宽领域、精准化服务。从现代产业体系维度观察，这些痛点总体上具有从技术到生产到流通的系统性风险的特征。对其疗伤修复不仅需要时间，而且更需要借助大数据、人工智能等技术，依靠现代产业基础设施的支撑。

二、构造现代产业基础的趋势

第三次工业革命把产业推进到信息时代，其底层逻辑就是产业活动数字化、信息化，从产业要素配置到产业运行过程的组织、筹划、调节、控制和监测等，越来越多地依靠和运用大数据和人工智能。新科技产业革命加速了这一产业基础现代化进程，大规模、泛在化的大数据与人工智能日益广泛地运用于产业活动及其管理，由此催生出产业服务型数字经济、平台经济等新经济模式。

数字经济和平台经济，是依托云、网、端等网络基础设施并利用人工智能、大数据分析等数字技术工具的新经济模式，其主要业务包括经济活动数字化、撮合交易、传输内容和管理流程。我国数字平台经济在近些年发展迅速，如阿里、腾讯、京东等，极大地改变了企业生产和人民生活的方式。但是，此次疫情所暴露的产业痛点，也反映出现有的数字平台对产业服务的功能存在不足，当产业活动发生急剧动荡变化时，数据搜集、处理和运用都跟不上形势，也表明了现代产业基础的薄弱。

为应对疫情冲击、稳经济，2022 年 4 月 26 日中央财经委员会第十一次会议和 4 月 29 日的中共中央政治局会议明确提出，要全力扩大国内需求，发挥有效投资的关键作用，全面加强基础设施建设，其中强调了要加快现代产业基础设施建设。显然，这是一个政策窗口，也是一个时间窗口，安徽应该积极把握，针对当下现代产业基础设施的痛点，发挥安徽相关的比较优势，加紧谋划构造一批产业服务型高能级数字经济平台。

三、安徽聚力构造一批高能级数字经济平台的建议

疫情长期化和防疫常态化情势下，产业恢复和稳增长要建立在现代产业基础之上，在"新基建"的政策与时间窗口，安徽可考虑集聚力量构造三个产业服务型高能级数字经济平台。

1. 构造区域性技术交易转化数字经济平台。安徽在"十四五"时期要建设"三地一区"，其中科技创新策源地发挥为疫情后经济恢复和稳增长提供自主创新技术来源的功能，具有更为重大的战略意义。安徽可依托安徽创新馆及安徽技术大市场，加密与长三角沪苏浙的技术交易大市场联动，聚焦科创新成果，强力推动成果转移转化，从而支撑产业复苏和发展。安徽创新馆及安徽技术大市场要适应产业基础现代化、信息化、数字化趋势与要求，塑造为长三角主要的区域性技术交易转化的数字经济平台。为此需要加快科创成果数字化和数据库建设，充实撮合技术交易转化的人工智能设施与工具，加强远程技术交易转化和线上支付功能，健全知识产权维护监管线上服务，等等。构建高能级的区域性技术交易转化数字经济平台，可以大大扩展新技术来源，开拓更大的产业用户市场，贯通创新链与产业链，并利用大数据和人工智能提高科创成果交易转化的精准度和效率。疫情后产业创新以及再调整、再接链、再布局，对这种技术交易转化数字经济平台的现实需要必然紧迫而持续，因此安徽应当从速谋划建设。

2. 构造枢纽型物流数字经济平台。大物流是全国统一大市场的关键环节，疫情中暴露的物流痛点除了封控原因外，物流业的数字化程度不高、物流信息不畅达也是重要原因，疫情后经济恢复将必然加快弥补这一短板。合肥是全国重要的交通物流枢纽，目前合肥已有一批专事物流大数据开发和物流数字平台公司，如中国科学院合肥技术创新工程院的安徽省第三方物流信息数据中心与云服务平台、国家三部委评定为骨干物流信息平台试点的维天运通信息公司等多家实体，以此为基础构造枢纽型物流数字经济平台具有良好条件。当前需要整合物流数字经济资源，克服小而散格局，建立合肥枢纽型物流数字经济平台。这一平台要推动全省物流加快信息化、数字化和并网，建立物流货源、货柜、车船、线路、接驳、仓储等大数据，实时为物流企业和客户提供数据服务、监测服务和业务撮合服务等。依托枢纽型平台，联通长三角乃至全国物流信息网络，逐步增强集聚与辐射功能。

3. 构造服务细分行业的产业链数字经济平台。在国家大数据算力"东数西算"布局中，安徽芜湖已规划建设全国一体化算力网络国家枢纽节点芜湖集群，构建城市云计算中心集群，协同拓展承接长三角地区人工智能、大数据等相关企业的存算服务，打造长三角地区存算供给中心，重点发展支撑工业互联网、金融证券、实时游戏、灾害预警、远程医疗、视频通话、人工智能推理等抵近一线、高频实时交互性的数据中心等。可依托芜湖算力集群，发挥长三角产业大数据资源汇集的优势，率先以工业互联网特别是服务细分行业的产业链数字经济为突破口，建设服务安徽和长三角区域的产业链数字经济平台。着重围绕安徽和长三角重点产业，撮合产业链上中下游再接链再布局，促进区域产业体系加快修复和勃兴。

需要强调的是，构造服务科创产业的数字经济平台及其基础设施要以商用化为指向，不是做单纯科研实验平台，而必须是大数据商用服务供应商实体；要以市场逻辑和资本力量，将政府产业投资和国企民企投资结合，建立现代公司模式的建设运营主体，实施市场化经营。

第五节　服务竞争：新常态下企业经营的必要选择

当前的经济新常态显著表现为产业结构深度调整、企业经营方式转型，在此形势下，相当多的企业，特别是传统的制造企业面临着市场空间饱和、产品销售增长乏力、利润水平下降的经营困扰。如何突破这一困扰，是企业经营者乃至高层决策者都非常关注的现实问题。汲取国内外企业经营理论和经验，人们可以领悟到：加强服务竞争是企业的必要选择。

一、服务竞争标注的企业价值链延伸

传统的企业经营一般只讲求以产品满足消费者，但忽视了在销售产品的同时还连带着提供相应的服务。在市场供给从短缺逐步变化为丰富的过程中，企业经营也相应地经历了从"人无我有、人有我优"的递进，目前应该说对产品数量、档次、质量等已给予了颇为充分的重视，并下了相当的功夫。而当市场供给进一步转变为过剩，企业之间的产品基本上无差别后，继续在产品上拼规模拼档次拼质量并不会为企业带来盈利的新空间，相反倒可能导致成本不断上升而侵蚀利润，因此不能成为企业竞争的主要手段。从国际经验考量，在这种情势下，企业服务竞争就凸显成为竞争的关键。企业服务竞争是市场经济的一种相对较新的竞争形式，有别于人们早已熟悉的技术竞争、管理竞争、产品规模竞争、质量竞争、价格竞争、广告竞争、促销竞争等，它是企业为满足顾客体验需要、提供增值服务、提高顾客对产品的满意程度而进行的市场竞争。服务竞争不是某一个层次、某一领域的竞争，而是企业综合实力的较量，更是当前形势下企业竞争的极其重要方面。

企业选择什么竞争策略是由市场形势决定的。在经济学理论上，市场有两种不同的态势，即卖方市场和买方市场，不同市场态势下企业应有不同的竞争策略。在卖方市场上，市场供给严重短缺，企业产品不愁没有销路，消费者在市场上处于无可选择的被动地位，只能被迫接受即使是不那么满意的产品或服务。由于不愁销路和利润，企业也就没有技术创新、产品升级、服务改善、服务竞争力提升的内在动力和外在压力。传统的企业经营坚持生产第一的观念，仅把生产数量与规模作为企业竞争的焦点，却对服务漠不关心。然而，随着买方市场的到来，情况发生了变化，产品供过于求，从根本上扭转了买卖双方的市场地位。顾客掌握了市场交易的主动权，他们的选择直接关系到企业的产品能否实现销售，因而企业竞争归结到对顾客的争取，服务于顾客、保持顾客的忠诚度便成为企业竞争的焦点。目前，大多数传统行业都处于买方市场状态，面对的顾客也发生了巨变：他们所购买的不是产品而是期望，不是只要获得物质的实体产品，更多的是要更加便利地获得实体产品并且同时获得互动式、体验式的心理满足。顾客的这种需求升级唯有通过服务来满足，因此也就决定了企业求生存的最佳途径是以服务提高顾客满意度。

二、企业经营理念与行为的转变之道

首先，要把服务竞争作为在新形势下生存发展的必由之路，企业必须牢固确立服务竞争理念。虽然这些年企业逐渐重视了服务理念，但很不牢固、尚不坚定，一遇经济膨胀、市场火爆就热衷于"价格战""概念战"，而把服务理念束之高阁。目前，市场上商品的品种、质量和价格大体相当，要素、劳动等成本不断上升，企业利润率已经相当低下，这就使价格竞争趋于极限，打"价格战"已无出路。更需认识到，在新常态下，高科技的广泛应用，信息高速流动，产品硬件标准趋同，公平、有序的市场竞争环境逐渐形成，这种新的营销环境必然要求企业对传统的竞争模式加以变革。企业不仅要创新产品，而且要提升服务，从更高层次上研究顾客的消费心理和行为，满足顾客逐渐升级的需求，以提高市场竞争力。有的企业把服务当成"多余""附属"，认为不带来经济效益。这种理念是有害的，必须扭转。现代市场营销学表明，企业要生存发展当然要追求利润，而利润的来源是对产品有潜在消费需求的顾客。在产品质量、价格、技术趋同的条件下，服务顾客的优劣已成为区分企业优劣的重要标志。企业只有尽心尽力地完美服务，才能留住老顾客，才能通过老顾客的口碑派生出新的顾客，以此实现市场份额的长期巩固和扩张，最终享有长盛不衰的利润之源。服务产生产品的"附加值"，而"附加值"正是新的利润增长点。

其次，围绕"提高顾客忠诚度"核心建立企业服务运营机制。当前企业需要在服务设计、服务递送和服务营销方面作出以下努力：保证充足的商品补给、保证商品种类齐全、配备客服人员、将服务点选择在通行便利的地段、简化服务程序等，还要借助"互联网＋"载体建设服务信息平台。以"提高顾客忠诚度"为核心，是因为这可以为企业节约大量的销售成本。有研究表明，争取新顾客所投入的营销成本是留住老顾客的几倍，走掉一位老顾客的损失是要争取 10 多位新客户才能弥补的，不满意的顾客会带来高成本。服务顾客与企业盈利成正比关系，企业服务能力越强，为顾客提供的服务越多越好，顾客对企业产品的需求越强，企业越能赢得市场。因此，做好服务工作，以真诚和温情打动消费者的心，培养"永久顾客"，刺激重复购买，才是谋求企业长远利益的上策。

第三，做好企业供给延伸链，强化"附加"环节运作。例如住宅营造企业，过去只把供给做到销售房产为止，在土地资源紧缺、住房市场趋于过剩形势下，许多营造商面临缺乏新项目开发、经营难以为继的困境。但是从延伸供给链看，实际上在住宅销售的后续供给链上仍然有延伸的环节，比如住宅装修设计服务、装潢服务、物业管理服务以及社区生活服务等，这些环节是住宅营造供给链的后向环节，而且具有很大的经营空间。在发达国家，大规模的新住宅建设阶段早已过去，住宅供给商的运营空间主要就是在住宅销售后的延伸服务环节，依靠提供完善的后续服务而取得新的盈利点，从而转型并拓展了企业的发展模式。世界先进的企业经营管理模式无一不强调"增值服务"和"附加价值"，并且把服务带来的"附加价值"看得比传统生产销售带来的利润要更加重要。从一定意义上说，这也就是买方市场下企业经营模式及其盈利模式的转型创新。

最后，提高员工的服务综合能力是实现企业优质服务的根本工作。员工是提供和操作企业服务的主体，特别是那些与消费者发生交互作用的一线员工。服务不仅是凝聚着一定技术含量的实质性服务，例如送货、维修、安装、现场演示、解答询问等，更多的是一线员工与顾客的情感交流、信息沟通，如"微笑服务"就是人人都能做到的服务形式。这种"面对面""心贴心"的服务竞争效力，就是企业与顾客建立相互信任的新型友情关系和忠诚关系。企业要善于勤于挖掘员工的潜力，加强员工培训，从技能、行为、态度、形式等方面提高员工的服务综合能力，从而提高服务质量。在企业内部，非一线岗位的员工要为一线员工提供保障，如配合一线工作、关心他们生活、提供心理干预、帮助解决问题等，从而形成整体合力，不断提升企业服务竞争力。

这里所说的企业服务竞争只是概括性的不完全揭示，而事实上服务竞争的内容与形式非常丰富，尤其是不同行业不同企业的具体服务竞争方法与模式更有无限的创意创新空间。企业家应切实重视并着力于服务竞争，细致把握目标市场及其顾客体验消费需求，精准谋划服务竞争方式工具，持续提高服务竞争力，这可能正是新常态下企业新的核心竞争力。

第六节 "微创新"：重视和促进产业工人技术创新成果转化

党中央、国务院印发《新时期产业工人队伍建设改革方案》指出，要造就一支有理想守信念、懂技术会创新、敢担当讲奉献的宏大的产业工人队伍。笔者在国家电网宿州供电公司调研，与安徽出席党的十九大代表、全国劳动模范许启金同志进行交流，考察了他和团队进行技术创新的"启金工作室"，深切感到，高度重视和有效促进产业工人技术创新成果转化，应当作为贯彻落实中央要求的一个重要抓手。

一、活跃在企业职工中的"微创新"

许启金同志是供电行业的线路检修工，他在一线劳动岗位上干一行爱一行，彰显出优秀的新时期产业工人职业精神。特别是他立足岗位搞技术创新，解决生产中的技术难题，取得了突出的成果。许启金和他的团队6年来产生了54项技术创新成果，获得专利41项；许启金个人获得国家专利7项，如"软梯作业防高空坠落自锁器"，填补了国内软梯作业安全防护的空白。2016年五一节前夕，习近平总书记在合肥召开知识分子、劳动模范、青年代表"创新创业"主题座谈会，当许启金发言时，习近平总书记针对他带领团队搞技术创新事迹指出："创新不仅要注重高端的，也要注意基础的。你（许启金）这就是基础的。"

笔者在调研中了解到，许启金及其团队技术创新的特征，一是创新主体是生产一线劳动者，他们立足于一线操作工人的亲身感受和实际体验，从降低一线工人劳动强度、提高生产安全性、保护工人身体健康、提升工作效率出发搞创新；二是技术创新的项目基本上属于一线劳动操作工具、劳动安全装置、工作智能化装置等；三是所获专利均为实用新型专利，对于解决一线工人操作、安全、提效问题切实管用。这些特征充分体现了新时期产业工人"懂技术会创新"的精神与作为。据了解，安徽工会系统有着鼓励产业工人创新的良好传统，多年来在企业中开展"五小活动"（工人小发明、小创造、小革新等），取得大量的创新成果。不完全统计，合肥工会系统每年上报的工人技术创新成果就达百多项，其中相当数量取得了专利。可以说，全省产业工人的"基础的"技术创新蕴藏着巨大能量，彰显出"大众创业、万众创新"生力军作为，是各行各业创新发展的内在动力。

但是，目前这些技术创新成果的转化应用并不理想。如许启金发明的一种用于供电高压线绝缘子修理清扫的实用工具，把原来几种工具加以功能集成并改造变成新型工具，使工人操作更简便省力，并能有效防护绝缘子破损。这一新型工具受到供电线路操作工人的欢迎，许启金赴山东某职业学院授课时带去20多把样品当场就被"争抢一空"。可是在行业中、在社会上，却没有推广应用的渠道，也没有相应的转化机制。许启金工作室的创新成果和专利基本上无法在行业和社会转化应用，不能产生社会化的效益。为此，许启金及其创新团队十分焦急和困惑，感到产业工人技术创新成果被埋没、束之高阁实在非常可惜，久而久之会挫伤产业工人特别是年轻一代产业工人的创新积极性。据在安徽部分市县和行业工会调研，他们也强烈感觉到产业工人技术创新与转化应用严重脱节的问题，认为极有必要高度重视解决这一问题。

二、如何健全企业职工"微创新"成果转化机制

成果转化是实现科技创新的关键环节，当前对于高端的科技创新成果转化已经备受重视和支持，各类转化平台、促进政策和运作机制都在不断丰富和完善，但对"基础的"技术创新成果转化却相对重视不够，一线产业工人创新成果转化的机制、渠道、运作问题少有深入研究，也罕有解决方案。调研了解到，目前的主要瓶颈，一是产业工人处在基层一线，不能决定技术创新成果采用推广与否；二是产业工人技术创新散布在各企业，单靠个人或企业做转化工作远不够力度；三是产业工人创新成果的转化交易和知识产权保护等机制尚未清晰，工人说是"社会上没人管，自己也不会做"。为推进安徽创新发展和新时期产业工人队伍建设，进一步弘扬"工匠精神"和建设"技工大省"，需要重视和着力健全企业职工"微创新"成果转化机制。

1. 加强产业工人技术创新成果转化的组织工作。可由工会、科技和经信等部门协同合作，把产业工人技术成果转化工作纳入安徽创新发展的相关规划和行动方案，明确把这一工作列为相关部门的职能内容，作为长期工作有组织、有谋划地开展。这即是"事要有组织做、有人管"。

2. 加强产业工人技术创新成果转化机制研究与建设。产业工人"基础的"创新成果及其转化有其特点，比如创新大都是针对一线生产操作的工具、装置、方法形式的成果，适宜在同一行业运用，因此需要研究技术专用性与行业通用化的转化；再如创新成果的市场化，需要研究市场渠道和交易机制；又如创新成果特别是已成为专利成果的知识产权保护以及收益界定与分配，也需要厘清；等等。这些问题需要组织动员有关研究力量进行专门而深入调研，清晰转化机理。在此基础上，构建务实有效的运作机制。

3. 搭建产业工人技术创新转化平台和载体。建议省总工会与市县工会、行业工会共同汇总近年来各行各业一线产业工人技术创新成果特别是已获专利的成果，进行适用行业和工种分类，归纳成各专门化的成果库。以行业

为单元建立成果转化推广平台，专司汇集成果、发布成果、对接企业、交易转化的功能。先期可由工会、科技、经信部门牵头，发挥行业协会和创新服务中介机构作用，共建转化平台。从长考量，将来适宜以创新服务中介机构为平台建设运营主体。

4.制定促进产业工人技术创新成果转化相关政策。在研究厘清产业工人技术创新成果转化特征和机理机制的基础上，制定安徽相关的促进政策。包括转化平台、渠道、交易、分配和政府支持方式等，要在政策上给予指引和明确。鉴于这在国内尚属新问题，可采取先试行后完善的渐进策略。

第十一章
体认基本逻辑培植新兴创意产业

步入 21 世纪之前,世界上尚没有多少国家能够清醒地意识到,在信息化、网络化社会里,一个国家经济和社会的命运会这样紧密地联系甚至取决于文化资源和文化产品形式的创意能力;也没有能够明确认识到,创意产业发展对一个国家的重要性。但是在今天,创意产业的蓬勃发展已经成为一个基本的事实。

研究和探讨创意产业,首先需要对创意产业的概念及内涵进行梳理和厘清。事实上,当前在少数国家有关于创意产业这一名词的表述,更多的是文化产业、版权产业、内容产业等提法,只是在内涵与外延上各国所指代有一定相似之处。客观事实表明,目前对创意产业的内涵及外延还没有一个被广泛接受和认可的定义。本章从创意产业的缘起追溯创意产业内涵、行业范畴,通过对创意产业国内外政府、专家学者的定义、分类的探讨,为读者描绘创意产业的大致轮廓。

第一节 创意产业及相关概念

一、国外对创意产业的定义

1. 国家层面上对创意产业的定义

创意产业作为一种新颖的学术、政策和产业范畴,最早于 1994 年由澳大利亚政府在《创意国家》报告中被提出。作为较完整的创意产业概念,最早由英国提出。1997 年英国将创意产业作为国家重要产业加以重点政策支持,成立了"英国创意产业特别工作小组",提出把创意产业作为英国振兴经济的聚焦点。1998 年英国政府出台的《英国创意产业路径文件》首次提出了"创意产(工)业"(Creative Industries)的概念,同年英国"创意产业特别工作小组"在《创意产业专题报告》中首次对创意产业的概念作出界定,即"那些源于个人的创造力、技能和天分,通过开发和运用知识产权,具有创造财富和增加就业潜力的产业"。这一定义方式后来被许多国家和地区沿用。英国创意产业特别工作组的创意产业部门划分,基本限制在文化产业范围内。这是最狭义的创意产业定义,但也可以说是质性、范围、业态最明确的创意产业定义。

法国政府也非常重视文化事业和文化产业的发展,制定了系列的优惠政策与帮扶措施,出版业已跃居成为法国第一大文化产业,法国也成为世界图书生产、销售和出口大国,此外,文化基础设施建设、文化设施的管理、电影、旅游业等,也是法国的重点文化产业,社会对这些产业生产的图书、影片、音像制品、报纸杂志、旅游等文化产品有着浓厚的兴趣和巨大的需求空间。法国政府对创意产业的定义:主要包括图书、报纸杂志等出版业,影片、音像制品、旅游业等文化产品,以及博物馆、展览馆等文化基础设施在内的产业,该定义以实质性文化娱乐产品为主。

瑞典是当今世界的创意强国,约有 9% 的就业人口从事设计、多媒体、电影、音乐、精致艺术(包括表演艺术、平面艺术、文学)等创意产业。

在美国,创意产业常被称作"版权产业",并且将其纳入已经制定的北美标准产业分类系统。其分为四大类,即核心版权产业、交叉版权产业、部分版权产业、边缘支撑产业。其中,核心版权产业多是文化艺术类服务业;交叉版权产业主要包括影录机、电子游戏设备等;部分版权产业与设计类行业相关,而边缘支撑产业是指那些服务于受版权保护的物品宣传、传播、销售的产业。美国另有一种更具有实践意义的创意产业的定义,即将创意产业与雇佣人员数量的平均值和标准差联系起来。定义：创意产业是指雇佣大量艺术、传媒、体育从业人员的产业，产业对艺术的依赖度是通过计算工作在产业内所占比例确定的，这些工作属于"艺术、设计、体育和传媒行业"类。

加拿大则将实质的文化产品、虚拟的文化服务，也包括知识产权的基本概念的艺术与文化活动定义为创意产业。其中，音乐、表演、电子出版、影视、音像、图书等创意产品具有特别旺盛的生命力，被誉为世界第六大音乐市场的加拿大音乐，在世界范围都有较强的商业影响力、竞争力和吸引力。

日本则将创意产业称为娱乐观光业，得到政府的大力支持，政府为娱乐观光业制定了包括《著作权法》《文化艺术振兴基本法》等在内的法律法规保障体系。目前，创意产业已成为日本的第二大产业，尤其是素有"动漫王国"之称的日本动漫，日本已成为世界上最大的动漫制作和输出国。

韩国提出了"文化立国"和"资源有限，创意无限"的战略口号，并通过设立文化产业局、文化产业振兴院、文化产业基金、游戏产业振兴中心，颁布《文化产业促进法》、制订文化产业发展 5 年计划、将数字游戏确定为国家的战略产业等一系列措施，有力地推动了文化产业的发展。韩国政府定义创意产业是指用产业手段制作、公演、展示、销售文化艺术作品及用品，并以此为经营手段的产业。数字内容产业已超过传统的汽车产业而成为韩国的第一大产业。

在澳大利亚，早在 1994 年政府就把创意产业的发展作为一项国家战略予以重视，并提出建立创意国家的口号，出台了标志政府重视文化产业的政策——《创造之国度》，成立了国家级创意产业振兴机构——布里期班创意产业研究中心，力推艺术、歌剧、音乐剧、电影、电视制作、互动游戏、数字内容、图书出版物、音像制品、文艺演出、展览、体育比赛和旅游等创意产业的发展。

新加坡在 1998 年将创意产业定为 21 世纪的战略产业，并出台了"创意新加坡"计划。在 2000 年新加坡政府推出跨世纪文化发展战略，开始加大对文化领域的投入，2002 年为了运用国家的力量推动创意产业发展，新加坡政府成立了创意工作小组，专门分析创意产业的现状、确定发展战略和政府对策，并公布了第一份报告——《创意产业发展战略》，推动以文化产业为主体的创意产业发展。

联合国教科文组织认为创意产业是指依靠创意人的智慧、技能和天赋，借助于高科技对文化资源进行创造与提升，通过知识产权的开发与运用，产生出高附加值产品，具有创造财富和就业潜力的产业。

综上所述，各个国家对创意产业的定义（见表 11-1）存在一定差异，美国强调知识版权，日本政府高度重视动漫产业，韩国的数字内容产业已超过传统汽车产业而成为第一大产业。各个国家所定义的创意产业仍以实质的文化产品与文化服务为主，虚拟的文化产品及服务被列入创意产业范畴较少。

表 11-1　各国政府和国际组织对创意产业的定义

	对创意产业的定义
英国	创意产（工）业（Creative Industries）是源于个人创造性、技能、才干，通过开发和运用知识产权，具有创造财富和增加就业潜力的产业
法国	创意产业主要包括图书、报纸杂志等出版业，影片、音像制品、旅游业等文化产品，以及博物馆、展览馆等文化基础设施在内的产业，定义以实质性文化娱乐产品为主
瑞典	设计、多媒体、电影、音乐、精致艺术（包括表演艺术、平面艺术、文学）等创意产业
美国	创意产业常被称作"版权产业"，并将其分为四大类，即核心版权产业、交叉版权产业、部分版权产业、边缘支撑产业
加拿大	创意产业包括实质的文化产品、虚拟的文化服务，也包括知识产权的基本概念的艺术与文化活动
日本	创意产业称为娱乐观光业，动漫产业为创意产业核心
韩国	创意产业是指用产业手段制作、公演、展示、销售文化艺术作品及用品，并以此为经营手段的产业
澳大利亚	创意产业应包括艺术、歌剧、音乐剧、电影、电视制作、互动游戏、数字内容、图书出版物、音像制品、文艺演出、展览、体育比赛和旅游等
联合国教科文组织	创意产业是指依靠创意人的智慧、技能和天赋，借助于高科技对文化资源进行创造与提升，通过知识产权的开发与运用，产生出高附加值产品，具有创造财富和就业潜力的产业

注：根据相关资料整理

2. 国外学者对创意产业的理论研究

国外较多学者对创意产业有着深入研究,其中比较著名的学者有约瑟夫·熊彼特、理查德·凯夫斯、约翰·霍金斯、理查德·弗罗里达、约瑟夫·奈、米切尔·J.沃尔夫、约瑟夫·派恩和詹姆斯·吉尔摩等。其中,创意产业发展思想的先驱是哈佛大学教授约瑟夫·熊彼特。他1912年在创新观点中明确指出,现代经济发展的根本动力不是资本和劳动力,而是知识和信息生产、传播和使用等形式的创新。罗默提到,"新创意会衍生出无穷的新产品、新市场和财富创造的新机会,所以新创意才是推动一国经济成长的原动力"。上述两位学者明确了创意、创新的重要性。

法兰克福学派阿多诺和霍克海默在1947年出版的《启蒙的辩证法》一书中最早提出文化产业这一理念,这一理念被国外很多学者认为是创意产业的起源。

1998年4月,150个国家政府代表参加国际会议,把文化纳入经济决策的制定范围,自此创意产业进入了全球化扩展阶段。

美国哈佛大学经济学家理查德·凯夫斯从文化经济学角度上,在更狭义的意义上把创意产业定义为: 提供具有广义文化、艺术或仅仅是娱乐价值的产品和服务的产业。按照这种定义,创意产业包括:书刊出版、视觉艺术(绘画与雕刻)、表演艺术(戏剧、歌剧、音乐会、舞蹈)、录音制品、电影电视,以至时尚、玩具和游戏,该定义扩展了创意产业的内涵。

创意之父、英国学者约翰·霍金斯在《创意经济》一书中,对创意产业作出更为宽泛的定义:"版权、专利、商标和设计,四个产业的总和,构成了创意产业和创意经济。"

美国创意管理大师理查德·弗罗里达在《创意阶层的崛起》中指出:创意在当代经济中的异军突起表明一个职业阶层的崛起。在他看来,美国社会已分化成四个主要的职业群体:农业阶层、工业阶层、服务业阶层和创意阶层。

澳大利亚创意产业与创新研究中心研究员麦克·金认为，创意产业实际上是由一系列的经济部门环环相扣而成，这些部门主要集中于具有符号特征的文化产品及其衍生品的开发，比如说艺术、电影、互动游戏，或者提供企业与企业之间的符号和信息服务，领域涉及建筑、广告与市场营销、设计、网络、多媒体、软件开发等。

此外，创意产业还有许多其他定义，托斯对创意产业的定义：目前，文化产业也叫作创意产业，是批量生产具有丰富创意和文化内容的产品和服务的行业，其重要特征是规模的工业生产和文化内容的结合。

斯罗索比对文化产业的定义包括三个方面：（1）在生产中融入某种形式的创意；（2）与象征意义的产生或传播有关；（3）它们的产出至少潜在地包含某种形式的智力财富。斯科特认为那些生产作为工具服务于娱乐、沟通、怡情养性、装饰、社会地位等的商品或者服务的产业属于创意产业范畴，并且它们存在于两种"纯"艺术中，正如电影或音乐所反映的那样，或是结合更为适用的功能，如家具或服装等。

综上所述，可以发现国外学者对创意产业的定义尚不统一，但其主要内容包含以下三个方面特征：

其一，创意产业来自具有自主知识产权的创造力和智力财产，因此又称为智力财产产业；

其二，创意产业来自科学技术、经济、文化等多要素跨界交融，可称为要素聚集型产业；

其三，创意产业又可称为继第三产业之后的"高端"服务型产业，服务对象较广，诸如"点子""主意"等服务产品可以创意型虚拟形式存在。

综合起来说，创意产业是指将内容作为最终消费产品加以产业化的产业。

二、国内对创意产业的定义

1. 政府对创意产业的定义

创意产业的提法在我国是建立在"文化产业"概念基础上出现的,并逐步超越了文化产业。1992 年国务院办公厅综合司编著《重大战略决策——加快发展第三产业》,首次明确使用"文化产业"概念。2000 年 10 月,《中共中央关于制定国民经济和社会发展第十个五年计划的建议》,首次在党的正式文件中使用"文化产业"概念。2002 年 11 月,党的十六大报告明确地提出发展文化产业和改革文化体制的方针、任务和要求。2003 年 7 月成立了由中央宣传部牵头,国家统计局、文化部、广电总局、新闻出版总署、国家文物局、国家发改委、财政部、税务总局、工商行政管理总局等单位参加的"文化产业统计研究课题组",课题组完成了《文化及相关产业分类》,并于 2004 年 4 月以国家统计局的名义印发。

2006 年 9 月,中共中央办公厅、国务院办公厅印发了《国家"十一五"时期文化发展规划纲要》,明确提出了"培育文化创意群体和内容提供商",创意产业概念性内容首次出现在党和政府的重要文件中。

2006 年 12 月,北京市统计局、国家统计局北京调查总队联合制定、发布《北京市文化创意产业分类标准》,将文化创意产业定义为"以创作、创造、创新为根本手段,以文化内容和创意成果为核心价值,以知识产权实现或消费为交易特征,为社会公众提供文化体验的具有内在联系的行业集群",这是我国地方政府官方首个文化创意产业分类标准及定义。

上海市相关部门借鉴了英国学者的"创意产业"的概念,将创意产业定义为以创新思想、技巧和先进技术等知识和智力密集型要素为核心,通过一系列创造活动,引起生产和消费环节的价值增值,为社会创造财富和提供广泛就业机会的产业,主要包括研发设计、建筑设计、文化艺术、咨询策划和时尚消费等几大类。

杭州市全力打造"全国文化创意产业中心",将创意产业理解为由大文化产业的扩容产物，即从大文化产业延伸到与通信、网络、动漫游戏相关的内容产业，与传统产业相关的设计产业如工业设计、建筑景观设计等，以及咨询策划类产业。

广州市统计局创意产业课题组认为，创意产业是由"文化、创意、科技"三者深度结合形成的产业集群，它既联系于文化，是各行各业都可以用来提升行业价值、树立行业特色的元素，同时，它又区别于文化，强调更多的是创造、创新、创作，重要特点在于能够创造出更多的文化导向和对产品研发、推动的带动作用。

2. 国内学者对创意产业的理解

随着政府越来越重视发展创意产业，学术界对创意产业的探索与研究将更加广泛与深入，归总起来，创意产业是以产业服务为主体，更突出地强调物质产品层面。

著名经济学家厉无畏在《创意产业新论》一书中指出，创意产业内涵的关键是强调创意和创新，从广义上的角度看，创意产业也是创新产业，它是客观上已成为知识经济时代的一个标志性产业，创意产业是无边界产业，可以涉及具有高科技含量、高文化附加值和丰富创新度的任何产业。通常我们把以创意为核心增长要素的产业，或缺少创意就无法生产的相关产业称为创意产业。

中国人民大学文化创意产业研究所所长金元浦教授从创意产业的发展路径角度，认为创意产业是全球化条件下，以消费时代人们的精神文化娱乐需求为基础，以高科技手段为支撑，以网络等新传播方式为主导的，以文化艺术与经济的全面结合为自身特征的跨国跨行业跨部门跨领域重组或创建的新型产业集群。它是以创意为核心，向大众提供文化、艺术、精神、心理、娱乐产品的新兴产业。

学者孙延海认为创意产业指的是创意密集的产业，或直接建立在创意基础之上的产业。他认为虽然每个产业都有创意，但是不能把每个产业都称为

"创意产业",否则就都成了创意产业了,只有创意密集的产业才能被称为"创意产业"。"创意密集的产业"和"直接建立在创意基础之上的产业"只是表达方法不一样,指向是完全相同的。既然"创意密集的产业"和"直接建立在创意基础之上的产业"的指向完全相同,那么其中任何一个都可以成为创意产业的定义,该定义指出符合创意产业的基本要求。

北京大学王缉慈教授则从创意产业主要来源的角度,认为"创意产业界是具有自主知识产权的创意性内容密集型产业"。一般具有三个含义:(1)来自创造力和智力财产,又称为 IP(Intellectual Property Industry)产业;(2)来自技术、经济和文化的交融,又称为内容密集型产业(Content Intensive Industry);(3)来自创意人群发展创造力的文化环境,往往与文化产业概念交叉使用。

中国创意产业研究中心主任张京成教授认为,创意产业是具有一定文化内涵,来自人类的创造力和聪明才智,并通过科技的支撑作用和市场化运作可以被产业化的活动的总和。

综上国内政府、学者研究观点来看,对创意产业的概念定义尚未达成一致共识。在实际的政策运用或政府的产业统计中,由于各国和地区的经济社会发展阶段以及文化背景的不同,对创意产业内涵与外延的界定存在一定的差异。尽管如此,这并不妨碍人们在创意产业深入发展的实践经验中进一步加以总结归纳,尤其不妨碍人们从事创意产业的创造与发展的实践。毕竟,创意产业植根于人类无穷的知识、智慧和创造中,其本身必然是多姿多彩的和高度开放的,因而其概念定义可能具有内在的无限丰富性。

三、关于创意产业的几点思考

综合国内外政府和理论界对创意产业的阐述,可以初步总结以下几点看法:

1.创意产业与文化产业密切相关,源于文化产业,是文化产业中充满生机的新兴业态。国外理论界、政府和国际组织对"文化产业"概念的使用可以追溯到 20 世纪的中叶。我国早期的"文化产业"定义出现在 2000 年前后，全国政协与文化部组成的文化产业联合清查组对文化产业作了如下的界定："文化产业是指从事文化产品生产和提供文化服务的经营性行业"。2004 年 4 月国家统计局颁布的《文化及相关产业分类》又明确文化产业是"为社会公众提供文化、娱乐产品和服务的活动，及与这些活动有关联的活动集合"。2012 年 6 月，国家统计局定义文化及相关产业是指为社会公众提供文化产品和文化相关产品的生产活动的集合，并据此规定其包括范围：一是以文化为核心内容，为直接满足人们的精神需要而进行的创作、制造、传播、展示等文化产品（包括货物和服务）的生产活动；二是为实现文化产品生产所必需的辅助生产活动；三是作为文化产品实物载体或制作（使用、传播、展示）工具的文化用品的生产活动（包括制造和销售）；四是为实现文化产品生产所需专用设备的生产活动（包括制造和销售）。

从我国以上文化产业概念和界定的发展可以看出，随着经济社会的快速发展，作为生产力重要组成部分的文化生产力的快速释放，文化生产已经进入了与产业化、科技化、市场化相伴而生的新的发展阶段，文化产业的外延在不断地拓宽，甚至包括一些相关制造业，如文化类电子产品。与此同时，文化产业中一些新兴业态蓬勃兴起，表现出强劲的发展势头，其中相当部分是创意创新产品。

2. 创意产业借助于人类知识、智慧、技能传承的主要载体——文化，不仅仅提升和壮大文化产业的核心竞争力；而且由于其独特的渗透性，其创意创新的理念又溢出文化产业，日益与经济生活、与生产类工业、建筑产业结合，催生新的业态，涵盖的范围逐渐扩大。其佐证：一是国外政府层面和政府间组织，引人注目的是英国把建筑设计纳入创意产业范畴，联合国教科文组织把工业设计纳入创意产业范畴。二是国外理论界，约翰·霍金斯广义的创意产业定义，认定"版权、专利、商标和设计，产业的总和，拼成创意产业和创意经济"；我国理论界，以厉无畏为代表的关于创意经济的阐述，都是明确地认为创意产业涵盖了众多产业,形成产业链的高端或核心竞争力。三是从我国一些地方的实践看,不少地方的规划或实际运作也超出了现有文化产业分类。值得注意的是由于各国、各地的实际情况不同,因而发展创意产业的重点和领域都有各自的特点、特色。

3. 创意产业,因为其创新性,从其产生的那天起,就理所当然地与知识产权紧密相联。从这个意义上考察,创意产业尽管孕育、萌芽于人类长期发展中,但其产生、发展于现代的生产方式中。它托生于知识产权的创造、保护和运用,加速发展于后工业化社会。它与服务业的崛起和科技的广泛使用以及经济的国际化趋势密切相关。这也可以说文化产业发展日益与科技发展、经济发展紧密交融,形成现代创意产业,这个产业在不同国家、地区各有自身的特点和规律可循。如果这个理由可以成立,则创意产业在不同地区、国家的界定有所差异是不是可以解释?关于最终创意产业的定义和界定,还是有待于理论的探索和进一步实践的结果。

第二节 创意产业行业的划分

一、国外创意产业行业的划分

西方国家政府相关文件及参考文献中,对创意产业分类目前没有统一的标准,但各个国家界定的创意产业行业门类,其主体甚至大部分都与文化及文化产业相关,也有的涉及文化产业之外的行业。具体分类情况见表11-2。

表11-2 国外创意产业分类表

国家/组织	称谓	分类	行业	来源
英国	创意产业	传统艺术类;古典文化产业类;新媒体产业	广告、建筑、艺术和文物交易、工艺品、设计、时装设计、电影、互动休闲软件、音乐、表演艺术、出版、软件、电视广播	《英国创意产业路径文件》
新西兰		—	广告、软件与资讯服务业、出版、广播电视、建筑、设计、时尚设计、音乐与表演艺术、视觉艺术、电影与录像制作	—

国家/组织	称谓	分类	行业	来源
新加坡	创意产业	文化艺术；设计；媒体	表演、视觉、文学、摄影、手工艺图书馆、博物馆等；广告、建筑、网络、软件、工业产品等；广播、数字媒体、电影和录像、唱片发行等	新加坡政府《创意产业发展策略：推动新加坡的创意经济》（2002）
美国	版权产业	核心版权；交叉版权；部分版权；边缘支撑	广告、互动休闲软件、音乐、建筑、艺术及古董市场、电视和广播、表演、工艺品、出版、软件、时装、电影、设计	美国国际知识产权联盟（IIPA）《美国经济中的版权产业：2004年报告》
日本	内容产业	传统意义上的文化产业；大众文化娱乐产业；艺术服务产业；文化信息传播产业；大文化范畴内的文化产业	计算机、工作站、网络电视、多媒体系统、数字影像处理、数字影像信号发送、录像软件、音乐录制、新闻、书籍、汽车导航系统；学习、鉴赏休闲、运动设施、学校、补习班、体育赛事售票、旅游、电子游戏、音乐；化妆；时尚设计	日本电通公司《日本内容产业白皮书》（2016）
韩国	文化产业	—	影视、广播、音像、游戏、动画、演出、文物、美术、广告、出版印刷、设计工艺、多媒体影像网络	韩国政府《文化产业基本振兴法》（1992）
联合国教科文组织		文化产品；文化服务；智能产权	印刷、出版、多媒体、视听产品、影视产品、工业设计	

注：根据相关资料整理

二、国内创意产业行业的划分

国内创意产业较早出现在北京市关于发展文化创意产业的有关文件、资料中。2006年12月北京市制定发布了全国第一个文化创意产业分类统计地方标准《北京市文化创意产业分类标准》。这个分类标准较以前的文化产业范围有了较大区别，在保留文化的同时，更加突出强调了文化创新的特性，增加了包括软件、计算机服务、专业设计等传统文化产业以外的科技创新活动内容。2010 年，上海市在整合原有文化产业和创意产业统计指标基础上，也制定了《上海市文化创意产业分类目录》，下分媒体业、艺术业、工业设计、建筑设计、网络信息业、软件与计算机服务业、咨询服务业、广告及会展服务、休闲娱乐服务、文化创意相关产业等十大类。

国家统计局在 2004 年的《文化及相关产业分类》中，反映的基本上是传统意义上的文化产业。2012 年 6 月，国家统计局印发了新修订的《文化及相关产业分类（2012）》。该分类以《国民经济行业分类》（GB/T4754–2011）为基础，借鉴了联合国教科文组织的《文化统计框架 2009》，根据全国文化体制改革和文化产业发展实际，对原分类做了较大修改和调整。文化及相关产业被分为新闻出版发行服务、广播电视电影服务、文化艺术服务、文化信息传输服务、文化创意和设计服务、文化休闲娱乐服务、工艺美术品的生产、文化产品生产的辅助生产、文化用品的生产、文化专用设备的生产 10 个大类，其中"文化创意和设计服务"分类首次在《分类》中被提出。

表 11-3　国内主要城市创意产业分类情况

地区	对创意产业分类
北京	9 类：文化艺术，新闻出版，广播、电视、电影，软件、网络及计算机服务，广告会展，艺术品交易，设计服务，旅游、休闲娱乐，其他辅助服务
上海	11 类：工业设计、室内设计、建筑设计、广告设计、时装设计、动漫设计、网络媒体、时尚艺术、影视制作、品牌发布、工艺品制作
杭州	8 类：信息服务业、动漫游戏业、设计服务业、现代传媒业、艺术品业、教育培训业、文化休闲旅游业、文化会展业
南京	10 类：建筑设计、广播影视、工艺美术、计算机软件设计、动漫游戏、广告设计、时尚设计、表演艺术、出版发行、工业设计
深圳	7 类：创意设计、休闲旅游、动漫游戏、演艺娱乐、数字影视、传媒出版、工艺美术
台北	13 类：视觉艺术、音乐与表演艺术、文化展演设施、工艺、电影、广播电视、出版、广告、设计、数字休闲娱乐、设计品牌时尚、建筑设计、创意生活
香港	11 类：广告、建筑、艺术品与古董及手工艺品、设计、数码娱乐、电影与录像、音乐、表演艺术、出版、软件与电子计算机、电视与电台

注：根据相关资料整理

综合上述情况,根据国家统计局修订的《文化及相关产业分类(2012)》,借鉴国外和国际组织的有关分类,参照北京、上海等地情况,并结合安徽实际,我们将创意产业初步界定包括:研发设计服务业、新闻出版业、广播电影电视业、动漫设计业、文化休闲旅游业、咨询策划业、广告会展业、文化艺术业、信息网络服务业及其他辅助性服务等十大类。

第三节 创意产业的运营机理

创意产业是知识经济时代的产物,其运营机理与工业时代的传统产业运营机理有着相当大的区别。这里从核心要素和运营基本模式来考察创意产业的运营机理。

一、创意产业的核心要素

工业时代的传统产业,必须具备自然资源、劳动力、资本和技术四大要素。迄今为止,人们要举办某一产业时,总会评估是否具备这四大要素,总会设法聚集这四大要素。但是,知识经济时代的创意产业拓展和超越了工业时代的传统产业,它除了需要具备传统产业的四大要素外,还需要具备非同一般的核心要素。有关研究认为,创意产业的核心要素是"3T",即创意人才(Talent)、技术(Technology)和包容(Tolerance)。这三个核心要素中的每一个都是创意产业发展的必要条件而不是充分条件,即是说只具备一两个核心要素还不足以保证创意产业健康发展,甚至难以取得成功,只有具备所有三个核心要素,才具备了发展创意产业的充要条件。

1. 创意人才或创意阶层

创意人才是创意产业的第一核心要素。创意人才作为一个社会群体,又被称为"创意阶层"。弗罗里达(R. Florida, 2002)在研究美国创意经济时指出,在创意经济时代,美国的社会阶层构造发生了重要变化。除了传统的劳动者阶层(Working class),服务业阶层(Service class)以外,悄然兴起了新的阶层即创意阶层(Creative class)。佛罗里达把创意阶层分成 "具有特别创造力的核心"(Super creative core)和"创造性的专门职业人员"(Creative professionals）两个组成部分。前者包括科学家、大学教授、诗人、小说家、艺术家、演员、设计师、建筑师、引导当代社会潮流的小说家、编辑、文化人士、咨询公司研究人员以及其他对社会舆论具有影响力的各行各业人士。后者包括高科技、金融、法律及其他各种知识密集型行业的专门职业人员。佛罗里达推测，2002 年美国的创意阶层人数达到了 3001 万人，占劳动力市场的 30%。创意部门创造的财富占全美国的 47%，而工业占 23%，服务业占 30%。

创意人才或创意阶层属于通常所谓的人力资源，但又不是一般的人力资源，而是人力资源中具有创意能力特质的那一部分。因此，作为创意产业的第一核心要素，创意人才或创意阶层超越了工业时代的一般劳动力概念。据国内外研究成果，关于创意人才或创意阶层的特征，主要有以下方面：

其一，创意人才或创意阶层具有创意与创造力，这是他们的最为核心的特质。创意人才分布在许多领域，从事各种不同的行业，但他们共同点在于经常会有创新的想法，提出新理念、新设计，发明新产品、新技术，从事创造性的工作。这与传统产业中的劳动者阶层和服务业阶层有着重要区别，传统产业中的劳动者和服务者一般是按工作计划不假思考地进行工作，而创意人才则在工作中充分发挥个人的知识、智慧的创造性，进行各种新的尝试和创造。

其二，创意人才更注重自我价值的实现和个性能力的发挥。有研究者指出，创意人才特别注重尊重个性，强调竞争与实力主义优先，喜欢开放与多样的城市社会环境，具有重新修改规则、发现表面离散的事物间共同联系的能力等。事实正是这样。我们在调研部分动漫行业创意人员时看到，他们不以循规蹈矩为思维和行为准则，相反，标新立异、异想天开是他们的追求，因为不如此就没有好创意、好点子产生。创意人才对于张扬个性和追求自我价值表现出超乎一般人的高度关注，这种价值观会大大解放个人的创造性，从而成为创意产业的主要推动力。

其三，创意人才对工作环境需求较高，既要求有适合个人创造的私人空间，又要求有自由的思想交流、观点碰撞和宽容创造失败的工作氛围。并且有研究者还指出，从发达国家经验看，创意人才对城市生活的舒适条件需求较高，舒适条件好的城市会吸引创意人才或创意阶层。他们在选择工作时，除了对工资的关注以外，还特别重视工作的意义、工作的灵活性与安定性、同事的尊重、技术要求以及公司所在城市等其他因素。

2. 技术和基础设施

创意产业的技术可以定义为创新和高科技的集中表现。就创意产业而言，个人的创造力、个人的灵感、理念、技艺是创造价值的重心，而借助信息技术、网络技术等高新技术手段可以更广泛地把创意转化为产业化生产和运营。比如，创意产业中的动漫行业，大量地运用计算机设计技术、3D、4D 技术等，现代传播行业的电影电视也越来越多地运用 3D、4D 技术。表演艺术（戏剧、歌剧、音乐会和舞蹈）行业中，数字化技术、计算机自动控制技术、工程技术、照明技术等都是不可或缺的技术手段。此外，创意产业还需要相关支持性基础设施，比如工作场所、企业创新平台、社会共用技术和大型设备平台、产业集聚园区设施等。

3. 包容的空间环境和人文环境

国外有研究者指出，包容（Tolerance）可以定义为开放、宽容和多样性，它在吸引创意人才以及支持高科技产业发展和城市经济增长方面具有关键作用。我们可以理解为，这种包容作为实际存在形式是一种适应创意产业发展和创意人才聚集的空间环境和人文环境，在更广泛的意义上，它还应当包括一定的制度环境。创意产业所谓的"内容"是思想、智慧的产物，只有在一个思想自由、创造自由、表达自由、宽容失误并且包容多样性和具有开放性的空间环境、人文环境以及制度环境中，创意才能源源不断地涌现，创意人才才能乐于聚集，创意产业才能蓬勃发展。在窒息、压抑的环境下，要形成创意人才聚集、创意产业活跃的局面是绝无可能的。我们还可以在现实中看到，国内外凡是创意产业发达的地方如美国好莱坞、硅谷，我国北京中关村、上

海新天地等,都具有这种包容特征的空间环境和人文环境。

二、创意产业运营的基本模式

创意产业的运营本质上是结合创意生产和商品化等方式,运用本质为无形的文化内涵,这些内容基本上受著作权保障,形式是物质的商品或非物质的服务。其具体运营模式多种多样,甚至在某一行业中也富有多样化的具体运营模式。但是,无论具体运营模式有怎样的多样性,创意产业的运营总是具有着共性,有其共性的基本模式。结合我们所搜索的有关文献和在国内部分地方调查,可以将创意产业运营基本模式的特征初步归纳为以下方面:

第一,从产业组织考察,创意团队是创意产业的基础组织。有研究者指出,创意产业的定义是以创意集群的概念来思考个人的创作,个人创作是集中创意互动的基础,个人可作为创意产业的企业特质来思考。创意产业以人的创造性思维为最重要经济资源。每个创意工作者都可以在一定范围内将个人对产品的理解和创意冲动倾注于实体产品的质量与形态里。我们可以这样归纳:由创意人才集聚而成团队,将个人创作通过团队互动和筛选,形成适应市场需求的创意新产品(设计、知识、专利、技术等),其中,有的可由创意团队直接制作成为可消费产品,如电影电视和网页内容等;有的则通过转化进行规模化工业化生产而提供消费市场,如工业设计、建筑设计、城市美化工程技术等。应该说,在创意产业运营中,由创意人才构成的创意团队是最基础的产业组织形式。

第二,从产业组织形式进一步考察,产业集群是创意产业组织的主要形式。创意产业的发展并不仅是个人和单个企业的行为,而是需要集体的互动和企业的地理集聚。随着各种新兴科学技术的出现以及人们对创意产品要求的提升,创意产业内部分工也更趋细化,生产过程日益复杂,往往需要各种硬件和软件的支持,同时需要各个层面、众多创意人才协同配合才能完成。为了获得规模经济和范围经济,集群内不同类型企业共生互补,不断向产业链的两头延伸,往产业链上的价值高端攀越是创意产业集群的共同现象。国外研究者提出创意产业的"包容社区"概念，这一"包容社区"具有多样性的人群，并且适宜于创意产业集群化发展。这也就是说，创意产业集群在空间环境上需要有这样的"包容社区"，而从"筑巢引凤"角度看，营造"包容社区"的环境，是吸引、集聚、建构创意产业集群的前提。

第三，从产业链和价值链考察，创意产业居于前端和高端，具有极高的附加值，是一个"引擎"产业。在知识经济时代，几乎所有的货物产品和服务都以创意为生产起点，创意产业在技术、知识产权、专利制度、金融服务等发展条件的支撑下，以居于价值链高端的地位渗透所有产业，决定生产过程利润分配的本质，这也是知识经济对创意产业的要求。在这个意义上，其他产业可以说是依靠创意产业延伸的。例如，文化成为产业的重要标志是产业链的形成和中介环节的急剧扩张，创意产业出现在大量的艺术中介机构、文化传播、经纪人、制作人等中间环节。这一产业链由创意开始，衍生大量的中间环节，直到量化生产制作，最终到消费环节，从而构成文化产业链和价值链。创意产业包含的专业领域很广，它和高科技产业、内容产业及文化艺术产业等有广泛的联系。有专家指出："可以断言，地方和区域战略后十年的任务是找到一种可以把文化产业与更广泛的制造业部门联系起来的方式，创造性、风险、创新和信息，知识与文化在全球经济中将具有核心作用。"

第四，从供需关系考察，创意产业具有需求的不确定性，这就决定了创意产业供给必然地具有显著的多样化和差异化。从需求方面看，在创意产业的产品投入生产之前，无法预测消费者如何评价和对待新的创意产品，并且很难根据以往经济发展形势和市场销售经验来加以判断。从供给方面来看，创意产品体现创意的多样性和差异性。由于创意产业更多地具有文化艺术的特性，因而其风格、基调、艺术特色更多地具有多样性与差异性，它的所有的技术创新追求、文化创新追求均力求充分地考虑现代社会中那些集体和个体消费者的独特创意。因此，创意产业供给有着较高风险，而在运营上又必须具有显著的多样化和差异化，这意味着"独创、特色"是创意产业运营的基本策略，而互动、融合、客户、合作和网络是创意产业运营的关键。

第五，创意产业是以知识产权如版权、著作权、专利权等为核心资产的产业门类，其运营主要是经营知识产权资产，包括知识产权交易、融资、产业化制作和创意产品销售，并且特别需要保护知识产权。创意产业也是一个智力密集型行业，其核心要素是创意人才及其创造力。一般说来，创意产业的创造力存在于技术、经济和文化艺术三方面，即技术发明、企业家能力和艺术创造力，而技术发明和艺术创造力需要有企业家配置和经营才能变成产品和实现价值。相比其他产业，创意产业对于知识产权保护制度的依赖尤其显著，完善的知识产权保护制度是创意产业得以健康运营的最重要的制度条件。

上述创意产业运营基本模式的五个特征只是根据目前创意产业发展的经验中总结归纳的，大体反映了创意产业发展的主要共性表现。据我们研究研判，随着创意产业迅猛发展和业态创新，创意产业运营模式必然会在内容、形式、机制、特色上呈现不断丰富的趋势。

第三篇
碳汇经济与绿色发展

第十二章
推动皖鄂豫共建大别山碳汇经济试验区构想

　　大别山区横跨鄂豫皖三省，具有集生态功能区、革命老区和欠发达区为一体的特征，且有长三角地区与中部地区交汇的地缘关系。安徽以推动皖鄂豫三省共建大别山碳汇经济试验区为打造长三角与中部链接枢纽，既是发挥大别山生态功能优势、助力长三角和中部两地落实国家"双碳"目标的重大举措，也是探索脱贫攻坚后革命老区绿色发展转型新路的现实需要，更是"双循环"格局下贯通东中部战略纵深的重要体现，具有重大的全局性战略意义。

第一节　大别山区生态资源优势和碳汇经济发展潜能

一、建设大别山碳汇经济试验区的空间界定

　　大别山位于鄂豫皖三省接壤处，山脉连绵千余公里，为长江和淮河两大水系的分水岭，是我国华中平原和长江三角洲地区生态安全屏障，素有"华中之肺"的美称，也是武汉都市圈、合肥都市圈、中原城市群的重要水源地，被国家确定为25个首批国家重点生态功能区之一。

　　对于大别山区的空间范围，有三个"口径"的界定。第一个是以自然地理的山脉延绵范围的界定，即主体加余脉。按此界定，大别山区涉及鄂豫皖三

省 61 个县（市、区）（见表 12-1），总面积为 10.86 万平方公里。2020 年末常住人口 3743 万、地区生产总值 1.77 万亿元。

表 12-1 大别山区的 61 个县（市、区）

省份	地市	县（市、区）
湖北省（22）	黄冈市	黄州区、麻城市、武穴市、团风县、浠水县、罗田县、英山县、蕲春县、黄梅县、红安县
	随州市	曾都区、随县、广水市
	孝感市	孝南区、安陆市、应城市、大悟县、孝昌县、云梦县
	襄阳市	枣阳市
	武汉市	黄陂区、新洲区
河南省（22）	信阳市	浉河区、平桥区、潢川县、光山县、息县、新县、罗山县、商城县、淮滨县、固始县
	驻马店市	驿城区、确山县、泌阳县、遂平县、西平县、上蔡县、汝南县、平舆县、正阳县、新蔡县
	南阳市	桐柏县、唐河县
安徽省（17）	六安市	金安区、裕安区、叶集区、霍邱县、霍山县、金寨县、舒城县
	安庆市	迎江区、大观区、宜秀区、休宁县、太湖县、宿松县、望江县、岳西县、桐城市、潜山市

第二个界定范围，国家于 2012 年在全国共划分了 11 个集中连片特殊困难地区，其中大别山区也列为一个片区，包括鄂豫皖 36 个县（市）（见表 12-2）。这一界定范围较之山脉地理维度的界定缩小了近一半，但因为兼顾周边邻近的贫困程度相同的地区而将不属于大别山脉区域的地区也纳入该片区，如安徽淮河以北的临泉县、阜南县、颍上县和利辛县等，再如河南黄河流域的新蔡县、兰考县、民权县、宁陵县、柘城县等。

表 12-2 大别山集中连片贫困区的 36 个县（市）

省份	地市	县（市、区）
湖北省（8）	黄冈市	团风县、红安县、罗田县、英山县、蕲春县、麻城市
	孝感市	孝昌县、大悟县

续表

省份	地市	县（市、区）
河南省（16）	信阳市	光山县、新县、固始县、淮滨县、商城县、潢川县
	驻马店市	新蔡县
	开封市	兰考县
	商丘市	民权县、宁陵县、柘城县
	周口市	商水县、沈丘县、郸城县、淮阳县、太康县
安徽省（12）	六安市	霍邱县、金寨县
	安庆市	潜山县、太湖县、宿松县、望江县、岳西县
	淮南市	寿县
	阜阳市	临泉县、阜南县、颍上县
	亳州市	利辛县

　　第三个界定是以大别山脉主体区域为范围，不包括山脉延绵地区，也不以贫困程度相似为标准归并，因此在区域界定上范围最小，包括皖鄂豫的23个（县）市。这一范围是大别山的主体区域，是具有重要生态功能和资源价值的自然保护地，森林覆盖率高达67%，2020年地区生产总值为5196亿元。

表12-3　大别山脉主体区域的23个（县）市

省份	地市	县（市、区）
湖北省（9）	黄冈市	团风县、红安县、罗田县、浠水县、英山县、蕲春县、麻城市
	孝感市	孝昌县、大悟县
河南省（6）	信阳市	光山县、新县、固始县、淮滨县、商城县、潢川县
安徽省（8）	六安市	霍邱县、金寨县、霍山县
	安庆市	潜山县、太湖县、宿松县、望江县、岳西县

　　在上述三个"口径"的界定中，我们取第三个界定。所提出的安徽推动鄂豫皖三省共建碳汇经济试验区，其范围即大别山脉主体区域。

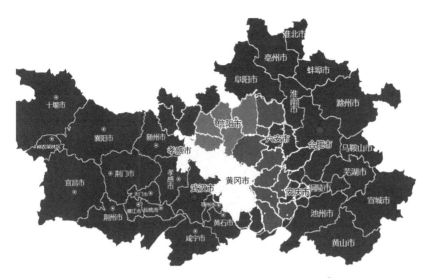

图 12-1 大别山脉主体区域示意图 ①

二、建设大别山碳汇经济试验区的生态本底

所谓碳汇，在陆地生态系统范畴上，主要是指通过植树造林、森林管理、植被修复等措施，利用植物光合作用吸收大气中的二氧化碳，从而减少温室气体在大气中浓度的机制。碳汇经济要以优异的气候、森林、水源等生态资源为基础，大别山区正是这些生态资源的富集地，具有建设碳汇经济的优越生态本底。

1. 气候条件温暖湿润

大别山片区属北亚热带温润季风气候区，具有典型的山地气候特征，气候温和，雨量充沛。温光同季，雨热同季，具有优越的山地气候和森林小气候特征，具备森林的气候优势。年平均气温 12.5℃，最高气温 18.7℃，最低气温 8.8℃，气温年较差 21.8℃。平均降水量 1832.8 毫米，年降水日数 161 天，空气相对湿度平均 79%，年日照时数平均 1400~1600 小时，年雾日 102 天，太阳平均辐射量 110 千卡/厘米²，无霜期 179~190 天，年平均气温比周边的市、镇分别低 5.2℃，降水比周边地区多 360 毫米。

---

① 此图系整理制图，可能存在一定的位置偏差。

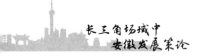

2. 森林生态系统丰富

大别山森林海拔差异大，植被变化明显，高度从 400 多米至 1700 多米，形成了丰富多彩的森林生态系统，生态影响面积约 40 万平方公里。低海拔区杉木、柳杉、马尾松等人工林成片分布，高海拔区以黄山松等松林为主，全年平均气温为 16.4℃。大别山核心区森林覆盖率高达 90%，空气负氧离子浓度瞬间最大值高达每立方厘米 47.8 万个，是最高标准等级（6 级）的 228 倍，是世界卫生组织规定的"空气清新"标准的 478 倍，周边城市空气质量优良率普遍维持在 84% 以上。大别山区在维持和改善长江中下游广大区域生态环境等方面发挥着举足轻重的作用，堪称"华中之肺"。

3. 华中地区物种资源库

大别山区是长江以北动植物分布最丰富的地区之一，拥有国家及省级森林公园 10 多处、国家及省级自然保护区 8 处、地质公园 2 个。核心区森林覆盖率达到 90%，森林群落保存完好，被誉为华中地区"绿色明珠"，是世界公认的中部地区物种资源库和生物基因库。区内动植物资源十分丰富，其中野生维管植物 1461 种，蕨类植物 82 种，裸子植物 22 种，被子植物 1357 种；野生动物约有 2031 种，其中脊椎动物 208 种，原麝、金钱豹、金雕、大鸨和白鹳等重点保护野生动物 27 种；昆虫种类包括国家重点保护的拉步甲、中华虎凤蝶等。

4. "绿色水库"功能突出

大别山区是淮河中游、长江下游重要的水源补给和水源涵养区。区内水系发达，淮河、淠河、史河、杭埠河等主要河流经过，拥有众多湿地和中小型湖泊。淡水资源优质丰富，总量达 300 亿立方米，仅安徽境内大别山区就有佛子岭、响洪甸、磨子潭、梅山、龙河口五大水库及一大批中小型水利设施，水质控制目标达到 Ⅱ 类标准，供水范围覆盖安徽、湖北、河南三省 20 多个县区，并涉及巢湖和长江下游。

过去在传统发展模式下，大别山区为保护生态资源而限制大工业大城镇发展，生态资源被视为经济发展的"包袱"，生态资源的经济价值未能得到开发而在很大程度上处于"沉睡"状态。然而在"双碳"目标视域下，必须重新认识大别山区资源禀赋的优势，重新认识大别山区在国家重大战略系统中的功能及其地位。中国科学院战略性先导科技专项"应对气候变化的碳收支认证及相关问题"之"生态系统固碳"项目研究成果指出，利用陆地生态系统固碳，是减缓大气二氧化碳浓度升高最为经济可行和环境友好的途径①。由此可知，大别山的丰富而优异陆地生态资源对于长三角和中部固碳减碳、实现"双碳"目标，无疑有着巨大的战略价值和经济价值。由于大别山区生态调节功能辐射周边鄂豫皖三省的 10 多万平方公里的土地，直接影响长江中下游地区，在全国的国土空间优化和长江生态大保护中的地位和作用日益凸显，因此具有上升为国家战略重点区的现实可能性。

三、大别山碳汇经济发展的现状与探索

碳汇经济是基于固碳减碳的低碳经济。长期以来，大别山区经济主要是农业及山林特产业，这些产业天然地属于碳汇经济。近年来，大别山区在国家和有关各省的部署下，开展了生态产品价值实现机制试点，探索碳汇价值实现的路径，着力把绿水青山转化为金山银山。

1. 大别山区农业和山区特产发展现状与特色

大别山区农业资源和山区特产资源较为丰富（见表 12-4），农产品有小麦、玉米、水稻、大豆、杂粮和油菜，山区特产初步建成了茶叶、板栗、蔬菜、水产、蚕桑、中药材、奶牛、速生丰产林等特色农林产品基地，是全国重要的粮食和特色农产品生产加工基地。近年来，大别山片区依托河南省泌阳县、湖北省随县及蕲春县、安徽省金寨县等 4 家国家级现代农业产业园，筑牢天柱山瓜蒌籽、六安瓜片、霍山石斛、随州香菇、蕲艾、麻城福白菊、罗田板栗、泌阳夏南牛、信阳毛尖等国家级特色农产品优势区产业基础，大力建设产业集群示范，踏上区域化、标准化、规模化、产业化发展道路。

① 郭静原. 中科院专家揭示生态固碳奥秘 [N]. 经济日报，2018-04-27.

表 12-4　大别山片区农林特产及分布

品类	主要产品	优势品牌	主要种养区
畜禽	生猪、肉牛、禽类、水产	黄冈奶牛、泌阳夏南牛、南阳黄牛、麻城黑山羊、霍寿黑猪、皖西白鹅	黄冈市(鄂)，六安市(皖)
茶叶	生态有机茶	信阳毛尖、六安瓜片、岳西翠兰、红安老君眉、英山云雾	英山县、红安县(鄂)，信阳市(豫)，六安市、岳西县(皖)
油料	油菜、花生、芝麻、油茶	大别山花生油、麻城茶油、正阳花生	红安县(鄂)，商城县(豫)，岳西县、金寨县(皖)
中药材	展天麻、茯苓、西洋参、桐桔梗、夏枯草、石斛	霍山石斛、罗田茯苓、蕲艾、英山桔梗、九资河茯苓	蕲春县、罗田县(鄂)，商城县(豫)，霍山县、金寨县(皖)
蚕桑	桑叶、蚕养殖	岳西蚕桑、怡莲阳光丝绸	英山县、罗田县、麻城市(鄂)，岳西县、潜山市、金寨县(皖)
果蔬	冬枣、葡萄、石榴、桃、梨、银杏、甜柿	黄州萝卜、巴河莲藕、红安苕、佛手山药、罗田板栗	罗田县、红安县(鄂)，固始县(豫)，舒城县、霍山县(皖)

2. 大别山区二、三产业加速迈向低碳化

在第二产业方面，大别山区坚持多年积极承接长三角区域、武汉都市圈等产业转移，发展起了农产品精深加工、家居建材、生物医药及纺织服装等产业，特别是近年来发展新材料、新能源、高端装备制造等战略性新兴产业，注重二次产业绿色转型，实现了绿色经济、循环经济和低碳技术在产业结构中占较大比重。（见表 12-5）

表 12-5　大别山区制造业及战新产业分布

产业	优势企业或集聚区	主要分布
家居建材	千川门窗工业 4.0 智造基地、海通装配式基地、绿然之家、雄陶陶瓷、长安建筑工业化产业园	团风县、红安县、罗田县、浠水县、英山县、蕲春县、孝昌县、光山县
生物医药	慎诚生命、银环科技、宏中药业、沪潜(国际)医药健康产业园、卫康制药、锐业制药	团风县、罗田县、蕲春县、麻城市、新县、潜山市
高端装备制造	宏豪诚锦、源友智能制造、浠水科创中心、炜思煜科技、安徽企盈汽配	团风县、红安县、罗田县、浠水县、蕲春县、大悟县、固始县、金寨县、霍山县、望江县

续表

产业	优势企业或集聚区	主要分布
新材料	硕臻工业、津驰硅材料、集友新材料、金张科技	团风县、罗田县、蕲春县、孝昌县、固始县、太湖县
农产品精深加工	海大饲料、英山中医药、安太食品、迎驾贡酒、金帆食品、百家放心、安徽联河股份、五谷春酒业、潢川国家稻米精深加工创新联盟	团风县、罗田县、浠水县、英山县、蕲春县、大悟县、新县、固始县、麻城市、望江县、淮滨县、潢川县
新能源	蓝天联合、赢胜节能、麻城纯阳山风电、歧亭垃圾发电、麻城热电汽循环经济产业园、新奥能源	红安县、罗田县、浠水县、蕲春县、麻城市、孝昌县、光山县、金寨县
纺织服装	英山真丝制品、艾特斯环保、光山白鲨针布产业园、光山羽绒、红爱服饰、望江纺织服装特色产业集群	英山县、麻城市、大悟县、光山县、固始县、宿松县、望江县、淮滨县、潢川县
机械电子	英山五金、惠洋电器、孝昌电机产业园、三江航天集团、华中光电、威谷电子、朝阳电容器、凯锐电子	英山县、麻城市、罗田县、孝昌县、金寨县、宿松县
化工冶金	源潭刷业特色小镇，国家级刷制品质量监督检验中心	蕲春县、麻城市、潜山市
大数据及5G	安庆(岳西)大数据中心、奇安信、东华软件、浙江大华、安徽鸿创威远、安徽联基	固始县、岳西县

在第三产业方面，大别山区各地依托得天独厚的红色文化和生态资源发展红色旅游、生态旅游和健康产业等，以及山区农特产品的商贸物流业。(见表 12-6)

表 12-6　大别山区第三产业分布

产业	主要景点和项目	主要分布
文化旅游	团风文旅康养生态城、桃源冲大峡谷、观音湖、茶文化旅游节、红军广场、金寨县革命博物馆、天堂寨、马鬃岭、佛子岭、天柱山、花亭湖、大别山滑雪乐园、红二十八军军政旧址、红军洞群	团风县、红安县、罗田县、浠水县、英山县、蕲春县、孝昌县、大悟县、商城县、霍邱县、金寨县、霍山县、潜山县、太湖县、岳西县、望江县、宿松县
大健康	大崎公社半农峰会康养中心项目、蕲艾健康旅游文化节、陡沙河温泉、太平畈石斛、温泉健康小镇	罗田县、蕲春县、霍山县、岳西县
商贸物流	丰树(团风)综合产业园、大别山地标优品智慧物流项目、京穗物流中心、农副产品批发市场及冷链物流园	团风县、红安县、罗田县、孝昌县、光山县

总体上，大别山区第二、第三产业虽然不断发展，尤其是近几年脱贫攻坚带来了一些新兴产业，但规模普遍偏小、空间分布零散、龙头企业缺乏，大中型产业平台不多。

3. 大别山区探索碳汇价值实现的初步进展

多年来，鄂豫皖三省高度重视大别山区的生态经济发展，尤其是近年为推进落实"碳达峰碳中和"战略，积极探索发展碳汇经济。国家和三省均出台了一系列含金量高的政策，建设了一批各类冠名的示范县市，促进大别山区经济社会发展全面绿色转型，走生态优先、绿色发展的高质量转型发展之路。

在建设生态产品价值实现机制试点方面，安徽省金寨县、岳西县被纳入国家生态综合补偿试点县；河南省淅川县、西峡县、灵宝市3个县（市）入选生态产品价值实现机制国家试点。在建设生态文明建设示范县市方面，安徽省太湖县被纳入第四批国家生态文明建设示范县市；安徽省桐城市、舒城县和湖北省罗田县被纳入第五批国家生态文明建设示范县市；安徽省的舒城县和霍山县被确定为创建国家级生态县；河南省光山县、六安市霍山县、金寨县被确定为国家"绿水青山就是金山银山"实践创新基地。大别山区各县市在重点领域和关键环节的改革上先行先试，初步形成了大别山特色的生态经济体系、生态文化体系和制度创新体系。

但也应该指出，虽然鄂豫皖三省和有关县市在发展大别山区碳汇经济上进行了一定的探索并有初步成效，然而仍存在碎片化、低层次的缺陷，各地仍是各自为战，未能从总体上整合生态资源，发展适宜性山区低碳产业及其集聚相关要素的路径还不宽阔，碳汇经济的规模效应尚未显现。

作为我国著名的革命老区之一，大别山区已经全面取得脱贫攻坚战胜利，经济发展取得长足进步，但与周边发达地区相比存在较大差距，仍然是长江中下游区域经济发展最薄弱的地区之一。2020年，大别山区实现地区生产总值0.52万亿元，增速为 –0.9%，远远落后于长江中下游的武汉都市圈、合肥都市圈、南京都市圈和周边的郑州都市圈。

表 12-7　大别山生态核心区及周边都市圈经济总量对比

区域	2020 年 GDP（万亿元）	增速（%）
大别山片区	0.52	-0.9
郑州都市圈	3.28	18
武汉都市圈	2.76	-4.7
合肥都市圈	2.45	4
南京都市圈	4.17	4.3

显而易见，大别山区亟须加快"绿水青山就是金山银山"的转化实现进程，在"双碳"目标引领下开拓碳汇经济发展的新路。

第二节　借鉴国内外经验发展大别山碳汇经济

一、国内外碳汇经济发展的现状与经验

碳汇经济，是指由碳源碳汇相互关系及其变化所形成的对社会经济及生态环境影响的经济，即碳资源的节约与经济、社会、生态效益的提高，是一种低碳排放经济。为应对全球气候变暖、维护人类可持续发展，碳汇经济已经备受关注，并在许多国家推展。

从国际碳汇经济进展看，碳汇经济从两条线路展开：其一是经济低碳化转型和森林固碳。1997 年，《京都议定书》首次提出"碳汇"一词，要求发达国家缔约方提出减排目标和措施，支持通过"造林、再造林、森林可持续经营管理"增加碳汇。2007 年，《巴厘行动计划》把减少毁林和林地退化（REDD）纳入林业碳汇项目范畴。2015 年，巴黎气候大会达成的《巴黎协定》单设森林相关条款，确定了 2020 年后全球共同应对气候变化的框架性安排，特别是从 2018 年开始，对各国提出的目标进展情况进行预评估。其二是碳交易，即将碳汇生态产品商品化、可交易，从而实现生态价值和生态产品配置平衡。2006 年，美国加州通过《全球气候变暖解决方案法案》，将 2020 年加州减排目标法律化，推动构建加州碳汇交易市场。新西兰将森林碳汇优先纳入国家

碳交易体系，政府对企业免费发放排放配额，企业可通过改进技术切实减少排放，或者增加对排放配额的购买。

从国内进展看，基本上也是按照上述两条路线推进碳汇经济。特点在于我国高度重视政府规划和政策引导。一是出台相关规划文件，包括应对气候变化林业行动计划、林业应对气候变化"十三五"行动要点、林业适应气候变化行动方案（2016—2020年）等。二是参照《温室气体自愿减排交易管理暂行办法》，出台《国家林业局关于推进林业碳汇交易工作的指导意见》，支持碳交易市场的试运作，推进林业碳汇自愿交易。三是支持内蒙古、四川、云南、安徽、广西、山西、河北等省区开展林业碳汇项目，批准一些非政府组织（NGO）与地方合作建立林业碳汇试点。我国当前的林业碳汇交易基本确定了政府主导的自愿减排交易体系管理的基本原则，在此基础上，组织相关领域和行业专家陆续制定和备案了多个 CCER 方法学，设计了碳汇核算、监测计量、审定核证机制和相关管理办法，初步建立了碳汇要素市场。但是，按照国际"双碳"的相关导向和要求，国内碳汇经济发展总体上还处于起步阶段，碳汇技术、碳汇产业发展不足；现有碳汇核算方法晦涩烦琐，不易理解和操作；碳交易市场还不成熟。然而也因为如此，在发展碳汇经济领域更加迫切需要试验、探索和推展。

二、大别山碳汇经济发展和试验的应有重点

碳汇经济本质上就是低碳经济，是指以低碳产业、低碳技术和碳汇交易等为主体的经济形式，注重能源高效利用和生态资源价值化。推进低消耗、低排放、低污染的低碳经济发展模式，有利于充分发挥森林生态系统的碳汇效应，有利于将低碳经济与山区发展有机结合。共建大别山碳汇经济试验区，要抓住三个关键点：低碳产业做加量，碳汇资源做增量，碳汇交易做流量。

1. 低碳产业做加量

大别山发展低碳产业是建设碳汇经济产业链的必要条件，发展低碳产业是加快大别山区经济社会发展、乡村振兴和生态文明建设的最佳结合点。（见

表 12-8）从区域产业体系考量，就是以低碳技术为驱动力，一要构建低碳产业体系。对传统产业进行低碳化改造，建设绿色工厂、开发绿色产品、打造绿色生产线和供应链，加大有色金属、家具等传统制造业绿色化改造支持力度；发展优质高效种植业、特色经济林业和农林产品精深加工业；大力发展节能环保型的战略性新兴产业，与合肥、武汉、郑州等中心城市战略性新兴产业加强承接、配套，打造一批低碳高技术企业和产业园区，使绿色经济、循环经济和低碳技术在区域产业结构中占较大比重。二要加快推广低碳技术应用。广集国内外特别是国内较为成熟的低碳技术，在碳监测、减碳、固碳、碳利用等领域加强引进和应用。比如发展山区光伏发电产业以优化低碳能源结构，建立以新型微电网为核心，光、储、充、联一体化的低碳科技示范工程。再如推广山区建筑节能，积极推广近零能耗建筑、零碳建筑、绿色建材，提升农村能源利用的清洁化水平等。

表 12-8　大别山区低碳产业发展分布

发展模式	低碳技术	重点区域
有机茶低碳生产管理	茶园科学规划建设，有机肥施用，病虫草害绿色防控，可再生加工能源	英山县（鄂），信阳市、红安县（豫），六安市、岳西县（皖）
新能源替代化石能源	秸秆气化与碳化技术，水力发电，光伏发电，风力发电	—
循环农业	猪沼果（菜粮），豆加工—养殖—沼气—种植，稻虾共养、藕鱼共生等	蕲春县、麻城市（鄂），新县（豫），霍山县（皖）
碳汇林业	水土涵养林等造林育林，森林增汇减排技术，碳汇交易机制，森林减缓温室效应，低碳城市建设	麻城市、红安县、英山县（鄂），商城县（豫），金寨县、霍山县、岳西县（皖）
低碳村镇设计	节能技术，被动太阳能，保温系统，被动门窗系统，新风系统，无冷热桥	—
低碳旅游	垃圾生态收储，环保住宿设施，环保交通工具，数字化综合管理平台	桃花冲、天堂寨、八公山等大别山景区
低碳采矿	无废采矿技术，大型高效选矿装备，直接还原铁技术	光山县、商城县（豫），霍邱县、霍山县（皖）
低碳交通	氢燃料电池公交车，机械发泡温拌沥青混合料技术，公路隧道蓄能自发光应急引导	—

2. 碳汇资源做增量

碳汇是利用生态系统实现"负排放"的一种方式。生态系统将二氧化碳固定起来,当其固定碳量大于排放碳量时,该系统就成了大气二氧化碳的"汇",简称碳汇。碳负排放技术包括造林／再造林(林业碳汇)、生物碳汇、直接空气捕捉和强化风化,其中造林／再造林技术是最经济的负排放技术,去除二氧化碳的成本在60元人民币／吨~300元人民币／吨。森林、草原、湿地等生态系统在发挥生态服务功能、提升碳汇方面的潜力巨大,大别山林区具备植被和森林土壤碳储量优势,生态碳汇能力大、林业碳汇效果佳。一是发展固碳林业。通过恢复天然森林植被、加强人工林培育等方式,充分发挥森林固碳的作用。二是增强森林碳吸收功能。通过造林、再造林、修复退化生态系统、建立农林复合系统等来增加森林碳储量。三是对森林进行可持续经营。保护现有森林生态系统中贮存的碳,减少其向大气中的排放。四是探索碳替代措施。通过耐用木质林产品替代能源密集型材料,利用可更新的木质燃料(如能源人工林)和采伐剩余物回收利用作燃料。山区碳汇资源重点是森林碳汇,森林固碳效果最好的树种是阔叶林。大别山区属我国秦岭—淮河气候带之南,适宜常绿、落叶阔叶林生长。目前国内的生态产品价值实现机制试点县提出碳汇交易要以新增林地为计量可交易的碳汇,专家们也指出增加森林碳汇资源必须大力植树造林。大别山脉主体区现有森林覆盖率达67%,新增林业用地十分有限。过去为保护生态而采取了封山育林措施,但大都是简单化的封闭林区、自然生长形式,林区中大量生长杂草灌木,不仅占用林地面积,而且固碳效率低下。要使大别山区森林资源进一步提升固碳功能,持续增加碳汇产品价值,就必须实行林地改造,在不大规模扩大林区占地情形下,通过改造杂草灌木林,增加阔叶林造林面积,从而使固碳功能提高,碳汇资源持久增加。应在大别山区推广塞罕坝植树造林精神,"咬定青山不放松",广植阔叶林,提高覆盖率。从现在起实行大别山区森林改造,新增阔叶林造林经过10~20年新木生长成为大树,恰与2030、2060年前我国实现碳达峰、碳中和的时间要求相符。到那个时候，大别山区林业碳汇资源及其功能将在长江中下游地区更为举足轻重。

3. 碳汇交易做流量

碳汇交易是实现不同功能地方总体碳中和平衡的市场配置资源机制。2021 年 7 月全国碳市场启动，开展了 CCER 原有备案项目在规定条件下的碳汇交易，为建立发展我国全面的碳汇交易开辟了广阔前景。林业碳汇属于新鲜事物，目前国家在全国若干地方进行生态产品价值实现试点，林业碳汇价值及其交易是试点内容之一。"双碳"形势紧迫，我们预测在 3~5 年内，全国林业碳汇交易市场将会建立，林业碳汇交易并形成流量已经可以期待。但应指出，碳汇交易做流量，3~5 年内是一个探索创新期。2015 年，国家发展改革委起草了《全国碳排放权交易管理条例（草案）》；2019 年，生态环境部起草了《碳排放权交易管理暂行条例（征求意见稿）》，尚未通过国务院审议颁布，林业碳汇交易方式、交易规则、交易风险管理、交易争议处理等具体机制还有待建立。同时，林业碳汇交易需要明确碳汇核算的计量方法，尤其需要明确碳汇计量指标体系。当前国际上对碳汇的实物量进行核算计量方法主要有收获法、生物量法、蓄积量法、涡旋相关法、涡度协方差法等，但还没有一种方法为世界各国所公认。在森林碳汇定价方法上现有两类，一类是通过直接的方式反映森林碳汇价值，包括造林成本方法、边际成本方法和蓄积量转换方法；另一类是通过某些间接方式反映森林碳汇的价值，再对其价值进行定价，包括成本分析法、碳税率法、影子价格法以及期权定价法等。当前国内已对生态产品价值实现进行了探索，初步形成了试点经验。如浙江丽水着力破解林业碳汇可计量问题，以生态系统生产总值核算（GEP）为切入口，建立了 GDP 和 GEP 双核算、双评估、双考核机制，率先完成了乡村两级 GEP 核算，出台了全国首个山区市生态产品价值核算技术办法。丽水以政府与市场结合方式，创建基于 GEP 核算的政府购买生态产品制度，培育发展"两山公司"173 家作为市场交易主体，并组建"两山银行"作为生态产品交易平台，实现了林业碳汇市场交易。此外，还有江西抚州、浙江淳安等试点也进行了这方面的探索，同时形成了相关经验。建立大别山碳汇经济试验区，有利于突破一市一县小范围边界，发挥大别山区整体联动效应，开展大范围的联合攻关，并以皖鄂豫三省的合力加持，必将更加有力地促进碳汇交易和大市场建立，从而实现大别山区林业碳汇交易的巨大流量及其经济效益。

第三节　共建大别山国家碳汇经济试验区的具体路径

一、主动倡议推进皖鄂豫三省共建大别山国家碳汇经济试验区

1. 首先倡议主动推进

安徽要在服务国家重大战略显示更大作为，宜首先倡议和推动皖鄂豫三省共建大别山国家碳汇经济试验区。为建设长三角与中部的链接枢纽，安徽省决策层宜加强加紧与鄂湘赣豫的高层互访，共同谋划战略合作。其中与鄂豫的合作，应提出首倡，将共建大别山国家碳汇经济试验区列为重大事项，争取达成共识，参照长三角一体化协调机制形成三省共建机制，合力争取上升为国家试验区。

2. 共编规划战略引领

在形成三省共识基础上，加快设计和确定试验区战略规划。需要由发改、自然资源、林业、农业、城乡建设等部门协同，建立大别山区鄂豫皖三省政府部门间工作协作机制，统一规划试验区各功能区的空间分布及其边界、森林资源保护和新增规划及标准、低碳产业发展及布局、试验区政策协同与管理协同等，加强协调、合作与联动。三省联合组织工作专班，合力科学编制试验区的建设规划，明确总体思路、具体目标、建设路径、重点任务和具体措施，以规划引领和规制大别山国家碳汇经济试验区示范基地建设。

二、共同探索发展山区碳汇经济的新路

1. 破解难点共拓新路

围绕国家"双碳"目标急需破解的难点，共同开发碳汇综合管理平台，开展碳汇计量监测，探索基于森林碳汇的碳中和市域循环、碳交易项目开发。

鄂豫皖三省要统一大别山区的碳汇核算计量方法，摸清家底，对全区森林的分布、质量、保护等级、权属等情况进行全面调查摸底，科学测量碳汇规模。建立健全林业碳汇计量监测体系，制定大别山区统一规范的碳汇计量监测技术规程，加快建立符合大别山实际情况、具有特色的碳汇监测体系、数据库。

2. 科技创新联合攻关

集中三省优势创新资源，协同攻关碳汇领域重大科技难题。（1）依托中国科学院合肥物质科学研究院、湖北省信息工程技术中心、中国科学院武汉物理与数学研究所、中国科学院上海技术物理研究所、河南省生态环境监测中心、郑州大学大气环境研究所等科研机构，开展大气污染研究、能源与环境影响研究、资源与污染控制技术开发，共建我国大气环境监测关键共性技术创新平台；（2）依托中国科学院南京地理所和国家林草局、中国科学院上海高等研究院、中国科学院上海分院等科研院所，面向双碳前沿颠覆性技术和新材料、碳捕集利用与封存技术、碳循环转化利用及零碳能源技术等，以基础研究引领应用研究，加快科技创新攻坚力量和成果转化运用体系建设，把更多创新成果就地转化为现实生产力。安徽可支持六安发挥链接长三角众多有关科研机构的区位优势，聚集长三角和国家的有关科技创新机构资源，在六安建设大别山碳汇技术创新中心，形成高能级技术创新平台，辐射整个试验区。

3. 联手共推碳汇交易

2021年7月全国碳市场启动后，除了CCER原有备案项目在规定条件下可以交易外，新的机制还没有重启，目前基本上没有林业碳汇项目交易。同时大别山区碳汇市场交易目前还处于空白阶段。三省要紧抓碳汇交易方面的核心问题，进一步建立健全林业碳汇交易的评估、登记、监测、交易、监管等方面的机制。成立专业评估机构，建立专门登记部门，从多圈层角度出发，自主构建气候变化监测指标系统，研发温室气体监测与核查的手段和平台，完善碳汇交易程序，加强第三方监管力度，明确市场交易的主体和客体，设

计和使用标准化合同,确定计量核算和定价方法。

三、以"融圈"承接路径发展低碳产业

大别山区处于合肥都市圈、武汉都市圈和中原城市群的外围,工业化水平偏低,特别是战略性新兴产业和现代服务业基础和发展均显不足。为振兴山区经济,要大力培育和发展低碳型新兴产业和现代服务业。

1."融圈"发展承接布局

融入周边三大都市圈(城市群)现代产业体系,承接合肥、武汉、郑州等中心城市的科技创新和现代产业布局,通过招商招才、引资引智将都市圈(城市群)产业资本要素导入大别山区,布局低碳化的中心城市战新产业零部件制造业、农产品深加工业、山区特产加工业,与中心城市产业链对接,加强周边中心城市消费市场营销,将山区产业深度融入都市圈(城市群)产业体系和市场体系,借力都市圈(城市群)引领和主导做大做强大别山区低碳产业。依托振兴革命老区相关支持政策,对接国家对口支持部门、有关央企,争取产业项目布局和资本力量支持。如安徽岳西县近期获得中国民航局支持,建设民用无人驾驶航空试验基地,投资建设无人驾驶山地试验场、数字化车间、智能化工厂及无人机产业园等。这是用足用好国家支持革命老区发展政策的可行之道。

2. 与城互补延伸功能

依托城市与山区主体功能区分和互补的客观态势,利用山区生态功能与城市部分功能异地延伸的互补性,将都市圈(城市群)大中城市的休闲、养生、康复、养老、自然探险、沉浸旅游等适宜异地实现的功能延伸到大别山区,发展生态型现代服务业。要注重顺应都市及其新生代消费更新升级的趋势,着力开辟新业态、新模式,运用人工智能技术赋能山区产业。

四、合力争取将大别山碳汇经济试验区上升到国家战略

1. 三省联合争取支持

大别山碳汇经济试验区对于长三角与中部地区生态平衡和实现"双碳"

目标具有极其重大的功效，且是跨省建设，因此有上升为国家战略的客观必要性，也有上升为国家战略的现实可能性。在安徽首倡、三省共建大别山碳汇经济试验区设立的基础上，三省应合力争取将试验区上升到国家战略。三省有关部门要加强沟通、共同谋划，制定联合申报方案，对接国家有关部委。

2. 政策创新先行先试

从国家战略层面支持大别山区碳汇经济试验区建设，需要开展一系列的政策创新。财政政策方面，加大国家财政及税收扶持力度，重点支持大别山区的基础设施建设和生态环境保护。对大别山区低产林改造给予专项资金支持。产业政策方面，对大别山区低碳型战新产业发展上给予特殊（脱贫地区接续发展、革命老区振兴等）的政策和资金支持，引导鄂豫皖三省在低碳型战新产业发展的基地、技术等方面形成强大的合力。在土地政策方面，进一步精准细化区域内主体功能区划分，统筹平衡山区城乡、产业、生态用地，优化区域国土空间。在开发大别山碳汇交易市场方面，允许大别山试验区在重启 CCER 体系及市场交易，增加林业碳汇的市场份额的同时，先行先试跨省碳汇交易市场建设和林业碳汇项目交易。

第十三章
以生态合作为先导推进"一地六县"合作区建设

"一地六县"长三角生态优先绿色发展产业集中合作区(以下简称"一地六县"合作区)包括上海光明集团绿色发展基地、江苏省溧阳和宜兴市(县级市)、浙江省长兴和安吉县、安徽省郎溪县和广德市(县级市),地处长三角区域地理中心,而且是沪苏浙皖唯一的地理接壤区域板块。在扎实推进长三角一体化高质量发展进程中,近年来沪苏浙皖共同推进"一地六县"合作区建设。2021年8月国家长三角办公室发布的"长三角一体化发展规划'十四五'实施方案"明确要求:聚焦跨区域事项、聚力跨领域任务。2021年度长三角地区主要领导人座谈会提出具体任务:推进跨省特色合作区、省际毗邻地区深度合作,从而在战略部署与实践操作层面给出了方向和要求。不言而喻,加快建设"一地六县"合作区具有重大而紧迫的意义。

第一节　辨识"一地六县"合作区建设的"本底"

据我们近期对"一地六县"调研,发现各地对规划引领的诉求普遍强烈,期望在已有的苏皖、浙皖、沪皖双边合作规划或方案的基础上,进一步设计完善全域的、多边的整体规划。科学设计和完善这样的规划需要明晰"一地六县"合作区的建设逻辑,其中最重要的是辨识合作区建设的"本底"。

　　任何区域的建设发展都是在一定的地理空间条件下展开的。从自然地理视角考量，区域的地理区位、山川地貌、自然禀赋等构成了该区域的"本底"。亿万年大自然赐予形成的这一区域"本底"具有不可移动性，而一切可流动的产业、城乡、人口和资本则必须附着在不可移动的"本底"之上，以此为根，以此为本。因此，自然"本底"是一个区域建设发展的逻辑起点。

　　由此观照"一地六县"合作区的自然"本底"，其主要特征有：第一，地理区位上处于长三角区域地理中心，是周边沪宁杭合等中心都市的纵深腹地，且空间距离适中；第二，该地是江南丘陵地区，黄山、天目山、茅山余脉交汇，太湖、钱塘江、青弋江流域源头共存，山水禀赋得天独厚；第三，该地森林覆盖率达 42.5%，区域面积 4804 平方公里中就有 2000 多平方公里的林木覆盖，是自然界光合作用和增氧减碳的强势场所；当地现有水库容量达 4 亿立方米，是长三角地区重要的水源蓄积地之一；第四，该地在国土主体功能区安排中属于限制开发区域，对大工业和城市布局及发展强度具有自然生态的天然约束与制度约束。与周边的平原水网地区和城市密集地区相比，"一地六县"合作区的自然地理差异性十分显著，是长三角一体化中心区中生态屏障和生态调节的重要功能区。特别是在"碳达峰、碳中和"目标引领下，该地的生态资源对长三角一体化高质量发展更具有极其重要的战略价值，成为最重要的战略资源之一。

　　基于这一辨识，可以认为，"一地六县"合作区的建设发展应当把生态建设置于重中之重地位，保护好区域生态的战略资源，开发生态功能的战略价值。这种选择与沪苏浙交界地青嘉吴的"长三角生态绿色一体化发展示范区"设立之初的选择定位颇为相似。设立"青嘉吴"示范区之初，沪苏浙学界和决策界就其发展定位和功能展开了不短时间的深入研判，围绕在此核心片区是否发展规模化现代新兴产业、是否建设大都市区的卫星城等进行了广泛讨论，最终基于淀山湖周边自然生态"本底"及其功能特征，把生态摆在区域发展选择的基础性的首要考量因素，确定了率先将生态优势转化为经济社会

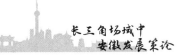
发展优势、探索把生态友好型发展模式作为示范区建设发展定位,沪苏浙及其青嘉吴共同打造生态绿色一体化发展样本。这一经验昭示,遵循自然"本底"给定条件来考量和选择"一地六县"合作区建设发展的重点与切入点,是合乎规律的逻辑路线。

从调研情况看,"一地六县"山水相连、河湖相通,生态环境休戚相关,生态功能相互关联,生态优势十分显著。但另一方面,由于过去的行政分割导致这一区域生态建设治理缺失全域性、整体性安排,各地发展不平衡,损害生态环境的现象仍然存在,从而不利于该区域生态战略资源保护,不利于生态战略价值增值。值得指出的,安吉是"绿水青山就是金山银山"理念的发源地,遵循这一理念,"一地六县"合作区建设进路应该是以加强生态环境共保联治为先导,夯实生态"本底"和绿色发展基础,由此推动绿色城乡、绿色产业、绿色生活深度融合,走经济发展和生态环境保护相辅相成、相得益彰的新路子。借鉴"青嘉吴"制度创新经验,以一体化的思路和举措打破行政壁垒、提高政策协同,推动更深层次改革和更高水平开放,实现共商共建共治共享共赢。

第二节 "一地六县"生态合作现状

自从国家发改委正式批复《苏皖合作示范区发展规划》以来,溧阳、郎溪、广德三地共同努力,生态环境共保共治取得积极成效。在长三角一体化发展国家战略引领下,安徽为打造深度融入长三角重要战略支点,积极谋划构建"五个区块链接"、"一地六县"合作区生态合作进一步深入。

一、"一地六县"合作区生态环保情况

1. 工业三废排放总量居高,生态环保压力增加

根据宣城、无锡、湖州、常州2016—2020年度统计年鉴,我们抓取整理了六县(市)工业三废排放数据。从时间角度分析,广德、郎溪、宜兴及长兴的工业废水排放总量均有明显下降,安吉工业废水排放量略有上升;除广德外,其他五个县(市)工业废气排放量均呈上升趋势,2019年度长兴、安吉两

县工业废气排放较 2018 年度有大幅度增长。工业固体废物产生量方面,广德有较大幅度降低,郎溪、宜兴稳中有降,溧阳、长兴稳中有升,安吉呈显著增加趋势。从空间角度分析,宜兴、长兴、安吉三县(市)的工业废水排放量倍于广德、郎溪,差别很大。工业废气排放量方面,郎溪排放量最低,安吉、广德稍高,长兴、宜兴压力最大。工业固体废物产生量方面,郎溪、安吉较少,广德近年来排放量控制较好,溧阳、宜兴、长兴排放量相当,压力不小。

总体来说,伴随二、三产业在六县(市)经济发展中占据日趋重要的地位,工业三废排放量也有增加,尤其体现在工业废气排放量和工业固体废物产生量上。(见表 13-1)在追求地区生产总值增长的同时,生态保护的压力不断增加,正确处理经济增长和生态保护的关系,现实意义突出。

表 13-1 六县(市)工业三废排放情况[①]

工业废水排放量总量(万吨)					
年份	广德	郎溪	溧阳	宜兴	长兴	安吉
2015	649.36	463.09		2403.7	4901.8	2058.07
2016	486.57	169.6		1836.6	4903.14	2070.29
2017	411	349		2168.27	3256.2	2881.42
2018	342.76	389.34		2232.91	2647.01	2907.03
2019	342.76	389.34		2124.82	2883.42	3093.7
工业废气排放量(亿标立方米)					
2015	534	58		857.7	1215.78	193.59
2016	400	59		920.7	1174.5	215.49
2017	352	89		860.36	1417.64	199.54
2018	366	96		889.14	1303.53	177.48
2019	366	96		1147.42	6295	2130

①《2020 年宣城市统计年鉴》中,分县区工业三废排放情况沿用《2019 年宣城市统计年鉴》数据,为 2018 年度工业三废排放情况。

年份	广德	郎溪	溧阳	宜兴	长兴	安吉
工业固体废物产生量（万吨）						
2015	67.4	8.4	87.18	110.3	98.94	7.26
2016	82.5	3.2	87.14	111.1	96.46	8.15
2017	2.1	4.8	84.68	112	98.73	12.15
2018	1.5	6.1	84.26	102.59	103.35	12.99
2019	1.5	6.1	99.72	98.38	102.33	14.1

2. 环保支出绝对量和相对量差异明显，需求调节难度上升

鉴于六县（市）生态环保压力较大，并且呈现出较大的差异性，我们进一步梳理六县（市）财政支出中节能环保支出情况。（见表13-2）从时间角度分析，伴随经济社会发展，各县（市）财政支出中节能环保支出均有显著增加。2019年安吉节能环保支出较2015年增加超过218%，广德次之，增加近140%，郎溪、宜兴增加幅度相当，均超过70%，长兴、溧阳增加幅度较小，分别为32%、24%。节能环保支出占财政支出比重来看，广德、宜兴、安吉占比有明显的增加，郎溪、溧阳、长兴较为稳定，没有明显变化。从空间角度分析，安吉在节能环保中投入最大，绝对量大，占比高，宜兴次之，广德、长兴在占比上相当，但长兴节能环保的绝对量明显高于广德，溧阳节能环保的绝对量与广德基本相当，但占财政支出的比重明显低于广德，郎溪节能环保支出的绝对量和占比均较小，节能环保投入明显滞后。

当前，各县（市）对生态环保非常重视，但从数据比较来看，六县（市）生态环保的投入差异较大。导致这种差异的原因可能来自两个方面，需求侧方面，郎广地区经济发展相对滞后，工业企业相对较少，生态环境的破坏程度不高，恢复和保护的费用需求相对较低。苏浙地区，经济发展阶段靠前，工业企业较多，对生态环境的影响也更大，需要在节能环保上花费更多经费。供给侧方面，六县（市）财政收入差异较大，财政支出重点迥异，导致在节能环保方面的支出差异明显。

表 13-2 六县(市)财政支出总额及节能环保支出情况

单位:万元、%

年份	广德			郎溪			溧阳			宜兴			长兴			安吉		
	财政支出	节能环保	占比	财政支出	节能环保	占比	财政支出	节能环保	占比	财政支出	节能环保	占比	财政支出	节能环保	占比	财政支出	节能环保	占比
2015	418588	14810	3.54	287139	1872	0.65	613819	22642	3.69	1091081	75123	6.89	590162	37057	6.28	476610	37640	7.9
2016	411394	14825	3.6	308686	1409	0.46	694409	13248	1.91	1174161	74954	6.38	574611	27252	4.74	571939	43492	7.6
2017	436241	30496	6.99	315181	3332	1.06	816341	23796	2.91	1236372	87956	7.11	630843	30245	4.79	620038	56639	9.13
2018	479483	32846	6.85	344566	3132	0.91	871708	29475	3.38	1406999	119241	8.47	715779	44244	6.18	743038	84659	11.39
2019	541237	35517	6.56	391960	3222	0.82	1019095	28025	2.75	1510854	128310	8.49	810950	49100	6.05	875665	119720	13.67

二、"一地六县"生态合作初见成效

1. 生态合作先行,水土生多领域联动治理

2016 年溧阳天目湖和广德庙西村启动上下游"点对点"水体生态补偿,2017 年溧阳与郎溪开展梅溧河跨界流域保护,2020 年溧阳市天目镇与郎溪县凌笪乡共同探索洙槽河生态修复。水环境跨界合作在空间覆盖面不断扩大的同时,合作领域从水体断面监测与补偿向水体功能完善方向拓展,并且从水环境合作向矿区矿山联合整治延伸,加强新杭、邱村、誓节、桃州、凌笪、涛城矿区联合修复与协同验收,水土生多领域全方位联动治理的格局初步形成。苏皖合作示范区三地已共同实施 4 个生态治理工程,包括自来水厂建设、河道治理以及村庄整治等,总投资 1080 万元。

2. 联防联控联治,创新生态治理机制

在跨界生态修复和治理过程中,通过"三联"组合拳,逐步建立一套行之有效的环境损害赔偿和生态补偿机制。2016 年溧阳与广德建立生态环境共治联席会议和水质考核补偿机制,有效调动上游改善水环境和下游补偿的积极性。2017 年溧阳和郎溪两地环保局联合制定《溧阳市—郎溪县跨界区域环境污染联防联控工作制度》,联合成立跨行政区域环境联合执法小组,对苏皖交界的非法排污企业进行全面排查整治。郎溪县与溧阳关于天目湖流域生

态环境联保共治方面也进行了探索和合作。

3. 推动生态共保，打造六大联防制度

随着联防联控工作的持续深入，合作重心和工作重点逐步前置，更加重视"防患未然"的联合防治和预警，溧阳、郎溪、广德三地环保部门建立环境污染联合防治机制，启动联席会议、环境应急联合处置、联合检查、项目建设、饮用水源地质量通报、风景名胜区环境现状通报六大联防制度。近三年累计互通线索 23 条，联合执法 21 起，查处跨境环境违法行为 9 起。

4. "一地六县"联动，构建多区协同共治

当前，苏皖合作示范区三县(市)生态合作较为成熟。"一地六县"联动合作正在起步。调研了解到，宣城市市政府和光明集团签订合作协议，探索联动区合作建设。结合"生态＋茶、林、果"绿色发展定位，建设生态绿色健康食品产业园。协同推进天宝水库除险加固后纳入地方监管，谋划建设污水管网，实现污水集中处置，提升环境质量。宣城市政府与湖州市政府签订合作协议，加强生态环境联保共治。加强合作区自然保护地和水源地保护建设，推动河(湖)长交流协作，深入推进林长制。推进安吉县与广德市对广德卢村乡石峻河出境断面水质制定考核标准，建立生态补偿机制，上游广德提交水质"答卷"，下游安吉"阅卷"评分，共同推进上下游两省跨省界水体综合整治。推进大气、水环境质量数据共享和生态环保信息即时互通，开展联合执法行动，打击破坏生态环境违法行动。

第三节 "一地六县"生态合作现存的难题

在行政分割情境下，"一地六县"经济发展水平存在显著差异，在生态环保目标、政策及诉求等方面也存在矛盾和冲突。调研发现，由于行政分割的累积影响，"一地六县"生态合作面临突出的难题有：

一、环保信息不对称，缺乏统一规划引领

生态环保信息的公开、透明是跨区域生态保护的前提。"一地六县"区域一体化发展尚处于起步阶段，"一地六县"多边政府主体沟通和协调尚未

制度化、常态化,容易出现多头管理和重叠管理的局面,也会出现相互推责的现象。地方政府和企业为了逃避环保责任,往往选择"搭便车"或者将环保责任和治理成本转嫁出去。缺乏针对"一地六县"合作区建设的统一发展规划,在规划的引领下,生态合作将更加有效。

二、生态合作目标不一致,生态合作难度大

"一地六县"虽地理接壤,但内部经济发展不均衡。2020年"一地六县"地区生产总值为4621亿元,其中,宜兴市地区生产总值最高,达到1832亿元,占"一地六县"合作区地区生产总值的40%。之后依次为溧阳市1086亿元、长兴县702亿元、安吉县487亿元、广德市330亿元、郎溪县184亿元。同时,六县(市)产业结构也存在明显差异。由于空间发展方向和阶段需求各异,对地方生态建设治理的诉求以及选择有别,因而跨区域生态合作的动机动力不强,整体利益与个体利益存在差异。

三、体制机制障碍依然存在,生态合作行政壁垒未破

"一地六县"生态合作各方主体的利益诉求不一致,导致合作的动力方向呈分散化和受力不均匀的现象。此外,"一地六县"生态合作的组织化和制度化程度较低,现有的合作共识主要是限于会议层面,缺乏法律效力,尚未形成一套成熟的、制度性的合作组织机制,缺乏法律规范的约束力,协商组织达成的协议也难以得到有效执行。合作更多是"两两联动",缺乏"一地六县"整体范围的"组团互动"。

四、市场和社会主体参与不深,未搭建多元合作共治框架

当前"一地六县"生态合作主要是政府单一主体的合作对话。企业作为市场主体,对生态合作的参与欲望和程度不高,经济利润导向使企业很难主动将大笔资金投入生态合作治理环节。社会主体力量薄弱和资源有限,科研机构生态环境技术推广和应用尚未成熟,环保组织力量弱小,难以承担生态环境治理任务。

第四节　深化"一地六县"生态合作的思路

"一地六县"合作区应牢固树立和践行"绿水青山就是金山银山"的理念，对本区域自然生态"本底"的战略资源及其战略价值加以更深刻辨识并达成共识，对本区域国土空间主体功能特征和区域自然生态关联演化规律予以更切实遵循与把握，锚定"生态兴则区域兴，大合作才有生态兴"思路，依托独特区位和生态资源优势，探索生态服务功能价值向生态经济发展延伸的新路径，积极引导生态经济集聚，率先实现生产、消费、流通各环节的绿色化、循环化、低碳化，成为上海、南京、杭州、合肥等长三角中心城市合作的重要生态经济功能区域。"一地六县"生态合作是跨行政区域的集体行动，具体建议简要阐述如下：

一、贯彻绿色发展理念，编制"一地六县"合作区规划

建立以发展规划为统领，以空间规划为基础，以专项规划、区域规划为支撑的规划体系。加强"一地六县"间各类空间性规划的对接，探索实施区域"多规合一"，强化空间管控。联合划定生态红线，严守生态安全格局，明确近期联合保护和生态共建重点，实施分类分级管控。

二、建立信息共享平台，确保信息公开透明

通过搭建"一地六县"生态合作信息共享平台，促进跨行政区域生态环保信息的共建、共享。利用信息共享平台，对合作区生态环境的质量和检测标准进行及时有效的公布，提高生态环保信息的透明度，形成跨区信息公开的常态化和规范化。在"一地六县"合作区范围内逐步推行生态环保执行统一标准试点工作，打通省际信息系统互联通道，推进生态联保共治。

三、完善生态合作制度，明确各方主体责任

继续加强长三角地区一市三省党委、政府层面合作交流的同时，借助长三角区域合作办公室平台，进一步加强生态环保交流沟通合作，形成横向与纵向更加紧密对接贯通、运转更加高效畅通的工作机制，促进区域生态环保深度合作。在总结苏皖合作示范区发展成效的基础上，组织"一地六县"总体

规划编制，并联合沪苏浙，提交国家发改委批复，为"一地六县"合作区建设争取在国家层面"落户"，得到全面支持和推动。签署《生态环境联防联控合作框架协议》《跨县域河流水污染纠纷协调防控与处理协议》等文件，在环境监管执法、监测、项目审批、生态建设等方面建立合作机制。

四、调动市场社会积极性，构建生态合作共同体

重塑人与自然和谐发展、经济发展与环境保护互为支撑的全新生态价值观，形成共保共享、合作共赢的统一认知。充分调动市场力量，激发社会活力，打造政府、市场、社会多元主体共同参与的共治框架。利用市场化的手段突破行政界线，提高市场和企业参与跨界生态合作的能力，在产业转型升级、环境保护资金和技术投入等方面发挥市场的资源配置作用和生态环保企业的专业力量。利用信息交流平台和参与平台，引导和激励生态环保组织和社会公众等社会力量参与"一地六县"生态合作实践，充分发挥科研机构、环保组织和社会公众的力量。

五、完善生态补偿机制，推动利益协调共赢

遵循"风险共担、利益共享"的基本原则，构建利益补偿与共享机制，追求"一地六县"区域整体利益最大化。探索水域、空气等多元化生态补偿机制，建立跨界断面上下游生态补偿机制和跨区生态环境损害赔偿机制，通过开展生态补偿课题研究，明确补偿的形式、数额，探索建立基于项目的生态补偿机制和横向财政转移支付制度。

六、转变经济发展方式，构建生态产业体系

引入企业推进生态保护工作，有助于避免"政府失灵"。突出谋划项目带动，推动医疗废物废水处理处置、应对气候变化、生物多样性保护、大气污染等方面的交流和合作。紧抓长三角一体化发展国家战略机遇，围绕生态环保领域，以污染治理和生态修复保护项目为主导进一步充实重大项目库，以绿色产业为突破，优先推动"生态+""农业+"示范工程和技术合作项目落地。

第十四章
开拓环境保护新机制新赛道

第一节　从 2020 年洪灾看尽快完善蓄滞洪补偿机制

2020 年夏季汛期以来，全国有 27 个省份不同程度遭受洪涝灾害。此次洪灾中发生了多年未有的情况，即洪灾范围和强度远远超过国家划定的行蓄洪区范围和承载能力，因而有大面积的非行蓄洪地区为顾全大局而主动破堤蓄洪滞洪，水灾损失十分严重。洪灾后进入救灾恢复阶段，但大片非蓄滞洪地方不能享受国家蓄滞洪补偿政策，使救灾恢复遇到障碍。这些新情况的出现，凸显出现行的行蓄洪区补偿政策机制的不适应问题，因此极有必要尽快完善国家蓄滞洪补偿政策机制。安徽是洪灾重灾区之一，建议安徽向国家提出有关诉求，促进此事。

一、2020 年洪灾反映了洪涝灾害新的不确定性风险

世界气象组织早已警示，由于全球气候变暖已导致极端天气增加，水旱灾害发生的周期性、严重程度等都将突破千百年来的历史，具有超乎预料的不确定性。我国南方 2020 年出现"二度入梅"的气候异象，导致雨季过长、降水量过大，洪涝灾害肆虐。安徽更是以梅雨期之长、暴雨日数之多、累计雨量之大、覆盖范围之广、梅雨强度之强，创下了有气象记录以来的五个历史

第一。长江、淮河、巢湖、新安江流域全面暴发重大洪涝灾害，省内一度有 51 条河湖超警戒水位、28 条河湖超保证水位、14 条河湖超历史最高水位，16 市 95 县（市、区）、1046.3 万人、1222900 公顷农作物受灾，直接经济损失达 591.6 亿元。

为防洪抗灾，国家在各大江大河划定设立了蓄滞洪区，近 20 多年来加强水利设施和蓄滞洪区建设，一般均达到抵抗 50 年一遇以上洪水的蓄滞洪能力。但是，2020 年洪水大大超出原先预料和设计的控制范围：一是洪水不仅集中在大江大河干流，而且漫延支流湖泊；二是既定的蓄滞洪区能力不足，大片非蓄滞洪地区承担了蓄滞洪功能。从安徽情况看，为缓解长江淮河干流洪水压力，顾全流域大局，实施了大量非蓄滞洪区主动破圩蓄滞洪措施。如合肥全市有 286 个圩口，主动启用和漫破 186 个圩口，其中万亩以上圩口 9 个，总库容 18.42 亿方，蓄水 17 亿方，相当于 1 个常年的巢湖水量、5 个蒙洼蓄水量、淹没面积 330 平方公里。付出巨大的牺牲，有效缓解了长江干流及其下游地方洪灾压力。可见，在全球气候变暖、极端天气增加背景下，发生大规模洪涝灾害的不确定性风险也在增加，类似超预计的大面积洪涝灾害的概率未来仍将存在，这就客观地要求防灾减灾救灾政策作出适应性完善。

二、现有蓄滞洪补偿机制存在的主要问题

目前国家应对洪涝灾害的政策措施主要分两类：一类是应急性救灾，应对自然不可抗力引发的灾害，其性质属于"救济"；另一类是针对为大局人为付出牺牲的蓄滞洪地区采取的补偿机制，其性质属于"补偿"。蓄滞洪的目的是以较小的损害保全较大的安全，必然存在损益填平的纵横向补偿问题。从 2020 年洪水灾害暴露的情况看，现有蓄滞洪补偿机制存在不适应不完善问题，集中体现在以下三个方面：

一是补偿范围。国务院 2000 年出台的《蓄滞洪区运用补偿暂行办法》和财政部 2006 年颁布的《国家蓄滞洪区运用财政补偿资金管理规定》，对我国蓄滞洪补偿作出了规定。其补偿范围是国家划定的蓄滞洪区，不覆盖不在划

定的蓄滞洪区的其他蓄滞洪地方。非划定蓄滞洪区的地方在洪灾中发挥了划定蓄滞洪区同样的功能，承担了同样的主动牺牲，但不能享有蓄滞洪补偿，显然有欠公平。因此，在补偿范围上，应当不限于划定的蓄滞洪区，必须覆盖非划定的发挥蓄滞洪功能、主动牺牲付出的地方。

二是补偿对象和内容。现有的补偿政策机制是根据划定蓄滞洪区人口产业特点设计的，"农本位"色彩浓厚。根据现行蓄滞洪补偿政策规定，补偿对象是蓄滞洪区内农民居民，补偿内容是弥补农作物和农房的部分损失，政策视野仅及于传统农区，内容仅限于农业生产性补偿和农民的生活性补偿。但经历了 20 年发展后，安徽此次受灾的实际情况是真正传统农区受灾的损失并不算最大，恰恰是那些依托山水资源历经多年发展起来的景区、乡村旅游带、田园综合体、乡镇市场和乡镇企业等受损最大，几十年形成的相当一部分生产性的设施设备、乡镇基础设施被洪水冲蚀。非划定的蓄滞洪地方的人口、产业、设施等较之于划定蓄滞洪区更具多样性，这种地方主动承担蓄滞洪功能而付出的牺牲较之于划定蓄滞洪区也更大。多年积累毁于一水而不能获得补偿，恢复再生产难度极大，极易发生由富转贫、因灾致贫现象。

三是补偿主体。现有的蓄滞洪区补偿政策规定，由国家和发生灾情省份两级财政承担补偿主体责任。这是在尚未有跨省市共建流域生态及其补偿机制的背景下出台的政策。但在新形势下，流域性的生态补偿机制已有试点并推广普及，建立受益方对受损方给予横向补偿的机制就成为现实必要。如安徽此次启动淮河、长江、巢湖的划定区和非划定区蓄滞洪措施，上保了河南，下保了江苏，不仅不能从受益地区得到相应补偿，还要自行负担本省救灾补偿的责任，对顾全大局付出损失巨大的省份而言可谓雪上加霜。全国一盘棋、区域一体化，要讲求成本分担利益分享的规则，应通过补偿主体的完善予以实现。

三、完善蓄滞洪补偿机制的建议

2020 年洪涝灾害是一次重大的公共事件，固然属于自然不可抗力所致，但灾后的救济与补偿完全可以通过优化完善体制机制得以实现。针对上述问题，应考虑从四个方面导向转化来尽快完善蓄滞洪补偿机制：

1. 蓄滞洪补偿由区域性补偿转化为功能性补偿。目前的政策补偿对象和范围设定都局限于国家划定的蓄滞洪区，对实际承担蓄滞洪功能的其他区域受损补偿未曾涉及，政策设计的科学性欠缺。因此，建议将蓄滞洪区补偿改为蓄滞洪补偿，对洪涝灾害中，实际承担蓄滞洪功能的所有地区都进行补偿，增加政策科学性。

2. 蓄滞洪补偿由单一性补偿转化为综合性补偿。现有政策补偿标准设计的单一性导致两个"不能适应"缺陷，一是不能适应城乡融合发展的需要，对农村三产交融、多业态融合的生产性需求考虑不足，补偿仅限农作物、农房和农机范围界定过于狭窄；二是不能适应"三生同步"发展的需要，对灾害中的非农业生产性损失补偿未作充分考量，绝大多数受灾企业和产业联合体的资产损失因得不到补偿而无法恢复再生产，缺乏长远考虑。因此，蓄滞洪补偿标准设计优化时应提高站位，适应乡村振兴战略实施和城乡融合发展的新要求，将单一性补偿改为综合性补偿，把因承担蓄滞洪功能而遭受的生产、生活损失都计入考量，补偿对象相应地要扩大到包括企业、非原居民在内的整个受灾群体。

3. 蓄滞洪补偿由央地共担性补偿转化为国家分类性补偿。对蓄滞洪补偿资金的运用应按分类负担的原则，以国家补偿为主体，对完全的内湖洪涝，由国家与省级共同负担；对整体性江河洪灾中因分洪而蓄滞洪的，应由中央财政转移支付补偿资金。秉持大江大河流域生态共建共治新理念，建立全流域跨省市蓄滞洪补偿基金，国家与相关各省市共同投入，健全横向补偿机制。

4. 蓄滞洪补偿由政策性补偿转化为立法性补偿。蓄滞洪补偿是国家江湖生态治理和防灾减灾体系现代化的重要内容，需要基于《蓄滞洪区运用补偿暂行办法》出台20年来的新情况新问题，尽快修改完善。应通过完善蓄滞洪补偿的探索实践,总结经验,健全长效体制机制。一要解决制度供给优化问题,二要解决补偿效果公平问题,需要从国家立法的层面确立蓄滞洪补偿规范体系,为此应尽早出台相关行政法规,对蓄滞洪补偿作出系统的高位安排。

第二节　化危为机发展安徽废钢产业

2021 年度长三角地区主要领导座谈会强调,长三角地区必须着力当好经济压舱石、当好发展动力源、当好改革试验田,在服务构建新发展格局、推进现代化建设中勇挑重担、走在前列。当前,全球大宗商品价格上涨,其中钢铁和有色金属及其矿石价格上涨迅猛,国内市场价格深受影响,给国家重大基础设施建设和众多企业经营带来巨大的成本压力。为此,安徽应发挥产业优势,以发展废钢产业为重要抓手之一,平抑市场和对冲企业成本压力。

一、大宗商品价格上涨及其对国内影响趋势

近年来全球大宗商品价格波动上涨,有三个主要推动因素:一是主要经济体政府出台大规模刺激方案,2020 年为了应对新冠疫情和经济衰退,全球主要经济体共增发货币约 14 万亿美元,相当于世界经济总量的 16%,美国 2021 年 1 月公布增发 1.9 万亿美元经济刺激计划,全球流动性环境持续处于极度宽松状态,市场普遍预期总需求将趋于旺盛;二是境外疫情明显反弹,印度、东南亚等地出现规模化疫情,其他地区疫情也此起彼伏,严重困扰经济运行,供给端仍存在制约因素,全球经济在后疫情时代的需求复苏进度阶段性快于供给恢复;三是国际贸易环境的干扰,影响大宗商品进口供给。根据世界医卫专家预测疫情将有中长期持续期和全球宽松货币供给时滞效应研判,大宗商品价格上涨将可能是中长期常态。

二、化危为机开辟安徽废钢产业新商机

钢铁产业是基础产业,受大宗原料商品价格上涨影响极大。从全国看,2019 年中国的粗钢产量为 9.963 亿吨,同比增长 8.3%。中国占全球粗钢产量的份额从 2018 年的 50.9% 上升至 2019 年的 53.3%。当年我国铁矿石每年进口量为 10.6 亿吨,对进口的铁矿石依存度达 80%,且定价权均由外方掌控,

价格一涨再涨。"十四五"时期，我国各项基础设施建设和新型城镇化发展对钢铁需求仍将维持高位，而大宗商品涨价势必对此产生巨大的负面影响。要突破进口依赖的约束，就必须深度发掘国内资源，废钢铁利用及其废钢产业正是可行之道。

1. 废钢铁资源利用商机巨大。2020 年我国废钢铁产生量超过 2 亿吨，按废钢铁资源年产生量占社会钢铁积蓄量 2%~3% 计算，2030 年将达 3 亿吨。未来 10 年，是我国废钢资源快速增长期，因而也是废钢资源再利用的机遇窗口期。如能够把 3 亿吨废钢铁充分利用，将减少 1/3 的矿石消耗与进口，从而大大增强国家钢铁产业安全。

2. 新工艺使废钢产业大有可为。长期以来，由于我国废钢及天然气资源短缺，我国钢铁工业一直采用长流程工艺，即铁矿石炼铁—转炉炼钢—轧制的工艺过程。目前我国钢铁行业的长流程占比近 90%，而美国、欧盟短流程（采用废钢加少量铁水的电弧炉炼钢）已经占到 40% 以上，就是用短流程的电弧炉冶炼—炉外精炼—轧制。长流程工艺导致废钢利用率低下，而短流程则将废钢铁充分利用，是我国钢铁工艺流程再造的发展方向之一。目前我国正在加力推动采用钢铁产业短流程工艺，其技术工艺已趋成熟。

3. "碳达峰""碳中和"催生废钢产业。钢铁产业一直是能耗和碳排放"大户"，"碳达峰""碳中和"是对钢铁产业未来发展的"紧约束"。废钢铁是钢铁工业的绿色资源，废钢产业具有较高的环保价值。数据表明，用废钢铁炼 1 吨钢比用铁矿石炼 1 吨钢可减少 1.6 吨碳排放、3 吨固体废渣，可替代 1.6 吨铁精矿，可节约 1 吨原煤和 1.7 吨新水，不仅减少碳排放，而且降低生产成本，有利于抑制涨价。

4. 发展安徽废钢产业具备良好基础。安徽马鞍山是国家重要的钢铁产业基地。马钢公司废钢资源再利用起步较早，经过多年不断探索，马钢废钢公司已逐步构建起 "基地 + 贸易 + 金融""互联网 + 废钢"新型商业模式，在规范有序生产经营、快速开拓市场、高效推进基地建设、完善风险防控等方面取得了良好业绩。2019 年经营废钢约 600 万吨，营业收入约 150 亿元；2020 年经营废钢约 1300 万吨，营业收入 300 亿元。宝武集团与马钢重组后，拟以马钢为核心，组建中国宝武集团欧冶链金再生资源有限公司。我们调研了解到，欧冶链金是中国宝武钢铁集团有限公司一级子公司，发展目标是成为全球一流的金属再生资源循环利用综合服务商、行业标准的制定者和市场的引领者为愿景，全面整合中国宝武旗下金属再生资源、汽车拆解、废旧钢铁回收、加工、仓储、配送基地及废钢国际贸易业务，通过分级分层分类的网络化布局，对接宝武网络型钢厂，快速推进中心基地和卫星基地建设，形成"一总部、多基地、网络化、辐射状"的多架构布局，规划三至五年内，高水平建设 20~30 家大型区域性废钢加工示范基地，以合作运营的方式设立 200~300 个卫星基地，国内市场占有率达到 30%，经营规模上亿吨，市值超千亿，进入世界 500 强。此项规划如果实现，就能成为全国废钢产业乃至钢铁产业的重要"压舱石"之一。

由此可见，化危为机把握商机窗口，利用废钢资源、运用短流程工艺创新，大力发展安徽废钢产业，有助于国家提高钢铁产业安全，有利于应对常态化的国际大宗商品价格上涨，有益于钢铁产业适应"碳达峰""碳中和"要求提高绿色发展水平，有利于安徽传统产业转型焕新，具有重大的战略意义。

三、支持安徽废钢产业发展的两点建议

从企业调研中我们感到，支持安徽废钢产业发展有两项当务之急，为此建议：

1. 深化地方与企业联动，增强发展合力。建议省政府和马鞍山市政府加强与宝武集团密切对接，促进宝武在马鞍山建设废钢产业基地项目加快推进，地方给予宝武废钢产业基地建设从城市规划、土地规划、环境评估、融资支持等方面的有力支持，加快落实项目决策和实施，在马鞍山建立国内重要的废钢产业总部经济。着力从营商环境上为欧冶链金再生资源公司提供全过程服务，促进该公司建设发展规划落地施行，保障该公司快捷便利地建构产业

链，在"十四五"期间建成千亿级产业主体。

2. 解决产业发展"痛点"，争取政策创新试点。调研获知，废钢产业的企业所需废钢多数来自报废的设备、汽车、船只、建筑结构等"社会废钢"，废钢铁资源供应方与废钢产业企业之间多为现货、现金交易，目前供应方前端不开票，造成税收转嫁至中后端回收加工企业，2011年增值税优惠政策取消后，废钢铁回收加工企业需按照实际销售额全额缴纳增值税，废钢铁回收加工企业的税负远高于一般行业水平，已成为废钢产业发展的突出"痛点"。目前部分废钢铁回收加工企业过度依赖地方财政奖补，但这不是长久之计。建议省政府联合宝武集团向国家税务总局及相关部委争取增值税征管办法政策创新试点，从引导废钢铁再生资源行业持续、健康发展出发，在安徽实行废钢铁再生资源行业简易征税办法试点，合理规范企业行为和产业生态；并以精准施策原则，有针对性地降低该行业增值税及营业税税率，减轻废钢铁回收加工企业的税收负担。

第四篇
营商环境与开放高地

第十五章
良好营商环境是建设现代产业体系的保障

第一节　营商环境是市场经济体制机制的集中表现

一、营商环境是产业生态的重要组成

近年来，随着我国经济进入高质量发展新阶段，对于如何促进传统产业转型升级和战略性新兴产业培育壮大，政商学各界都越来越关注且频繁使用"产业生态"的概念，并且对营商环境与产业生态赋予了逻辑联系，强调营商环境是产业生态的重要组成部分。

概念有其理论内涵。这里需要廓清的是，当人们把营商环境与产业生态建构逻辑关系时，就与在学科范畴中的"产业生态学"所研究的"产业生态"有所区别。

在产业生态学理论视野下，产业生态是研究产业与自然生态的关系，产业生态学（Industrial Ecology，IE），是 20 世纪 80 年代物理学家 Robert Frosch 等人把生态学的方法运用于分析产业及其与自然的关系，模拟生物新陈代谢过程和生态系统循环时开展的"工业代谢"研究。N.Gallopoulos 等人首先提出了产业生态系统和产业生态学的概念。学者们在 1991 年美国"产业生态学论坛"上，对其概念、内容和方法，以及应用前景进行全面系统的总结。

美国国际电气和电子工程师协会在一份《持续发展与产业生态学白皮书》报告中指出，"产业生态学是一门探讨产业系统、经济系统以及它们同自然系统相互关系的跨学科研究，涉及诸多交叉学科领域协同"，该学科是专门研究"产业可持续能力的科学"。简要而言，生态学是研究生物与环境之间相互关系的科学，而产业生态学则是研究人类产业活动与自然环境相互关系，采用工业代谢和生命周期评价方法，对包括原材料采掘、原材料生产、产品制造、产品使用、产品用后处理的产业活动全过程进行定性描述和定量模拟，并着眼于人类和生态系统的长远利益，追求经济效益、生态效益和社会效益的统一。产业生态学是产业经济学研究的一个新方向，是产业经济学与生态学交叉而形成的学科。产业生态学将产业作为典型的人工生态，分析产业的生态现象及其演替规律，研究产业组织、产业结构、产业分布、产业关联和产业环境理论。

近年来，我国学界对产业生态的研究在范围上有了扩展，即不仅研究产业发展与自然生态的关系，而且研究产业发展与社会环境的关系。如同经济学中的增长理论到新增长理论的演进，增长理论把经济增长的要素归结为自然资源、人力资源、资本和技术，但由此演进的新增长理论则进一步将制度、文化等因素视为经济增长的要素，从而使制度环境对经济增长的作用得到突出和重视。由此不难理解，当人们把制度性的营商环境视为产业生态的重要组成，把产业生态的概念外延扩展开来，其实就是按照这一理论逻辑来定义和描述的。营商环境是指市场主体在准入、生产经营、退出等过程中涉及的政务环境、市场环境、法治环境、人文环境等有关外部因素和条件的总和，其内涵大都属于制度性的体制机制。如果说，产业生态学侧重从"器物、技术"层面来定义和描述产业过程与自然环境的关系，而当下人们所谓的包括营商环境在内的产业生态则是强调了在"上层建筑"层面上产业主体发展周期与制度环境的关系。由此可知，当下官商学界常用的产业生态概念，不仅包括产业组织、产业结构、产业分布、产业关联和自然环境，而且涵盖产业发展的制度环境。

作为"上层建筑"的制度是为"经济基础"服务的，在当今时代的经济领域，经济体制机制就是为市场主体服务，为市场主体提供可预期、规范化和有效率的制度保障。制度作为一种"公共品"是由政府提供的，政府提供何种制度保障，直接影响着市场经济以及市场主体能否健康运行。营商环境围绕市场主体全生命周期进行了一系列制度安排，旨在以市场主体为中心，着眼于政府作为制度供给方为市场主体提供的体制机制安排。在这个意义上，营商环境可谓市场经济下体制机制的集中体现。

二、法治化、便利化、市场化是营商环境的核心内涵

关于营商环境，目前国际社会上的主流解释有两种：一种解释认为，营商环境是直接影响市场主体从准入、生产经营，再到退出等各环节质量、公平、效率的制度环境。这种观点着重考察一个地区在与企业日常经济活动直接关联的政务环境、法治环境的发展落实状况，即影响企业发展的"软环境"。世界银行颁布的营商环境指标体系，基本是按照这一种解释而设计的。另一种解释则放大了其外延，指出营商环境是影响企业投资、经营等经济活动的所有环境因素的综合考量，既包括与企业关联的直接因素，即"软环境"，也包括间接影响因素如生态环境、基础设施环境、人力资源环境等，即"硬环境"。这种解释可以说是我国各地在建设产业生态实践中，根据影响产业发展以及企业生命周期的现实重要因素而扩展的。两种观点的研究范围不一样，前者常被称为"狭义营商环境"，后者称为"广义营商环境"。从我国近年来各地优化营商环境的实践观察，大部分地方在设计考量营商环境指标评价体系时，均运用"10+N"模式，即以世界银行关于营商环境的10个指标为基础，加上N个扩展因子指标。因此，本章所谓的营商环境采用"广义营商环境"，并将在这个概念语境中分析安徽优化营商环境问题。

法治化、便利化、市场化是营商环境的核心内涵，"三化"水平的高低是

营商环境优劣的表征。市场经济的本质决定了营商环境的法治化，只有在法治化的制度安排下，产权才能清晰并且得到有效保护，资源也才能实现最优配置。市场的不确定性决定了营商环境要实现便利化，市场的动态多变性使得政府的相关制度规范不可能穷尽各种市场条件，因此政府应尽可能减少对市场的干预，而多提供便利化的服务，充分发挥企业的主体作用。中国特色社会主义市场经济改革方向决定了营商环境的市场化，市场在资源配置中起决定性作用，而政府积极配合，政府要维护市场权威、尊重市场规律、保障市场规则，发挥市场作用。从我国当下市场经济以及市场主体发展角度考量，良好的营商环境呈现为以下方面：

其一，竞争有序的市场体系。成熟的市场机制需要宽松的市场准入规则和严密的市场监督规则并存。在地方权限范围内，有目的地放宽对民营企业经营或投资范围的审核批准，逐步提高贸易便利化。同时在一些成熟的市场上，如金融、医药、法律等行业领域，政府应降低市场监督壁垒，坚持实施"竞争中立性原则"，努力实现市场上资金等各类资源的充分涌流。同时，加强与国际经贸规则对接，形成市场准入畅通、市场开放有序、市场竞争充分、市场秩序规范、企业自主经营公平竞争、消费者自由选择自主消费、商品和要素自由流动平等交换的现代市场体系。

其二，健全完善的法治环境。法治是体制机制的凝结，用法律法规形式将一定的体制机制加以规范，使体制机制成为可预期、确定性强的制度体系。市场环境瞬息万变，政府制定的法律法规也应不断调整。修订现行的法律制度，完善知识产权制度，使之适应现实市场营销环境，从而更好地保护投资者和企业的利益。地方政府是有效的法律制定者，同时也是强有力的法律监督者，应加强顶层设计，完善法治化营商环境制度框架。继续简政放权，放管结合，围绕优化市场秩序、提高政务服务、规范监管执法、加强法治保障等关键问题，明确一揽子制度性解决方案，确立基本操作规范。强化产权保护，打造公平公正的法治环境。

其三，高效便捷的政务服务。政府服务效率和服务质量是体制机制发生功用和效果的表征，对营商环境具有直接影响。良好的营商环境需要把法治原则贯穿到执法监督各个环节，需要聚焦"放管服"规范创新监管、加强市场主体保护、突出政务公开透明、严格责任追究等方面，充分体现"服务型政府"。要将法律法规付诸实践，将改革措施落到实处，充分满足企业对政务效率和质量的要求。推进政府治理体系和治理能力现代化，营造高效透明、诚信法治的政务环境。

其四，宽松自由的创新环境。创新是企业发展的第一动力和第一资源，只有良好的创新环境才能集聚各种信息、技术、资本、人才等优质生产要素。科学、理性、求实、自由的创新氛围有利于调动企业研发积极性，宽松灵活的创新环境有利于降低企业研发成本，成熟的创新载体和创新平台有利于企业研发成果顺应市场化，激发创新、保护创新、引领创新的体制机制为企业创新提供了保障。以上这些都是企业顺应市场变化、抓住市场机会、实现企业盈利的重要条件。

其五，坚强有力的人才支撑。在科技产业变革时代，创新型人才是一个国家或地区营造长期良好营商环境的重要基础。优化人才环境的前提在于高质量的经济发展环境，做大做强新经济总的根本在于建设良好高效的工作成长环境，提升人才利用效率，利用信息技术平台共享智力资源，做到人尽其才。优化人才环境的关键在于健全人才评价、流动与激励机制，畅通党政机关、企事业单位、社会各方面人才流动渠道。优化人才环境的基础在于建设兼容并蓄的城市开放环境，营造舒适生活人居环境，增强对人才资源的吸附力。

其六，稳健灵活的金融系统。金融是现代市场经济的核心，也是市场主体获得资本要素的重要来源。融资难易程度、资金使用效率和途径、金融业发展势头等很大程度上影响企业的资金成本，决定着投资者能否形成一个稳定可预期的市场前景判断，进而影响投资的积极性，因此会对营商环境造成很大的影响。良好的营商环境应具有多层次、灵活的资本市场和投融资环境，企业尤其是中小企业能够采取阶段参股、跟进投资、风险补助等多种方式进行创新创业活动，民间资本能够通过信用担保、扩大投资融资渠道等方式与企业需求链接起来，金融机构能够提供精准便捷的信贷服务、按照创新链配置资金链。另外，金融体系的稳定运行还需要加强金融服务实体经济的能力和风险抵御防范能力。

第二节　安徽营商环境现状的比较分析

安徽省在近年来大力推进营商环境的优化，提出与长三角沪苏浙先进省市营商环境"等高对接"，一方面取得了可观进展，另一方面与沪苏浙相比在某些领域仍有一定差距。以本书作者为主的安徽大学区域经济与城市发展研究院课题组于 2020 年就安徽与沪苏浙营商环境进行了比较研究，按照上述营商环境要点的逻辑，从市场环境、创新环境、人力资源、金融信贷服务、公共服务以及政府服务效率等六个方面定性，对比分析沪苏浙皖一市三省的营商环境，由此反观安徽营商环境现状。

一、沪苏浙皖营商环境的定性比较

我们梳理了长三角一市三省营商环境的状况，简要概括为表 15-1。

表 15-1　沪苏浙皖营商环境的定性比较一览表

项目	各省市主要做法	定性比较
市场环境	上海：营造公平竞争市场环境，实施高标准贸易自由化 江苏：对内强化监管减轻负担，对外扩大开放巩固优势 浙江：转变职能简政放权，大力发展民营经济 安徽：深化商事制度改革，破除企业发展障碍	上海市侧重市场法治建设推进贸易自由化；江苏省侧重强化监管扩大开放；浙江省注重推动民营经济的发展；安徽省强调深化商事制度改革激发市场活力

项目	各省市主要做法	定性比较
创新环境	上海：深入推进制度创新，开展知识产权大保护 浙江：持续优化投资结构，打造科技创新经济带 江苏：加强创新企业培育，打造最优创新生态 安徽：构建创新发展支撑体系，建设综合性科学中心	上海市注重创新制度的完善，尤其是知识产权保护；江苏省注重完善创新企业培育机制，激发创新主体活力；浙江省侧重科技与产业融合，科技创新应用效果显著；安徽省创新环境建设起步较晚，注重构建创新发展支撑体系
人力资源	上海：设立人才创新试验区，提升人才国际化程度 江苏：完善人才市场机制，实施全民创业工程 浙江：坚持人才优先发展，深化各项制度改革 安徽：规范人力市场秩序，创新人才发展机制	上海市更加关注吸引海外顶尖人才以及提升本土人才的国际化程度；江苏省不断完善人力资源市场机制，推行积极就业创业政策，强化人才队伍建设；浙江省重点培养技术人才，加强市县间交流共享；安徽省从多角度、全方位入手，致力于规范市场秩序，不断完善人才服务体系
金融信贷服务	上海：深化金融开放创新，打造金融科技生态 江苏：创建新型贸易融资平台，改善民企融资环境 浙江：走特色金融发展之路，打造区域金融发展生态圈 安徽：完善普惠金融制度，全力服务实体经济	上海市全力建设国际金融中心，注重金融对科创企业的支持；江苏省积极拓展贸易融资渠道，率先创建大数据贸易融资平台；浙江省推进绿色金融改革创新，发展金融特色小镇；安徽省积极完善惠普金融体系，推动农村金融体系建设
公共服务	上海：加强公共服务制度改革，注重平台建设 江苏：设置公共服务清单，完善"四全"服务模式 浙江：注重顶层设计，全面推进健康浙江建设 安徽：推动公共服务共建共享	上海市在政企事务处理中注重服务平台搭建、注重技术手段运用；江苏省立足省、市、县、乡多主体，明确主体建设责任；浙江省强调公共服务建设顶层设计，全方位多领域；安徽省强调公共基础设施共建，服务共享
政府服务效率	上海：简化流程，构建"互联网＋政务服务" 江苏：构建五级政务体系 浙江：加快政府服务数字化转型 安徽：建设平台载体，增合作促协同	上海市强调互联网在政务服务中应用，减轻政企事务处理负担；江苏省强调多级别政务体系建设，加强政府服务培训和监督；浙江省加快政府服务数字化转型，完善政府服务评价体系；安徽省强调服务平台建设，成立工作组快速服务企业

二、沪苏浙皖营商环境比较的定量分析

表 15-1 从市场环境、创新环境、人力资源、金融信贷服务、公共服务以及政府服务效率六个方面定性对比分析了沪苏浙皖的营商环境，为使比较分析更加科学，这里再对沪苏浙皖营商环境进行定量比较分析。考虑指标的可获得性，将上述六个方面归纳为宏观环境、市场环境、设施环境、政策环境四个维度，选取相应指标，构建评估长三角营商环境指标体系。宏观环境包括经济基础和开放基础两大内容，市场环境包括民营经济基础和要素基础两大内容，设施环境由交通基础、生活基础、创新基础三部分组成，政策环境包括行政基础和法制基础。长三角营商环境指标体系具体内容如表 15-2：

表 15-2　长三角营商环境指标体系

一级指标	二级指标	指标衡量	指标属性
宏观环境	经济基础	人均 GDP 人均固定资产投资总额 GDP 增长率	+ + +
	开放基础	进出口总额 当年实际使用外资金额	+ +
市场环境	民营经济基础	城镇居民消费水平 民营经济投资 民营经济就业人数	+ + +
	要素基础	高校在校人数 平均工资水平 技术市场成交额 土地资源供给	+ + + +
设施环境	交通基础	高速公路密度 高铁密度 货运周转率	+ + +
	生活基础	人均道路面积 供电能力	+ +
	创新基础	研发投入 省级专利授权数	+ +

续表

一级指标	二级指标	指标衡量	指标属性
政策环境	行政基础	政府干预动机	+
		政府行政治理	+
		企业税收负担	−
	法治基础	政府公正度	−
		知识产权保护	−
		劳动者权益保护	−

在宏观环境中，经济基础分别有 3 个评估因子，分别为人均 GDP、人均固定资产投资总额、GDP 增长率。人均 GDP 有助于了解和把握一个地区的宏观经济运行状况，能够比较客观地反映一地社会的发展水平和发展程度。一般而言，人均 GDP 较高的地区经济基础雄厚，居民生活富足，经济发展更为活跃，企业在当地落户的意愿也越强；人均固定资产投资总额反映了一地各种经济类型的投资强度，是一地扩大再生产能力的重要指标，是经济壮大规模，强化经营实力的重要保障；如果 GDP 增长率较高，说明当地拥有良好的经济发展潜力和发展后劲，具有提供良好的发展前景。开放基础拥有进出口总额和当年实际使用外资金额 2 个评估因子，2 个评估因子综合反映了一地经济发展的外向性和对外开放程度，是与国际接轨，提升国际竞争力的重要影响因素。

在市场环境中，民营经济基础包括城镇居民消费水平、民营经济投资、民营经济就业人数 3 个评估因子，一地城镇居民消费水平越高，说明该地居民生活质量越高，居民拥有更多的可支配收入进行消费，拥有足够的能力购买产品与服务，是基础性因素。民营经济投资和民营经济就业人数综合反映了一地民营企业的发展状况，民营经济投资总额越大，说明民营企业发展态势良好，一定程度上说明该地营商环境越好。民营经济就业人数越多表明民营企业可以提供较多的就业岗位和较高的薪酬水平，能够为地区经济发展做出更大贡献。同时民营经济就业人数也是衡量一地企业综合实力的重要指标。要素基础包括高校在校人数、平均工资水平、技术市场成交额、土地资源供给等评估因子。由于本地高校毕业学生有一部分倾向于留在当地工作,因此高校在校人数为当地经济发展提供了人才储备。平均工资水平可以有效衡量一地就业市场的吸引力,平均工资水平越高的地区不但能够留住本土人才,还能吸引外地人才前来就业,这满足了企业的用工需求。上述 2 项评估因子是判断人力资本供给的重要指标。技术市场成交额反映了一地技术转移、技术服务社会的总体状况,技术是经济发展的内生动力,也是经济持续发展的源泉,是营商环境的重要组成部分。土地资源供给反映了一地土地市场的活跃程度,扩大再生产需要充足的土地资源,在土地资源充裕的地区,可以利用较低的成本拿地用地,从而降低运营成本,缓解经营压力。

在设施环境中,交通基础包括高速公路密度、高铁密度、货运周转率 3 个评估因子,3 个评估因子全面体现了一地交通运输能力和交通通达性,高密度的公路和高铁网络能够加速区域间和区域内部人流、资金流、信息流的交换,较高的货运周转率意味着一地货物运输的高效率,这些都是一地塑造良好营商环境的必备因素。生活基础包括人均道路面积和供电能力 2 个评估因子,通过人均道路面积可以判断一地交通的便捷性,通过供电能力可以评估一地居民生活、企业生产的电力能源供给和消耗情况。2 个评估因子也是塑造营商环境需要重点考虑的指标。创新基础包括研发投入和省级专利授权数 2 个评估因子,创新是经济发展的内生动力,是实现生产要素出现边际收益递增的关键因素。一地研发投入越大,说明当地政府和企业更为关注高新技术产业发展,利于形成创新创业的良好氛围,对于高新技术企业和高科技人才的吸引力会日益增强。专利授权数是评价一地科技研发转化为应用成果的有效指标,专利授权数越高说明当地科技研发取得了一定水平的经济效益和社会效益,是地区创新能力的重要体现。强大的科研实力和科技人才力量对于区域创新发展具有显著的正向溢出作用,实现生产要素的集约利用。

在政策环境中,行政基础包括政府干预动机、政府行政治理、企业税收负担 3 个评估因子。政府干预动机用省财政收入 / 省财政支出来表示,该计算方法能够有效测度政府财政收入减少与事务支出扩大的矛盾,为了弥补财政不足,地方政府与市场主体竞争经济资源的动机会逐渐增强,对营商环境会造成一定程度的负面影响。政府行政治理用行政审批手续简洁程度企业抽样评分测度,烦冗的行政审批流程往往蕴含着更大的寻租空间,审批时间的延长和成本的上涨将提高开展项目投资和建设的市场风险。企业税收负担用地级市企业税收收入/企业营业收入表示,征税比率上升将增加企业的税收负担,阻碍经济的发展。上述3个评估因子数值越高,对一地营商环境的塑造越不利。法治基础包括政府公正度、知识产权保护、劳动者权益保护3个评估因子,政府公正度用渎职和贪污人数/城市人口衡量,政府官员清正廉洁意味着公权力的合理使用,公权力的合理使用才能维护市场的有效性,有效市场进而引导资源流向更具活力的地区。知识产权保护用专利执法结案数/立案数表示,良好的知识产权保护能够降低技术创新的风险,从而提升技术创新的收益预期和动机。劳动者权益保护用劳动争议案件数/总人口表示,劳动纠纷增加意味着执法强度降低,劳动者权益受损,将对当地营商环境造成巨大冲击。

表 15-3 为每个评估因子的原始数据:

表 15-3   2012 年和 2017 年评估因子原始数据

		2012 年	2017 年		2012 年	2017 年
上海	人均 GDP(元)	85373	126634	江苏	68347	107150
	人均固定资产投资总额(元)	22073	29969.4		40033.66	66010.9
	GDP 增长率(%)	7.5	6.9		10.1	7.2
	进出口总额(亿美元)	4367.58	4761.23		5391.1	5616.9
	当年实际使用外资金额(亿美元)	151.85	170.08		357.59	251.35
	城镇居民消费水平(元/人)	39095	57507		24100.57	45865
	民营经济投资(亿元)	1090.9	1141.86		21293.5	37485.5
	民营经济就业人数(万人)	712	1344.3		2232.9	3394.1
	高校在校人数(人)	506596	514917		1671173	1767877

续表

		2012 年	2017 年		2012 年	2017 年
上海	平均工资水平（元）	56300	85582	江苏	51279	79741
	技术市场成交额（亿元）	518.75	810.62		400.91	778.42
	土地资源供给（建设用地，千公顷）	302	308.8		2225.7	2311
	高速公路密度（公里/万平方公里）	1271.29	1307.57		426.02	456.92
	高铁密度（公里/万平方公里）	720.82	733.44		229.53	270.01
	货运周转率（亿吨·公里）	20427	25058		8474.63	9726.51
	人均道路面积（平方米）	4.08	4.51		22.35	25.62
	供电能力（亿千瓦时）	1353.45	1526.77		4580.9	5807.89
	研发投入（亿元）	635	1158		1230	2318.5
	省级专利授权数（件）	51508	72806		269944	227187
	政府干预动机（%）	89	88		211	199
	政府行政治理（调查得分）	6.25	8.95		9.1	9.03
	企业税收负担（%）	23.5	23.9		15.6	17.7
	政府公正度（%）	0.00186	0.000699		0.00259	0.00247
	知识产权保护（%）	74.5	102.5		31.7	103
	劳动者权益保护（%）	0.276	0.237		0.0708	0.083
浙江	人均 GDP（元）	63373.6	92057	安徽	28792.3	43401.4
	人均固定资产投资总额（元）	31214.1	55022.1		25142	46660
	GDP 增长率（%）	8	7.8		12.1	8.5
	进出口总额（亿美元）	3124.03	25605.3		393.3	536.4
	当年实际使用外资金额（亿美元）	162.2	179		86.4	159
	城镇居民消费水平（元/人）	28259.18	38730		16131.35	23888
	民营经济投资（亿元）	10579	18152		9016.2	19233.4
	民营经济就业人数（万人）	1546.2	2695.8		646.2	1232.7
	高校在校人数（人）	932292	1002346		1023000	1147000
	平均工资水平（元）	40087	60665		44601	65150
	技术市场成交额（亿元）	81.31	324.73		86.16	249.57

续表

		2012 年	2017 年		2012 年	2017 年
浙江	土地资源供给(建设用地,千公顷)	1240.9	1318.2	安徽	1943.4	2014.9
	高速公路密度(公里/万平方公里)	355.4	408.05		229.94	334.74
	高铁密度(公里/万平方公里)	173.54	254.13		233.86	307.55
	货运周转率(亿吨·公里)	9183.3	10105.81		9792.7	11414
	人均道路面积(平方米)	17.88	17.28		18.47	22.19
	供电能力(亿千瓦时)	2778.85	4192.6		1361.1	1921.48
	研发投入(亿元)	707	1260		275	542
	省级专利授权数(件)	188431	213805		43321	58213
	政府干预动机(%)	154	137		76	78
	政府行政治理(调查得分)	6.64	6.18		4.03	1.35
	企业税收负担(%)	16	16.64		14.1	13.94
	政府公正度(%)	0.0321	0.00215		0.00293	0.00292
	知识产权保护(%)	77.7	100		40.8	93.8
	劳动者权益保护(%)	0.0815	0.0869		0.0197	0.0376

结果分析:

首先运用极差法将各项评估因子进行标准化,处理过程如下:

$$Y_{ij} = (x_{ij} - x_{ij\,min}) / (x_{ij\,max} - x_{ij\,min}) \quad 正指标$$

$$Y_{ij} = (x_{ij\,max} - x_{ij}) / (x_{ij\,max} - x_{ij\,min}) \quad 负指标 \qquad (1)$$

上式中 Y_{ij} 为各项评估因子标准化之后的值,x_{ij} 为各项评估因子的实际值,$x_{ij\,max}$ 和 $x_{ij\,min}$ 分别为评估因子的最大值和最小值。继续运用熵权法对各项评估因子进行赋权,由于熵权法赋权可以避免人为主观因素的影响,同时保留大部分评估因子的原始信息,因此,用熵权法进行赋权可以更好保持评估因子的客观性。熵权法的计算步骤如下:

$$P_{ij} = Y_{ij} \Big/ \sum_{i=1}^{m} Y_{ij} \quad (i = 1, 2, \cdots, m; \ j = 1, 2, \cdots, n) \qquad (2)$$

上式中 i 为长三角地区数量(一市三省),j 为评估因子数量。对于特定

的评估因子 j，如果 Y_{ij} 的差异越大，则该评估因子对所属评估层的作用就较大。

$$E_j = -t\sum_{i=1}^{m} P_{ij} \times \ln P_{ij} \quad (i = 1, 2, \cdots, m; \ j = 1, 2, \cdots, n) \tag{3}$$

上式中 $t = 1/\ln m$，若 $P_{ij}=0$，则定义 $\lim_{P_{ij}} P_{ij} \times \ln P_{ij} = 0$，$E_j$ 为第 j 个评估因子的熵值，设 W_j 为第 j 个评估因子的熵权，计算方法为：

$$W_{ij} = \frac{1 - E_j}{\sum_{j=1}^{n}(1 - E_j)} \quad (i = 1, 2, \cdots, m; \ j = 1, 2, \cdots, n) \tag{4}$$

假设不同 U_{ij} 表示长三角不同地区营商环境的综合水平，U_{ij} 的值越高说明该地区营商环境越好。U_{ij} 的具体计算方法如下：

$$U_{ij} = \sum W_{ij} \times Y_{ij} \times 10000, W_{ij} \geq 0, = 1, j = 1, 2, ..., n \tag{5}$$

按照上述计算方法，2012 年和 2017 年评估因子权重数值如表 15-4：

表 15-4　2012 年和 2017 年评估因子权重

评估因子	权重	
	2012 年	2017 年
人均 GDP（元）	0.0616	0.0639
人均固定资产投资总额（元）	0.0073	0.0045
GDP 增长率（%）	0.0188	0.0213
进出口总额（亿美元）	0.091	0.1316
当年实际使用外资金额（亿美元）	0.0126	0.0183
城镇居民消费水平（元/人）	0.065	0.0618
民营经济投资（亿元）	0.0481	0.0443
民营经济就业人数（万人）	0.0036	0.0138
高校在校人数（人）	0	0
平均工资水平（元）	0.0365	0.0395
技术市场成交额（亿元）	0.1181	0.0805
土地资源供给（建设用地，千公顷）	0.0188	0.0157
高速公路密度（公里/万平方公里）	0.1561	0.1294

评估因子	权重	
	2012 年	2017 年
高铁密度（公里/万平方公里）	0.1435	0.1064
货运周转率（亿吨·公里）	0.0973	0.0966
人均道路面积（平方米）	0.016	0.0098
供电能力（亿千瓦时）	0.0065	0.0121
研发投入（亿元）	0.0182	0.0307
省级专利授权数（件）	0.0329	0.026
政府干预动机（%）	0.0168	0.0127
政府行政治理（调查得分）	0.0313	0.0812
企业税收负担（%）	$3.30E^{-15}$	$2.77E^{-15}$
政府公正度（%）	0	0
知识产权保护（%）	$3.14E^{-14}$	$3.70E^{-14}$
劳动者权益保护（%）	0	0

本文数据来源于中国统计年鉴和各省市的统计年鉴与统计公报，选取时间段为 2012 年和 2017 年。

表 15-5 为 2012 年长三角一市三省营商环境的详细评价结果。2012 年长三角地区上海营商环境得分最高，且远远领先于长三角其他地区，上海作为全国金融中心，长三角核心城市，种种优化营商环境的举措值得长三角其他地区学习借鉴。上海凭借前沿的开放意识、活跃的市场氛围、高水平的城市治理、充足的人才储备、友好的营商政策对企业安家落户产生了巨大吸引力，是长三角优化营商环境的对标城市。江苏和浙江两省均属于长三角传统发达地区，两省乡镇企业、外向型经济发展具有较大优势，各项经济指标旗鼓相当，在营商环境的塑造方面也取得了较大成效。安徽营商环境得分相对于沪苏浙地区存在差距，这也是阻碍安徽经济实现高质量发展的重要因素。

分项指标得分在长三角不同地区存在一定差异。上海的宏观环境得分在各分项指标中最高,说明上海雄厚的经济基础和较高的对外开放水平对营商环境的提升具有突出贡献。江苏和浙江的设施环境得分在各分项指标中排名靠前,说明两地营商环境的改善更依赖于基础设施建设和技术创新。安徽的市场环境得分相对较高,表明安徽拥有经济发展的必备生产要素,但是经济基础薄弱、基础设施建设落后仍然是限制营商环境提升的短板。长三角各地区政策环境得分均较低,充分说明长三角政府在服务经济主体方面仍然存在较大空间,这是长三角未来改善营商环境的重点突破方向。

表 15-5　2012 年长三角民营企业营商环境得分

地区	宏观环境	市场环境	设施环境	政策环境	总分
上海	114.8414	93.1484	79.0229	0.0042	287.0169
江苏	29.9008	27.2906	58.9505	0.0019	116.1438
浙江	47.3806	41.2725	77.2319	0.0025	165.8875
安徽	26.7240	42.9764	27.4068	0.0012	97.1083

2017 年长三角营商环境得分相对于 2012 年有所提高,但是分项指标得分次序相同,反映了长三角营商环境在一定程度上具有"路径依赖"特征,经济社会发展的循环效应和自我强化效应对于营商环境打造有重要影响。

表 15-6　2017 年长三角民营企业营商环境得分

地区	宏观环境	市场环境	设施环境	政策环境	总分
上海	172.0197	137.4147	89.6659	0.0143	399.1147
江苏	44.6245	44.0789	60.0727	0.0043	128.7804
浙江	94.8102	56.6614	77.9673	0.0052	218.4441
安徽	26.6579	43.3507	27.8378	0.0010	93.8474

图 15-1 展示了 2013 年至 2017 年长三角民营企业营商环境得分变化情况,上海营商环境得分在五年中涨幅最大,以 39.06% 的涨幅位居长三角首位,凸显了上海营商环境在长三角的主导地位和标杆作用。上海拥有良好的发展基础,近年来,随着长三角区域中心城市地位的加强,营商环境取得了快速进步,是长三角其他地区塑造营商环境重点对标的城市。浙江以 31.68% 的增幅位居长三角第二,说明浙江关于营商环境建设取得了较大成效。浙江

服务的主动意识和工作能力促进了营商环境的逐步优化。江苏以10.88%的增幅排名第三。总体而言，沪苏浙地区营商环境呈现出不断优化的发展趋势。而安徽营商环境得分没有得到提高，出现了很小幅度下降，与沪苏浙地区的差距越发明显。由此可见，长三角地区营商环境建设过程中的"马太效应"和"极化效应"问题凸显，上海营商环境建设对相邻的江浙地区具有正向的空间溢出效应，沪苏浙地区营商环境的改善并未对安徽起到带动作用，这种非均衡的发展局面不利于长三角经济高质量一体化发展。

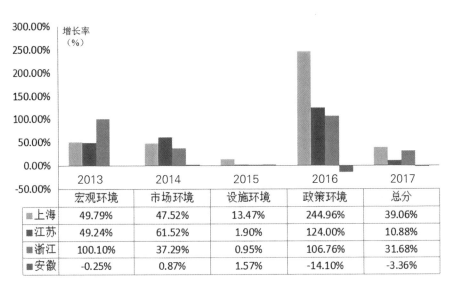

	宏观环境	市场环境	设施环境	政策环境	总分
■上海	49.79%	47.52%	13.47%	244.96%	39.06%
■江苏	49.24%	61.52%	1.90%	124.00%	10.88%
■浙江	100.10%	37.29%	0.95%	106.76%	31.68%
■安徽	-0.25%	0.87%	1.57%	-14.10%	-3.36%

图15-1　2013年至2017年长三角民营企业营商环境得分变化情况

就分项指标得分变化而言，浙江宏观环境得分增幅超过了100%，说明五年中浙江经济发展和对外贸易取得了长足进步，上海和江苏的增幅较为接近。沪苏浙皖一市三省的市场环境得分均出现了不同程度的增长，但是安徽该指标增幅明显低于沪苏浙地区。设施环境得分长三角一市三省均出现了不同程度的上升，其中上海以13.47%的增幅位居长三角第一，江苏和安徽该项指标增幅也超过了1%，表明长三角地区在基础设施建设和科技创新等方面的投入为经济持续向好发展提供了充分的保障。沪苏浙地区政策环境得分涨幅明显高于其他指标，三地政策环境得分涨幅均超过100%，表明三地政府对于提升营商环境作出了不懈努力，并取得了卓越的成效。政府服务意识的加强，服务效率的提高，优惠政策的出台有利于新型政商关系的建立，有利于规范经济发展的市场秩序，对于营商环境的持续优化提升具有重要意义。总体而言，上海分项指标得分均出现了不同程度的增长，营商环境的提升最为显著。江苏和浙江两地除了设施环境指标外，其余分项指标得分同样呈现出增长态势。而安徽有宏观环境和政策环境指标得分出现增长，其他指标增长幅度远低于长三角其他地区，说明安徽营商环境和长三角发达地区仍然存在较大差距，长三角营商环境发展非均衡局面依旧是阻碍长三角一体化的重要因素。

第三节　安徽优化营商环境的新进展及存在的问题

一、安徽优化营商环境的新进展

在近年来着力优化营商环境取得阶段性成效的基础上，根据立足新发展阶段、贯彻新发展理念、构建新发展格局的现实要求，特别是借势安徽自贸试验区于2020年获批建设，安徽加大了优化营商环境的力度，同时提高了优化营商环境的标准。2020年期间，安徽连续出台了三个具有标志性的政策文件。

其一，《安徽省实施〈优化营商环境条例〉办法》（简称《办法》）颁布并自2020年1月1日起施行。《办法》综合了近年来安徽打造"四最"营商环境、开展"四送一服"、加强市场主体保护、优化市场环境、提升政务服务等方面的一系列政策，总结了已形成的大量行之有效的经验、做法，把优化营商环境有关政策做法上升到规章制度层面，有针对性地解决安徽优化营商环境实际工作中存在的问题，使其进一步系统化、规范化，增强权威性、时效性和法律约束力。《办法》体现了安徽在创优"四最"营商环境方面的创新特色做法，包括：努力建成全国审批事项最少、办事效率最高、投资环境最优、市场主体和人民群众获得感最强省份之一的工作目标；市场主体在反映问题解决问题方面发挥积极作用的省"四送一服"综合服务平台；以建设新型全省政务服务"皖事通办"为目标，加快推进全省网上政务服务平台、各地政务服务中心建设、综合窗口集成服务改革、"最多跑一次"改革和建立政务服务"好差评"制度等；紧扣"长三角区域一体化发展"主题的长三角法治营商环境协同机制；在企业开办方面实行统一的企业登记业务规范；各级政务服务中心推行每周 7 天、每天 24 小时全天候"随时办"服务等。《办法》针对公共资源交易规则还不够完善、服务供给还不够充分、交易监管还不够到位和工作推进还不够平衡等问题，以及融资难的问题，审批服务需要进一步提速增效、便民利民等问题，影响市场主体的政策在出台前要给市场主体适应调整时间的问题，均设计相应条款提出应对措施或者解决途径。《办法》坚持对标提升，在内容设计上坚持对标国家有关要求，如"双随机、一公开"监管上的要求、降低民营企业、中小企业融资成本上的要求；注重复制借鉴外省先进经验做法，如外省市在营商评价激励机制、举报投诉机制等方面的经验做法等。

其二，2020 年 1 月，安徽省创优"四最"营商环境工作领导小组办公室印发《创优营商环境提升行动方案升级版》（简称《升级版》），旨在全面贯彻落实党中央国务院重大决策部署，推动形成更加稳定、公平、透明、可预期的一流营商环境。《升级版》由 1 个主文件和 20 个附件组成。其中，主文件从明确总体目标、压实工作责任、强化统筹调度、营造浓厚氛围等方面提出明确要求，要求全省各地各部门确保各项行动取得扎扎实实的成效。20 个附件包括企业开办、工程建设项目报建、获得电力、不动产登记、获得信贷、保护中小投资者、跨境贸易、纳税服务、执行合同、政府采购、劳动力市场监管、办理破产等 20 项具体行动方案。概括而言，《升级版》呈现以下主要特点：一是在指标体系上坚持精准对标，即精准对标我国、世行的营商环境评价指标体系及方法标准，逐一制定有针对性的行动方案，明确牵头部门，力求精准、可操作、可考核、可评价。二是在工作目标上坚持瞄准一流，坚持对标对表国际国内领先水平，定量目标大多瞄准全国第一或并列第一、定性指标提出位居全国前列或第一方阵，如企业开办提出一日办结，不动产登记 3 个工作日内办结，纳税服务 110 个小时。三是在改革举措上坚持特色创新，围绕市场主体关切，复制推广但不局限于京沪等地经验做法，推出了一批高含金量的改革举措。比如，将部分市实行的免费刻章服务在全省范围内推广，建设"万事通办"平台、水电气进政务服务大厅及"皖事通"办理、在全省各级政务服务中心开展 7×24 小时不打烊"随时办"服务，建立银行业金融机构绩效与小微信贷投放挂钩的激励机制，健全破产管理人机制，建立跨区域职称互认工作机制、为民营企业专业技术人员职称评审开辟"绿色通道"、实行单独分组单独评审，建立健全权责清单动态调整机制等。同时，每项行动方案增加了新、旧流程图对比和改进提升对比表等，简明扼要，一目了然。最后是在推进机制上坚持协同共治，完善领导小组办公室统筹调度、主管部门牵头部门主动作为、相关部门通力协作、各地推进落实、全社会共同参与的线上线下工作机制，充分发挥营商环境评价示范监督作用，形成人人参与营商环境建设的强大合力。

其三，2020 年 10 月，安徽省政府办公厅印发《进一步优化营商环境更好服务市场主体工作方案》（简称《方案》），对标国际一流标准改善营商环境，在持续提升投资建设便利度、进一步简化企业生产经营审批和条件、优化外贸外资企业经营环境、降低就业创业门槛、提升涉企服务质量和效率、完善优化营商环境长效机制等 6 个方面，包括 20 项工作内容、57 条改革举措。为破解企业生产经营中的堵点痛点，更加激发市场活力，增强发展内生动力，努力打造国际化的营商环境，《方案》要求：一是持续提升投资建设便利度。《方案》明确，优化再造投资项目前期审批流程，进一步提升工程建设项目审批效率，深入推进"多规合一"。在 2020 年年底前，依托"皖事通办"平台，推进工程建设项目审批管理系统与各部门审批系统互联互通，实现工程建设项目审批涉及的行政许可、备案等政务服务事项线上办理，实现项目信息、审批结果实时共享。二是简化企业生产经营审批和条件。安徽将进一步降低市场准入门槛，精简优化工业产品生产流通等环节管理措施，降低小微企业等经营成本。其中，将登记注册材料从 5 份压减至 2 份，实行"一日办结"，允许"一照多址"登记；在工程建设、政府采购等领域，加快推行以保险、保函等替代现金形式保证金工作；加快建设省中小微企业综合金融服务平台，着力纾解中小微企业资金困难和问题。三是优化外贸外资企业经营环境。将进一步提高进出口通关效率，拓展国际贸易"单一窗口"功能，减少外资外贸企业投资经营限制。其中，在 2020 年 12 月底前货物海关通关时间比 2017 年全面压缩 50% 以上，全面推行外资企业属地登记管辖，稳步推进外资企业标准化、规范化、智能化注册登记。四是将优化部分行业从业条件，促进人才流动和灵活就业，完善对新业态的包容审慎监管，增加新业态应用场景等供给，进一步降低就业创业门槛。支持各地进一步拓宽"地摊经济"场所和时间，实施审慎包容监管；将网约车经营监管纳入部门联合抽查清单；2020 年 10 月底前在"皖事通办"平台上线 500 项社会服务。五是提升涉企服务质量和效率。《方案》明确，推进企业开办经营便利化。依托"皖事通办"平台，在税务、人力资源社会保障、公积金、商业银行等服务领域加快电子营业执照、电子印章应用，推进企业开办类事项"一网通办、全程网办"，推动更多涉企事项"跨省通办"。六是完善优化营商环境长效机制。省内各地出台惠企措施要公布相关负责人及联系方式，实行政策兑现"落实到人"；动态调整涉企收费清单，2020 年底前完成省市县三级涉企收费清单动态调整。

二、安徽营商环境建设成效的阶段性评估

在 2020 年上半年连续出台优化安徽营商环境文件的基础上，安徽各地根据省委省政府部署，大力推进建设"四最营商环境"的各项工作。经过近一年的努力，应该说取得了阶段性新进展。评估新进展的成效，不仅需要自我测评，更需要外部第三方的估量；不仅需要自我比较，更需要与外部比较。在开放的市场经济下，营商环境决定着一个地方能否吸引外部资源自由和高效流动，从而达到发展资源的充足丰富和有效配置。因此，外部第三方评估反

映着一个地方营商环境的公共形象，体现着外部各界对一个地方营商环境的观感与考量。

营商环境测评是近年来国内第三方咨询服务机构的热点选题，各机构的评估报告可谓汗牛充栋。第三方评估立场相对超脱，可避免各地"自说自话"，客观性公正性较强，因此可以相对真实地反映各地营商环境的状况和水平。这里选取粤港澳大湾区研究院、21世纪经济研究院的评估数据，来观测安徽2020年优化营商环境取得的进展。需要说明的是，之所以选取该机构的评估，是考虑到该机构的评估数据涵盖了国内直辖市和全部地级城市，具有全面性；该机构通过在线监测数据、企业满意度调查和实地调研结合的方式进行评估，方法的科学性比较强；该机构采用6个维度，包括软环境、基础设施、社会服务、市场总量、商务成本、生态环境进行测评，属于上述的"广义营商环境"范畴，与本书定义和使用的营商环境概念大体相符。

粤港澳大湾区研究院、21世纪经济研究院于2020年12月21日联合发布了2020年中国296个城市营商环境报告，其中对296个地级以上城市营商环境总水平作了排序，列出了前200名城市名单。营商环境总水平涉及6个一级指标，其中软环境指数权重最大，占25%，市场容量和生态各占20%，社会服务、基础设施分别占15%的权重，商务成本占10%的权重。基于上述分项指标的数据汇总测算，形成城市营商环境的总水平指标结果。在这个营商环境总水平评估名单表中，安徽省有14个城市位居前200名。具体排序如表15-7所示。

表15-7　安徽城市营商环境总水平评估排序

城市	排序	城市	排序	城市	排序	城市	排序
合肥	25	宣城	92	蚌埠	141	淮北	193
芜湖	55	六安	107	阜阳	143	淮南	200
黄山	83	安庆	139	滁州	168		
马鞍山	91	池州	140	铜陵	177		

该机构报告还指出,合肥营商环境总水平较2018年报告期排名提升,远超全国一些副省级城市、省会城市,为经济活跃度高的黑马城市。在第50—100名城市中,芜湖和黄山表现"抢眼",因而被称为"黑马特征明显"的城市。

由此可以确认,一方面,安徽持续发力优化营商环境取得了可观成效,有5个城市进入全国地级以上城市百强,且位次均在上升。另一方面,全省营商环境总水平地方之间的不平衡特征也较为明显,多数城市排名在百名之后,合肥与淮南的位次相差达175位。

三、安徽营商环境目前存在的突出问题

根据第三方评估和我们实地调研,2020年安徽优化营商环境取得了新进展新成效,但仍然存在一些亟须解决的问题。择其要者,至少有以下突出问题应予关注。

一是全省营商环境建设水平不平衡。在表15-7的排名中,安徽仅有合肥进入前50强,多数城市在百名位次之后。从分区域看,排名在百强位次内的芜湖、黄山、马鞍山和宣城都是毗邻或靠近苏浙的城市,而安徽北部和西部城市排名则多在百名位次之后。进一步观察还看到,中心城市营商环境较为普遍地强于县级中小城市,县级中小城市营商环境的基础设施"硬件"和科技创新环境、人才环境、融资环境等"软件"均与中心城市差距较大。再从分企业看,大企业得到的各种服务较为普遍地好于中小企业,特别是中心城市的战略性新兴产业的大企业在获得政策支持、资源供给、放权让利等方面都备受当地关注和支持,他们对营商环境支撑的"获得感"远好于非中心城市的中小企业的"获得感"。

二是惠企政策体系的内在系统性仍有欠缺。上至国家下到省市县各级政府为支持实体经济发展而出台了大量的惠企政策,这些政策虽然涵盖了企业发展的方方面面,但又是由各层级各部门多头出台。由于各层级各部门的权责和职能不同,各自出台的营商环境政策大都注重各自权责和职能范围的事务,从而导致"多头政策衔接缺失"的问题。调研发现,企业面对各级各部门

投放的大量政策往往产生"选择困难综合征"，难以把握惠企体制机制的系统性逻辑，因而也就很难充分享受到政策红利。此外，各级各部门出台的惠企政策是有其享受标准的，但由于不同部门对政策标准的理解和把握不同，导致有的部门认为企业达到了享受政策的标准，而有的部门则认为没有达到相关标准不能享受，这种政策标准尺度及其把握的分歧冲突使得企业无所适从，产生政策虽好却落实难的困境。

三是营商环境中的"信息壁垒"和"信息孤岛"障碍亟待消除。营商环境相关基础信息和政务服务信息在各地各部门之间还存在分割阻隔现象，信息的互联互认程度较低，信息不能有效共享已成为营商环境优化再提升水平的瓶颈。调研发现，由于信息不能有效共享，难以建设实时的、涵盖企业开办和注销、监管信息、税务信息、财务信息等全方位的企业信用评价体系；没有企业信用体系基础，审批承诺制改革难免流于形式，企业信用贷款难、额度小问题依然存在，融资难现状难以扭转；由于信息不能有效共享，难以建立多部门联合监管机制，难以从源头上解决多头执法、重复执法、执法缺位的问题，也就难以减少对企业的干预频次；由于信息不能有效共享，无法形成多部门联动响应，难以构建"一处违法、处处受限"的联合惩戒机制；由于信息不能有效共享，企业向不同部门重复提报资料的情况就难以改变，徒增企业负担。

此外，调研还发现，目前企业对营商环境问题反映较多的还有民营经济企业家对政策环境存在困惑和顾虑、中小企业融资难融资贵、企业升级所需技术技能人才难引进难留下等问题。

第四节　进一步优化安徽营商环境展望

"十四五"时期是我国全面建成小康社会、实现第一个百年奋斗目标之后，乘势而上开启全面建设社会主义现代化国家新征程、向第二个百年奋斗目标进军的第一个五年。安徽进入加快建设现代化美好安徽的新发展阶段，进一步优化营商环境必然成为极其重要的一项战略任务。"十四五"时期，长三角区域一体化深入推进,长三角一市三省在科创、产业等各领域的联动、协同与合作将更加深广地展开,营商环境的对接与联通也势必成为客观趋势和要求。因此,安徽需要把握营商环境建设新态势,对标沪苏浙,与时俱进,与势俱进,加力构建一流的营商环境。

一、"十四五"长三角区域营商环境建设新态势

根据长三角区域沪苏浙皖颁布的"十四五"发展规划,我们梳理了一市三省规划中有关优化营商环境的推进目标和主要任务。

上海:激发各类市场主体活力。毫不动摇巩固和发展公有制经济,毫不动摇鼓励、支持、引导非公有制经济发展。加快国有经济布局优化、结构调整、战略性重组,推进国有资本向重点产业、重要行业和关键领域集中,进一步盘活国有资产存量,进一步加大不符合城市功能定位产业领域的退出力度,对于充分竞争领域国家出资企业和国有资本运营公司出资企业,探索多元化的国有持股形式,积极开展混合所有制企业员工持股、科技型企业股权分红等中长期激励机制,全面提升国有企业的创新水平。积极支持民营经济发展壮大,培育更多千亿级龙头企业和细分领域隐形冠军企业,构建亲清政商关系,弘扬企业家精神,破除制约民营企业发展的各种壁垒,加大产权和企业家合法权益保护力度,进一步增强民营企业发展信心,让民营经济创新源泉充分涌流、创造活力充分迸发。健全高标准投资促进体系,加强外商投资服务和合法权益保护,打造新时代外商投资首选地和高质量外资集聚地。持续打造市场化、法治化、国际化营商环境,全面优化综合服务环境,把上海建设成为贸易投资最便利、行政效率最高、服务管理最规范、法治体系最完善的城市之一,争取在国际排名中稳步提升。持续深化"放管服"改革,全面推进"一业一证"改革试点,推动业务流程革命性再造,推动经济社会管理权向各区和基层放权赋能。以市场主体获得感为评价标准,建立企业全生命周期服务体系。构建以信用为基础的新型监管机制,完善和健全覆盖全社会的社会信用体系。做好知识产权地方综合立法,强化知识产权创造、保护、运用,打

造国际知识产权保护高地,营造公平竞争市场环境。推进要素市场化改革,引导土地、劳动力、资本、技术、数据等各类要素协同向先进生产力集聚,实现要素价格市场决定、流动自主有序、配置高效灵活。

江苏:建设高标准市场体系。实施高标准市场体系建设行动,建立健全统一开放的要素市场体系,创新土地、劳动力、资本、技术、数据、能源、环境容量等要素市场化配置方式,健全要素市场化运行和监管机制,完善要素交易规则和服务体系。扎实开展承接国家委托用地审批权试点,建立数据资源清单管理机制。深化产权制度改革,依法平等保护民营企业产权和企业家权益。落实公平竞争审查机制,强化反垄断和防止资本无序扩张,统筹负面清单和正面清单管理,完善社会信用体系。建立健全知识产权保护制度体系,争取设立中国(江苏)知识产权保护中心,支持设区市建设国家知识产权保护中心。积极争取在江苏设立知识产权法院。创新政府管理和服务方式。全面实行政府权责清单制度,推动"不见面审批"改革实现更大突破,完善一体化政务服务平台建设,推进公共资源领域不见面交易改革。加强事中事后监管,对新产业新业态实行包容审慎监管。重视政务文化建设和人文关怀,适应满足不同类型服务对象的需求。加快财税体制改革,依法构建政府举债融资机制,推动地方税征管体制改革。加快地方金融改革创新。支持苏州开展央行数字货币试点。深化事业单位分类改革,深化行业协会、商会和中介机构改革。落实省优化营商环境条例,健全支持民营经济和外资企业等非公有制经济高质量发展制度体系、促进中小微企业和个体工商户发展政策法规体系。完善构建亲清政商关系的政策体系,建立规范化机制化政企沟通渠道,着力发挥行业协会及商会作用。建设江苏张謇企业家学院,设立江苏企业家日,弘扬企业家精神,促进企业家更好担负起发展责任和社会责任。

浙江:充分激发各类市场主体活力。分层分类深化国资国企改革,加快国有经济布局优化和结构调整,推动产业向专业化集中、资产向上市公司集中,积极稳妥深化混合所有制改革,探索省域国资监管运营新模式,做强做优做大国有资本和国有企业。加快推动民营经济实现新飞跃，全面落实民营企业发展促进条例，实施管理现代化对标提升工程，构建亲清政商关系，促进非公有制经济健康发展和非公有制经济人士健康成长，促进浙江人经济和浙江经济融合发展。大力弘扬新时代浙商精神、企业家精神，实施"品质浙商提升工程""浙商青蓝接力工程"和新生代企业家"双传承"计划，办好世界浙商大会。深入实施"凤凰行动""雄鹰行动""雏鹰行动"，推动上市公司高质量发展，培育领军型企业、高成长企业、隐形冠军企业，打造单打冠军之省，完善促进中小微企业和个体工商户发展的政策体系。营造市场化法治化国际化的一流营商环境。全面深化政府数字化转型，深化"一件事"集成改革，高质量建成"掌上办事之省""掌上办公之省"，全面实现政务服务一网通办、全域通办、就近可办，更好服务企业、服务基层、服务群众。深化商事制度改革，探索以承诺制为核心的极简审批，建立省域空间治理数字化平台。探索新体制新机制，提升通关便利化水平。依法平等保护企业产权和企业家权益，健全产权执法司法保护制度，打通知识产权创造、运用、保护、管理和服务全链条。加快中心城市国际化，发展国际化社区、学校，提升公共服务国际化水平。深化信用浙江建设，深入实施信用建设"531X"工程。深化"互联网＋监管"，对新产业新业态实行包容审慎监管。更好发挥行业协会、商会和中介组织作用。

安徽：激发各类市场主体活力。毫不动摇巩固和发展公有制经济，毫不动摇鼓励、支持、引导非公有制经济发展。深化国资国企改革，制定落实国企改革三年行动实施方案，做强做优做大国有资本和国有企业。加快国有经济布局优化和结构调整，推动国有资本更多投向新型基础设施、战略性新兴产业、优势产业、公共服务等领域。深化国有企业混合所有制改革和专业化整合，推进资产证券化、股权多元化。健全管资本为主的国有资产监管体制，深化国有资本投资、运营公司改革。稳步推进自然垄断行业改革，加快实现竞争性环节市场化。牢固树立"为自己人办事就是办自己的事"的理念，督促各级干部重商、亲商、爱商、护商，优化民营经济发展环境，构建亲清政商关系，健全政企沟通长效机制，促进非公有制经济健康发展和非公有制经济人士健康成长，依法平等保护民营企业产权和企业家权益，破除制约民营企业发展的各种壁垒，完善促进中小微企业和个体工商户发展的法规规章和政策体系，打造惠企政策"直通车"。深入实施民营经济上台阶行动计划。弘扬企业家精神，加快建设"皖字号"世界一流企业。

综合分析新阶段长三角区域各省市构建营商环境的目标和任务，凸显如下特点：一是以激发市场主体活力为中心，进一步建设竞争中性的市场体系及其体制机制，突出国有经济和民营经济共同发展的"两个毫不动摇"，强调加快推动民营经济实现新飞跃；二是围绕更高水平开放，进一步提高营商环境市场化、便利化、法治化标准，在国际营商环境竞争中争先进位；三是以大数据、信息化为技术支撑，完善一体化政务服务平台建设，优化政务办事流程和工作机制，探索极简审批；四是突出亲清政商关系，建立规范化机制化政企沟通渠道，完善政策体系等。

二、"十四五"时期进一步优化安徽营商环境展望

顺应国家以及长三角区域营商环境建设新态势，针对安徽营商环境建设中存在的突出问题，未来一个阶段安徽优化营商环境尤其需要抓住以下重点。

其一，毫不动摇地深化市场化改革。无论是"狭义营商环境"还是"广义营商环境"，深化市场经济体制机制改革完善都是其前提性的核心内容。"十四五"时期，安徽要着力建设完善高标准市场体系，要让国有经济和民营经济在这个市场体系中充分发展，让要素在这个体系中自由流动高效配置，让创新创业主体在这个体系中竞相涌流迸发。安徽营商环境存在的区域不平衡，很大程度上反映了各地方市场体系构建发展不平衡。市场经济意识强、市场经济体制机制发育程度高、市场决定资源配置作用大的地方，营商环境水平就高，反之则低。因此，对标长三角区域营商环境建设新态势，毫不动摇地更加全面深化市场经济体制机制改革，应该成为营商环境建设的中心环节。

尤其是营商环境水平相对落后的地方,重点是增强市场经济意识,建设高标准市场体系,健全其体制机制,切实保障和发挥企业的主体作用,特别是要为民营经济和创新创业主体营造优良发展环境,提升政府为市场主体服务和有效监管市场的效能。

其二,着力营商环境政策体系的系统化提升。"十四五"时期安徽各地需要大力开展"双招双引",建设和优化营商环境的任务更趋复杂繁重,相关政策的体系化建设和完善至关重要。一方面,适应新发展阶段、新发展格局,提升营商环境政策体系的标准,比如在便利化方面中的极简审批制标准等;另一方面,加强政策体系的系统化整合,减少和避免各地方各部门"碎片化"出台政策的方式,更多采取一级政府多部门联合出台政策文件的方式,增强政策的统合性、一致性和规范性,消除"碎片化"政策不衔接、相冲突的现象。遵照国家"营商环境条例"精神,根据安徽持续优化营商环境实践积累的成熟经验,适时将政策体系上升为地方性法规,进行相关法规的废改立,提升营商环境的法治化水平。

其三,加快营商环境大数据、信息化技术支撑条件建设。营商环境便利化要求是在大数据、信息化技术支撑下得以实现的。为进一步提高安徽营商环境的便利化水平,需要加快政府系统的政务服务大数据、信息化技术支撑条件建设和完善。一方面,在现有各地政务服务信息平台基础上,加快系统联通,将松散的"信息孤岛""信息碎片"纳入一体贯通的大数据信息平台,并与长三角乃至全国"一网通"系统联通,推动"一网通办""不见面审批""掌上办事"和"掌上办公"等便捷高效政务服务,让企业和公众享有全域通办、就近可办的服务;另一方面,深化政务服务体制机制改革,按照服务企业全过程的逻辑深化政务服务流程再造,进一步明晰各相关部门工作和"接口"与协同机制,再简化程序手续,运用大数据信息化技术降低政务服务成本,提高政务服务时效。由于全省各地大数据信息化技术支撑条件发展不平衡,对此应在全省层面统筹,给予财力弱小投入不足地方以倾斜式支持,加快实现全省范围政务服务网络功能均衡化。

其四，大力构建亲清政商关系。政商关系的实质是政府与市场的关系，也是市场经济体制机制的聚焦折射。市场经济下决定资源配置的是市场，发展经济的主体是企业，政府则担当服务者、监管者的职能。要把构建亲清政商关系作为进一步优化营商环境的重要一环，端正政商之间的位置和角色，增强各级干部重商、亲商、爱商、护商的认知意识和行为方式。在全社会进一步弘扬企业家精神，加大产权和企业家合法权益保护力度。针对民营经济创新创业发展不充分的突出问题，要更加深入更加系统地破除制约民营企业发展的各种壁垒，帮助企业解决融资及其他要素获得上的困难，优化民营经济发展环境，进一步增强民营企业发展信心。在历年"四送一服"机制运行的基础上，总结经验形成规范，健全政企沟通长效机制，形成政商合力建设现代化美好安徽的强大动能。

第五节　关注世行"宜商环境"新体系，稳步衔接国际新规则

党的二十大报告指出，稳步扩大规则、规制、管理、标准等制度型开放，营造市场化、法治化、国际化一流营商环境。这是深入推进高水平对外开放的关键一环。目前我国普遍采用的是世界银行于 2003 年发布营商环境报告的评估体系，但是在 2021 年 9 月世界银行决定停用这一评估体系，并于 2022 年 2 月发布了新的营商环境评估体系，当年 6 月即启动了新的全球营商环境试评估。这标志着世行对全球商业环境的评估体系迭代升级到 2.0 版，相关规则也进入新阶段。安徽要打造对外开放新高地，必须关注这一规则变化，加强研究和衔接。

一、世行"营商环境"评估体系的迭代

自 2003 年开始，世界银行编制了"营商环境评价指标体系"（Ease of Doing Business Index），连续发布年度《全球营商环境报告》，用 10 个与企业投资营商紧密相关的指标，对全球经济体的投资经商便利与友好程度进行评价。到 2021 年，世行这套评估体系已覆盖全球 191 个国家、地区和区域经济

体,该系列评估报告已经成为全球最有影响的国家绩效评价指标之一,有力促进了各经济体相关体制机制改革,对全球投资、国际贸易和营商环境的改善产生了重大积极作用。我国多年来广泛运用了这套评估体系,对于我国进一步优化营商环境,进一步激发市场主体活力和动力,推动高水平开放产生了重要作用。安徽持续发力优化营商环境,特别是近年来营商环境在全国的排名稳步上升。

2021年9月,世界银行决定停止发布《全球营商环境报告》及相关数据,并宣布世界银行将研究一种新的方法评估商业和投资环境。2022年2月4日,世界银行发布了"宜商环境评估体系"(Business Enabling Environment,简称"BEE",国内现译为"宜商环境")的说明,并从6月开始启动宜商环境评估项目的试评估。这就意味着,世界银行以新的《宜商环境评估体系》更替了以前的"营商环境评估体系",评估体系及其指标从1.0版迭代升级到2.0版。这一新变化值得高度关注,及时把握新规则,否则今后将难以与国际投资贸易商进行对话和衔接。

二、2.0版"宜商环境"的新变化新特征

据世行"宜商环境(BEE)"的相关资料,2.0版的数据指标和评估报告突出了两个目的,一是鼓励和推动国际投资贸易制度改革;二是更加讲求服务于经济研究和提供具体政策建议。

宜商环境(BEE)新的评估指标体系如表15-8所示:

表15-8 宜商环境评估指标

一级指标	二级指标
企业准入	企业准入的监管质量 开办企业的数字服务及信息透明度 开办企业的效率
获得经营场所	不动产租赁、不动产买卖以及城市规划的监管质量 公共服务质量和信息透明度 获得经营地点的效率

一级指标	二级指标
公用服务	公用服务监管质量 公用服务表现及透明度 公用服务监管和服务的效率
劳动力	劳动法规质量 劳动力市场公共服务的充足性 雇佣劳动力的便利性
金融服务	担保交易、电子支付及绿色金融的监管质量 信用报告框架的质量 金融服务便利性
国际贸易	国际货物贸易和电子商务法规的质量 促进国际货物贸易的公共服务质量 进出口商品和电子商务的效率
纳税	税务法规质量 税务服务质量 税收负担及税务系统效率
争端解决	商业争端解决机制的质量 商业诉讼中公共服务的充分性 解决商业争端的便利性
市场竞争	促进市场竞争的法规质量 促进市场竞争的公共服务充分性 促进市场竞争的关键服务效率
办理破产	破产程序规则的质量 破产程序体制及机制的质量 破产司法程序的便利性
跨领域—数字技术	
跨领域—环境可持续性	

BEE 评估体系的 10 个一级指标，是按照企业全生命周期设计的：开业、运营、关闭企业。每个一级指标项下，统一设计 3 个二级指标组，即监管框架，公共服务和整体效率，共计 30 个二级指标。

综合国内有关研究，从 BEE 采用的企业准入、经营场所、公共服务接入、劳动力、金融服务、国际贸易、纳税、争议解决、市场竞争、企业破产等 10 项评价指标看，"宜商环境（BEE）"同过去的"营商环境（DB）"相比，有 5 个

方面显著变化：

1. 评估视角有差异。DB 项目旨在对各国中小企业进行考察，BEE 项目则从整个私营企业发展的角度进行评价。

2. 主题选择有差异。DB 项目注重对企业全生命周期内所适用的法律法规进行评价，BEE 项目不仅关注政府监管框架，还关注政府和社会提供的公共服务。

3. 数据收集有差异。DB 项目的部分评价指标重点涉及法律法规 BEE 项目不仅会收集法律法规信息，还会收集实际执行情况等。BEE 将通过专家咨询和企业调查相结合的方法收集数据，通过设置通用参数指导数据收集，如企业规模、行业、类型和所有权，以实现专家咨询的可比性或企业抽样调查的代表性，使数据更科学切实。

4. 指标体系有差异。DB 项目按照企业从开办到破产的全生命周期构建评价指标体系，BEE 项目评价指标初步包括企业准入、经营场所、公用服务接入等多领域。

5. 覆盖范围有差异。DB 项目包含 191 个经济体中的主要商业城市，11 个经济体中第二大商业城市。BEE 项目则尽可能地覆盖更多的国家和国家内部城市。

三、加强研究和衔接"宜商环境"新规则的建议

据笔者在上海调研和与京沪广有关学者交流中了解到，目前国内开放高地的省市已积极开展"宜商环境"新评估体系的研究，党政有关体改部门尤其是自贸区机构加强了衔接"宜商环境"新评估体系的方案谋划和政策设计。安徽明确提出了打造高水平开放新高地的战略定位，特别是安徽自贸区作为省域高水平开放主平台，必须及时加强研究和衔接"宜商环境"新规则，进一步深化制度型开放。为此建议：

1. 组织力量加强研究和衔接。省党政有关体制改革部门以及安徽自贸区管理部门尽快组织力量，开展衔接"宜商环境"新评估体系的方案谋划和政

策设计工作。主动与京沪广等省市相关部门沟通交流,汲取先行经验和成果,使安徽的方案谋划和政策设计立足高站位,达到高水平。

2.注重适应国情的研究和衔接。应当看到,无论是世界银行以前的"营商环境"评估体系还是新的"宜商环境"规则,其秉持的基本上是西方经济学理论和西方市场经济模式,而我国是发展中国式的现代化,实行中国特色的社会主义市场经济,这种差异决定了我们与"宜商环境"新规则是"合理衔接"而不是"简单照搬"。因此在研究和衔接中,要注重依据国情省情实际加以科学定义和完善,探索营造市场化、法治化、国际化一流营商环境的"中国范式"。

第十六章
厚筑长三角中安徽开放高地

第一节　安徽打造开放高地需要聚焦重点区位和特质主题

打造内陆开放高地是国家新一轮对外开放的重大战略部署，其特征就是以构筑"一带一路"和长江经济带为依托与主轴，把我国对外开放布局从沿海向内地延伸，从东部单向端口变东西双向端口，改变长期以来开放度东部高中西低的格局，更广泛地激活内地资源与国际经济接轨，增强对外开放的新动能。在这一新的开放战略部署中，安徽迎来了前所未有的机遇，奋力打造内陆开放高地正当其时。

一、用"增长极"战略思维打造内陆开放高地

国家提出在中西部地区打造内陆开放高地，内涵是立足于不平衡、增长极的理念，选择具有优势区位、良好的科技创新和产业基础、特色化资源条件等地点或片区，构筑以"点"或"轴"为形态特征的开放高地。国家有关规划提出在中西部地区沿"一带一路"和长江经济带的"节点"建设内陆开放高地，如合肥、郑州、西安、成都、重庆、乌鲁木齐、昆明等均为这种"节点"。显而易见，"高地"不是"高原"，不是大范围的空间覆盖，不是一个大经济带或者一个省区整体范围都可能成为"高地"，"高地"实质上就是"点状"

或"轴状"的"增长极"。因此,安徽打造内陆开放高地,必须明晰"增长极"战略思维,需要聚焦重点区位和空间,明确"节点"增长极,有力有效地构筑内陆开放高地。

二、用"差异化"战略凝练内陆开放高地建设主题

环顾内地各省区,以及从我们与国家高端智库专家的交流可知,打造内陆开放高地还必须在全国各地打造开放高地的竞争格局中找准具有相当独特性的定位和功能,也就是"差异化"战略下各具特色的建设主题。例如成都、重庆的定位以西部开放中心为特点,建设科技和产业、贸易和投资向西开放发展源头型高地;乌鲁木齐以西向中亚西亚和中巴经济走廊的贸易投资为特点,发挥交通枢纽和经济集散功能;昆明以承接我国东部和成渝开放的延伸,以拓展中缅、中印以及东南亚经济走廊为特色功能。凡此种种,都鲜明地显示出各省充分运用了差异化战略,注重凝练各自的开放高地特色定位、功能和建设主题,并且因为具有特色而拥有全国意义的战略地位。主题模糊难被重视,主题雷同易被替代。因此,安徽打造内陆开放高地,必须在优势区位和空间,根据所拥有的科技创新、产业基础和特质资源,凝练既切合国家开放战略需要、又突出地方实际及其特色的建设主题,彰显安徽的开放高地特质与优势。

三、把握当前国际经济新趋势选择着力点

近年来国际贸易投资已呈现新的阶段性特征:一是不再以在原有产业层级基础上的市场份额为焦点,而是以占据全球价值链的中高端位置为重点。二是科技创新的国际合作趋势日益明显,知识和科技创新呈现出多点突破、交叉汇聚的态势,跨国协同创新成为推动科技创新、提升核心竞争力的重要途径。三是现代服务业地位明显上升,日益成为对外开放的新热点。四是区域化与全球化并存,贸易投资一体化、自由化等制度安排和规则将主要通过建立区域自由贸易区等区域合作形式实现。因此,安徽打造开放高地必须转变方式、提升水平:(1)以创新驱动、产业升级为主题,不是重复以往的一

般制造业产能转移模式,而是着眼于全球价值链竞争格局中的位置;(2)不是单一产业资本直接投资为主形式,而是更加注重知识资本、科技创新合作和创新链与产业链融合;(3)不是以"地方优惠"比拼为吸引力,而要基于地方优势创新资源和产业基础以及特质资源,以比较优势为基点,与国际合作伙伴充分对接利用促进科技创新、产业升级、资源开发的一系列政策,发挥双边政策的叠加放大效应;(4)不是单一的跨国公司投资主导的模式,而是着重利用国际区域化的双边合作协定形式,发挥政府和市场主体的合力作用,开展多层次合作。

四、安徽打造内陆开放高地要聚焦"一市一区"

所谓"一市"是指合肥都市区,"一区"是指皖南国际文化旅游示范区。事实上,在国家战略规划的布局中,已经明确指出了安徽建设内陆开放高地的区位和空间,这就是"一市一区"。长三角城市群发展规划明确要求提高合肥都市区的国际化水平,"一带一路"有关规划中把合肥列为"节点城市",而皖南国际文化旅游示范区是国家批准的冠以"国际"的特色功能区。合肥作为安徽省区的核心城市,目前正在进一步提升能级,强化承东启西功能,建设长三角世界级城市群的副中心城市,"提高合肥都市区的国际化水平"目标指向在于把合肥建设成为国际化都市。皖南国际文化旅游示范区依托联合国"双遗产"黄山为代表的山水生态资源和明清中国商帮文化、儒学文化、民间族群文化、宗教文化等历史文化资源的禀赋,建设独具特色的国际文化旅游重要目的地。显而易见,合肥都市区和皖南国际文化旅游示范区正是安徽打造内陆开放高地须聚焦的区位和空间,是与其他省市内陆开放高地相比具有差异化特点的安徽增长极。

五、谋划安徽内陆开放高地的建设主题

首先,就合肥都市区看,建设内陆开放高地拥有至少两个方面的优势基础:一是以综合性国家科学中心为标志的科技创新功能,在新一代信息、未来能源、生物健康、量子科技、环境科技等重大领域居于世界前沿乃至尖端,这一优势是其他省市内陆开放高地所不可比拟的。二是有若干居于全国前列的优势制造产业，如新型显示、家电、汽车等，并在创新驱动下正在进一步升级。还应该看到，这两个优势基础具有极强的内在互动性，一方面，科学中心是产业创新的策源地，其最终成果包括中间技术可以生成新兴产业和改造既有产业；另一方面，既有产业的制造能力可以为科学中心的成果转化提供必要配套，助长科学中心的研究活动与活力。这两个优势的发挥与互动，都需要吸引、集聚、整合、利用国际国内两种资源和两个市场，国际化是必由之路。因此，不妨考虑，合肥都市区打造内陆开放高地的建设主题是：建设全球有一定影响的科技创新策源地和若干世界级产业集群基地，大力发展科技创新、先进产业、城市服务和管理等国际合作，从而成为整合国际资源、利用国际市场的开放高地。

其次，就皖南国际文化旅游示范区看，其建设主题应是凭借地域人文历史＋山水生态的特质资源，大力发展中高端的现代文化旅游服务业，从而建设成为国际重要的文化旅游目的地。据我们调研，目前的突出问题是地域传统历史文化与当代国际文化对接存在障碍，皖南传统文化表达与国际游客的文化旨趣接轨不够，此外旅游服务业的国际化水平不高，旅游产品不够丰富、业态不够先进等，导致该区虽然拥有极具独特性和高品位的人文旅游资源，但国际化水平和文化旅游服务业发达程度远不及苏浙湘滇川等许多文化旅游区。把皖南国际文化旅游区打造成为开放高地，需要从大历史、国际化、现代化视野深化地域文化旅游内涵，优化空间布局与结构，大力提升文化旅游服务业层次和标准，尤其要聚焦于地域历史文化的现代化表达、山水生态旅游的国际化呈现和旅游服务业的高水平供给。

上述分析意味着，在设计规划和向中央上报安徽建设内陆开放高地的方案时，有关部门和地方要深化细化重点区位布局和建设主题的研究，对"增长极"作出少而精的布局，对建设主题作出特质化的呈现。当然，明晰安徽打造内陆开放的区位空间和建设主题，还需要进一步谋划空间形态和具体载体，

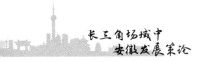
这一问题需要另文论述。

第二节 谋略高水平建设安徽自贸区之策

在中央提出构建"双循环"新发展格局之际，国务院批复建设安徽自贸区，这是安徽建设开放高地的一件大事。安徽虽然是我国各地自贸区的"后发"者，但起点并不低，在新发展格局中与其他地方自贸区同样，都要着力打造"双循环"区域开放枢纽。因此，安徽自贸区获批建设伊始，就要树立高水平建设的理念，谋划切实高效之策。

一、把握新趋势充实增强自贸区功能

1. 充实进口贸易功能。在"双循环"新发展格局中，我国的对外开放呈现出货物贸易与服务贸易、出口与进口、引进来与走出去三个并行均衡新趋势新特征。以往偏重货物出口贸易，现在要重视进口贸易，安徽自贸区应充实增强这方面功能。专家建议，要依托货物贸易，提升贸易投资便利化水平，积极扩大进口，供给创造需求，全面扩大消费。具体领域包括：（1）汽车保税存储、平行进口；（2）大型设备保税融资租赁；（3）进口贸易常年展示平台；（4）跨境电商及其公共海外仓、运营中心；（5）可考虑建设进口贸易创新示范区。

2. 增强科技贸易功能。安徽自贸区要发挥合肥科技创新策源优势，优化服务贸易，扩大知识密集型服务进口，提升科技创新能力，做强创新引擎，打造科技创新策源地。在研发创新方面：（1）保税研发，打造研发设计中心；（2）支持基础研究、原始创新，加强科技成果转移转化，广泛开展国际科技交流。在产业集聚方面：（1）保税维修、再制造，物流分拨；（2）开拓国际资源集聚高端制造业、未来产业；（3）开展科技金融创新，重点是转化引导基金。

3. 发挥聚集战略资产功能。发挥外资在推动科技创新、产业转型和消费升级等方面的作用。自贸区要缩短负面清单，改善外资服务：准入前国民待遇，内外资一视同仁。聚焦服务链、创新链、产业链和招商链有效对接，引导外资流向高端制造业、智能生产体系、现代农业、现代服务业等领域，以及数字贸易、工业设计、检测检验等新兴服务产业。

二、着力培育双循环的新型链接主体

1. 培育中资控股的创新型跨国公司。以前我国参与国际大循环，链接国内国际市场的市场主体大多是单向的。单向"引进来"的是外资企业，如各地都非常重视引进外资跨国公司的地区总部；单向"走出去"的是中资企业，除了开拓发达经济体市场外，更多是参与"一带一路"建设。在新发展格局下国内国际双循环相互促进，必将需要新的代表性市场主体，即中资控股的创新型跨国公司。其特点有：（1）中资控股。出于竞争的考虑，外资企业包括其中国总部，既没有意愿、也没有能力成为中国创新发展、科技自立自强的主导性市场主体，而链接双循环的关键主体是能够充分利用国内大循环，进而充分利用国内外两个市场的中资企业。（2）以科技创新作为核心竞争力，掌握全球创新链关键、核心环节的自主研发，并整合国内国际双循环的创新链。（3）内外循环促进，掌控主动权，掌握产业链、价值链依托的创新链的关键环节。（4）具备全球资源配置能力，熟练掌握国际投资贸易规则，整合国内国际双循环的产业链和价值链。（5）治理完善。在中资控股下，股权可以国际化、多元化，可以引入国际战略投资者实现利益纠缠，充分利用国际国内资本市场，并符合高标准治理规则。实际上，中国已经出现了一批这样的市场主体，比如华为、腾讯、阿里、字节跳动等。在新冠病毒疫苗研发中占得先机的科兴控股、康希诺等，也具有这样的潜质。随着新发展格局的构建，必将出现更多这样的市场主体。安徽自贸区要特别注重培育这样的企业，在双循环战略链接中发挥关键的微观链接作用。

2. 营造促进新型链接主体成长的创新生态。在培育微观链接主体上，要通过系统集成的制度创新，增强中资创新型跨国公司的创新能力和全球要素配置能力。自贸试验区要通过制度创新，系统提升营商环境，营造创新生态。自贸试验区的营商环境完善不能还停留在对标世界银行单一营商环境指标的层次，要勇于探索，围绕中资创新型跨国公司的需求营造创新生态。主要着力点是：（1）创新促进型金融体系；（2）创新保障型知识产权保护；（3）

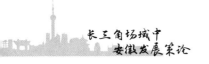

创新友好型社会治理、环境治理、网络治理；（4）创新激励型人才、税收政策。

三、聚力在自贸区核心任务上有新突破

1. 锚定自贸区制度性改革创新这一核心任务。自贸区建设始终遵循、贯穿着几个关键词：基本定位是新时代改革开放的新高地，根本目的是为全面深化改革和扩大开放探索新途径、积累新经验，核心任务是制度性改革创新，基本要求是可复制可推广。各批次设立的自贸试验区总体方案中都体现了这些内容与要求，安徽自贸区也不例外。

我国自贸区建设几年来，已复制推广了 6 批次的改革试点经验，累计向全国复制推广了 260 项制度创新成果。从试点经验产生的领域、类型和效果看，投资便利化涉及 81 项，贸易便利化 64 项，金融开放创新 23 项，事中事后监管 34 项，基本涵盖了世界银行营商环境报告所评估的大多数指标。另外，商务部还发布了 3 批累计 43 个"最佳实践案"。安徽自贸区在制度性改革创新上可借鉴复制先行的成功经验，更要大胆探索，应有新的突破。

2. 抓住制度性创新赋能的重点。新发展格局要求自贸试验区围绕制度创新，在贸易投资便利化、利用外资等领域对标世界更高水平的开放规则，用好 RCEP 等自由贸易协定条款，探索更多可复制可推广的经验，加快科技创新，做大实体经济，提升产业链供应链的现代化水平，成为全球自贸区网络的关键节点。

制度性创新是为自贸区赋能，当前要抓住以下重点：（1）深入试验构建有关政府与市场关系改革；（2）探索构建与服务业扩大开放相适应的新体制新机制；（3）跟踪测试与国际贸易新规则相衔接的新体制新机制，聚焦体制性规则性的"压力测试"，加快与各类新规则的对接和衔接。

安徽自贸区是"后起之秀"，更需要加快构建自贸试验区制度创新的基本框架，包括：（1）以负面清单管理为核心的投资管理制度；（2）符合高标准贸易便利化规则的贸易监管制度；（3）适应更加开放环境和有效防范风险的金融创新制度；（4）以"放管服"为重心的政府职能转变制度创新（包

括商事登记制度、"事中事后"监管和综合监管制度）；（5）以权益保护和商事仲裁为核心的法治保障制度；（6）基于制度创新可复制可推广的第三方评估体系。

3. 加强自贸区之间联动互补。安徽自贸区应注重发挥与长三角地区自贸试验区和安徽自贸区各片区功能定位与差异化发展的互补性优势，推动基础设施、产业园区和功能平台之间的合作，共同培育新动能、新产业和新模式，促进形成更具稳定性和竞争力的区域产业链、供应链和价值链，打造高质量发展高地，提升自贸试验区的辐射带动作用，推动区域结构调整和产业升级。

第三节　加快构建合肥区域性科技金融中心

要建设开放高地，其中一个重要的属性是区域开放经济中心。金融是现代经济的核心，金融中心功能已成为城市群中心城市和开放高地的应有功能。2022 年初安徽省委金融工作座谈会提出推动安徽有条件的市探索建设区域性金融中心；安徽省政府 2021 年 8 月印发《发展多层次资本市场服务"三地一区"建设行动方案》确定打造合肥区域性科技金融中心。就此我们进行了专门调研，提出相关建议。

一、构建合肥区域性科技金融中心具备良好条件

合肥作为长三角城市群副中心、全国四大综合性国家科学中心之一和"十四五"时期要构建有影响力的科技创新策源城市，且已跻身全球科研城市榜前 20 强，科创资源跨区域集聚与辐射日益拓展，极有必要匹配区域性科创金融中心功能。

金融中心就其能级可分为世界性（全球范围）、国际性（跨国）、全国性（一国范围）、区域性（跨省区范围）和地方性（省内范围）。我国上海、北京、香港是国际性金融中心，上海、北京、深圳可属全国性金融中心；南京、重庆、宁波、南宁、长沙、南昌等 20 多个城市都提出打造区域性金融中心的目标；有的城市着重建设特色化的金融中心，如天津主攻非上市公众公司股权交易

市场和内地离岸金融中心、厦门构造台海西岸金融中心、乌鲁木齐打造中亚区域金融中心等。合肥多年来在着力建设金融中心，目前在滨湖新区已云集各类金融机构区域总部和综合基地 20 余家，除地方金融功能外，区域性层面主要是客服、后援、灾备、后台功能，长三角乃至全国业界对合肥金融中心的定义只是区域性金融后台中心，区域性投融资前台业务功能不足不强是其短板。显然，合肥要建设区域金融中心，必须扩展提升投融资功能，而随着合肥科创资源、活动和成果转化的跨区域流动与配置，联合攻关和创新链跨区域布局，科技金融跨区域供需以及投融资不断提升，因此先行构建科技金融中心应是合肥建设区域性金融中心最重要的突破口之一。

据调研，合肥建设区域性科技金融中心基础良好、条件趋于成熟。

一是科技金融组织初成体系。目前合肥已初步形成涵盖银行、保险、担保、租赁、小贷的专营性科技金融组织体系。包括 6 家科技银行支行，3 家科技保险支公司，2 家科技融资担保公司，1 家科技租赁公司，4 家科技小贷公司。在已有产业、创业、天使投资等市级引导基金体系基础上，设立和引进了专注于科创企业价值识别和长期投入的私募基金，市内已有多个基金集聚平台，仅兴泰控股的滨湖金融小镇就集聚了 30 余家基金机构。以地方金控平台为代表的金融机构，积极探索"投贷联动""租赁 + 投资""股权 + 期权 + 担保 + 贷款 + 财务顾问"等服务模式，创设"知识产权证券化""投保贷""股债通""科创跨越保"等金融产品，科技金融服务方式日渐丰富。

二是平台集聚效应日益显现。滨湖科学城加快建设，形成"一心一谷一镇三区"建设格局，推动科技、产业、金融良性互动，为科创金融发展提供了应用场景。安徽科技大市场积极推动科技成果转化交易，设立全省首个专注于孵化知识产权服务机构——合肥市知识产权服务业众创空间。"信易贷"平台强化数据赋能和政策集成，推动企业融资线上化，发布针对性强、利率优惠、符合科创企业特点的金融产品，提高科创企业融资便利度，截至目前有 54 家金融机构入驻、上线金融产品 177 种、授信总额近 600 亿元。

三是财政金融协同机制不断加强。财政金融联合发力，通过"科技创新贷""科技小额贷"等财政金融产品，为高新技术、创新型、科技型企业提供专项担保或保证保险贷款，形成政策性金融组合拳。合肥市出台一系列支持科创金融的奖补政策，如对高新技术企业投保产品研发责任保险等给予补贴，对"信易贷"平台发生的科技型中小企业担保贷款和纯信用贷款给予风险补偿，对企业科创板上市给予奖励，对设立投资合肥种子期、初创期科技型企业的各类私募股权、创业投资基金给予奖励等。这一协同机制有效增强了科技金融服务能力。

二、加快合肥科技金融中心建设的建议

目前合肥科技金融体量小、实力弱是在全国各中心城市打造区域金融中心格局下的显著短板，为此要加快扩量提质。

1. 大力引培科技金融服务机构。当前长三角区域银行、券商总部在肥设立区域性金融总部、分支机构、投行分部、科创服务中心等积极性很高，要乘势而为，加大引进力度；以市属金控平台为依托，以现有科技租赁、科技担保、科技小贷为基础，持续关注市场上的银行、证券、保险等牌照交易动态，探索设立区域性科创银行、科技创业证券公司、科技保险公司等专业化科创金融机构；推动科农行控制权回归，打造市属科创银行，提升科技金融集中度和规模体量。

2. 做大做强科创基金体系。科创基金在科技金融中日益显示出越来越活跃和重要的作用。要发挥政府引导基金功能，扩大政府性引导基金规模，通过政府引导、市场培育等方式，搭建覆盖天使投资、风险投资、股权投资、并购投资等在内的完整科创金融服务体系，建立覆盖种子期投资、天使投资、风险投资、并购重组投资的科创基金体系；设定早期项目投资比例，建立可操作性强的尽职免责和容错机制，有效引导及带动风投创投机构投资初创期、早中期科技型企业；探索设立 S 基金，促进股权投资和创业投资份额的转让与退出，有效放大创投资本服务科技创新的能力。

3. 加强和完善金融财政联动机制。一是支持科技信贷扩面增量,建立服务科创企业融资的专项风险补偿机制,如知识产权融资租赁、人才贷、"首贷"担保风险补偿等,解决科创企业债权融资的风险与收益不匹配问题。二是引导早期成果投资,设立科技成果概念验证引导资金,通过概念验证推动基础研究向市场延伸;组建中试孵化母基金,推进公共中试平台建设,鼓励多方参与设立专门的产业化中试基金,引导投资机构、技术转移机构等投资早期科技成果。三是建立股债协同保障机制,鼓励金融机构探索"投保联动""投租联动"等股债协同的融资服务模式,引导金融机构探索构建与科技创新各阶段资金诉求相适应的产品和服务体系,提高科创金融有效性。

4. 谋划成立区域性科创金融发展联盟。聚焦京、沪、宁、杭、汉等区域金融发达城市,围绕科技前沿与经济金融领域的重点、焦点,整合科学界、产业界、金融界各方资源,通过举行专业研讨会、高端峰会、国际交流会等方式,着力打造科创投融资"朋友圈",为合肥市综合性国家科学中心建设及国内外企业家、科学家、金融家提供高层对话对接平台,政产学研资源紧密联系互动平台、信息平台和合作共赢平台,为创新发展提供要素对接服务,实现创新链、产业链、资金链和服务链的顺畅链接。

5. 补齐科技金融的辅助产业链。按照专业化、市场化、规模化方向,加快法律会计、管理咨询、评估认证、创业孵化等科技金融辅助服务机构发展,并推进合理集聚。完善科创企业信用评级和知识产权评估建设。依托"信易贷"平台,针对科技型企业建立独立的信用等级评定机制,形成统一规范的信用评定标准,降低科创企业的融资和时间成本。着力搭建知识产权评估体系,促进科创企业"知产"变"资产"、"知本"变"资本"。

第五篇
脱贫攻坚与乡村振兴

第十七章
区域协调发展与安徽脱贫攻坚

第一节　新时代我国社会主要矛盾与脱贫攻坚

人类历史的长河是一个矛盾运动的漫长变迁过程，一个历史时期的社会基本矛盾特别是社会主要矛盾，不仅体现了这一历史时期的时代特征，而且决定着这一时期的时代任务，即解决什么最重要的问题，以及如何有效地解决最重要的问题。对于区域协调发展与脱贫攻坚，要在这一视域下加以观照。

一、我国社会主要矛盾演变和新时代的特征

党的十九大报告指出："中国特色社会主义进入新时代，我国社会主要矛盾已经转化为人民日益增长的美好生活需要和不平衡不充分的发展之间的矛盾。"这一重大战略判断，为我国新时代促进区域协调发展和完成脱贫攻坚任务指明了方向。

回顾历史轨迹，新中国成立以来，我国社会主要矛盾的演变经历了五个发展阶段：

第一阶段，从新中国成立到土地改革完成前，我国社会主要矛盾是人民大众同帝国主义、封建主义和国民党残余势力之间的矛盾。这一阶段继续

完成新民主主义革命任务,使我国摆脱半殖民地半封建社会状态,巩固新生政权。

第二阶段,从 1953 年到 1956 年底,随着土地改革完成,无产阶级和资产阶级的矛盾逐步成为国内的主要矛盾。解决这一阶段主要矛盾的方式是进行社会主义改造。

第三阶段,在社会主义改造基本完成后,党的八大指出:我们国内的主要矛盾,已经是人民对于建立先进的工业国的要求同落后的农业国的现实之间的矛盾,已经是人民对于经济文化迅速发展的需要同当前经济文化不能满足人民需要的状况之间的矛盾。为解决这一矛盾,开展了社会主义建设,期间既有进展成就,也有失误教训。

第四阶段,"文化大革命"结束后,1981 年召开的党的十一届六中全会通过《关于建国以来党的若干历史问题的决议》,对我国社会主要矛盾作了规范表述:"在社会主义改造基本完成以后,我国所要解决的主要矛盾,是人民日益增长的物质文化需要同落后的社会生产之间的矛盾。"党的十三大进一步指出,我国正处在并将长期处在社会主义初级阶段,确立了以经济建设为中心、坚持改革开放、坚持四项基本原则这一党在社会主义初级阶段的基本路线。这个判断一直沿用,党的十八大报告再次强调,"人民日益增长的物质文化需要同落后的社会生产之间的矛盾这一社会主要矛盾没有变"。

第五阶段,2017 年 10 月党的十九大报告指出:我国社会主要矛盾已经转化为人民日益增长的美好生活需要和不平衡不充分的发展之间的矛盾。经过 40 年的改革开放,我国的建设发展取得了巨大的进步,社会主要矛盾的内涵与特点随之发生了新的变化。党的十九大报告深刻分析了改革开放 40 年的新国情,指出:"我国稳定解决了十几亿人的温饱问题,总体上实现小康,不久将全面建成小康社会,人民美好生活需要日益广泛,不仅对物质文化生活提出了更高要求,而且在民主、法治、公平、正义、安全、环境等方面的要求日益增长。同时,我国社会生产力水平总体上显著提高,社会生产能力在很多方面进入世界前列,更加突出的问题是发展不平衡不充分,这已经成为满足人民日益增长的美好生活需要的主要制约因素。"

观照现实,我国仍然是发展中国家,发展不平衡显著表现为目前还存在着三大差别:在产业领域存在传统与先进的生产方式差别,在社会发展领域存在城市与农村差别,在国土空间领域存在发达与落后的区域差别。从国内外发展规律和经验考量,发展中国家的这三大差别都交汇于贫困问题,并且是三大差别的"底限",因而贫困也就成为一个时期社会主要矛盾的一大焦点。为此,脱贫攻坚必然地成为近一时期我国解决发展不平衡不充分矛盾的极其突出的时代任务。

二、联合国千年发展目标与中国承诺

贫困与反贫困是世界性命题,国际社会对此始终予以关注,并付出了程度不同的努力。随着经济全球化进程的深入,2000年9月,联合国采取了以反贫困为主旨的国际社会联合行动战略举措,出台了"千年发展目标"。我国积极参与了这一计划,并作出郑重承诺,表明了我国消除贫困的坚定决心和切实行动。

在当月举行的联合国千年首脑会议上,世界各国领导人就消除贫穷、饥饿、疾病、文盲、环境恶化和对妇女的歧视,商定了一套有时限的目标和指标。这个联合国千年发展目标,是联合国全体191个成员国一致通过的一项旨在将全球贫困水平在2015年之前降低一半(以1990年的水平为标准)的行动计划,称为联合国千年发展目标,也被称为"新千年计划"。在本次联合国首脑会议上,有189个国家签署了《联合国千年宣言》,正式作出此项承诺。应该说,这是一幅由全世界所有国家和主要发展机构共同描绘的蓝图。

联合国"千年发展目标"提出了8项发展目标。(1)消灭极端贫穷和饥饿,具体要求包括:靠每日不到1美元维生的人口比例减半,使所有人包括妇女和青年人都享有充分的生产就业和体面工作,挨饿的人口比例减半。(2)普及小学教育,具体要求是确保不论男童或女童都能完成全部初等教育课程。

（3）促进两性平等并赋予妇女权利，具体要求是到2005年在小学教育和中学教育中消除两性差距，至迟于2015年在各级教育中消除此种差距。（4）降低儿童死亡率，具体要求是五岁以下儿童的死亡率降低三分之二。（5）改善产妇保健，具体要求有：产妇死亡率降低四分之三，到2015年实现普遍享有生殖保健。（6）对抗艾滋病病毒以及其他疾病，具体要求包括：遏止并开始扭转艾滋病毒/艾滋病的蔓延，到2010年向所有需要者普遍提供艾滋病毒/艾滋病治疗，遏止并开始扭转疟疾和其他主要疾病的发病率增长。（7）确保环境的可持续能力，具体要求是：将可持续发展原则纳入国家政策和方案，扭转环境资源的流失，减少生物多样性的丧失，到2010年显著降低丧失率，到2015年将无法持续获得安全饮用水和基本卫生设施的人口比例减半，到2020年使至少1亿贫民窟居民的生活有明显改善。（8）全球合作促进发展，具体要求有：进一步发展开放的、遵循规则的、可预测的、非歧视性的贸易和金融体制，包括在国家和国际两级致力于善政、发展和减轻贫穷；满足最不发达国家的特殊需要，包括对其出口免征关税、不实行配额；加强重债穷国的减债方案，注销官方双边债务；向致力于减贫的国家提供更为慷慨的官方发展援助；满足内陆国和小岛屿发展中国家的特殊需要，通过国家和国际措施全面处理发展中国家的债务问题，使债务可以长期持续承受；与发展中国家合作，为青年创造体面的生产性就业机会；与制药公司合作，在发展中国家提供负担得起的基本药物；与私营部门合作，提供新技术，特别是信息和通信技术。上述这一系列目标统称为千年发展目标（MDGs），所有目标的完成时间确定为2015年。

分析联合国"千年发展目标"提出目标体系的逻辑，可以看出，围绕消灭极端贫穷和饥饿的主旨目标，分别针对导致贫困的多方面重要原因提出了其他7项目标。显然，消灭贫困是一个综合性、集成化的系统工程，这就必须在计划上要战略统筹，在行动上要综合施策。

我国作为《联合国千年宣言》的签署国，对于实施"千年发展目标"正式作出了承诺。在这一目标的到期之际，我国政府总理在一次联合国专题座谈会上郑重宣示："中国是世界上人口最多的发展中国家，让13亿多人过上好日子，是推进现代化建设的根本目的。过去十五年，中国政府高度重视并率先实现联合国千年发展目标，在减贫、卫生、教育等领域取得了举世瞩目的成就。4亿多人摆脱贫困，五岁以下儿童死亡率降低2/3，孕产妇死亡率降低3/4，织就了世界上最大的养老、医疗社会保障网。"他还表示："面向未来，中国已经全面启动落实2030年可持续发展议程工作。我们注重方案对接，将议程提出的具体目标全部纳入国家发展总体规划，并在专项规划中予以细化、统筹和衔接。我们强化实施保障，建立完善相应的体制机制，动员全社会加大资源投入，加强监督评估。通过努力，我们有望在2020年使现有标准下的贫困人口全部脱贫，提前完成消除贫困和饥饿、妇幼保健、住房保障等领域指标，并于2030年基本完成农业、卫生、教育、经济增长等重点领域的相关目标。"[①] 对于中国在实施联合国千年发展目标方面取得的成就，联合国前秘书长潘基文给予了高度评价。他指出，世界银行的统计表明发展中国家在2010年提前实现了联合国千年发展目标中的减贫内容，即在1990年水平基础上将极端贫困率减半，在此进程中中国的贡献巨大。这一评价恰如其分，毕竟，我国是世界上人口最多的国家，4亿人口摆脱贫困在世界脱贫人口的占比可谓举足轻重。这也证明，由于我国为消除贫困付出了巨大的努力，并且一直坚持不懈，才可能取得举世瞩目的成绩。

三、脱贫攻坚与全面建成小康社会

"小康社会"是中国改革开放总设计师邓小平在20世纪70年代末80年代初在规划中国经济社会发展蓝图时提出的战略构想。随着中国特色社会主义建设事业的深入，其内涵和意义不断地得到丰富和发展。1979年12月6日，邓小平在会见日本首相大平正芳时使用"小康"来描述中国式的现代化。

---

① 李克强：《在"可持续发展目标：共同努力改造我们的世界——中国主张"座谈会上的讲话》，2016年9月21日《人民日报》03版。

他阐述道："我们要实现四个现代化，是中国式的现代化。我们的四个现代化的概念，不是像你们那样的现代化的概念，而是'小康之家'。到本世纪末，中国的四个现代化即使达到了某种目标，我们的国民生产总值人均水平也还是很低的。要达到第三世界中比较富裕一点的国家的水平，比如国民生产总值人均一千美元，也还得付出很大的努力。中国到那时也还是一个小康的状态。"1984 年，邓小平进一步明确提出："所谓小康，就是到本世纪末，国民生产总值人均 800 美元。"

邓小平关于建设小康社会的战略构想，之后体现在党的重要文件和战略决策上。2000 年 10 月，党的十五届五中全会提出：从新世纪开始，我国进入了全面建设小康社会，加快推进社会主义现代化的新的发展阶段。2002 年，党的十六大报告提出：从 2001 年到 2020 年，用 20 年的时间，全面建设惠及十几亿人口的更高水平的小康社会，这是实现现代化建设第三步战略目标必经的承上启下的阶段，也是完善社会主义市场经济体制和扩大对外开放的关键阶段。党的十七大报告又进一步提出了到 2020 年全面建设小康社会的新要求，从而有了更加清晰完整的 2020 年宏伟蓝图。

在党的十六大、十七大确立的全面建设小康社会目标的基础上，党的十八大根据我国经济社会发展实际和新的阶段性特征，提出了一些更具明确政策导向、更加针对发展难题、更好顺应人民意愿的新要求，以确保到 2020 年全面建成的小康社会，是发展改革成果真正惠及十几亿人口的小康社会，是经济、政治、文化、社会、生态文明全面发展的小康社会，是为实现社会主义现代化建设宏伟目标和中华民族伟大复兴奠定了坚实基础的小康社会。党的十八大报告针对 2020 年全面建成小康社会的宏伟目标，还提出"实现国内生产总值和城乡居民人均收入比 2010 年翻一番"的新指标。以此为标志，我国从全面建设小康社会转向全面建成小康社会的新阶段，其实现时限是 2020 年。

按照建设"小康社会"、实现社会主义现代化的构想，我国从 20 世纪 80

年代初开始实施了"三步走"发展战略：第一步，1981年到20世纪80年代末，实现国民生产总值比1980年翻一番，解决人民的温饱问题；第二步：到20世纪末，国民生产总值再增长一倍，人民生活达到小康水平；第三步是到21世纪中叶，人均国民生产总值达到中等发达国家水平，人民生活比较富裕，基本实现现代化。

此后的40年间，我国改革开放发展不断取得举世瞩目的进展，"小康社会"建设的阶段性目标得到了良好的实现。2000年，我国人均GDP超过800美元，实现"三步走"战略的第二步既定目标，即"总体小康"。从极不发达国家跨过中等收入国家的门槛，应该说是一个量级的历史性巨变，但是"总体小康"还是一个低标准的"小康"、不均衡的"小康"。这种低标准、不均衡表现在：到2000年，我国尚有3000万人温饱没有完全解决；城镇也有一批人口在最低生活保障线以下；还有相当数量的人口虽然温饱问题得到解决，但尚未达到小康。因此，这种水平和状态的小康是不全面的。也正因为如此，国家在达到"总体小康"目标后，进一步提出了"全面建设小康社会"新阶段及其战略目标，其中一个重要指标即到2020年实现GDP总量比2000年翻两番、人均GDP达到3000美元。

到2012年，中国人均GDP达到3300多美元，已提前实现了2020年"全面小康"翻两番的目标。但是，一方面，这个人均GDP水平在世界上排名仅列106位；另一方面，仍有数千万人口还处于贫困状态。因而，虽然在数量上达到了"全面小康"，然而在结构上却没有实现小康的全面覆盖，所以还不能说是全面建成了小康社会。

党的十八大根据时代要求和发展规律，提出了"全面建成小康社会"的新战略。"全面建成小康社会"较之于"全面建设小康社会"的变化，一个重要体现是针对"全面建设"阶段尚未解决的消除贫困人口、贫困地区问题，要求"一个都不能掉队"，实现全面脱贫，同步进入全面建成小康社会的格局。党的十九大更进一步作出了全面建设社会主义现代化强国的"三阶段"战略部署:第一阶段是从现在到 2020 年,是全面建成小康社会决胜期;第二阶段是从 2020 年到 2035 年,基本实现社会主义现代化;第三阶段是从 2035 年到 21 世纪中叶,全面建成社会主义现代化强国。随着进入全面建成小康社会决胜期,解决贫困人口、贫困地区问题也进入了脱贫攻坚阶段。(见表 17-1)

表 17-1　"三步走"发展战略和"三阶段"战略部署的内容

项目	"三步走"发展战略	"三阶段"战略部署
时间跨度	1980—2050 年	2017—2050 年(可扩展到 2000—2050 年)
主要内容	第一步,从 1981 年到 1990 年,人均国民生产总值翻一番,达到温饱水平	第一阶段,从 2017 到 2020 年,是全面建成小康社会决胜期(可扩展到从 2000 年到 2020 年,全面建成小康社会)
	第二步,到 2000 年,人均国民生产总值再翻一番,达到小康水平	第二阶段,从 2020 年到 2035 年,在全面建成小康社会的基础上,基本实现社会主义现代化
	第三步,到 2050 年前后,达到世界中等发达国家水平,基本实现现代化	第三阶段,从 2035 年到 21 世纪中叶,在基本实现现代化的基础上,全面建成社会主义现代化强国

第二节　党的十八大以来中国反贫困战略与政策

一、从扶贫开发到脱贫攻坚的阶段性转变

把建设"小康社会"作为国家发展战略一大目标以来,我国为消灭贫困进行了不懈的努力。2008 年,时任国务院总理温家宝在联合国千年发展目标高级别会议上,就兑现联合国千年发展目标的承诺宣示了中国努力的成果:1978 年以来,中国主要依靠自己努力,改革开放,加快发展,在不到 30 年时间内使绝对贫困人口从 2.5 亿减少到 1500 万(按联合国有关绝对贫困统计口径);在全国特别是农村实行了 9 年义务教育;在 8 亿农民中建立了政府投入为主的新型合作医疗制度;同时还建立了农村村民和城市居民自治制度,实行政务公开、民主监督和基层直接选举。他强调说:当代中国人的一切努力,归根到底都是为了一件事——消灭贫困,及在此基础上实现富强民主文明和谐的现代化。随着国家经济社会发展水平的整体提高,以及对绝对贫困状态

评估的变化,我国有关贫困线划分和统计标准也逐次提高,到 2012 年我国农村贫困人口仍有近 1 亿,达 9899 万人,与菲律宾和越南的全国人口总数相近。因此,补齐全面建成小康社会的短板,坚决打好精准脱贫攻坚战。全部脱贫是衡量全面小康的硬指标,农村贫困人口如期脱贫、贫困县全部摘帽、解决区域性整体贫困,便必然地成为全面建成小康社会的底线任务。"脱贫攻坚"意味着我国在消灭贫困上的阶段性转换,也意味着国家的扶贫政策措施的转换。

回顾党的十八大前我国农村扶贫的进程,大体可以分为四个阶段以及相应的阶段性政策措施,即农村经济改革(1979—1985 年)、建立专门的扶贫机构和实施专项扶贫计划(1986—1993 年)、"八七扶贫攻坚计划"的实施(1994—2000 年)、农村贫困开发纲要的实施(2001—2010 年)。

第一阶段,农村经济改革(1979—1985 年),以家庭联产承包责任制为主体的经营制度的改革,给农户更大的决策权和分配权,极大地调动了农民生产的积极性,生产效率得以大幅提高。同时,国家大幅度提高农产品收购价格,其间平均价格提高 25%,这种收入转移直接增加了农户的收入。以放开自由市场,缩小农产品统派购的范围为主要标志的市场化改革,为农户创造更大的经济活动空间。

第二阶段,建立专门的扶贫机构和实施专项扶贫计划(1986—1993 年),1986 年国务院成立专门负责扶贫工作的领导小组,全国各省区也相继建立了政府扶贫专门机构,标志着我国开始进入有组织、有计划、大规模的扶贫开发。主要措施有:一是划分重点扶持贫困县,通过区域瞄准来确定扶贫对象;二是在各级政府支出中设立专项资金用于扶贫;三是确立开发式扶贫,主要有三种投资计划,即通过信贷资金来帮助贫困地区发展和脱贫的贴息贷款计划、以工代赈计划、财政发展资金。

第三阶段,实施"八七扶贫攻坚计划"(1994—2000 年),其总体目标是:从 1994 年到 2000 年,集中人力、物力、财力,动员社会各界力量,力争用 7

年左右的时间，基本解决当时全国农村 8000 万贫困人口的温饱问题。主要措施包括：一是重新确定了 592 个国定贫困县；二是确定了"四到省"原则（资金到省、权力到省、任务到省、责任到省）；三是提出东西对口扶贫；四是扩大和强化了部门定点扶贫；五是大幅度增加了扶贫投资；六是调整资金分配结构，减少沿海六省的扶贫资金分配；七是鼓励国际和民间机构的参与；八是强调扶贫到户；九是加强了扶贫监测。

第四阶段，新时期农村贫困开发纲要的实施（2001—2010 年），其主要目标是：在 21 世纪的头 10 年内解决剩余的绝对贫困人口的温饱问题，并巩固现有的扶贫成果，进一步改善贫困地区和贫困人口的生产和生活条件。较之于上一阶段，本阶段国家扶贫政策进行了部分调整，主要是对扶贫投资的瞄准方式进行了调整，即由县到村的细化和精准化。这一阶段将 592 个国定扶贫重点县全部在中西部进行重新确定，同时确定了 14.8 万个贫困村；实施参与式村级规划并以村为单位进行扶贫投资。扶贫投资重点包括：整村推进、劳动力培训和转移、农业产业开发、自愿移民扶贫。纲要要求逐步形成大扶贫的格局，特别是在基础教育、基本医疗服务和社会保障方面要各相关部门同步协调推进。

经过以上四个阶段的扶贫战略举措，我国在大规模减贫方面取得了举世瞩目的成就。根据世界银行 1 天 1 美元的标准估计，全国贫困人口从 1981 年的 6.38 亿减少到 2005 年的 7160 万，年均下降 8.7%。在各项扶贫政策措施中，扶贫投资产生的效果最为明显。有专家研究表明，比较贫困县与全国农村的主要经济增长指标，可以发现贫困县在粮食、农业生产和农民人均纯收入方面的增长速度明显快于全国平均水平。1994—2000 年间，国定贫困县农业增加值年均增长 7.5%，高于全国 7.0% 的年均增长速度；粮食产量年均增长 1.9%，是全国平均增长速度（0.6%）的 3.2 倍；农民人均纯收入从 648 元增长到 1337 元，年均增长 12.8%，比全国平均增长速度快 2 个百分点。2002—2008 年间，重点村的人均纯收入增长速度要快于重点县和全国的平均增长速度 3 个百分点以上。从总体看,党的十八大之前的开发式扶贫政策和措施,推动了贫困地区的经济增长,促进了大规模减贫进程,也减缓了区域差距扩大的趋势。

到党的十八大召开之际,按照当时新的扶贫标准,2012 年全国扶贫对象仍有 1.22 亿人。贫困人口大多数分布在革命老区、民族地区、边疆地区。集中连片特困地区农民人均纯收入仅为全国农村水平的六成,贫困发生率比全国平均水平高近 16 个百分点。而此时,距离全面建成小康社会只有 8 年时间。为此,党的十八大把脱贫攻坚摆到治国理政突出位置,党中央明确提出:绝不让一个贫困群众掉队,确保到 2020 年农村贫困人口全部脱贫,让全国人民共同迈入全面小康社会。以党的十八大为时间节点,我国扶贫进程从精准扶贫转到精准脱贫、从扶贫开发转到脱贫攻坚,进入啃硬骨头、攻坚拔寨的冲刺阶段。

二、十八大以来党的脱贫攻坚战略和政策

党的十八大以来,以习近平同志为核心的党中央把脱贫攻坚纳入"五位一体"总体布局和"四个全面"战略布局,摆到治国理政的重要位置。习近平同志指出,全面建成小康社会、实现第一个百年奋斗目标,最艰巨的任务是脱贫攻坚,这是一个最大的短板,也是一个标志性指标。为打赢脱贫攻坚战,确保到 2020 年农村贫困人口实现脱贫,中央确立了脱贫攻坚战略,连续出台了一系列指导和保障政策。

2015 年 11 月 29 日发布的《中共中央　国务院关于打赢脱贫攻坚战的决定》,是一份指导脱贫攻坚的纲领性文件。在这份纲领性文件中,中央从增强打赢脱贫攻坚战的使命感紧迫感;打赢脱贫攻坚战的总体要求;实施精准扶贫方略,加快贫困人口精准脱贫;加强贫困地区基础设施建设,加快破除发展瓶颈;强化政策保障,健全脱贫攻坚支撑体系;广泛动员全社会力量,合力推进脱贫攻坚;大力营造良好氛围,为脱贫攻坚提供强大精神动力;切实加强党的领导,为脱贫攻坚提供坚强政治保障等八个方面,明确了脱贫攻坚的

重大意义、目标部署、任务措施和保障机制，提出了 33 条具体要求和安排。

从 2015 年《中共中央　国务院关于打赢脱贫攻坚战的决定》发布到 2020 年只有 5 年时间，这一时间段我国扶贫面临的现实是：中西部一些省（自治区、直辖市）贫困人口规模依然较大，剩下的 7000 多万农村贫困人口贫困程度较深，减贫成本更高，脱贫难度更大。实现到 2020 年让 7000 多万农村贫困人口摆脱贫困的既定目标，决不让一个地区、一个民族掉队，时间十分紧迫、任务相当繁重。因此，这一时期我国扶贫开发进入了啃硬骨头、攻坚拔寨的冲刺期。

为此，中央关于脱贫攻坚的指导思想提出：把精准扶贫、精准脱贫作为基本方略，坚持扶贫开发与经济社会发展相互促进，坚持精准帮扶与集中连片特殊困难地区开发紧密结合，坚持扶贫开发与生态保护并重，坚持扶贫开发与社会保障有效衔接。对脱贫攻坚的总体目标，中央要求：到 2020 年，稳定实现农村贫困人口不愁吃、不愁穿，义务教育、基本医疗和住房安全有保障。实现贫困地区农民人均可支配收入增长幅度高于全国平均水平，基本公共服务主要领域指标接近全国平均水平。确保我国现行标准下农村贫困人口实现脱贫，贫困县全部摘帽，解决区域性整体贫困。

根据中央纲领性文件，随后国务院印发了"十三五"脱贫攻坚规划，细化落实中央决策部署。到 2018 年，中办、国办出台 11 个配套文件；中央和国家机关各部门出台 118 个政策文件或实施方案；全国各地相继出台和完善"1+N"的脱贫攻坚系列举措，从而形成了从中央到地方、从宏观到微观的一整套方略、政策及其执行系统。

面对新形势新任务，创新扶贫开发思路和办法便成为必然要求。在纲领性文件的有关具体政策措施中，主要针对三个基本方面：第一，解决好"扶持谁"问题，确保把真正的贫困人口弄清楚，把贫困人口、贫困程度、致贫原因等搞清楚，以便做到因户施策、因人施策。第二，解决好"谁来扶"问题，加快形成中央统筹、省（自治区、直辖市）负总责、市（地）县抓落实的扶贫开发工作机制,做到分工明确、责任清晰、任务到人、考核到位。第三,解决好"怎么扶"问题,按照贫困地区和贫困人口的具体情况,实施"五个一批"工程。一是发展生产脱贫一批,引导和支持所有有劳动能力的人依靠自己的双手开创美好明天,立足当地资源,实现就地脱贫。二是易地搬迁脱贫一批,贫困人口很难实现就地脱贫的要实施易地搬迁,按规划、分年度、有计划组织实施,确保搬得出、稳得住、能致富。三是生态补偿脱贫一批,加大贫困地区生态保护修复力度,增加重点生态功能区转移支付,扩大政策实施范围,让有劳动能力的贫困人口就地转成护林员等生态保护人员。四是发展教育脱贫一批,治贫先治愚,扶贫先扶智,国家教育经费要继续向贫困地区倾斜、向基础教育倾斜、向职业教育倾斜,帮助贫困地区改善办学条件,对农村贫困家庭幼儿特别是留守儿童给予特殊关爱。五是社会保障兜底一批,对贫困人口中完全或部分丧失劳动能力的人,由社会保障来兜底,统筹协调农村扶贫标准和农村低保标准,加大其他形式的社会救助力度。要加强医疗保险和医疗救助,新型农村合作医疗和大病保险政策要对贫困人口倾斜。

经过数年努力,在脱贫攻坚的方法论指导上,中央领导概括了"七个强化"和"五条经验"。"七个强化"即强化领导责任、强化资金投入、强化部门协同、强化东西协作、强化社会合力、强化基层活力、强化任务落实。"五条经验"是加强领导是根本、把握精准是要义、增加投入是保障、各方参与是合力、群众参与是基础。

经过数年努力,在脱贫攻坚具体操作实践上,各地因地制宜,实施了产业扶贫、易地扶贫搬迁、劳务输出扶贫、交通扶贫、水利扶贫、教育扶贫、健康扶贫、金融扶贫、农村危房改造、土地增减挂钩、水电矿产资源开发资产收益扶贫等,不断开拓精准脱贫的有效路径。

经过数年努力,在脱贫攻坚成效上,全国农村贫困人口持续大规模减少。据有关统计,截至2016年底,2013—2016年农村贫困人口年均减少1391万人,累计脱贫5564万人;贫困发生率从2012年底的10.2%下降至2016年底的 4.5%，下降 5.7 个百分点。同期国家累计安排中央预算资金 404 亿元，地方各级统筹中央和省级财政专项扶贫资金 380 亿元，搬迁贫困人口 591 万人，加快了搬迁群众脱贫致富步伐。按此进度可以预期，到 2020 年能够实现我国现行标准下的农村贫困人口全部脱贫，绝对贫困问题得到历史性解决，我国将提前 10 年实现联合国 2030 年可持续发展议程确定的减贫目标，继续走在全球减贫事业的前列。

第三节　脱贫攻坚促进区域协调发展的新进展

一、缩小区域差距，推进区域间协调发展

包括贫困县域的集中连片贫困地区的存在是我国区域发展不充分不平衡的突出表现，因而贫困县、集中连片贫困地区的整体脱贫也就成为脱贫攻坚的重点。党的十八大以来，在党和政府的脱贫攻坚方略指导下，各地采取多种举措，针对贫困县和集中连片贫困地区的各自特点加大精准脱贫力度，取得了显著成效。

贫困县域和集中连片贫困地区也称之为区域性贫困，这是与一定的地理区域相联的贫困现象。其发生原因主要是：不利的地理位置、脆弱的生态环境、贫瘠的土地和其他自然资源、落后的基础设施、低下的教育水平和健康状况导致人力资本不足、低下的农业生产率等。我国的区域性贫困主要发生在中西部经济欠发达省区，并且集中于革命老区、少数民族地区、边疆地区和革命老区以及生态脆弱地区，被称为"老少边穷"地区。

国家级贫困县又称国家扶贫工作重点县，截至 2017 年，全国共有 585个国家级贫困县（包括县级行政单位区、旗、县级市）。依照 2017 年名单，国家级贫困县分布于全国 17 个省级行政区内，大多分布在中西部地区，其中以西藏自治区为最多，其后为云南省、贵州省、四川省、甘肃省、陕西省、河南省、河北省。国家级贫困县中的 341 个民族自治区贫困县分布于全中国 17个省级行政区内，以西藏自治区为最多，其次为云南省、贵州省、河北省、甘肃省、山西省、河南省、四川省、陕西省、内蒙古自治区等。截至 2018 年，各

省区市的国家级贫困县分布状况是:河北省28个,山西省32个,内蒙古自治区31个,吉林省8个,黑龙江14个,安徽省19个,江西省13个,河南省29个,湖北省26个,湖南省20个,广西壮族自治区27个,海南省5个,重庆市9个,四川省37个,贵州省47个,云南省67个,陕西省50个,甘肃省43个,青海省15个,宁夏回族自治区8个,西藏自治区69个,新疆维吾尔自治区22个。

除了确定国家级贫困县外,《中国农村扶贫开发纲要(2011—2020年)》还划定了"集中连片特殊困难地区",并以此作为扶贫主战场。集中连片特殊困难地区共14个,包括六盘山区、秦巴山区、武陵山区、乌蒙山区、滇桂黔石漠化区、滇西边境山区、大兴安岭南麓山区、燕山—太行山区、吕梁山区、大别山区、罗霄山区等区域的连片特困地区和已明确实施特殊政策的西藏、四省藏区、新疆南疆四地州,覆盖689个县。全国14个连片特困地区基本覆盖了全国绝大部分贫困地区和深度贫困群体,自我内生式经济增长无法有效带动这些地区"翻身",常规的扶贫手段难以奏效,扶贫开发工作任务异常艰巨。

从国家级贫困县和集中连片特殊困难地区的分布状况考量,我国中西部地区绝大部分省区经济相对欠发达,与贫困地区、贫困人口集中于此有着直接的关系。我国东中西三大区域发展不平衡不协调状况,也与这种贫困地区、贫困人口的分布直接相关。贫困县和集中连片特殊困难地区大量存在既是中西部地区欠发达的表征,又是导致中西部地区与东部地区差距甚大的原因。显而易见,要推进区域协调发展,就必须以贫困县、集中连片特殊困难地区为重点,着力解决区域贫困问题。

在多年的扶贫开发特别是近年的脱贫攻坚中,针对区域性贫困发生的原因,各地通过加强交通水利农地改造等基础设施建设、推动教育均衡、改善区域公共服务和社会保障、生态环境治理、产业扶贫等一系列措施,有效地促进了区域性贫困现象的大幅改变。截至2014年,解决区域性贫困问题即呈现出显著的效果，我国区域发展差距缩小形成较为稳定的走势。中西部地区社会事业全面发展，全部实现九年义务教育，人均预期寿命大幅提升，电视节目综合人口覆盖率达到 95%。高速公路超过 5000 公里的 8 个省份中，中西部地区有 5 个。高速和准高速铁路网络同步推进，民航事业加速起飞，电力供应极大改善。西藏、新疆等少数民族集中居住地区快速发展，集中连片特殊困难地区脱贫攻坚见到很大成效，赣南等原中央苏区以及陕甘宁等革命老区自我发展能力明显增强，其他边疆欠发达地区人民生活水平普遍得到较大改善。据统计，2014 年，中、西部地区生产总值增幅分别比东部高 0.5 个和 1.1 个百分点。2010—2014 年，西部城乡居民收入增速均高于东部，东部与西部城镇居民人均可支配收入比率由 1.47 下降为 1.44，农民人均纯收入比率由 1.84 下降为 1.82。

国家统计局 2018 年公布的数据表明，截至 2017 年末，全国农村贫困人口从 2012 年末的 9899 万人减少至 3046 万人，累计减少 6853 万人（见图 17-1）；贫困发生率从 2012 年末的 10.2% 下降至 3.1%，累计下降 7.1 个百

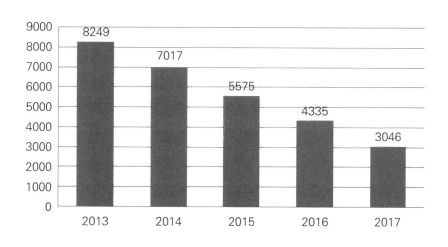

图 17-1　2013—2017 年中国农村贫困人口数量变化情况

分点。

国家统计局数据还表明，基于对中国内地 31 个省区市的 16 万户居民家庭的抽样调查，按现行国家农村贫困标准测算，2017 年末，全国农村贫困人口 3046 万人，比上年末减少 1289 万人；贫困发生率 3.1%，比上年末下降 1.4 个百分点。分东、中、西三大区域看，2017 年三大地区农村贫困人口全面减少，其中东部地区农村贫困人口 300 万人，比上年减少 190 万人；中部地区农村贫困人口 1112 万人，比上年减少 482 万人；西部地区农村贫困人口 1634 万人，比上年减少 617 万人。中西部区域的减贫进度更快、力度更大。分地区看，2017 年全国各省区市农村贫困发生率普遍下降至 10% 以下。其中，农村贫困发生率降至 3% 及以下的省区市有 17 个，包括北京、天津、河北、内蒙古、辽宁、吉林、黑龙江、上海、江苏、浙江、安徽、福建、江西、山东、湖北、广东、重庆等。值得指出的是，中西部地区的一批省区贫困发生率指标已经与东部发达地区省市相近，表明区域差距正在缩小。

二、开展农村脱贫，促进城乡协调发展

如前所述，我国是发展中国家，除了在国土空间领域存在区域发展水平差别，还有在产业领域存在传统与先进的生产方式差别和在社会发展领域存在城市与农村差别，后两者体现在农业生产方式和农村生活方式相对落后，尤其是由此引起的部分农村和部分农村人口贫困现象。要全面建成小康社会，进而在未来迈向发达的社会主义现代化强国，不断提高城市与农村发展的协调性、均衡性水平，必然成为发展进程的内在要求。因此，自从我国开展扶贫开发以来，以农村扶贫和脱贫为重点始终是坚定不移的取向和战略。

缩小城乡差距、提高城乡发展协调性，其路径有二：一是发展现代农业，实现农业生产方式变革；二是建设新农村，实现农村生活方式现代化。这两条路径普遍适用于全国各地农业农村，但从解决贫困这一"底限"问题考量，特别是从政府主导的扶贫脱贫战略中更好发挥政府作用考量，政府的着力点必须是为农业生产和农村生活提供公共产品与公共服务，包括农业生产生活

的公共基础设施和农村人口教育、医疗、住房、文化等公共服务，有序推进农业农村公共产品和公共服务与城市生产生活的均等和协调。

党的十八大以来，从中央到地方各级政府加大了农村基础设施建设的投入，显著改善了农村特别是贫困地区农村的生产生活基础设施条件。以水利、交通、住房、信息化基础设施建设完善为例：（1）"水是农业的命脉"，各地政府加大农业农村水利基础设施建设投入力度，建成了一批重大水利骨干工程，农田水利设施条件显著改善。截至 2017 年，全国农业耕地灌溉面积达到 10 亿亩，有力保障了提高粮食及其他农产品产能；农村饮水安全问题基本解决，广大贫困地区农户用上了自来水。（2）"道路通，百业兴"，农村公路已经成为经济建设和社会发展的"脊梁骨架"和"血脉通道"。特别是在一些贫困地区，改一条溜索、修一段公路就能给群众打开一扇脱贫致富的大门。各地实施农村道路"村村通"工程、"产业路"工程，从 2012 年到 2017 年的 5 年间，全国新建改建农村公路 118.4 万公里，可绕地球近 30 圈。（3）"安居才能乐业"，各地政府实施农村危房改造，解决农村困难群众危房户住房问题。这是既适应现实需要，改善农民群众居住条件、改变农村环境面貌、缩小城乡差距、推动新农村建设再上新水平的重要举措。据统计，2016 年全国城镇、农村居民人均住房建筑面积分别比 2012 年增长 11.1%、23.3%，年均增长 2.7%、5.4%，农民居住条件得到了进一步改善。根据 2017 年有关部门统计，剩余的 380 万户危房改造任务在此后两年内完成。（4）"宽带中国"战略在农村深入实施，2016 年农业部出台《"十三五"全国农业农村信息化发展规划》，全面加强农业农村互联网基础设施建设，为推动农业农村信息化提供了坚实的土壤。在此前组织 26 个省（区、市）、116 个县（市、区）开展信息进村入户试点、进一步拓宽"12316"三农综合信息服务平台的内涵、探索农业农村信息服务的长效机制取得经验的基础上，2017 年起全面实施信息进村入户工程，并在辽宁、吉林、黑龙江等 10 省市开展整省推进示范，通过益农信息社和村级信息员之"端"联通农户，建成覆盖全国 60 万个行政村的大

"网"。针对贫困地区和贫困人口，还探索面向贫困户的网络资费优惠。截至2017年底，随着农村公共基础设施建设逐步完善，清新别致的新农村居民小区在全国各地农村星罗棋布，在贫困地区农村也随处可见，99.7%的农户所在自然村均已通公路、通电、通电话，自来水、天然气、宽带网络等便利的生活设施也已进村入户，农村生产生活公共基础设施条件发生了非常显著的改善，基础设施建设和功能水平不断提升。

与此同时，国家在农村教育、医疗、基本社保、养老等民生公共服务领域，特别是对贫困地区、贫困人口的民生公共服务供给采取了大力度的"补短板"举措。以教育和医疗公共服务为例：（1）在教育公共服务方面，自从2012年我国财政性教育经费支出占当年国内生产总值比例首次超过4%，突破2万亿元，此后连续6年均保持在4%以上，2017年国家财政性教育经费达到3.42万亿元。投入增长保证了教育机会不断增加，截至2017年，小学学龄儿童净入学率、初中阶段毛入学率超过或相当于高收入国家平均水平，高中阶段毛入学率高于中高收入国家的平均水平。2017年全国学前教育毛入园率为79.6%，比2012年提高15.1个百分点；15岁及以上人口平均受教育年限达到9.6年，劳动年龄人口平均受教育年限达到10.5年。高等教育向普及化阶段快速迈进，2017年，高等教育毛入学率达到45.7%，高于中高收入国家平均水平。在脱贫攻坚中，坚持把教育扶贫作为一大重点。2013年7月，教育部等七部门出台《关于实施教育扶贫工程的意见》，之后又陆续发布了若干有关教育扶贫的政策文件，对教育扶贫提出了具体指导和要求。一是实施全面改善贫困地区义务教育薄弱学校基本办学条件工程，到2017年，这一国家工程覆盖全国2600多个县近22万所义务教育学校，被誉为"我国义务教育学校建设史上中央财政投资最大的单项工程"，从2013年到2017年，中央财政累计投入1336亿元，带动地方投入2500亿元，过去学生自带课桌椅、睡"大通铺"、使用D级危房等现象基本消除。二是贫困地区农村义务教育学校营养改善计划全面实施，从2011年至2018年，中央财政累计安排资金 1591 亿元，在 29 个省份的 1631 个县实施农村学生营养改善计划，覆盖了国家所有扶贫开发重点县，受益学生 3700 多万人，农村学生身体素质显著提高。三是学生资助体系全覆盖，呈现学生数量、资助金额、财政投入和学校与社会投入的四个持续增长。同时，贫困地区普遍建立起留守儿童关爱服务体系，关爱服务力度不断加大。四是重点大学面向农村贫困地区定向招生人数大幅增加，包括国家专项计划、地方专项计划、高校专项计划在内，5 年来共录取农村和贫困地区学生 27.4 万人，更多农村孩子有了上重点大学、改变自身命运的机会。（2）"病根变成穷根"是因病致贫、因病返贫现象的写照，因此在脱贫攻坚中加快改善农村医疗卫生条件和服务成为又一大重点。据国务院扶贫办建档立卡统计，2016 年因病致贫、因病返贫贫困户占建档立卡贫困户总数的 42.2%，患大病和患长期慢性病的贫困人口疾病负担重。当年 6 月，国家卫生计生委会同国务院扶贫办等 14 部门制定印发《关于实施健康扶贫工程的指导意见》，全面动员部署健康扶贫工作。 健康扶贫的主要措施及其成效包括：一是提高贫困人口医疗保障水平。截至 2018 年上半年，城乡居民基本医保（新农合）、大病保险对贫困人口实现全覆盖，重特大疾病医疗救助逐步覆盖贫困人口。提高新农合政策范围内住院费用报销比例 5 个百分点以上，降低大病保险报销起付线。全国已有 74% 的贫困县实行贫困人口县域内住院先诊疗后付费和"一站式"信息交换和即时结算，有效减轻贫困人口看病就医经济负担。二是提升贫困地区医疗卫生服务能力。取消贫困地区县级和西部连片特困地区地市级配套资金，同期支持包含贫困地区在内的县级医院、妇幼保健机构、疾控机构建设项目 800 个。三是积极推进医疗救助与基本医疗保险、大病保险及相关保障制度衔接。健全新农合、大病保险、医疗救助、疾病应急救助、商业补充保险等制度的联动报销机制，推进"一站式"结算服务，全国 93% 的地区实现了医疗救助与医疗保险费用"一站式"结算。四是初步建立起针对重特大疾病的多层次、多形式的大病保障机制。以大额费用为切入点，积极推进城乡居民大病保险工作。截至 2017 年末，全国 31

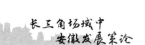

个省（区、市）均已建立城乡居民大病保险制度。2016 年，全国超过 1000 万人次受益，实际报销比例在基本医保报销基础上再提高 13 个百分点左右，大病患者的医疗费用负担进一步减轻。2017 年，新农合规定新增筹资中的一定比例要用于大病保险，同时将贫困人口大病保险起付线降低 50%，以促进更多贫困人口从大病保险中受益。五是对口帮扶贫困县医疗机构，提高基层医疗水平。2016 年，全国组织 856 家三级医院对口帮扶贫困县 1111 家县医院，采取"组团式"帮扶方式，向被帮扶医院派驻 1 名院长或副院长及医务人员进行蹲点帮扶，重点加强近 3 年县外转出率前 10 位病种的相关科室建设，使被帮扶医院 2020 年能达到二级医疗机构服务水平。同时，加强贫困地区医疗卫生人才队伍建设。到 2020 年使贫困地区每个乡镇卫生院至少有 2 名医师、每个村卫生室至少有 1 名乡村医生掌握 5 项以上中医药适宜技术。通过以上健康扶贫措施，长期困扰贫困地区农村人口的看病难、看病贵、负担重的问题初步得到解决，并且继续加快解决。

三、推进生态扶贫，人与生态和谐共生

经济贫困、生态退化、严格的生态保护要求是很多贫困地区面临的共同难题，也是联合国千年发展目标和 2030 年可持续发展目标实现必须解决的重大难题。联合国千年发展目标中的其他目标完成时间节点是 2015 年，但唯有第七项目标任务即确保环境的可持续能力的时限推迟到 2020 年，并且在以后的联合国有关会议上又把这项目标任务的完成时限顺延到 2030 年。2015 年，我国在联合国千年发展目标的阶段性目标实现时限到期之际，已经达到或提前达到的大部分规定指标，但在生态改善和可持续发展目标方面仍然远未完成。因此，在进入脱贫攻坚阶段后，生态扶贫仍然是精准扶贫的难点和关键点，而且是长期性任务。

从我国区域性贫困考察，集中连片贫困区大多是生态脆弱区和限制甚至禁止开发的生态保护区，脱贫攻坚与生态修复和保护问题具有直接的关联。在总结以往经验教训的基础上，2018 年 1 月，国家发改委等 6 部门联合印发了《生态扶贫工作方案》，明确提出要坚持扶贫开发与生态保护并重，通过实施重大生态工程建设、加大生态补偿力度、大力发展生态产业、创新生态扶贫方式等，推动贫困地区扶贫开发与生态保护相协调、脱贫致富与可持续发展相促进，使贫困人口从生态保护与修复中得到更多实惠，实现脱贫攻坚与生态文明建设"双赢"。所谓生态扶贫，其原则是生态优先，突出扶贫开发与生态保护并重，把扶贫脱贫工作和贫困地区的生态修复和保护工作充分衔接起来；其路径是通过生态修复和保护带动地方就业，拉动地方经济，促进地方转型，实现贫困地区脱贫致富与可持续发展相互促进；其操作要根据各地贫困情况的不同、发展阶段和条件的不同，因地制宜地探索不同生态扶贫模式。

在脱贫攻坚中，从中央到地方政府增加了财政资金直补，讲求精准施策，促进贫困地区建立生态优先发展模式。主要具体措施有以下五项：

第一，更加精准地加大资金补贴和绩效激励力度。生态脆弱区和保护区的发展空间受限、缺乏产业支撑，以前上下各级财政支持没有体现这种差异性，这些区域的贫困地区不仅趋于加剧贫困，反过来也会进一步影响生态环境。为破解这一矛盾冲突和恶性循环，中央和各级财政着重加大资金补贴和绩效激励力度，尽可能向深度贫困地区倾斜，加大对具有重要生态功能的贫困地区的天然林、草地、湿地保护以及农村发展的直补型财政资金支持，积极推动贫困区的生态环境治理和修复，建立生态优先发展模式，着力提高贫困地区的生态资本，才能实现经济脱贫和生态保护双赢。

第二，建立多元化生态扶贫资金机制。积极改革财政预算支出机制，加大对贫困地区的预算和投入力度，特别是对于那些"自我造血"能力不足的贫困区，实施倾斜性和引导性结合政策予以支持。鼓励地方加大绿色金融创新，利用绿色金融、绿色信贷、绿色债券，吸引多渠道社会资金投入生态扶贫工作中来。推进贫困地区建立多元化的扶贫资源筹集机制，各级地方要充分发挥政府、市场、社会组织和个人等多主体的能动性，多种渠道获得扶贫

资源。

第三，完善贫困区生态补偿机制。通过生态补偿的方式让贫困区居民在参与生态保护和生态建设的过程中有收益，实现脱贫和生态环境改善的双重目标。一是加大对贫困地区的生态补偿力度，提高贫困地区的生态补偿标准，争取使得补偿标准能够充分反映贫困地区的发展机会成本。二是加大绿色产业补偿，通过资金和政策扶持地方绿色产业，提高贫困地区"造血"功能，激发贫困地区的内生发展能力，真正实现贫困人口的"能力脱贫"。三是实施多元化、市场化补偿。探索实施职业技能培训、土地权信托等多种补偿方式，提升农户就业技能，发展规模化绿色产业等。四是利用生态补偿拉动贫困区绿色就业。结合退耕还林、退牧还草、公益林补偿、天然林资源保护建设及生态综合治理工程等，挖掘生态建设与保护就业岗位，让有劳动能力的贫困人口就地转成护林员等生态保护人员，为生态保护区的农牧民特别是贫困户提供就业机会，引导贫困农牧民，向生态工人转变，提高贫困户收入水平。

第四，引导扶持贫困地区发展特色绿色产业。充分挖掘地区生态发展潜力，充分利用地区丰富的资源优势，大力发展地方性特色农业，发展林下经济等绿色产业，地方政府积极做好配套服务，完善生态产业链，搭建 "产、供、销"一条龙式市场，打造生态农业品牌，提高贫困区居民的人均可支配收入水平，通过地区特色优势绿色产业从根本上解决贫困问题。激活生态资源，利用生态环境优异的资源禀赋，积极推进有条件的地方发展特色型生态旅游产业。将生态扶贫和地区旅游业相结合，依托本地的自然优势，大力发展生态旅游业，大力构建"生态＋旅游"的发展格局，利用生态旅游业带动贫困人口脱贫，让乡村旅游变为贫困户的"收入来源"，通过生态旅游把贫困地区的生态优势转化为经济财富，并进一步推动美丽乡村建设。

第五，推进生态脆弱地区人口的易地扶贫搬迁。我国许多贫困地区或者因为本来就是自然生态脆弱区，如河流行蓄洪区、沙漠区、高海拔区、石漠区等；或者因为多年来对资源的过度开发利用，导致了水土流失不断、自然灾害频发等严重的生态问题，严重影响了人类的生存与发展，已经不适宜人类生产生活。针对居住在这些地区的居民长期处于贫困的状态，汲取国内外历史经验，人口易地搬迁成为解决生态脆弱地区贫困难题的一种必然"选项"，通过生态移民改善贫困人口的生产和生活条件。各地在实施生态移民中，既有针对生态问题比较严重的地区采用整体搬迁的方式，也有缓解生态压力、加强地区生态环境的治理和修复，采取部分易地搬迁的方式。各地将新农村建设和生态移民工程相结合，做好移民区的基础设施建设，针对搬迁户的生产恢复和生活改善提供帮扶。比如宁夏回族自治区针对西部深度贫困的西海固地区部分生活在自然条件严酷、资源贫乏、生态恶化地区的贫困人口，多年来实施整村易地扶贫搬迁，当地称之为"生态移民工程"。截至 2017 年，宁夏累计移民近 120 万人，约占宁夏总人口的 1/6。从西海固地区整村搬迁的移民，大部分搬迁到银川周边的黄河沿岸县区，开发了贺兰山葡萄酒产业带的大规模葡萄种植基地，生产生活状态焕然一新，收到了扶贫和生态修复的双重效果。再如安徽 2018 年出台《安徽省淮河行蓄洪区安全建设规划（2018—2025 年）》，则属于部分移民搬迁。规划提出，到 2025 年，结合治淮工程项目和美丽乡村建设，持续推进居民迁建等工程，全面提高行蓄洪区内居民防洪保安能力，群众生产生活条件明显改善，为区内经济社会可持续发展提供基础性保障。通过保庄圩堤防加固、堤顶防汛道路修建、排涝站及自排涵闸建设等工程的实施，淮河干流保庄圩防洪标准达到 50 年一遇，支流保庄圩防洪标准达到 20 年一遇，保庄圩自排与抽排标准全部达到 10 年一遇。区内总人口由 101.27 万人减少至 75.44 万人，庄台人均居住面积由 21 平方米提高至 50 平方米，居住在低洼地以及庄台超安置容量的 64.46 万人得到妥善安置。

从生产、生活、生态三个方面脱贫攻坚，是新阶段我国扶贫的新特征。相对于精准脱贫的其他目标及其任务而言，贫困地区的生态修复和保护、贫困人口的可持续发展是更加艰巨的任务。因此，在既定的到 2020 年完成脱贫

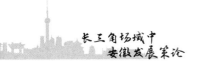

攻坚目标、贫困地区和贫困人口与全国同时全面建成小康社会的任务实现之后，原贫困地区的生态修复与保护以及脱贫人口未来可持续发展依然是我国协调发展的一个重点，可谓任重道远，容不得懈怠。

四、缩小收入差距，促进社会协调发展

在新时代，我国经济发展水平已经达到世界中等收入国家水平，正处在跨越中等收入陷阱、缓解社会矛盾的关键时期。大量的国际研究文献表明，中等收入陷阱与收入差距有着密切的关系。有学者研究发现，20 世纪 70—80 年代进入中等收入水平的国家中，一部分后来成为高收入国家，一部分则长期陷入中等收入陷阱而不能自拔。这两类国家的最大差别是当时的收入差距不同，后一类国家收入差距远大于前一类国家。该学者收集的数据显示，前一类国家收入分配的基尼系数的平均值为 0.33，而后一类国家为 0.47。研究表明，一些国家长期陷入中等收入陷阱的主要原因之一，就在于收入差距悬殊和收入分配不公。因此，规范收入分配秩序、缩小居民收入差距，对于我国经济社会协调发展、跨越中等收入陷阱具有重大而深远的意义。

基尼系数是国际考察收入分配差异的重要指标，也称基尼集中率，是比较常见的度量贫富差距的标准。从理论上说，基尼系数最大为 1，最小为 0，前者表示社会全部收入被一个单位的人占有，后者表示人与人之间的收入绝对平均，没有差异。在实际生活中，一般不会是两个极端现象，通常基尼系数的数值介于 0 和 1 之间，基尼系数越小表示收入越平均，越大则表示收入越不平均。国际标准认为，基尼系数在 0.3~0.4 为正常状态，0.4 是国际警戒线，超过 0.6 则会引发社会动荡。贫困人群是社会中收入最低的人群，在基尼系数中属于高低收入群体比较中的最低"底线"。因此，要缩小收入差距，必须提高"底线"，即提高贫困人群的收入水平。改革开放后，我国也采用了基尼系数指标来衡量国内收入差距状况，其数值的变化反映着社会收入差距动态以及贫困人群收入水平升降。

党的十八大以来，从收入结构观察，我国城乡居民收入差距呈现逐步缩小趋势。国家统计局 2017 年公布的统计数据显示，（1）我国居民收入增速快于经济增速：2016 年全国居民人均可支配收入 23821 元，比 2012 年增长 44.3%，扣除价格因素，实际增长 33.3%，年均实际增长 7.4%，快于同期 GDP 年均增速 0.2 个百分点，更快于同期人均 GDP 年均增速 0.8 个百分点。（2）城乡收入差距持续缩小：2016 年城镇居民人均可支配收入 33616 元，比 2012 年增长 39.3%，实际增长 28.6%，年均实际增长 6.5%。2016 年农村居民人均可支配收入 12363 元，比 2012 年增长 47.4%，实际增长 36.3%，年均实际增长 8.0%。2016 年城乡居民人均可支配收入之比为 2.72（农村居民收入 =1），比 2012 年下降 0.16。（3）恩格尔系数持续下降：全国居民食品烟酒支出占消费支出的比重从 2012 年的 33.0% 下降至 2016 年的 30.1%，下降 2.9 个百分点。（4）居民生活环境明显改善：2016 年全国居民人均住房建筑面积为 40.8 平方米，城镇居民人均住房建筑面积为 36.6 平方米，农村居民人均住房建筑面积为 45.8 平方米。其中，城镇、农村居民人均住房建筑面积分别比 2012 年增长了 11.1% 和 23.3%。

国家统计局 2016 年公布了我国 2003 年至 2012 年全国居民收入基尼系数，分别为：2003 年是 0.479，2004 年是 0.473，2005 年是 0.485，2006 年是 0.487，2007 年是 0.484，2008 年是 0.491，2009 年是 0.490，2010 年是 0.481，2011 年是 0.477，2012 年是 0.474；之后又公布了 2013 年和 2014 年基尼系数，2013 年是 0.473，2014 年是 0.469。从基尼系数变化动态可以看到，从 2003 年到 2008 年，基尼系数呈上升态势，意味着收入差距在扩大，2008 年达到 0.491 的峰值。从 2009 年起，基尼系数开始下降，并且呈逐年连续下降，这意味着收入差距逐步缩小的稳定走势。

根据统计数据，全国收入差距的缩小主要原因是农村居民的收入增长超过了城镇居民收入增长，农村中贫困地区农民收入增长超过了非贫困地区。近年来，通过脱贫攻坚的多措并举，促进了贫困地区以及贫困人群的产业收入、工资收入、转移性收入以及财产性收入等明显增加，使基尼系数实现了

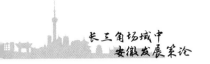

"提低"，从而达成缩小收入差距之效。贫困人群收入与其他社会人群收入差距的持续缩小，有利于提高经济社会发展的协调性，也有利于平稳跨越中等收入陷阱。

但是也应当看到，虽然2009年以来我国基尼系数连续下降，但仍处于国际警戒线之上的高位，东西部居民、城乡居民，不同行业间、家庭之间，收入差距仍然较大。要持续提高低收入人群收入，关键在于使其收入增长持续稳定地超过高收入人群。在近年来的脱贫攻坚实践中，种种举措达到了贫困地区农村人群收入增长超过非贫困地区的效果，但其中有的是短期性因素及其效应。因此，必须在脱贫攻坚已有经验基础上，进一步建立和完善持续缩小收入差距的长效机制，而这正是脱贫攻坚最后关头所需要特别应对和解决的根本问题。

第四节　安徽区域协调发展与脱贫攻坚实践

一、消除区域贫困是安徽区域协调发展的难点和重点

安徽是长三角地区的发展中省份，区域经济发展不平衡是长期存在并且相当突出的现象。在全省16个省辖市中，地处全省中心和长江下游的几个城市发展水平相对较高，而地处山区、沿淮和淮北（又称皖北）的城市大都发展水平较低。具有解释意义的对照显示，安徽发展水平较低的区域恰恰是贫困县、贫困人口较多的区域。因此，一直以来，推进区域协调发展、促进区域均衡，安徽总是把皖北地区和山区作为难点重点。

这里依据2017年统计数据，我们把2016年安徽各城市发展水平与同期安徽各地贫困县分布作一对照，由此不难看出，各区域发展水平高低与贫困县数量分布存在直接关系。表17-2是2016年安徽16个城市经济发展水平统计，表17-3是同期安徽国定贫困县和省定重点贫困县（区）分布情况。

表 17-2　2016 年安徽 16 个城市经济发展水平及排名

序号	城市	GDP	人口	人均 GDP	GDP 增速	人均 GDP 排名
1	合肥	6200	779	7.95	10%	1
2	芜湖	2660	365.4	7.27	9.70%	2
3	马鞍山	1440	226.2	6.36	9%	3
4	铜陵	960	159.2	6.03	9%	4
5	蚌埠	1385.8	329.1	4.2	9.40%	5
6	黄山	576.8	137.4	4.19	7.80%	6
7	池州	583	143.6	4.05	8.20%	7
8	宣城	1050	259.2	4.05	8.70%	8
9	淮北	780	217.9	3.57	5%	9
10	滁州	1418	401.7	3.52	9.30%	10
11	安庆	1500	458.6	3.27	8%	11
12	淮南	945	343.1	2.75	6.50%	12
13	宿州	1320	554.1	2.38	9%	13
14	六安	1108.1	474.1	2.33	7.20%	14
15	亳州	1030	504.7	2.04	8.80%	15
16	阜阳	1401.9	790.1	1.77	9%	16

数据来源：2017 年年初召开的安徽各市两会公布的政府工作报告；人口数据为安徽省统计局公布的 2015 年各市常住人口，单位为万人；GDP 数据的单位为亿元。

表 17-3　2016 年安徽省国定和省定扶贫重点县（区）

类别	重点县（区）名单
国家连片特困地区大别山片区县 12 个	利辛县、颍上县、临泉县、阜南县、寿县、霍邱县、金寨县、望江县、潜山县、太湖县、宿松县、岳西县（注：望江县不是国家扶贫开发工作重点县）
大别山片区外国家重点县（区）8 个	砀山县、萧县、灵璧县、泗县、阜阳市颍东区、六安市裕安区、舒城县、石台县
省扶贫开发工作重点县（市、区）11 个	亳州市谯城区、涡阳县、蒙城县、宿州市埇桥区、怀远县、阜阳市颍泉区、阜阳市颍州区、太和县、界首市、定远县、六安市金安区

从表 17-2 可见，安徽人均 GDP 排名后 6 位的安庆、淮南、宿州、六安、

亳州、阜阳 6 个城市基本上属于山区和皖北地区；从表 17-3 可见，安徽省的国定和省定贫困县（市、区）也基本上处于山区、沿淮和皖北地区，两者高度重合，表明区域落后和不平衡与贫困地区分布有着正相关关系。

为推进全省区域经济协调发展，从"十二五"时期开始之际，安徽制定并实施了"皖北振兴"战略与行动，旨在加快省内落后区域发展，缩小与先进区域的发展差距，提高全省发展的协调性和均衡性。2011 年，国家出台《中国农村扶贫开发纲要（2011—2020 年）》，划定了集中连片特殊贫困区大别山片区作为脱贫攻坚主战场，安徽有 11 个国定贫困县和 1 个非国定贫困县列入片区。2012 年，国务院正式批复《中原经济区规划（2012—2020 年）》，安徽的宿州、亳州、淮北、阜阳、蚌埠五市及淮南市凤台县、潘集区纳入规划范围，标志着加快皖北发展正式进入国家战略规划。该规划支持安徽以沿淮经济带、现代产业园区和美好乡村建设为载体，建设皖北"三化"协调发展先行区，鼓励在区域合作发展、城镇提质扩容、新农村建设、城乡土地管理制度改革等方面积极探索，增强内生发展动力和活力。这样，振兴安徽大别山区、沿淮和皖北落后地区经济，就有了两大国家规划及其相应政策的叠加。不言而喻，振兴大别山区、沿淮和皖北等落后地区经济，包含了加快其中贫困县（市、区）脱贫的内在要求，而且这是振兴落后地区的难点和重点，也是安徽全省区域协调发展的难点和重点。两大国家规划的支持和脱贫攻坚战的实施，给安徽消除区域贫困、振兴落后地区、推进区域协调发展带来了机遇，增添了动力。

二、近年来安徽脱贫攻坚实践及其成效

党的十八大以来，安徽扶贫开发从"粗放式"向"精准式"转变，措施上从"大水漫灌"向"精准滴灌"转变，管理上从"被脱贫"向"要脱贫"转变，脱贫攻坚步伐明显加快。近年来，安徽把精准扶贫、精准脱贫作为基本方略，坚持扶贫开发与经济社会发展相互促进，坚持精准扶贫与社会保障有效衔接，坚持扶贫开发与生态保护并重，以大别山区和皖北地区为主战场，动员各方力量，举全省全社会之力，奋力打赢脱贫攻坚战。

2015 年 12 月，安徽省委、省政府制定发布《关于坚决打赢脱贫攻坚战的决定》，对全省精准扶贫、精准脱贫作出全面部署，各项行动随之扎实展开。（1）坚持精准扶贫方略，大力实施脱贫攻坚十大工程。自 2015 年起，安徽实施脱贫攻坚十大工程，即实施产业脱贫、就业脱贫、易地扶贫搬迁、生态保护脱贫、智力扶贫、社保兜底脱贫、健康脱贫、基础设施建设、金融扶贫、社会扶贫工程。在实施十大工程中，各地按照精准扶贫、精准脱贫要求，扎实做好建档立卡，认真制定扶贫对象和需求清单、脱贫时限清单、扶贫措施清单、脱贫责任清单，明确脱贫攻坚时间表、路线图。围绕同步实现全面小康目标，解决好 "扶持谁" "谁来扶" "怎么扶" "如何退" 的问题。因村施策、因人施策确保精准脱贫。坚持发展生产和促进就业脱贫一批、易地搬迁脱贫一批、生态保护和补偿脱贫一批、发展教育脱贫一批、社会保障兜底一批，做到扶持对象精准、项目安排精准、资金使用精准、措施到户精准、因村派人精准、脱贫成效精准，实施脱贫攻坚十大工程，通过有效帮扶解决 288 万贫困人口脱贫问题，对完全或部分丧失劳动力的 113 万贫困人口通过社保政策兜底实现脱贫，全面完成脱贫攻坚任务。（2）加强党对脱贫攻坚的领导，形成五级书记(省、市、县、乡镇、行政村)共抓脱贫攻坚的格局。安徽在以往帮扶的经验基础上，2014 年向 3000 个贫困村派驻驻村帮扶干部，共有省市县三级 5002 个单位包村帮扶，有 10392 名扶贫队员驻村，实现了 3000 个贫困村第一书记和驻村扶贫工作队全覆盖。到 2018 年，所有贫困村帮扶干部驻村、机关单位包村帮扶的全覆盖局面仍然延续。（3）各地因地制宜探索有效扶贫途径。例如"光伏扶贫"发源于安徽，早期是利用光伏新能源技术，针对少数地方农村的"三无"贫困户，资助建设小微光伏电站，发出的电由电网公司购买，从而使贫困户可连续增收 20 多年，年均增收近 3000 元。随后这种扶贫措施在更多地方大面积推广，并且在具体机制上又进行创新。即对有部分脱贫能力的贫困户实施虚拟到户，受益贫困户在脱贫后转让给尚未脱贫的人口。光伏扶贫受到国务院扶贫办高度认可，已在多个省份推广。

到 2017 年，安徽省的贫困人口由 2012 年底的 679.1 万人下降到 2017 年底的 120.2 万人，减少 558.9 万人，年均减贫 100 万人以上；贫困发生率由 12.6% 下降到 2.2%，减少 10.4 个百分点。2017 年有怀远县、蒙城县、亳州市谯城区 3 个县（区）符合贫困县退出标准，申请退出贫困县序列。在 2017 年国家对省级党委、政府扶贫开发工作成效考核中，安徽省综合评价为"好"，在中西部 22 个省（自治区、直辖市）中排名第三，较上年度提高 3 个位次，再次位列全国第一方阵。岳西在全省 70 个县（市、区）中名列第一。

到 2018 年，安徽脱贫攻坚工作完成年度脱贫目标。具体包括：实施"四带一自"产业扶贫、"三有一网"点位扶贫、"三业一岗"就业扶贫等模式，到村、到户产业扶贫项目覆盖率分别达 100% 和 98.71%，建设就业扶贫驿站 607 个、扶贫车间 1303 个，开发公益岗位 12.43 万个，吸纳 10.22 万贫困人口就业。完成 1.99 万贫困人口易地扶贫搬迁。全面落实"351""180"健康脱贫政策，贫困人口综合医保实际补偿比 90.48%。以补齐基础设施和基本公共服务短板为重点，加大对大别山等革命老区、皖北地区、行蓄洪区等深度贫困重点区域支持力度。当年的年中，安徽省首批贫困县"摘帽"，即岳西县、谯城区、怀远县、蒙城县退出贫困县。其中，岳西县为国家级贫困县，谯城区、怀远县、蒙城县为省级贫困县。据政府部门测算，当年 18 个贫困县"摘帽"，725 个贫困村出列、72.6 万贫困人口脱贫的年度目标如期实现，贫困发生率由上年的 2.22% 降至 0.93%。

在已经取得成果的基础上，安徽将按照"确保农村贫困人口实现脱贫，确保贫困县全部摘帽，解决区域性整体贫困"的总要求，实行"三年集中攻坚、两年巩固提升"，到 2020 年，现行标准下农村贫困人口全部脱贫，稳定实现不愁吃、不愁穿，义务教育、基本医疗和住房安全有保障，实现贫困地区农民人均可支配收入增长幅度高于全省平均水平，基本公共服务主要领域指标接近全省平均水平；贫困村年集体经济收入力争达到 5 万元以上；贫困县全部摘帽，解决区域性整体贫困。可以想见，达成这一目标任务，对于安徽改变区域发展不平衡状况必然产生巨大而深远的效应，为安徽区域协调发展必将塑造出一个崭新局面。

第十八章

乡村旅游：城乡融合催生的新产业

曾几何时，乡村旅游"忽如一夜春风来"，在中国不断高涨的旅游大潮中席卷起又一波浪涛。汹涌人流从城市涌向乡村，在田畴、在山野、在村庄、在农舍，人们或游览、或跋涉、或赏玩、或休憩，低吟田园牧歌，陶冶乡村风情，其景融融，其乐也融融。据国务院新闻办公室 2015 年 2 月 3 日举行的发布会透露，自 20 世纪 90 年代以来，我国的乡村旅游开始飞速发展。进入 21 世纪，乡村旅游已进入一个全面发展的时期，旅游景点增多，规模扩大，功能拓宽，分布扩展，呈现出一个蓬勃发展的新态势。据不完全统计，截至 2014 年底，全国有 200 万家农家乐，10 万个以上特色村镇，当年全国乡村旅游的游客数量达 12 亿人次，乡村旅游收入达 3200 亿元。乡村旅游已经成为中国近十多年来令人瞩目的新兴旅游景观，其势诚可观，其效更可观。

在当下，"到乡村去"已成为极具吸引力的旅游广告词，乡村旅游也成为理论研究的热点命题。乡村旅游将成为我国旅游业主要发展方向之一，已经具有较大的规模并且将走上规范发展的道路，已经显示出很强的生命力、越来越大的发展潜力和良好的发展前景。本章就乡村旅游的概念、中国乡村旅游形成机理加以理论概说。

第一节　乡村旅游概念

一、乡村旅游的定义

国内外学术界对乡村旅游至今还没有完全统一的定义,旅游体验论者、文化审美论者、社会人类学者、经济实用论者均从不同学科的角度进行了多层面、多维度的论述,对于乡村旅游的定义各有侧重、表述不一,且带有颇多的主观感知性。具代表性观点有:

西班牙学者 Gilbert and Tung(1990)认为:乡村旅游(Rural tourism)就是农户为旅游者提供食宿等条件,使其在农场、牧场等典型的乡村环境中从事各种休闲活动的一种旅游形式。

世界经济合作与发展委员会(OECD,1994)定义为:在乡村开展的旅游,田园风味是乡村旅游的中心和独特的卖点。

以色列的 Arie Reichel 与 Oded Lowengart 和美国的 Ady Milman(1999)简明扼要地说:乡村旅游就是位于农村区域的旅游。具有农村区域的特性,如旅游企业规模要小、区域要开阔和具有可持续发展性等特点。

英国的 Bramwell and Lane(1994)认为:乡村旅游不仅是基于农业的旅游活动,而是一个多层面的旅游活动,它除了包括基于农业的假日旅游外,还包括特殊兴趣的自然旅游,生态旅游,在假日步行、登山和骑马等活动,探险、运动和健康旅游,打猎和钓鱼,教育性的旅游,文化与传统旅游,以及一些区域的民俗旅游活动。

国内有关乡村旅游的定义较多,有研究者认为,狭义的乡村旅游是指在乡村地区,以具有乡村性的自然和人文客体为旅游吸引物的旅游活动。乡村旅游的概念包含了两个方面:一是发生在乡村地区,二是以乡村性作为旅游吸引物,二者缺一不可。

其实,从对一个客观现象描述刻画的角度,不妨把"复杂"问题"简单"化。我们认为,所谓乡村旅游,最富于实感的解释概念是:在乡村地区,以具有乡村性的自然和人文客体为旅游吸引物的旅游活动。用旅游者的话来刻画这一概念，可谓之"住农家房、吃农家饭、游乡村景、享农家乐、购农家物"。在我国，乡村旅游发展的主要形式，是农民或投资商以农村、农业、农事资源为基础，以农村独特的乡村风光、民俗为对象，为游客提供观赏乡村田园风光、感受农业文化、体验农家生活、回归自然、放松身心等休闲旅游形式。

乡村旅游虽然在中国只是近十多年方才"火爆"的活动，追溯历史却是由来已久。古代文人墨客留下的大量田园诗，就反映了古人返璞归真、净心明性、躬耕南亩、栖居田园，漫游于自然怀抱、安享乡间闲逸恬淡的乡村山野旅游活动。例如东晋时陶渊明的《归园田居》其一："少无适俗韵，性本爱丘山。误落尘网中，一去三十年。羁鸟恋旧林，池鱼思故渊。开荒南野际，守拙归园田。方宅十余亩，草屋八九间。榆柳荫后檐，桃李罗堂前。暧暧远人村，依依墟里烟。狗吠深巷中，鸡鸣桑树颠。户庭无尘杂，虚室有余闲。久在樊笼里，复得返自然。"字里行间表达了对大自然的亲近。再如唐代诗仙李白《渡荆门送别》："仍怜故乡水，万里送行舟。"《春夜洛城闻笛》："谁家玉笛暗飞声，散入春风满洛城。此夜曲中闻折柳，何人不起故园情。"《秋思》："举头望明月，低头思故乡。"诗人王维《杂诗》："君自故乡来，应知故乡事。来日绮窗前，寒梅着花未？"都满怀深情地倾诉出浓浓乡愁。又如清代高鼎的《村居》："草长莺飞二月天，拂堤杨柳醉春烟。儿童散学归来早，忙趁东风放纸鸢。"表达的是童年的回忆与居乡的体验。

不过，现代的乡村旅游无论是内涵还是形态已然大大超越了古代文人墨客的乡间游居，不可同日而语。西班牙学者将乡村旅游分为传统乡村旅游和现代乡村旅游两种。

欧美国家传统的乡村旅游出现在工业革命以后，主要源于一些来自农村的城市居民以"回老家"度假的形式出现。虽然传统的乡村旅游对当地会产生一些有价值的经济影响，并增加了城乡交流机会，但它与现代乡村旅游有很大的区别，主要体现在：传统乡村旅游活动主要在假日进行；没有有效地促进当地经济的发展；没有给当地增加就业机会和改善当地的金融环境。实际上,传统的乡村旅游在世界发达国家和发展中国家都广泛存在,在中国常常把这种传统的乡村旅游归类于探亲旅游。

现代乡村旅游是在 20 世纪 80 年代出现在农村区域的一种新型的旅游模式,尤其是在 20 世纪 90 年代以后发展迅速,旅游者的旅游动机明显区别于回老家的传统旅游者。现代乡村旅游的特征主要表现为:旅游的时间不仅仅局限于假期;现代乡村旅游者充分利用农村区域的优美景观、自然环境和建筑、文化等资源;现代乡村旅游对农村经济的贡献不仅仅表现在给当地增加了财政收入,还表现在给当地创造了就业机会,对农村的经济发展有积极的推动作用。随着具有现代人特色旅游者迅速增加,现代乡村旅游已成为发展农村经济的有效手段。这里应指出,要分清这种"回老家"的旅游或者传统的乡村旅游与现代乡村旅游的区别,本书讨论的乡村旅游是指现代乡村旅游。

从概念的内涵考察,现代乡村旅游有着不同于其他旅游的特点,主要是:第一,它是位于农村区域开展的旅游,具有农村区域的特性。第二,田园风味是乡村旅游的中心和独特的卖点。第三,农户是供给方经营主体,由农户为旅游者提供食宿等条件和相关服务,使其在典型的乡村环境中从事各种休闲活动。第四,乡村旅游不仅是基于农业的旅游活动,而且是包括精神文化、健康养生、情寄乡愁等多层面的旅游活动。第五,激活农村资源、拓展农业功能,给当地农户带来创业和就业机会,提高农户收入,对农村经济发展起到积极的推动作用,这一点极其重要。

二、乡村旅游的类型

乡村旅游的形式可谓丰富多彩。搜索国外文献可以看到,国外旅游业把乡村旅游作了如下分类:(1)游居即旅游式居住。(2)居游,即居住式旅游。(3)第二居所,即以游居为主的旅游式居所。(4)诗意栖居,即生态文化游居方式。(5)野行,是以强身养性为宗旨,以村庄野外为空间,以人文无干扰、生态无破坏、行走无路径为特色的村野徒步运动。还有学者作这样的分类:农业旅游、农庄旅游、绿色旅游、一般指偏远乡村的传统文化和民俗文化旅游和外围区域的旅游等。

国内学界从乡村旅游的主观动机和旅游内容角度，将乡村旅游分为如下几种类型：（1）观光游览型。是以乡村景象为载体，以绿色景观和田园风光为主题。（2）知识教育型。乡村旅游集学习知识、游览、娱乐于一体，对旅游者起着拓宽视野和增长见识的作用。（3）民俗文化型。这种乡村旅游目的是将原始的自然生态、秀丽的自然山水与人文生态景观、特色的历史文化和原始的乡情习俗有机地结合在一起，带有极强的文化与生态色彩，突出了乡村旅游的地域性和民族性。（4）参与体验型。更注重在旅游过程中的参与和体验，使游客感受到自己融入乡村的环境和氛围中，对那些寻觅淳朴乡情的游客具有无限的吸引力。（5）休闲康乐型。以康体疗养和健身娱乐为主题，通过乡村休闲运动的开发，实现游客娱乐休闲强身健体的目的。乡村旅游的主要形式涵盖农业旅游、生态旅游、乡村民俗民情旅游、乡村建筑旅游、乡村食文化旅游、乡村商品文化旅游、乡村农耕文化旅游等乡村文化旅游。

从国内外对乡村旅游分类看，这些只是概念性的，现实中的乡村旅游大都呈现为复合型，即消费者在乡村旅游中同时参与多种旅游类型及其活动，因此乡村旅游的产品也常常表现为复合型。随着经济的发展，城乡居民收入水平的不断提高，乡村旅游将会迅速普及，旅游者对乡村旅游品种的多样性、内容的丰富性和体验差异性的要求越来越高。同时越来越多的旅游者不再满足于一些成熟的乡村旅游点和较固定的旅游项目，自主开辟新的旅游点，提出了新的旅游要求，使乡村旅游内容和类型有不断泛化的趋势。

三、乡村旅游的特点

国内外学者在考察现代乡村旅游中，概括了它不同于其他旅游如观光旅游、城市旅游、工业旅游、跨国旅游等的特点。择其要者，大体可以说，乡村旅游有以下主要特点。

一是乡村性。乡村旅游的主要消费者是都市居民。工作紧张、生活节奏快与工业文明带来的环境问题日益严重触发了都市居民产生回归自然、返璞归真的愿望。在乡村，无论是旅游吸引物还是旅游环境载体，都正好适应和满足了都市居民这种愿望需求，因而传统的乡村生活和环境成为最可贵、最具吸引力的旅游资源之一。乡村旅游者融入乡村环境和社区生活中，从而体验到乡村生产、生活、生态的乐趣。

二是原生态。在城市化进程中，城市建设对自然环境、生态风貌以及传统人文资源的改造改变是高强度的，而乡村则保留了更多的原始状态的自然环境和生态风貌，以及工业化城市化社会以前的传统人文资源。相对而言，乡村的这些资源禀赋呈现出"原生态"性状。基于乡村旅游者的回归自然、返璞归真愿望，他们需要的旅游产品应该是一种原始的、原汁原味的，是真正乡村的，而不是伪造的展览馆式的。乡村旅游提供的必须是原汁原味的农村风貌，淳朴自然的田园生活，以及新鲜可口的蔬菜瓜果。

三是大众化。较之于高端旅游，乡村旅游因为无须提供豪华住所、高价食品等，也大都没有"景点门票"的入门成本，所以具有低成本、低价格的特点。这一特点适应了大众化消费的需求，因此作为现代旅游形式的乡村旅游是大众化的。从国内外观测，乡村旅游消费已经普及普通城市居民，尤其是以城市中产阶层为主要客源，已经成为一种大众化而且高层次的旅游消费形式。消费者选择乡村旅游注重的是质量和精神上的享受，因此乡村旅游应该注重大众化的项目和大众化的消费。

四是参与性。所谓参与性，主要是指旅游者不再像观光旅游那样仅仅是走马观花，而要融入乡村的生产、生态、生活空间，切身体验乡村的风土人情，参与乡村的生产生活活动；乡村旅游的供给者即农户也要融入旅游过程，为旅游消费者提供服务，甚至本身即作为旅游载体、景点和项目参与过程之中。因此，乡村旅游活动项目要注重游客的参与性，加强农户与旅游消费者之间的互动。乡村旅游还要调动乡村社区居民的参与，这样不仅可以使整个乡村社区居民受益，也真正体现出乡村旅游乡村性的特质。

第二节 中国现代乡村旅游发展阶段和趋势

一、乡村旅游发展的三个阶段

很难考证中国现代乡村旅游究竟发端于何时何地，但若以"农家乐"乡村旅游形式来说，则起源于 20 世纪 80 年代中期，大致经历了兴起、引导和提升等三个发展阶段。

其一，自发兴起阶段（1986—1995 年）。应该指出，农家乐旅游是农民自发的创造。20 世纪 50 年代，当时我国接待外宾，在山东省石家庄村率先开展了乡村旅游活动，我国乡村旅游开始萌芽。自改革开放以来，党和国家提出了建设社会主义新农村的战略部署，拉开了乡村观光旅游的大幕。1981 年 11 月，在《当前的经济形势和今后经济建设的方针》的报告中，党和国家号召全国亿万农民为建设社会主义新农村而奋斗，强调社会主义新农村建设中要首先抓好农业生产，发展农村经济。在 20 世纪 80 年代中期，改革开放较早的深圳首先开办了荔枝节，主要目的是招商引资，随后又开办了采摘园，取得了较好的效益。有资料显示，1986 年，以徐家大院为代表的成都郫县农科村花卉苗木种植户从最初的接待客商考察逐渐发展到接待市民游客，形成了以乡村风貌和园林景观为主要吸引物的集游玩、休闲、餐饮等于一体的农家庭院休闲旅游经营方式。在学者们的有关研究中，这被认为是中国农家乐的开端。此后，成都周边的农民纷纷以农家庭院和田园为依托，以田园风光和农家生活为特色，吸引市民前来休闲度假、观光娱乐、体验劳作。1987 年成都第一届桃花节的举办，标志着我国农家乐旅游的正式兴起。之后，农家乐旅游在成都平原迅速发展。20 世纪 90 年代初，国内如北京、浙江等地的大城市郊区的农民也开始自发地利用自家庭院开展农家乐旅游。

其二，引导发展阶段（1996—2005 年）。农家乐形式的乡村旅游在各地越来越普遍地发展，逐渐引起政府相关部门的重视。20 世纪 90 年代，我国乡村旅游作为生态旅游的重要组成部分，受到党和国家领导人的高度评价，也得到了世界旅游组织和其他国际组织的大力推动。由此，农家乐逐步由农民自发组织过渡到有领导、有组织的政府引导发展阶段。1998 年国家旅游局推出"华夏城乡游",提出"吃农家饭,住农家院,做农家活,看农家景,享农家乐"的口号,有力地推动了我国农家乐休闲农业旅游的发展。1999 年国家旅游局推出"生态旅游年",强调开展乡村农业生态旅游,进一步促进了我国农家乐的发展。2001 年,国家旅游局出台《农业旅游发展指导规范》,从政府规划层面引导和促进农家乐乡村旅游。2003 年,上海颁布实施《农家乐旅游服务质量等级划分》,这是我国第一个地方性乡村旅游标准。2004 年,国家旅游局等机构在全国评选出了 203 个农业旅游示范点,推动了全国各地多种形式乡村旅游更加广泛开展。这一阶段,在国家有关部门的组织引导下,以及 20 世纪 90 年代中后期"黄金周"节假日的实行,全国农家乐旅游需求和供给都获得了快速增长。

其三,提高升级阶段(2006 年至今)。2006 年国家旅游局将当年的旅游主题确定为"中国乡村旅游年",以"新农村、新旅游、新体验、新风尚"为宣传口号,要求各地旅游管理部门和各类旅游企业将"旅游业促进新农村建设"作为本地区旅游业发展的重要目标之一。尤其是 2007 年中央一号文件指出:"建设现代农业,必须注重开发农业的多种功能,向农业的广度和深度进军,促进农业结构不断优化升级。"2007 年 4 月,农业部和国家旅游局联合发出关于大力推进全国休闲农业和乡村旅游发展的通知,提出了发展休闲农业和乡村旅游发展的指导思想、基本原则和工作要求,并组建了中国休闲农业网,这标志着我国农家乐旅游进入一个新的提升发展阶段。2010 年 7 月和 2013 年 3 月,农业部和国家旅游局先后两次发布了关于开展全国休闲农业与乡村旅游示范县和示范点创建活动的通知,以示范创建活动为抓手,配套完善相关政策和措施,有力地推动了我国农家乐旅游发展的质量提升和规范化管理。相比于前两个阶段,这一阶段农家乐旅游发展的方式、质量和形态都得到了显著提升。其突出特征是:政府积极关注和支持,组织编制乡村旅游发展规划,制定评定标准和管理条例,使休闲农业与乡村旅游从自发方式走向规范化管理；农家乐旅游不仅数量快速增长，而且质量也有很大提升，由最初分散的一家一户扩展为一村一片，乡村旅游基础设施水平和农家服务质量大为提高；乡村旅游的形态也从单一转变为多样，由最初的单一休闲农业旅游扩展到乡村健康旅游、乡村摄影旅游、乡村野行旅游、乡村养老旅游、农业教育旅游等，不一而足；全国涌现出四川"休闲游"、北京"民俗游"、贵州"村寨游"、湖南"农庄游"、浙江"渔家乐"、内蒙古的"牧家乐"等多种乡村旅游地域性品牌，标志着乡村旅游的产业化层次达到新水平。

二、乡村旅游发展的趋势

随着人们消费层次不断提高，旅游需求大幅攀升，中国乡村旅游不仅已经有了庞大的规模体量，而且更有广阔的发展前景。从零散的自发开发到政府引导规划发展，从一家一户的小规模开发到产业化发展，从口碑营销到利用网络等多渠道整合营销，形成了具有特色的乡村旅游开发模式，呈现出新的发展趋势。概括有关学者研究成果，中国乡村旅游有以下主要趋势。

其一，从精英带头到政府引导下多元主体参与。乡村精英在乡村社会经济文化发展中扮演着重要的角色，中国乡村旅游的发展与农村种植养殖大户、农村基层干部、乡镇企业回乡创业者等乡村精英的带头开发创业是分不开的。例如，我国农家乐在发展初期主要是农民利用自家农田果园、宅院等设施条件向城市居民提供的一种回归自然、放松身心、愉悦精神的休闲旅游项目，多由乡村中思想开放、经济基础较好的农民精英率先创办。郫县农科村农家乐的发展源于徐纪元率先发展起来的徐家大院。天津蓟县毛家峪长寿度假村由时任村支部书记的李锁带头发展起来。内蒙古赤峰市克什克腾旗的牧家乐由嘎查支书达木林在旗委领导鼓励下率先创办。广西百色市乐业县火卖村农家乐是在邹应泽和邹龙生兄弟的带领下发展起来。随着农家乐和乡村旅游的多元化发展，不仅政府有关部门给予了更多的重视和支持，将休闲农业和乡村旅游发展纳入农村社会经济发展和旅游业发展的体系中加以引导和扶持，而且农家乐的经营者也突破了单一由农民自发投资经营的局面，村民投资、政府支持资金、城市产业投资、城市居民投资、外商投资等多元投资风生水起，经营主体也已经出现了村民、城市居民和外来投资商等多元并存的格局；经营的场所也不再局限于自家的庭院，已经出现向风景优美、交通便利的景区或周边延伸的趋势，出现了很多景区内农户接待型和景区周边型农家乐。农家乐的开发模式由初期的精英带头向政府引导下的多元主体参与模式发展。

其二，从依托既有资源到开发创造特色资源。国内各地早期的乡村旅游都是依托当地既有自然资源发展起来，依托本地自然资源、突出特色可谓乡村旅游起步开发的重要模式。最早发展农家乐的郫县农科村，就是建立在园林花卉苗木种植特色产业的基础上。成都的农家乐主要是依托特色花卉果园农业资源形成了"休闲游"品牌。北京的农家乐以科技农业、古村落文化和民俗文化为特色，形成了"民俗游"品牌。广西恭城红岩村农家乐则依托秀丽的自然风光和得天独厚的月柿景观发展起来。这一开发模式至今仍然具有重要功效，因此仍被刚开始发展乡村旅游的地区广泛运用。但是，随着休闲农业和乡村旅游的发展，简单地依托特色资源发展农家乐已难以适应时代发展的要求，各地农家乐发展注意到不仅要依托特色资源，而且要在原有基础上开发创造更多的特色资源。近年来，在一些新的农家乐不断推出的同时，一些规模小、缺乏特色、竞争力低下的农家乐逐渐退出了市场。因此，"一村一品""一村一特（色）"成为农家乐发展追求的目标。如广西恭城红岩村在发展农家乐过程中，除保持其原有独特秀丽的田园风光和月柿景观之外，还结合新农村建设，统一规划修建了80多幢具有桂北民居风格的乡村别墅，使红岩村的农家乐旅游特色更为鲜明。同样，成都锦江区幸福村在充分利用传统梅花种植优势的基础上，对当地村民的老屋旧房按照传统川西民居的风格进行统一规划改造，民居与花木相映衬，形成了一幅川西民居的田园山水画，打造成以"梅文化"为主题定位、区别于龙泉驿区以水蜜桃种植的"幸福梅林"农家乐基地。浙江海宁和田龙农庄在农家乐发展过程中，从东北引入梅花鹿养殖,突破了传统的农家乐经营模式,开创了国内集养殖、观光、休闲、现场采集、养生保健、科普教育于一体的大型农庄。2013年农业部和国家旅游局发布的《关于继续开展全国休闲农业与乡村旅游示范县和示范点创建活动的通知》中,明确要求全国休闲农业与乡村旅游示范县创建条件是:"主要休闲农业与乡村旅游点要有地域、民俗和文化特色,体验项目和餐饮、服务功能有较强的吸引力。能够依托当地特色种植业、养殖业和农产品加工业开发设计休闲农业与乡村旅游产品。"这就把乡村旅游产业化发展模式的基本要求提升到更高水平,引导乡村旅游向现代产业迈进。

其三,从分散经营到产业集聚。现代产业具有集聚性的规律性要求。正如农业不可能在一家一户分散经营的基础上形成现代农业,乡村旅游作为现代产业也不可能沿袭一家一户分散发展模式,否则就不能产生集聚效应和规模效应,难以实现持续发展。研究表明,旅游业是一个敏感性产业,容易受到外部条件的影响而产生较大的波动;农家乐经过20多年的发展,所面临的市场竞争越来越激烈。在乡村旅游发展早期,经营者大都是一家一户分散经营的小农生产方式,一些经营者由于缺乏相关产业支撑,抵抗市场风险能力弱,逐渐退出经营。例如最早发展农家乐的郫县农科村,在市场淘洗中,2006年底农家乐经营户数比2001年锐减了80%,只剩20余家。吸取教训的乡村精英们在率先经营农家乐的同时,积极鼓励和帮扶其他村民经营农家乐,形成整村进行乡村旅游开发,开办农家乐,合力发展的局面。如成都郫县农科村的农家乐发展从徐家大院到徐家邻居、徐家亲戚再到全村都参与经营农家乐,建成农科村国家3A级旅游景区;北京爨底下村不仅本村发展农家乐,并且以爨底下村为龙头带动周边川柏沟的6个村一起发展民俗旅游接待,建立川柏旅游景区;天津蓟县毛家峪长寿村村支书李锁带领村民外出学习参观,一起开办农家乐,从首批12家发展到全村46户家家户户经营农家乐;广西乐业县火卖生态旅游村的邹应泽兄弟在率先开办农家乐的同时,开设农家乐培训班,培训和指导村民开办农家乐,实现全村经营农家乐,并培训和带动附近村镇 50 余家农户开办农家乐。在"合力发展"的基础上，乡村旅游逐步呈现出产业集聚的发展趋势。2013 年 3 月农业部和国家旅游局明确要求全国休闲农业与乡村旅游示范县创建要具备"产业优势突出"的条件，"在全省范围内有一定知名度的休闲农业与乡村旅游点 10 个以上，总数须超过 100个；休闲农业与乡村旅游点分布在全县 30% 以上的乡镇区域，形成了一定规模的休闲农业与乡村旅游产业带或集聚区。"这一要求，既是对乡村旅游从分散到产业集聚转型的经验总结，也指出了乡村旅游未来发展方向。

其四，从无标准经营到规范化管理。在乡村发展初期，乡村精英们自发性经营农家乐等旅游业务，并且由于乡村旅游是新事物，一段时期既没有经营标准，又缺乏管理规范，导致出现了各种问题。比如广西桂林恭城县红岩村的农家乐，经营初期每个家庭各自经营，村内的卫生环境治理、公共水电费用、安全巡逻、游客安排等一系列问题不断出现。之后在县旅游局等部门的帮助下，成立了红岩村旅游协会，制定旅游协会的规章制度和工作职责，该村的农家乐经营形成了"农户 + 农民旅游协会"的开发模式，进入一个规范化经营管理阶段。这对红岩村农家乐服务质量的提升和乡村旅游的持续发展起到了极大的促进作用。类似的案例越来越多，引起了各级政府部门和乡村旅游经营者的反思和探讨，逐渐形成了实行标准化经营、规范化管理的共识。国家和地方政府有关部门以休闲农业与乡村旅游示范县和示范点创建为主要抓手，提出农家乐等乡村旅游经营的规范标准和管理条例。各地在积极创建休闲农业与乡村旅游示范点、星级农家乐的同时，积极按照国家景区管理的标准建设乡村旅游景区。如郫县农科村、锦江区三圣乡分别建成了国家3A 级和 4A 级景区。通过景区标准化示范，带动了乡村旅游从相关基础设施及其配套、服务标准和规范到政府旅游部门管理向标准化、规范化升级。

其五，"互联网 + 乡村旅游"提升产业形态。早期的乡村旅游还带有浓郁的传统产业形态，随着互联网日益在农村地区普及，乡村旅游也开始走上了"互联网 + 乡村旅游"的崭新形态。其中现时最为突出的表现是网络化整合营销。有资料显示，我国农家乐发展初期，经营者主要通过散发名片及通过旅行社进行宣传、吸引游客，客源范围相对较为狭窄。进入 21 世纪后，随着网络技术的发展，网络营销的宣传范围广、信息传播迅速、成本低的优点，使得农家乐经营者很快接受并引入网络营销手段，通过一些门户网站，尤其是农业网站和旅游专业网站进行宣传。一批休闲农业和乡村旅游专业网站逐渐创建出来，成为各地农家乐宣传营销的主要平台，如农业部创建的中国休闲农业网是全国性休闲农业网站，北京美丽乡村、广西休闲农业频道等地方性官办休闲农业网站则成为各地休闲农业和乡村旅游发展的重要网络宣传平台。更多的休闲农业企业或村落则建立自己的专业网站，如郫县农科村、海宁和田龙农庄、南宁蚂蚁庄园等。农家乐的发展从单纯依赖口碑营销进入了网络化整合营销的新阶段。目前，"互联网＋乡村旅游"更进一步拓展到乡村旅游的产品设计、个性化定制、网上交易和大数据信息互通等前沿领域与新兴项目，呈现出未可估量的变革发展前景。

第三节　乡村旅游产业的形成条件与功效

一、乡村旅游产业的形成条件

乡村旅游的"爆发性增长"，其中蕴含了具有规律性的发生机理。认知其机理，对于因势利导促进乡村旅游未来发展无疑是有必要的。借鉴国内外有关研究，加上我们的思考辨识，这里概述乡村旅游的发生机理要点。

如同一般产业那样，乡村旅游的发生是由供给与需求及其两者的关系决定的。不同于一般产业的是，乡村旅游不仅是一种物质性活动，而且是一种精神性活动，它满足的不仅是人们对物质的需求，而且更重要的是满足人们对精神的需求。因此，乡村旅游的发生机理必须从物质与精神两个层面加以解释。

首先，从物质层面上考察，乡村旅游的发生显然与经济发展提供的物质基础和条件密切相关。以下两点或许是最重要的。

第一，经济发展带来收入水平提高，消费层次从生存型消费转变为发展型消费，乡村旅游由此应运而生。国内外经验表明，乡村旅游成为大众化消费活动，是在经济发展进入中等收入阶段之后普遍发生的。经济学理论指出，消费者收入是决定其需求的重要因素，是需求实现的客观必要条件。随着收入水平的变化，需求层次也发生变化。一般来说，收入水平越高，需求水平也就越高，人们的总需求水平与其收入水平呈正相关关系。我们不妨考察中国居民的恩格尔系数变化。恩格尔系数是指人们的食物支出金额在消费总支出金额中占的比例，其含义在于，可通过观察人们在满足了生存的基本需求后，还剩多少"闲钱"，判断生活水平是否提高。众所周知，吃是人类生存的根本需要，在收入水平较低时，其在消费支出中必然占有绝对地位。随着收入的增加，在生存需要基本满足的情况下，消费的重心才会开始向穿、用等其他方面转移。根据联合国粮农组织提出的标准，恩格尔系数在59%以上为贫困，50%~59%为温饱，40%~49%为小康，30%~39%为富裕，低于30%为最富裕。恩格尔系数，在国际上常常被用来衡量一个国家或地区人民生活水平的高低。一般来讲，该系数越高，表示人们生活的贫困程度越高；反之，则表示人们生活的富裕程度越高。据有关统计，2002年中国农村居民恩格尔系数为46.6%，城镇居民为37.9%，到2011年变化为农村居民恩格尔系数为40.8%，城镇居民为36.4%。这就表明，当下中国城乡居民特别是城镇居民已经有相当数量的"闲钱"用于发展型消费，包括旅游消费。21世纪初，中国城乡居民收入水平总体上达到小康，开始进入发展型消费阶段，也打开了乡村旅游普遍兴起的时间窗口，至今方兴未艾。可以预期，随着中国城乡居民收入进一步提高，恩格尔系数进一步降低，乡村旅游需求将会增长得更多，乡村旅游消费增量将会更大。

第二，闲暇时间是乡村旅游发生的必要条件。所谓闲暇时间，马克思的定义是"非劳动时间""不被生产所占用的时间"。闲暇是由劳动生产创造的，随着劳动生产率的提高，劳动时间可以缩短，从而产生出闲暇时间。马克思把闲暇时间分为两类：一类是"用于娱乐和休息的余暇时间"，另一类是"发展智力，在精神上掌握自由"的时间。1999 年 9 月，随着国民经济的发展和人民生活水平的提高，国家在经过一段时间的双休日的试行后，决定增加广大劳动者的休闲时间，将春节、"五一"、"十一"三个中国人民生活中最重要节日的休息时间延长为 7 天，于是"旅游黄金周"的概念应运而生。近年间，虽然国家取消了"五一"7 天假期规定，但增加了职工带薪年休假期。据估算，城镇职工全年节假日加上双休日，有 110 天左右的假期。此外，大中小学的寒假暑假，职工退休后的闲暇时间，更加增大了人们闲暇时间的总量。这也意味着，乡村旅游与闲暇时间区间呈正相关关系。节假期间、学校寒暑假期间往往是乡村旅游的高峰区间，因此乡村旅游具有季节性及其峰谷波动性；节假期间之外，乡村旅游的主要客户群体大都是闲暇时间最多的退休人员。

其次，从精神层面考察，乡村旅游的发生与城市居民的"逆城市化"精神需求密切相关。

第一，在中国历史文化中，乡土认同始终浸染于人们的精神生活，人们对乡土的心理认同与回归诉求一旦在物质条件具备时，便会成为现实消费需求。千百年来，人在与土地风雨的交融成长中，养成了总结自然规律，顺应自然，与自然和谐相处，遵循季节变更，适应节气变化的习惯；并且在长期的积累中，每个人都能应付常年百事，一年四季的播种收获、年度的算计、应对灾荒的预案、长远的计划、土地的生产、子孙的繁衍等，满怀着对丰硕收获的希望和期待，在和谐宁静的环境中辛勤劳作，是乡村的真正魅力所在。乡土是耕作者与大地共同播种希望收获期待的家园，希望与期待使人与大地的价值合一，使人的自然和文化心理过程与大地的生产过程同构，形成了人对土地与自我同一的价值认知。在城市人工异化的景观中，特别是在现代消费经济时代商品价值取向的社会背景中，人失去了赖以归属的大地与定位自我的空间向度。乡村虽然"充满劳绩，但人诗意地栖居在这片大地上"①，回归乡土即要达成人生"诗意栖居"理想的实际行动，完成人类之于土地从生命机

---

① 海德格尔．海德格尔选集 [M]．上海：上海三联书店，1966：463-480, 468.

理的联系到行为表达的认同。"所有外在的追寻，其实都在完成一个内心旅程"①，回归乡土的实质即在寻找家园中获得身份认同与信仰重建，让生命重新扎根于厚重的土地，让灵魂回家，温习久违的淡泊与宁静。可以说，乡土认同需求是乡村旅游发生的重要因素。

第二，旅游的本质之一是审美活动，乡村审美的历史传统构成了中国人的田园精神。当城市居民远离农村并与农业生产拉开距离，再反观这种原始的乡野景物从而产生美感认知时，乡村开始走入人们的审美视野，成为人们重要的审美对象。中外文人留下了无以计数的描绘人们心目中传统乡村普遍的诗化记忆与历史认知的优美篇章，建构起一个个明净纯洁宁静淡远的世外桃源，给人们建构了澄净心智栖息灵魂的精神家园，积淀了乡村审美丰厚的历史传统。贝斯顿认为，在大地上创造性地农事劳作与对大自然的珍视和思索是"人类生活的两个最好支柱"，只有通过融入大地，辛勤劳动获得收获，成为神圣生活的合伙人与参与者，达致一种完满的平静，享受人类充实的欢乐，并"意识到大地及其诗意时，我们才堪称真正地生活。"回望乡里田园其根本的心理哲学，依据恐怕还是对家的诉求与生命本源的回归，皈依生命之于土地天然的联系，是一种"诗意地还乡"。这种审美意愿，就是乡村旅游发生的主观动因之一。

第三，对城市的逆向需求。乡村是人类触摸传统滋养心灵的故乡，田园牧歌表达着人心底里"对人类生活的原初境界的诚挚追慕，对生命的自由境界的热切向往，对心灵幽远境界的自我营造，以及对生命的宇宙境界的自然皈依"②。中国的城市化与美国的高科技被国内外学者看作为影响21世纪人类发展进程的两大关键因素。不可否认，在中国城市化进程中，城市的大规模急速扩张与农村建设滞后存在相当程度的时空危机。在这一过程中，一方面是城市的快速大规模扩张与农村缩减，另一方面是城市各种"城市病"

---

① 杨炼. 寻找当代杰作——为《诗意的环球对话》而写 [J]. 读书，2012(3): 142-151.
② 张泽鸿. 陶渊明人生境界理想及其人文意蕴 [J]. 东方人文学志，2006(2): 76-79.

频发与农村自然、人文和生态资源闲置。越来越多的城市居民渴望远离水泥森林、喧嚣街市、超快节奏,渴望回到闲适、祥和、敞朗、澄明的原生态空间——只能到越来越少的乡村去寻找。这是一种人性回归简单生活的追寻,被异化的痛楚心灵希求回到家园,希求恢复与大地的自然联系治疗现代文明斑驳的创伤。乡村旅游不但提供了根性产品,而且提供了大量现代休闲游憩和享受性产品,由此架起了人与自然之间、人与人之间、工业文明与农耕文明之间密切交往的桥梁。

第四,农民、农业自身的演变,为乡村旅游发生提供了供给基础。中国农民从传统自然经济主体转变为市场经济主体,其商品意识和创造活力得到了前所未有的迸发。如果说农民群众创造的"大包干"把自己从封闭的计划体制中解放出来,逐步演变为现代市场主体,那么乡村旅游正是他们的又一次适应市场需求的新创造。如前所述,农家乐是由四川省成都市郫县农科村花卉苗木种植户徐氏兄弟创建"徐家大院"而发端,如今蓬勃发展的乡村旅游,大多是由农民开发各种类型的乡村旅游产品、整合农村相关资源而兴起的。农民不再只是传统意义的农业生产者,而且更多地具有现代市场经济主体性质,他们以智慧与精明选择更加适应市场需求的创造活动,也使自身从单一农民嬗变为多业经营者。在现代化进程中,农业同样发生了巨变。有学者研究指出,当下的农业正在从传统的单一功能演变为多功能农业,从单一种植或养殖业演变为多种产业并举,从唯一的第一产业演变为"一+二+三的六次产业"。农业向多功能、多产业的嬗变,为乡村旅游提供了基础条件。概括而言,当今的农民和农业呈现出如下演变趋势:一是农业多产化,城市居民休闲形成了乡村旅游的核心结构,包括观光采摘农业、大棚生态餐厅、农家乐、农家大院、民俗村、垂钓鲜食等,带动了观赏经济作物种植、蔬菜瓜果消费、家禽家畜消费、餐饮住宿接待、民俗文化消费的全面发展,同时把第三产业引入农村。二是农民多业化,乡村旅游的发展可以使农民以旅游为主业、种植为副业;农民的身份可以从务农转变成农商并举,农户可以独立经营,也可以形成私营企业；吸引农民大力发展观光农业、生态农业、精品农业。三是农村景区化，乡村风貌成为旅游本底，用景观的概念建设农村，用旅游的理念经营农业，用人才的观念培育农民，将乡村装点成城市居民旅游度假腹地；乡村民居成为观光体验产品，乡村民居与本地资源及文化特色相结合，形成产业型、环保型、生态型、文化型、现代型发展思路。四是资源产品化，即把农村的生产、生活资料转换成具有观光、体验、休闲价值的旅游产品，并且一定区域内要差异化发展。具体有田园农业旅游、民俗风情旅游、农家乐旅游、村落乡镇旅游、休闲度假旅游、科普教育旅游等模式。

二、乡村旅游的功效与价值

考察中国现代乡村旅游的进程，可以认知到乡村旅游已经显现出令人瞩目的功效与价值。从各地的实践经验和效果看，大体有如下表现：

第一，乡村旅游是中国农民的又一次创业。如前所说，乡村旅游是中国农民创造而生的。改革开放以来，中国农民第一次创业是发展乡镇企业，第二次创业是进城务工经商，第三次创业则是近几年蓬勃兴起的乡村旅游。与前两次创业相比，当下中国农民进行的第三次创业，政策不仅没有约束，还大力鼓励支持帮助。2014 年 3 月 16 日，中共中央、国务院印发了《国家新型城镇化规划（2014—2020 年）》，强调以人为本，推进以人为核心的城镇化，将坚持"生态文明"和"文化传承"作为新型城镇化建设的重要原则。重视旅游对乡村城镇化发展的作用，强调将文化旅游作为小城镇发展和建设的重要载体。新形势下，乡村旅游迎来了新的机遇，乡村旅游发展已成为新型城镇化的重要驱动力，在国家新型城镇化发展背景下，乡村旅游发展的战略地位和作用大大增强。

随着中国城镇化进程加速，如何协调城市与乡村的发展，缓解城镇化过程中的困境，已经成为城乡发展的重要课题。以乡村旅游发展为驱动力的城镇化是缓解上述问题的重要途径，乡村旅游发展可以与新型城镇化、美丽乡村建设和破解"三农"问题等有机结合，可以促进城乡交流、调整农业产业结构、增加农民就业、提高农民素质和创业能力,均衡社会财富。

第二,乡村旅游能够保护乡村文化和激活乡村"沉睡的资源"。乡村文化是中华文化的源头和重要组成部分,也是乡村旅游发展的根基和依托。人类在社会历史发展过程中创造的赋存于乡村地域的各种物质和精神财富,无论是农耕文化、民间建筑和生活习俗,还是民族信仰、民间工艺和民间文艺,均承载着中国宝贵的文化遗产,蕴含着深厚的历史文化信息,体现着对人的生命价值的关怀。中国绝大多数物质和非物质文化遗产都分布在乡村,乡村是中华传统文明的载体,乡村文化是中华文化的源头和重要基因库,是留守的乡村居民和在外怀乡人士存放"乡愁"的精神家园,也是乡村旅游发展的根基和依托。正确认识并充分发挥乡村旅游地的文化价值,切实保护和传承乡村文化,是确保乡村旅游地具有独立的文化价值和旅游魅力的必要条件。应该说,文化是乡村旅游的灵魂,旅游是乡村文化的重要载体。乡村文化反映了乡村的特质风貌及其历史文化传承与精神创造,乡村文化价值才是乡村的核心价值,乡村文化复兴才是真正的乡村复兴。乡村旅游作为以乡村风光和活动为吸引物,以都市居民为目标市场,以满足旅游者娱乐、求知和回归自然等方面需求为目的的一种旅游方式,其本质是为了超越自我惯常的时空去体验异地乡村文化,获取精神享受,因而文化是乡村旅游发展的灵魂。保护、传承和弘扬乡村文化既是乡村建设根本任务,也是乡村旅游发展的历史责任。必须尊重自然、尊重历史、尊重文化、尊重个性,以乡村旅游作为乡村文化的重要载体,通过旅游发展唤醒文化记忆,推动文化与乡村旅游的深度融合①,因地制宜地采用震撼唯美的景观化塑造、博物陈列的馆藏式展示、精彩生动的表演式展现、情景互动的活动式体验、科技支撑的智能化再现、主题文化的集聚式打造、文化延伸的商品式开发和文旅融合的产业化拓展等多种方式,表达与适度活化乡村文化,让文化变得轻松和可以解

---

① 黄震方,俞肇元,黄振林,等. 主题型文化旅游区的阶段性演进及其驱动机制研究:以无锡灵山景区为例 [J]. 地理学报, 2011, 66(6): 831-841.

读，推动乡村文化回归，构筑"乡愁"载体，增强文化旅游魅力，促进乡村文化传承、本土特色塑造和旅游产业发展。乡村旅游不仅保护了乡村文化，还激活了传统农业先发优势的长处，规避了现代农业后发优势的弊端，唤醒了乡村"沉睡的资源"，激活了劳动时间的价值。比如，过去看似无价值的天然风光、古代遗存、乡间传说和民俗，现在乡村旅游中都成了高价资本；过去的农村非劳动人口如老人和孩童，现在也参与乡村旅游的服务活动而创造价值。

第三，乡村旅游能够优化乡村生态环境。乡村生态建设之于乡村旅游发展是"筑巢引凤"，"引凤"发展乡村旅游，能否享受到生态建设"筑巢"的"红利"，取决于"巢"的"安全性、稳定性与景观性"。由于农药、化肥、农膜的大量使用以及随意处置生活垃圾、焚烧秸秆等，乡村的水体、土壤、大气等污染较严重，直接影响菜篮、米袋和水缸的安全。缓解乃至根除当前中国乡村生态安全的威胁，不仅要"治标"，如农村的改水、改厕、垃圾集中处理、畜禽圈养等；更要"治本"，调整发展方式、产业结构，大力发展绿色经济、循环经济、服务经济，置换生态价值，形成"源头预防、过程控制、损害赔偿、责任追究"的生态安全建设体系。提高乡村生态系统的稳定性，一方面，要加强城乡规划"三区四线"（禁建区、限建区和适建区，绿线、蓝线、紫线和黄线）的管理，另一方面在乡村的山、水、林、田、路、居的环境优化过程中，要控制对生态系统的干扰程度，使其不超过生态系统自我调节能力。乡村生态景观是乡村旅游发展的主要吸引力之一，生态景观的旅游可视化、情景化是乡村生态建设的重要导向。

第四，乡村旅游促进"三农"发展。农民、农业、农村作为乡村旅游中"乡村性"的基本要素，能够成为社区参与的重要依托和旅游目的地。作为社区的主人，农民是乡村旅游的供给主体；作为社区旅游的场域，农村是乡村旅游的核心吸引物；作为乡村的生产方式，农业是乡村旅游的产业支撑。以往中国的乡村城镇化主要道路可概括为"农民进城""工业下乡"和"就地转非"。

一方面,改革开放以来,伴随工业在城市的集中布局,引发了大量农村劳动力向城市迁移,农民"离土离乡"[①]进入城市成为农民工;另一方面,乡镇工业的发展,使农民"洗脚上田""离土不离乡",就地转化成产业工人。还有一部分地区,在城市规模扩张的推动下,部分农民户籍改变,直接转化为市民,这样的城市化仅仅停留在身份的改变上。在上述发展机制的导向下,农民的出路只有离开,不是离开土地就是离开乡村。与此不同,乡村旅游把农民吸纳到当地旅游发展中,经营农家乐、家庭旅馆,出售特色农产品和工艺品,展示民族歌舞、地方性文化等,他们不仅不用"离土离乡",而且还能够紧紧依托"乡"和"土"实现其自身的发展。在乡村旅游的框架下,农村既提供初级农产品,又能对其农产品进行精深加工,延长产业链,提高价值。同时,还可以在农村开展各种各样的服务业,包括旅游业、农家乐等,通过各种途径来增加农民的收入。这就为地处边远、远离中心市场、缺乏资金和人才的乡村地区,带来了"不离土不离乡"的新型发展道路[②]。因此,乡村旅游的社区需要社区、政府、企业等各利益主体的参与,守住乡土性,以"新农民、新农村、新农业"为基础发展乡村旅游产业,开辟中国乡村现代化发展的更加广阔的道路。

第四节　乡村旅游发展的现状与趋势

我国具有丰富的自然资源、农业资源和人文资源,这些都为发展旅游产业奠定了深厚而坚实的基础。随着中国经济发展和居民收入增长,消费结构转型升级加快,中国乡村旅游发展态势迅猛。据统计,2014 年全国乡村旅游经营户超过 200 万家,乡村旅游特色村镇 10 万个以上,AAAAA 级旅游景区总数达 184 家,接待游客占全国旅游接待总人数的三分之一。

---

①孙九霞. 守土与乡村社区旅游参与: 农民在社区旅游中的参与状态及成因 [J]. 地理研究, 2006, 32(5): 59-65.

② Qian J X, Feng D, Zhu H. Tourism-driven urbanization in China's small town development: A case study of Zhapo town, 1986—2003[J]. Habitat International, 2012, 36(1): 152-160.

一、乡村旅游规模不断提升

目前，作为世界最大的国内旅游市场，我国城镇居民周末休闲节假期出游，70%以上选择周边乡村旅游点，全国主要城市周边乡村旅游接待人数年增长均高于20%，乡村旅游已发展成为我国旅游业的重要组成部分，乡村旅游规模实现快速扩张。2008—2014年，全国乡村旅游接待游客4亿人次增加到12亿人次，6年增加了2倍，年均增长20.1%；乡村旅游收入由600亿元提高到3200亿元，6年增加了4倍多，年均增长32.2%。我国乡村旅游初步形成围绕大中城市、名胜景区、山水生态区、特色农业区的发展格局，成为城镇居民周末休闲节日度假的主要场所，已发展成为国内旅游发展主战场。在旅游大省浙江，乡村旅游主要经济指标增速均快于全省旅游业发展速度，对农村发展、农业增效、农民增收的带动作用强劲。2014年，浙江省拥有省级农家乐特色村853个，较上年增长9.1%，省级农家乐特色点2393个，较上年降低3.6%；共拥有农家乐经营户1.5万家，较上年增长8.3%。其中，床位数达到20.4万张，较上年增长8.8%，餐位数达到112.6万张，较上年减少1.4%，直接从业人员数达到14.3万人，较上年增长6.7%。农家乐经营业绩继续呈现快速增长势头，全年累计接待游客1.8亿人次，同比增长25.1%，实现营业收入141.2亿元，同比增长26%，其中，游客在乡村购物收入34.8亿元，同比增长34.8%。安徽省大力实施"3311"乡村旅游富民工程，乡村旅游规模不断扩大，带动了农民创业就业，特别是在贫困地区推进乡村旅游，使越来越多的贫困群众从乡村旅游发展中获得收益。2014年全省乡村旅游就业人数达到269.1万人，占全省第三产业从业人员的15.6%；全省共有农家乐1.2万家，营业收入近230亿元，直接就业人数16.7万人；"十二五"以来，安徽省通过发展旅游减少贫困人口44.6万人，占全省脱贫人口的14%以上。

二、管理服务体系基本建立

全国建立健全了国家旅游局与发展委、环境部、城乡建设部、农业部、国家林业局、国务院扶贫办等部门的乡村旅游协同推进工作机制，颁布了乡村旅游发展规划,做好顶层设计,以科学规划为主导,保证乡村旅游开发建设有序推进。2014年,国务院出台《关于促进旅游业改革发展的若干意见》(国发〔2014〕31号),提出了新时期旅游业改革发展的方向和任务,强调要大力发展乡村旅游。与中宣部、中央文明办共同开展提升中国公民出境旅游文明素质宣传活动,营造文明旅游社会氛围。各省区市深入贯彻落实国发31号文件,强化了旅游统筹协调机制,海南、北京、云南、江西、广西、西藏等六个省区市先后成立旅游发展委员会。海南、云南、上海等地修订了旅游条例。山东、浙江、甘肃、安徽等省先后出台贯彻落实国发31号文的政策文件。旅游综合改革深入推进,共有10个市县开展国家旅游综合改革试点,这些都为乡村旅游发展提供了政策保障。同时,我国不断健全乡村旅游标准化体系,建立和实施了乡村旅游住宿、餐饮、娱乐、购物等主要消费环节的服务规范和安全标准。加快乡村旅游协会、合作社等中介组织建设,发挥了行业协会的服务和自律作用。强化了市场监管、宣传促销、人才培训和公共服务等工作。江苏省大力扶持乡村旅游,2014年,全省新批省四星级乡村旅游点40家,安排扶持乡村旅游资金5500万元。积极推进乡村旅游星级评定标准修订和乡村旅游休闲集聚区标准制定。与省住建厅联合认定邳州铁富镇等11个省级特色景观旅游名镇,南京高淳漆桥村等11家省级特色景观旅游名村。安徽省加强旅游标准化工作,围绕乡村旅游、旅游诚信、旅游安全等,制定修订12项省级标准或规范,出台安徽省旅游服务标准化管理办法。将长三角旅游景区(点)道路交通指引图形标志设置规范、房车旅游服务区基本要求和省级旅游强县、优秀旅游乡镇评定标准转为省级标准。加快黄山西递宏村开展的全国旅游标准化试点。会同省质监局,推进阜阳八里河、芜湖大浦乡村旅游世界等开展省级服务标准化试点。

三、开发模式不断创新

乡村旅游具有明显的投资小、见效快的特点。投资的主体灵活,社会资本、农户都可以,一个农户简单的投资,就可以成为"农家乐""民宿家"。既带动了乡村投资，形成乡村产业发展，又带动了农民大幅增收。经过多年的探索发展，我国乡村旅游形成了多种开发模式。一是"公司＋农户"开发模式。这种开发模式中农户直接参与乡村旅游的开发，增加了农户收入，丰富了旅游内容。二是"公司＋社区＋农户"开发模式。在"公司＋农户"开发模式的基础上，引入当地社区（如村委会）作为中间人，公司先与社区进行合作，通过社区组织农户参与乡村旅游。三是"政府＋公司＋农民旅游合作组织＋旅游企业"开发模式。政府负责乡村旅游的规划和基础设施建设，优化发展环境。乡村旅游企业负责经营管理和商业运作，农民旅游合作组织负责协调公司与农民的利益，组织村民参与服务，旅游企业负责开拓市场，组织客源。四是股份制开发模式。国家、集体和农户通过将旅游地资源、劳动力等转化为股本，收益按股分红和按劳分红相结合，进行股份合作制经营。五是"农户＋农户"开发模式。通常是由旅游地的少数居民先行开发乡村旅游并获得成功，从而带动其他农户加入旅游接待的行列。从浙江省乡村旅游投资来看，乡村旅游已成为社会资本投资的热点。2014 年，浙江省在建旅游项目的业态主要集中于乡村旅游、生态旅游、医疗健康旅游等业态，乡村旅游增长势头较为突出，投资额增幅达到 16.2%，吸引了大量社会资本参与乡村旅游开发，为乡村旅游加快发展提供了稳定资金支持。

四、农村面貌日益改善提升

近年来，我国乡村旅游的推进力度不断加大，对农村的投入显著增加，城乡发展一体化速度加快，实施了农村美化、净化、亮化、绿化"四化"工程，加强道路、安全饮水、电网、互联网、改厕等基础设施建设，乡村社会环境得到优化，农村面貌大大改观，农民生活质量、生产积极性提高，提升了农村文明水平，促进了生态和谐、城乡和谐。同时，随着工业化进程加快，资源消耗速度增快，城市景区人流、物流、车流增多，使城市拥挤、环境污染破坏严重。而原生态的乡村以其土地辽阔、丰富的自然旅游和人文旅游资源，主动回应中心城区城市化的集聚、辐射与带动作用，乡村旅游成为新的旅游亮点，成为游客新的主要流向，极大地吸引了城市游客。那种带有泥土气息、自然风味的乡村成为城市人闲适放松的好去处。多年来，我国加快乡村旅游发展，有效缩小了城乡差距，增强了城乡交流，并开拓新的现代化模式，既改善农村社区环境，又逐步建立健全农村社会化服务体系，加速农村城镇化。特别是国家旅游局、国务院扶贫办把旅游扶贫作为精准扶贫的重要内容，共同启动实施了旅游扶贫试点工作。在试点工作中，全国各省区市扶贫部门积极配合试点工作，及时调整试点村整村推进规划，围绕旅游扶贫的工作目标，开工建设了一批提升贫困村接待能力和接待条件的基础设施项目，如路、水、电、厕所、停车场等，试点村的基础设施建设步伐加快。重庆市加强项目村村内道路、饮水、用电、通信等基础设施建设，贫困村面貌进一步改善。从各地的情况看，旅游扶贫试点已逐步成为各级地方政府集中力量加速推进贫困村基础设施建设的有效平台，大大改善了农村基础设施条件，有力地促进了农村城镇化。浙江省在"五水共治""四边三化""三改一拆""景区环境百日整治"等行动中大幅改善，"五水共治"消灭垃圾河 6496 公里，治理黑臭河 4660公里；"三改一拆"拆违建 1.66 亿平方米；美丽乡村建设深入推进，全面启动并加快农村污水治理，完成农村生活污水治理的村庄 6120 个，为乡村旅游发展提供了更加具有吸引力的环境资源。重庆市支持各村合理利用栅栏、瓜棚、菜地等乡村特色资源，按照"四化两配套"的要求建设，即绿化、美化、硬化、娱化和基础设施配套、公共设施配套。贫困户按照"五改四添置"的要求建设，即改风貌、厨房、厕所、地坪和习惯，添置床上用品、电视、桌、浴室等，建成"形象乡土化，设施现代化"的整体风格。目前，重庆各旅游扶贫村面貌得到了持续全面改善，村内道路、饮水、用电、通信等基础设施基本完备，所有接待户农房风貌和室内设施得到改造，实现了人畜分离、人污分离、入户道路硬化、庭院整洁。

五、助力农民收入有效提高

大力发展乡村旅游业，有效利用了农村人力资源，吸纳了老弱妇等弱势群体就业,实现了农民就地就近就业,提高农业附加值,有效增加农民总收入。目前,我国易于旅游发展的乡村多数居于偏僻地域,这些相对过剩的人口如何就地转化成创收的劳动者,是政府稳定农村、增加农民收入的工作重点之一。随着交通电力网络等基础设施的加强,旅游开发使这些地方独特的资源逐渐展现给世人,吸引着越来越多的城市游客观光游览。而旅游配套的餐饮服务、住宿娱乐、交通等需要的人力门槛相对较低,技能条件不高,一般都能适合并投入运营,农民主要通过以下途径参与乡村旅游,实现就地就近创业就业,增加收入。一是直接参与乡村旅游经营,如开办农家乐和经营乡村旅馆。二是在乡村旅游经营户中参与接待服务(打工)。三是通过发展乡村旅游出售自家的农副土特产品,扩大了农产品的销售渠道,也提高了农产品的销售价格。四是通过参加乡村旅游合作社和土地流转获取租金。五是通过资金、人力、土地参与乡村旅游经营获取入股分红。2014 年,全国乡村旅游新增收入 400 亿元,新增就业约 20 万人,带动超过 3300 万农民受益。2008—2014年,全国乡村旅游直接带动农民致富由 495 万人增加到 3300 万人,6 年增加了约 5.67 倍,年均增长 37.2%,为农民提供了稳定的家庭经营和工资性收入。特别是"十二五"以来,全国通过发展乡村旅游带动了 10% 以上贫困人口脱贫,旅游脱贫人数达 1000 万人。旅游大省的四川,2014 年全省乡村旅游实现总收入 1340 亿元,同比增长 28.2%;全省 5 万多个行政村中发展乡村旅游的超过 3500 个,带动 1000 余万农民直接和间接受益。全省农民旅游人均纯收入 704.5 元,比上年人均增加 82.6 元,增速 13.3%;比全省农民人均纯收入增速高 0.5 个百分点。尤其是四川省通过发展乡村旅游为当地 800 余万农民带来人均 704 元的收益,同比增长 13.3%;参与旅游扶贫项目的贫困户户均增收超过 500 元,增收速度比全省农民人均纯收入平均增长速度高 1.8 个百分点。

六、农民文明素质稳步提升

乡村旅游让部分农民不用再背井离乡地外出打工,可以在家门口实现

"当老板"的愿望,将日常的生活设施稍加改造,注入文化色调,投入人力资源,就可以创造财富。在旅游过程中,游客的需求和外来经营户不仅在很大程度上改善了农村的住宿卫生条件,农户自然地接触到了城市游客的高品位精神追求,现代的生活理念和时代气息交流到了广大农村中去,无形中改变了他们以往的价值观,还给当地村民带去了科技知识和先进的经营理念,提高了经营效率,促进了农民的文明意识和现代素质的提高,加快了农村精神文明的建设与发展,培养和提高了农民的文明意识和现代素质。同时,我国是一个统一的多民族国家,56个民族汇合成我们华夏一家,从北到南我们拥有的不仅是地质上不同的风光,更是人文上更加丰富的内涵,从寒带到热带我们拥有的不仅是气候上的改变,更是不同风土人情的融合。乡村旅游充分展现了传统文化、民间艺术、非物质遗产等作为旅游资源的经济价值。大力发展乡村旅游业,必须充分挖掘和利用当地乡村的传统文化资源,必然使这些文化资源得到更高程度的重视和更加合理的保护整理。通过与游客的文化交流,可以使当地居民更加充分认识和了解本土传统文化,进一步提高传统文化保护意识,更加注重挖掘和整理传统文化的内涵,可以有效保护和传承传统文化。山东省高度重视旅游相关人员培训工作,近年来,多次组织乡村旅游带头人赴台湾参加省旅游组织的学习培训,组织了旅游强乡镇分管负责人赴浙江大学培训学习。多批次组织乡村旅游重点镇、村(点)以及乡村旅游企业负责人赴浙江、江苏、成都等乡村旅游发达地区考察学习发展经验和做法,并定期组织乡村旅游培训班,邀请国内知名专家授课,努力提高旅游管理和经营水平。

七、农业休闲功能大大拓展

乡村旅游是在原有的自然资源和农业生产条件上开发而成的,对资源的要求不高,讲究因势利导,基本保持了原有的农业生态,依托了自然的人文景观,具有循环性、持续性、环保性的特点。乡村旅游所提供的产品服务丰富多彩,可以是自然的山水、民俗的建筑,也可以是艺术商品,还可以是民俗文化体验活动,等等。多年来,我国大力发展乡村旅游,紧密结合"互联网+",有效拓展了农业功能,扩大了产业领域。乡村旅游业带动了相关旅游服务要素发展,促进了农副产品品种、品质结构的调整和农副产品规模化、标准化、产业化、专业化发展,带动了乡村旅店经营、种养业、农副产品加工业、运输业、装修业、建筑业和文化产业等的发展,优化了农村产业结构,实现了传统农业、现代农业与旅游业的最佳结合,观光农业、特色农业进一步丰富了乡村旅游内涵。通过发展采摘、种植、养殖、水产等休闲园或休闲农庄,培育了农村特色产业,充分挖掘和拓展了农业休闲功能。重庆市山高坡陡,大山阻隔,如果按照传统的销售方式,即便有特色的农产品,也很难冲出县城,而"触网"后,销售半径呈几何级数扩大,让许多养在深闺的"土货"走出了深山。重庆市着力构建电商扶贫合作社,形成线上线下相结合的"互联网+扶贫"的模式,使"网上村庄"成为带动增收致富、实现精准扶贫的引擎和重要抓手。电商扶贫的主要做法将按照公司制+合作制、专业电商+贫困农户、网络销售+定制生产、优质产品+优质市场、线下体验+网上预订的五个思路进行。其中,网络平台是公司,专门做农产品网上销售、包装、推广、活动策划等,单个电商村是以合作社和合作社为基础的股份合作制公司,合作社社员是贫困村的农户,目的就是要让贫困农户纳入电商体系中。通过"网上村庄",农村特有的农家咸菜、土鸡蛋、野生蜂蜜,还有农户自己编制的箩筐、凉席、凉鞋等产品从山里走进城里,农户的腰包鼓起来了。安徽省实施乡村旅游富民和精准扶贫工程,开展旅游强县、旅游乡镇、旅游特色村和农家乐四级联创。会同相关部门,开展全国休闲农业与乡村旅游示范县、示范点创建和特色景观名镇名村、体育旅游基地、"徽姑娘"农家乐创建,支持合肥、黄山等地加强乡村旅游集聚区建设。

第十九章
运用市场机制激发乡村振兴

第一节　运用市场逻辑激活乡村振兴内生资源

乡村振兴是国家及安徽"十四五"时期实施的重大战略，实现这一战略的关键之一是运用市场逻辑激活乡村内生资源，即重点把人力、土地等乡村本土资源变成有增值功能、可带来红利的增长要素。笔者通过对黄山市部分乡村与企业开发民宿实践的调研，认为当前应在两个领域发力：一是要着力激活回乡农民工的人力资本要素，二是要加力改革激活农村宅基地的土地资本要素。

一、激活回乡农民工的人力资本要素

"乡村振兴，人才是关键"。中办国办 2021 年 2 月印发《关于加快推进乡村人才振兴的意见》，聚焦于乡村人才振兴，抓住了乡村振兴的关键要素。

1. 回乡农民工日益成为乡村振兴的主要人力资本和中坚群体。我们观察到，近几年来，农民工主动回流趋势愈加突出，数量规模与日俱增。尽管当前农村人口仍然向城市净流出，但从城市回流的农民工数量也在增长。调研发现，不论回流动因如何，也不论回流主动或被动，目前农村人口中的绝大多数青壮年均有外出务工经历，回乡农民工在乡村社会人口结构中占比越来越

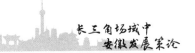

高，势将成为乡村产业、职业农民乃至乡村治理的主要人力资本和中坚群体。因此，要全面推进乡村振兴，应当重视激活回乡农民工的人力资本要素。

2. 农民工回流的主要动因。一是乡村振兴开辟农村经济发展新前景的感召效应。自从中央提出乡村振兴战略以来，农村一、二、三产业融合发展趋势加快演进，农村经济新产业新业态新模式日益勃兴，为农民工返乡创业或回流就业提供了良好前景和多样化选择空间，而不再局限于"返乡务农"的独木桥。二是农村公共服务供给显著提升，医疗、义务教育、社保、养老等保障条件不断改善，生活便利化程度持续提高，回乡农民工的部分后顾之忧得以缓解或打消。三是回乡农民工人力资本价值愈加显现。回乡农民工在城市务工时习得知识技能、开阔人生阅历、育成市场观念、结交人脉资源、见识现代管理等，由此形成可贵的人力资本。传统"回乡务农"模式只是使他们回到原先起点，人力资本价值基本沉没。而在乡村振兴新形势下，回乡农民工的知识技能、阅历、观念和人脉都有了"用武之地"，较传统村民更易担当乡村振兴"助推器"、城乡融合"黏合剂"的角色，使其人力资本不断增值。四是拥有一定经济资本，部分农民工在城市拼搏经历使之积累了一定的回流再发展的资金，且易于同其他社会资金对接整合，加强乡村振兴的资金支撑。

3. 目前存在的突出问题。一是对回乡农民工人力资本群体认识不到位。虽然各地都提出重视和支持回乡农民工创业，但存在"见树不见林"偏向，即只重视个别或少数投资创业者，而对回乡农民工人力资本群体的整体性激活认识不够，导致相当部分回乡农民工被放任自流，乡村社区也不主动了解掌握回乡农民工各自技能专长、就业创业意愿及其相应政策支持诉求，造成回乡农民工人力资本"沉默"现象。有些地方出现一边是发展产业招工难、一边是回乡农民工闲置的状况，就是人力资本错配的表现。二是对回乡农民工的再组织再培训工作不到位。以往安徽在鼓励农村剩余劳动力输出时，各地特别是农村劳动力输出大县都举办公益性技能培训的农民工学校，为农民工外出就业提供了有效服务。当前对回乡农民工的人力资本再开发却缺失这样的服务，导致他们难以转换和补充当地产业需要的技能而参与产业发展，以及难以发挥熟悉城市现代管理的优势参与乡村治理等。

4. 激活回乡农民工人力资本的对策。第一，把青壮年回乡农民工群体作为乡村人才振兴的重点。一是建议省市县政府在制订乡村人才振兴工作计划和相关政策中，突出回乡农民工人力资本再开发和充分利用，突出激励回乡农民工参与当地新产业和乡村治理。二是建议加快各县及乡镇建立健全回乡农民工人力资本信息系统，及时准确抓取回乡农民工的技能、专长、意愿等信息，并反馈当地产业和乡村治理等人才需求信息，形成供需信息对称。第二，加强回乡农民人力资本再开发服务。建议构建省市层面支持、县乡（镇）层面操作的公益性回乡农民工再培训机制，在掌握回乡农民工人力资本信息的基础上，根据乡村人口结构实际放宽年龄条件，实行分类培训，为回乡农民工参与产业创业、招工就业和乡村基层治理招聘、选举提供有效服务。

二、激活农村宅基地的土地资本要素

1. 一个典型样本经验。据对黄山华度投资公司开发民宿实践经验的调研，其路径和方式就是通过三权分置改革，将闲置农村宅基地资产变可增值资本，激活农村土地资本要素。

概括而言，他们的三权分置与农村宅基地改革的方法是"还权于村委会，项目资金直接落村，扬农民之长，避企业之短，政府帮忙不添乱，只做监督与审核"。具体来说就是"四共"，即一房二门，城乡共养；一宅双户，田院共享；一村多业，金融共赢；一农三产，保本共利。通过"四共"把所有权、承包权和经营权复杂关系理顺简化。

所谓"一房二门、城乡共养"，即让农村的房屋再给城市人开设一个门，农户分出三分之二的房子，三分之一的院子，十分之一的菜地交给村集体和村经营公司来运营，让城市人来投资和养老，赚钱了分给农民，不赚钱农民仍保有房子和土地。宅基地使用权是农户的，农民把闲置房子经营权交给村委会，村委会通过成立集体所有制经营公司来实施这部分经营权，村集体通

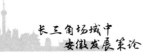
过物业与托管再与城市客户和本村农户建立关系，把"三权"落实于各方。

所谓"一宅双户，田院共享"，即一宅双户，将原来一户人家再划分一个户头用于经营。在合法的基础上增设经营户头的小户权，小户由村委会、县政府规定经营权的行权年限，确定经营权与使用权的法律边界。一宅既保持农户居住，又分出空闲部分给村集体和城市客户经营，把空房变成资本。

所谓"一村多产，金融共赢"，是指通过建立村集体的股份合作资产管理公司，并与外部投资、担保等对接，运用资本的力量加持乡村振兴。华度公司正着力在村集体股份经济合作社基础上，依据《公司法》推动成立村级资产管理公司，由国投公司参股村级资产管理公司，把宅基地、小户、农田等村域生态资源，通过定位、定量、定权、定价、定股入账至村公司，与金融机构打通。把过去多年来投入乡村基础建设中的沉默资产激活。在保护宅基地与土地红线下，保护农民财产性收益，在激活经营权中实现资产增值。

所谓"一农三产，保本共利"，是指通过激活乡村宅基地土地资本，发展乡村二、三产业，用二产三产的利润补贴一产，从而既保障农业一产之本，又获得二、三产之利，实现保本共利。

2. 启示和建议。乡村振兴中的要素市场化改革是庞大而复杂的系统，必须稳妥渐进，分解突破。激活农村土地资本要素，以宅基地特别是闲置宅基地为突破口具有现实可行性。进一步推进安徽农村宅基地三权分置改革，用整片整房的粗放方式可能并非上策，关键在于细化和理顺，即细分宅基地不同功能进行三权细化改革，理顺农户、集体和外来投资的权益关系。

由此建议：一是深化推进农村宅基地的市场化、资本化改革，鼓励各地各方在细化与理顺上探索和试验改革新方法新模式，省市级乡村振兴决策部门应及时总结推广成功经验，出台相关指导政策。二是改革村级集体经济体制机制，根本改变以村为界的封闭式体制机制，用平台思维建立能够融合本地农户、集体和外部投资、城市客户的平台式经营组织及其机制。可在深入调研省内外现有的村级资产经营公司（各地名称或有不同）的基础上，由省级决策部门出台专门的指导性文件，经过一个时期的完善和检验，形成更加规范化模式的政策规定。

第二节 打通皖北农副产品基地与长三角城市产销循环

走"四化同步"道路、增强皖北欠发达地区发展新动能，是安徽深化细化推进长三角一体化高质量发展的重大战略举措。皖北地区是国家农副产品主产区之一，对保障国家粮食安全和区域城市农副产品供应具有极其重要的功能。加速皖北地区农业现代化，要在建构产供销产业链、畅通产销循环下功夫，由此才能在市场导向下优化产品结构、实现产品增值、保持产业稳定升级。在长三角一体化格局中，区域性农副产品生产供应体系是重要组成部分，皖北地区推进农业现代化必须抓住这个大机遇，着力打通与长三角城市的产销循环。

一、农副产品生产基地与城市流通渠道亟待"同步建设"

我们在皖北调研时看到，皖北几乎所有的县在"十四五"规划中都不约而同地提出"建设长三角区域农副产品生产供应基地"，表明了各县对于利用长三角区域大市场促进当地农业发展、通过产业基地建设融入长三角一体化进程的理念认识与务实举措。但同时又发现，当进一步询问各县"长三角区域农副产品生产基地"的目标市场、销售渠道、供应链和物流链等状况时，回答却往往含糊不清，对从生产到流通再到消费的供应链构成不明就里。不少地方还存在只重生产基地而忽视销售渠道、忽视城市农副产品消费需求的偏向，仍旧是传统"坐商"式的粗放经营，坐等城市散户客商到地头采购，少有在外地大城市建立供应链物流链。不少地方把"基地"仅仅视为生产的物理空间，没有当作实体性的产业组织形式，基地内的农户、农场和企业等生产者各自为战，缺乏基地层面的整合与组织化经营。这种小而散模式导致产销连接不稳定不紧密，因而低效率低收益，使基地没有充分显现应有的规模经济效益和产业带动功能。

凡是规模化生产基地，一般对应着大城市市场，一定要建构完整稳定的供应链。在供应链上,农副产品的供应链上游是种子、农资和技术服务等,下游则是与终端消费者连接的流通,包括营销、物流、配送等。皖北各县都要打造长三角农副产品供应基地,提出在长三角大都市"进超市上餐桌"口号,但供应链下游流通环节的缺失,使人们在长三角大都市农副产品市场上极难看到皖北的批量产品、中高端产品和品牌产品。许多农户、农场主和企业经营者反映,"卖不上量、卖不上价、卖不出名、卖不到钱"成为皖北生产基地的"痛点"。显而易见,皖北各县建设长三角农副产品供应基地亟待打通与长三角都市流通供应链的"堵点",生产基地与销售渠道必须同步建设,使之畅通循环。

二、农副产品供应链建设的经验启示

环顾周边省份农副产品主产区的基地,据调研主要有两种类型:一是如河南的种养基地(农户 + 农场)+ 加工企业,即种养基地与加工企业建立固定的产销供应链,种养基地供应粮油肉禽原料,加工企业深加工成品并与大城市经销商对接而销往全国。二是如山东的蔬菜基地(农户 + 专业合作组织 + 流通和服务公司)+ 外地城市批发配送经销商,产销供需两侧建立了稳定的供应链,山东蔬菜基地已成为长三角各大城市蔬菜的重要供应来源。

在长三角大城市,农副产品流通已不是传统的农贸集市模式,而升级为以现代营销和物流网络为主要模式。按照主食粮油、生鲜果蔬、肉禽、水产海鲜、干果干菜等品种分类,均有一批专业化的采购批发分销公司经营,超市、酒店、食堂等大客户均有固定专业公司供应,众多大中型农副产品仓储配送公司则覆盖便民超市、家庭快递等,电商销售渠道也越来越深广地遍及这些流通领域。这些专业化公司与生产基地和大加工企业直接"接链",形成稳定的流通供应链,并由专业化公司与基地及加工企业共建快速物流、冷链物流等运输系统。除了大众化市场外,都市中的高端消费群体还对农副产品绿色化、品牌化有更高需求,引领都市农副产品消费升级,拉动着农副产品绿色标准化、可溯源数字化、品牌化等的质量提升。

这些态势体现了如下特征：一是生产基地要有明确的目标市场，即"为谁产、卖给谁"。安徽不乏成功经验，如和县蔬菜生产基地就是瞄准南京、马鞍山、芜湖城市市场，形成了长期稳定的产销供应链，从而形成了蔬菜产业规模经济。二是生产基地要与城市专业批发分销公司、大型连锁超市、电商营销配送公司等直接对接，建立固定供应链，即"有渠道、老客户"。如砀山酥梨基地近年来着力与拼多多等电商平台衔接，开发沪宁苏穗合等大都市销售渠道，一大批都市连锁超市成为砀山酥梨基地的"回头客"。三是产销供应链要健全物流链配套，即"运得出、卖得远"。快速物流、冷链接物流是从基地到城市农副产品运输的骨干，物流公司有基地自建、固定租赁、稳定外包等多种形式，各基地可根据实际选择。四是适应都市高端消费需求，绿色化、标准化、数字化和品牌化农副产品产销成为基地高质量高效益发展的必由之路，即"卖得起价、卖得到钱"。如果说一般农副产品以规模取胜，而高端农副产品则以质以价取胜。如安徽岳西的高山荠白、黄山的冷泉鱼等特色绿色产品虽然产量不大，但物以稀为贵，因而高质高价、收益可观。

皖北地区建设长三角农副产品供应基地，需要深入了解市场逻辑、供应链逻辑，借鉴外省和本省先进经验，着力进行流通供应链的补链强链，构造基地与城市产销的循环系统。

三、相关四个建议

1. 开展农副产品流通供应链知识宣贯行动。省市级农业部门组织农副产品流通供应链领域专家和企业家，集中力量和时间对皖北地区的基地主管部门干部、主要经营公司和种养大户普遍进行流通供应链知识宣贯，尽快普及知识，转变理念，推动皖北基地与长三角都市产销供应链同步建设。

2. 促进皖北各县加快谋划实施基地与长三角都市产销供应链建设行动。把产销供应链的接链强链纳入当前的面向长三角招商引资工作内容，主要包括长三角城市目标市场的开发和锚定，与城市大型批发分销公司、连锁超市和主要电商平台建立供应链战略合作，支持皖北基地经营主体与长三角城市

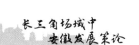

主要经营商建立产销纵向一体化联盟或联合体,借鉴"公司＋基地"模式招引长三角城市农业副产品加工销售大企业投资皖北建设生产供应基地等。

3. 筹办皖北农交会,利用平台链接皖北基地与长三角城市。国家和各地近年来举办了多层次多区域的农业农产品交易会,发挥了产销对接的平台链接作用。皖北地区打造长三角农副产品供应基地,需要这样的产销对接平台。建议省政府主持、农业部门与皖北各市联合筹办皖北农交会,适时举行。农交会并非单纯展示交易皖北地区各基地的名优产品,而要着重各基地与长三角目标市场城市、长三角城市大型分销商、主要电商、主要物流企业、农业投资企业等推介、链接、合作,健全农交会供需对接、价格发现、信息沟通和数据交换等功能,推进基地与城市产销供应链一体化。

4. 适应农副产品消费升级,建设皖北基地精品产区。皖北建设长三角农副产品供应基地,要遵循提质提价增收的逻辑。在目前产业基础和技术条件下,皖北地区全面一举实现高端消费诉求的绿色、标准、品牌化产出还有相当难度,也需要一个过程,但可以在皖北基地中打造若干绿色化、标准化、特色化、数字化精品产区,增加高端农副产品生产供给,优化基地产品结构,从而提高基地生产效率和经营收益。

第六篇
经济运行热点追踪

第二十章
超预期因素冲击与稳定经济运行

第一节　疫情下安徽经济工作的研判与建议

突如其来的疫情对安徽经济的影响始料未及，并将直接引致一系列新问题。以 2019 年底武汉疫情为发端，新冠疫情蔓延全国，安徽作为湖北紧邻省份也深受影响。在以习近平同志为核心的党中央坚强领导下，安徽省委省政府快速反应，全省迅速展开疫情防控总体战阻击战。

2020 年 2 月 12 日中央政治局常委会指出，各级党委和政府要努力把新冠疫情影响降到最低，保持经济平稳运行和社会和谐稳定，努力实现党中央确定的各项目标任务。为此各地都在加快步伐，着力恢复经济社会正常运行和秩序。基于疫情后经济将可能出现一系列新变化新问题，这里提出以下研判和建议。

一、疫情下安徽经济可能发生的新问题

疫情对经济的影响是非常深重的，除防疫物资和基本生活物品生产流通外，其他各产业都因全国性封闭式管理停工停产近一个月。这种前所未有的状况，不是"按下暂停键"而可以原样"重启"便能恢复的，根据国内外有关经验一定需要一段调整恢复期。复工复产进度越快，停滞时间越短，之后的

调整恢复期也就越短,难度也会越小。因此,加快复工复产,要充分预见疫情对经济产生的新的复杂问题,而且这些问题将是关联性连锁发生。

1. 产业供应链调整重建引发震荡效应。数十天停工停产使众多产业原有供应链关系被相当程度打乱,企业供需合同因逾期将会大量或作废或改变,承受力弱的企业因此将会批量化关停破转,尤其是制造业的中小企业供应链关系将面临"洗牌"和重构。这种状况可能在各地各业复工复产后重新建立供需合同期间出现,导致产业界一定程度的较大震荡。重新构建常态化的产业供应链需要一段过渡期和调整期,经验判断可能需要半年以上时间。

2. 就业形势动荡并叠加下半年高校大规模毕业生就业压力。由于产业供应链变动调整,将可能产生部分原已就业人员(包括外出农民工)寻找机会重新上岗的一段时期动荡和时滞,按安徽外出务工600万~800万估计,至少会有十万量级的人员面临寻找机会重新就业。加上2020年全国高校毕业生规模史上最多(700多万),下半年后与这部分寻机就业人员交汇叠加,就业压力异常巨大。

3. 完成脱贫目标将受一定冲击。由于安徽农村农民脱贫的一大重要收入来源是务工工资,尤其是原贫困地区的外出农民工数量大,务工工资占家庭收入比重较大,当一部分农民工就业不成导致收入下降,有可能产生一定数量的返贫人口和返贫家庭,从而需要加大完成脱贫目标的扶贫投入和工作量。

4. 维护国家粮食安全任务可能加重。疫情对湖北农业的冲击挫伤将不少于一个农业生产周期(比如从耕种到收获)。安徽和湖北、河南、湖南、吉林、黑龙江是全国为数不多的粮食调出省区,湖北大减产将影响国家粮食安全(此次防疫已动用国家粮食战略储备),而其他几省可能要分担保证国家粮食安全任务来对冲湖北损失,粮食生产任务将会加重。

5. 保持生产生活物价平稳难度加大。物价相对稳定是市场与经济秩序恢复和平稳的重要基础。疫情期间的全国性停工停产将使部分物资商品供给发生一定时期和程度的紧张和短缺，进而导致一定幅度非常态的物价上涨。一是企业原材料和配套物资成本上升，加大企业经营困难；二是生活类商品结构性暂时性短缺引起物价结构性上涨，这极易连锁引发社会不安。由于疫情防控停工停产消耗了大量储备物资商品，再发生生产生活物价非常态上涨时用储备稳定市场平抑物价能力减弱，如何保持市场和物价稳定成为难题。

二、几点对策建议

针对上述问题，拟提出以下几点建议：

1. 延长并完善疫情期间提出的扶助支持企业政策。为抓好疫情防控与复工复产两手，安徽和各市均已出台了若干扶助支持企业特别是中小微企业的应急政策措施，为提振产业界信心和预期起到了积极作用。一方面，考虑到疫情对经济及企业影响的时间不会短暂，有必要延长现定的政策有效期，这样可适应经济和企业恢复的过渡期调整期时间，避免半途而废而使政策效应打折扣。另一方面，长三角地区的浙江、上海针对疫情期间和之后复工复产出台的政策措施力度很大，也更加全面细致，不仅着眼于短期应急，而且着力于化"危"为"机"。安徽可借鉴浙沪经验，加快完善扶助支持企业政策。包括调整改变不适应疫情后形势变化的原有政策，充实完善解决新问题的政策。

2. 加大就业服务工作力度。中央提出的经济工作"六稳"之首即稳就业，疫情之后这一方针更凸显出现实重要性和针对性。省市县级政府应利用政府信息服务平台，开辟就业信息服务专页，快速收集和发布安徽产业和企业调整重构产业供应链的就业需求信息；鉴于安徽外出务工主要去向是长三角沪苏浙各城市，要加快安徽各级就业信息服务平台与长三角联网，主动推进就业信息共享；各地职业市场、人才市场等中介机构应利用线上线下渠道，加强为就业人群服务，合力促进就业。

3. 提升农业和脱贫工作。安徽农业发展特别是粮食生产一直较为稳定，但疫情冲击下保证国家粮食安全势必要求主产区承担更多任务。应根据新形势安排安徽全年农业特别是粮食生产，从面积、品种、产能实现以及农资供给等方面进行调整提升。安徽脱贫攻坚在疫情发生之前进展顺利，但疫情可能导致部分人口和家庭返贫，加上剩余贫困人口，原定脱贫工作安排也需要调整提升，包括相关的投入保障。

4.努力调控物价走势。除大力发展生产化解供给短缺外，需要在生产资料和生活物品流通上下功夫，提升物流组织、配送、运输的科学安排和调度，多开辟"绿色通道"，降低物流成本以对冲涨价因素。加强价格监管，查处恶意炒作、串通涨价、哄抬价格等不法行为，维护市场秩序。还要发挥补贴制度作用，针对低收群体实施社会救助和保障标准与物价上涨挂钩的联动机制。

5.因势利导确定今年发展目标。疫情的突如其来及其对经济的深重冲击产生了新的不确定性，势必影响安徽在疫情前预期的各项发展目标。历史教训表明，不切实际的高指标、压指标必然产生数字造假和资源错配；而指标越切合实际，发展的主动性越强。

6.加强群众心理抚慰调适。疫情在心理层面上造成的心理压抑累积在复工复产后将不可避免地集中释放宣泄，并且由于上述的就业、脱贫、物价等因素持续在一个时期处于紧张状态。因此亟须用合适的方式方法缓释群众情绪，抚慰心理创伤，化解社会矛盾。媒体应加大引导帮助城乡群众心理抚慰和情绪调适内容的比重。

第二节　防疫常态化下加快安徽旅游业创新发展

旅游业是适应我国新消费的重要产业，也是经济内循环的重要环节。据我们调研，安徽各地编制"十四五"规划，大都把旅游业作为地方支柱产业谋求更大发展；但同时也发现，其中存在着简单沿用疫情前的思路和举措，对旅游业受疫情防控常态化影响的估计不足、对旅游业需要加快创新发展的谋划不够的问题。为此建议，安徽各级政府特别是旅游业主管部门应以谋划"十四五"发展规划为契机，加强规划政策引导，更大力度促进安徽旅游业创新发展。

一、疫情防控常态化对旅游业的影响长期而深刻

新冠疫情对旅游业的冲击在各行各业中最为突出。2020年上半年我国国内旅游人数为11.68亿人次,同比下降62%,国内旅游收入为0.64万亿元,同比下降77%。由于疫情在全球范围蔓延,我国出入境旅游几乎全面停滞。安徽作为海内外知名旅游目的地之一,在新冠疫情冲击下也蒙受了巨大损失,一系列防控措施导致安徽国内外旅游市场大规模萎缩,旅游订单取消和退款加剧了相关企业的经营压力。2020年国庆中秋假日期间,安徽累计接待游客5003.79万人,按可比口径同比恢复78.07%;实现旅游收入313.40亿元,按可比口径同比恢复72.41%。据国际防疫有关机构和专家预测,新冠疫情将可能持续到2025年,各国防控疫情也需长期化常态化。据此预见,未来旅游业将会处于防疫常态化环境中,防控力度只会有季节性和区域性差异。

疫情防控常态化对安徽旅游业产生了严峻挑战和新的要求,集中体现在以下几方面:一是旅游业态迫切需要创新。安徽旅游业大都是传统的团队出行和高密度观光游业态,受疫情影响首当其冲,已经不可持续。在新消费中大众旅游成为主流,游客更加注重旅游活动的个性化和便利化,疫情防控更提高了游客对于旅游活动品质和安全的要求。安徽乡村旅游、研学旅游、康养旅游等新业态尚处于起步阶段,在旅游产品质量、旅游服务精细化、旅游环境舒适度等方面仍与长三角先发地区存在较大差距,在软环境和硬配套两个环节存在明显短板,无法适应当前游客对"品质旅游,理想消费"的期待。二是政策引导扶持业态创新力度亟待加强。首先是"保实体"政策扶持力度尚待提高,据调研目前支持旅游业复工复产的措施只能解旅游企业燃眉之急,有限的专项扶持资金只能帮助企业暂渡难关,相关财税减免政策对于利润大幅缩水的旅游企业仍显力度不足。其次是对业态创新的规划政策引导支持不够明确、分量不重,不能有效引导市场主体进行疫情防控常态化下旅游市场研判和业务变革。三是专业人员资源急需补短板。一方面,疫情导致大多数旅游从业者产生强烈的职业危机,主动辞职甚至离开本行业,旅游企业也纷纷掀起了"裁员潮",专业人员流失较为严重,不利于本省旅游业的后续发展;另一方面,安徽旅游业从业人员大都有传统观光游服务技能,但创新型业态的技能和素质普遍欠缺,使旅游业态创新缺乏人员资源支撑。四是互联网科技服务旅游业需要扩面提级。互联网技术对于旅游企业业务创新、开拓细分市场、挖掘潜在客户需求具有现代科技支持的重要作用。目前安徽大部分中小旅游企业仍无力无法将旅游互联网技术应用到自身的业务场景,难享"互联网红利",这些企业急切期望在政策上给予扶持,有力促进旅游互联网技术和平台覆盖中小企业。

二、加快促进安徽旅游业创新发展的四项对策

1. 运用规划政策加强引导旅游业态创新,大力发展都市旅游,深耕研学、养老、健康、小众旅游市场。疫情防控常态化提高了游客的安全卫生意识,倒逼旅游企业改变传统业务结构,以满足游客的定制化新领域新体验需求。适应居民就近旅游需求,大力发展以市内、近郊旅游为特征的都市旅游。以细分业态、多样产品、流量分流等为导向,深挖研学、养老和健康游等新旅游消费的市场潜力,借鉴苏浙等地文创旅游、高端民宿、森林康养、城市夜游等新业态的发展模式和经验,加速安徽旅游业态创新步伐。建议安徽各地政府特别是旅游主管部门在规划编制和政策谋划上突出旅游业态转型创新,注重新旅游消费市场需求演进趋势、根据比较优势的新产品新模式开发等研判,从细分业态选择、空间布局、资源整合、与沪苏浙地区旅游业产业链对接等方面加强规划引导和支持,把发展重点定位到创新上。

2. 对接行业需求,强化政策扶持力度和导向功能。一方面,针对当前众多旅游企业表示部分旅游业复工复产政策仍"不解渴"的现象,进一步调查把握疫情冲击下企业经营的难点、痛点和堵点,将企业需求融入政策内容,继续加大地方扶持性政策的优惠力度。比如,在文旅部出台的"暂时退还旅行社80%的旅游服务质量保证金"的基础上试行全额退还,缓解旅游企业现金流压力。灵活运用无还本续贷、展期续贷、应急转贷、门票质押等方式拓宽旅游企业融资渠道。与沪苏浙等地共定客流互送计划，突破行政区域限制，力争一市三省的所有游客游览长三角任何景区景点都可以享受客源地和目的地的双重补贴。另一方面，在政策导向上，要充分考虑疫情二次反弹风险，在各景区全面落实"预约、限量、错峰"要求。更需要拉动国内旅游内循环为重点，引导政策资源向业态创新、自主创业倾斜，对于具有良好市场前景的新业态给予专项补贴，联合各类企业成立风险基金支持旅游创业人员，营造全省旅游业创新创业的良好氛围。

3. 完善旅游创新发展的人才政策。一方面，旅游从业人员从传统业态转向新业态，相似于职业转换和"再就业"，技能再培训素质再提升是其中关键。应把旅游行业人员的再培训纳入就业培训支持政策系统，使旅游企业获得稳定队伍培训人员的切实支持。旅游行政管理部门可为从业人员提供公益性创业就业培训，或以政府购买方式帮助企业广泛开展旅游从业创业人员培训。另一方面，针对安徽旅游业创新发展的产业链上高端创新人才环节的短板，引进沪苏浙地区行业高端人才，鼓励长三角发达城市的知名旅游规划策划、行业咨询企业来安徽开设分公司，优化安徽行业人才结构。应把引进旅游业高端创新人才纳入地方人才政策，给予同一标准的条件和待遇。

4. 推进旅游产业基础"新基建"，提升网络化数字化水平。互联网、大数据、云计算、人工智能等新兴技术是旅游业创新发展的驱动要素。为克服目前旅游业信息"碎片化""孤岛化"现象，亟须进行整合，建设大平台。建议由政府主导，联合携程、同程、驴妈妈等知名旅游电商平台和本省旅游企业共同出资成立旅游互联网专业的股份制公司，建立旅游业网络化数字化的专项基金；抓紧谋划"十四五"时期旅游产业基础"新基建"重大项目和工程，推进旅游业网络化数字化技术的广覆盖，并链接长三角旅游数据资源共享平台，使安徽旅游业科技支撑水平不断提升。

第三节　安徽如何应对"新人口红利"竞争

我国人口发展已然出现拐点性巨变,全国人口增长大幅降低,部分地区出现人口负增长。在此背景下,各地掀起了一阵阵"抢人大战",且愈演愈烈。怎么看?怎么办?就成为安徽必须回应的新命题。

一、从战略视野看新一轮"抢人大战"

自 2017 年下半年以来,一场被称为"抢人大战"的区域人力资本竞争正如火如荼地展开,并向全国各中心城市蔓延。武汉推出了"百万大学生留汉创业就业计划";长沙提出五年吸引 100 万人才的目标;南京将人才分为 6 类,分别给予共有产权房、人才公寓、公租房、购房补贴等待遇;成都推出"蓉漂"计划,推行"先落户后就业",实施本科及以上毕业生凭毕业证落户制度;郑州实行中专以上毕业生"零门槛"落户及生活补贴等政策。2018 年春节后,北上广深也加入"抢人大战",且力度更大。广州对新引进的总部企业最高给予连续 3 年每年 5000 万元奖励,并对无住房的总部企业人才给予租房补贴;深圳注资 1000 亿元设立人才安居集团,"十三五"期间将为人才提供 30 万套住房,是过去五年的 3 倍多。北京对符合条件的来京工作人员可快速办理引进手续,引进人才的配偶和未成年子女可随调随迁。上海最近正式对外公布人才高峰工程行动方案,实施"量身定制,一人一策""高峰人才全权负责制"等政策。

"抢人大战"的陡然爆发,事实上是我国经济从高速度增长转向高质量发展导致的必然现象。发展方式转变的一个重要内容,即是由主要依靠资源、资金投入的增长转到更多地依靠科技创新和人力资本、依靠资源节约和环境保护的可持续发展。从更深层的战略考量,这是应对我国"人口转变"的长期态势与重构新人口红利的必要选择。在我国长期实行独生子女政策和人口快速老龄化效应日益凸显背景下,人力资本的稀缺性也快速加剧,缺乏合适而足够的劳动人口将是高质量发展进程中在各领域各地区不同程度存在的严峻状态。因此,对于"抢人大战"现象,不能仅仅从"抢"一批近期急需人才的

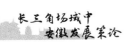

小视野观照，而应当在区域新人口红利竞争与重建的大趋势大视野下加以战略考量。

二、安徽传统人口红利现已不复存在

"人口红利"是指在人口年龄结构与经济增长绩效关系中，当劳动年龄人口持续增长、比重不断提高的生产性人口结构，可以通过保证劳动力充足供给和储蓄率提高，为经济增长提供额外源泉，称之为"人口红利"。简要地说，劳动年龄人口与抚养的老人和孩子之比超过50%即为人口红利消失，特别是老人抚养比超过少儿抚养比则完全是"人口负债"。国内权威专家估算，我国人口红利在"十二五"时期便快速衰减而趋于消失，其时间窗口在2008年到2012年间。笔者在承担安徽省"十三五"规划前期专项研究中做过测算，安徽传统人口红利消失的时间拐点约在2017年，劳动年龄人口与抚养的老人和孩子之比约达50%。就是说，虽然安徽仍是人口大省，但全省传统人口红利在总体上现已不复存在。

一个地区的劳动人口数量可以通过人口迁徙流入来补充，但从人口红利形成机理分析，仅有数量补充并非能带来人口红利，有无人口红利的关键在于结构。就安徽看，合肥、芜湖、蚌埠、马鞍山等中心城市现为人口净流入城市，从数量上增加了劳动年龄人口。但是，这并不一定意味着人口红利增长，其中还有人口结构这一关键问题。数量型增长只是增加人口数量，然而没有改善人口结构，劳动年龄人口的少儿抚养比与老人抚养比没有显著下降，结果并不增加城市人口红利。从长期看，对区域和城市可持续发展会有不利影响。并且在全国整体人口红利消失背景下，区域和城市人口格局基本定型后就很难有大改变。因此，尽管安徽主要中心城市人口呈现净流入，但在改善人口结构、重建人口红利上绝不能高枕无忧，对于周边省市的"抢人大战"更不可等闲视之。

三、周边省市"抢人"政策的两大特点

环顾周边省市目前"抢人大战"出台的相关政策，表现出以下两大特点：

第一个显著特点是目标对象年轻化。以往区域间尤其是中心城市间抢人对象注重的是高端精英和成功人才，年龄往往偏大，普遍为 45~55 岁；但当下的抢人对象则集中在大学本科生、中专毕业生，年龄层次大幅下降，为 20~22 岁。这种目标对象的变化，深层影响是改变区域及中心城市的人口结构，通过增加劳动年龄人口降低抚养比，由此重建新人口红利。有些城市的"抢人"规模在百万量级，约占总人口的 1/5 甚至 1/4，这将会极大地改善其人口结构。从人口变化周期来看，这可以影响 35~40 年的区域及中心城市的人力资本供给。

第二个显著特点是精英优惠与大众普惠并举。以往区域人才政策偏重针对高端精英人才的优惠政策，突出高端人才、高技能人才以及"人才特区"等，而对大众化的人力资本却少有顾及。上述中心城市的高等教育都很发达，出台的"抢人"政策既有针对吸引海外、域外高端精英的优惠政策，更有面向本地和外地年轻学子大众的普惠性政策。未来三四年仍将是高校毕业生供给高峰期，再以后则趋于下降，因此近四五年是"抢"年轻人力资本的重要时间窗口期。在"人往高处走"的人力资本流动格局中，这种普惠性政策是与"抢人"对象年轻化相匹配的，也是区域人才政策的升级版。

深入分析这两大特点可知，当下区域人力资本和人口红利竞争的理念已经发生转变：不再单纯着眼于高端高层次人才，而是更注重瞄准年轻一代人才，拥有年轻的人力资本才能拥有"第一要素"长期优势。相应的人才政策也发生转变：不再单一偏重特殊化优惠政策，而是更多强调大众化普惠政策，政策取向和重心明显"下沉"。

四、安徽应对的策略

面对愈演愈烈的"抢人大战"，我们不能无动于衷，必须积极应对，强力作为。着眼安徽实际，提出以下建议：

1. 全面提升人才强省战略。在安徽传统人口红利已然消失、周边区域人力资本和人口红利强势竞争的新形势下，集聚人力资本的紧迫性已经非比寻常。

有必要将人才强省的战略目标、重点、措施加以全面提升，根据新形势新要求，聚焦人力资本集聚和人口红利重建，对人才强省目标、重点、举措和政策保障等进行相应的充实、调整和提高。

2. 推动主要中心城市加快切入区域人力资本竞争格局。中心城市是人才大量集聚的承载地，当前的"抢人大战"也以中心城市为主战场。在目前社会舆论对"抢人大战"的报道和评论中，安徽的中心城市几乎无声无息，显得较为落伍。为此，要以安徽合肥、芜湖、蚌埠等主要中心城市为龙头，推动这些城市加快切入全国中心城市人力资本竞争格局，努力在竞争力度、竞争水平和竞争形象上与类似城市等高对接，在竞争格局中要发出声音、展现形象、形成影响，切忌被边缘化。

3. 优化政策结构，集成政策资源。优化人才政策结构，是指既要完善针对高层次人才的优惠政策，又要充实针对年轻人力资本的大众化普惠政策，其中后者目前是政策短板，亟须特别给予弥补。集成政策资源，是指要把分布在若干几个部门的相关政策资源加以整合，如公安部门的户籍、人社部门的就业创业、住建部门的住房、科技部门的创新资助以及省市区街各层次发放的生活补贴等，形成综合集成化的人才政策，改变政出多门却又缺乏衔接、互不匹配的碎片化弊端。当前可从主要中心城市启动，以城市为单元进行综合集成人才政策的先行先试，加快打造安徽的人力资本和人口红利竞争高地。

第二十一章
塑造经济运行良好生态

第一节　稳健中性货币政策下安徽投资问题研判

安徽全省固定资产投资增速从 2015 年至 2017 年已经连续 3 年出现下滑态势。全省固定资产投资 2014 年为 21256.3 亿元，较上年增长 16.5%；2015 年为 23965.6 亿元，增长 12.7%；2016 年为 26758.1 亿元，增长 11.7%；2017 年为 29186 亿元。作为安徽经济以及投资增长极的合肥市，固定资产投资 2014 年为 5385.17 亿元，较上年增长 18.1%；2015 年为 6153.35 亿元；2016 年为 6530 亿元；2017 年为 6350 亿元，增长 -2.75%，首次出现负数。对此现象拟作简要分析并提出三个建议。

一、辨识和把握货币政策新变化

1. "去杠杆"将导致货币供给从紧。党的十九大和 2017 年底中央经济工作会议都明确指出，"稳健中性"是 2018 年乃至今后一段较长时期我国货币政策的取向和特征。在经济稳中求进的总基调下，防控风险尤其是防控系统性金融风险，继续坚持"去杠杆"，是 2018 年度经济工作的重点任务之一。近几年，我国的金融加杠杆表现出两端高举的状况，即从过去主要是供给体系加杠杆、扩大投资，转变为既在供给端大幅加杠杆、又在消费端大幅加杠杆。

两端杠杆高举导致了杠杆率不断攀升，政府、企业、居民三方都大量负债，有关资料显示：截至 2017 年 6 月 BIS（国际清算银行）数据，总杠杆率已经达到 255.9%，超过美国的水平。如此高的杠杆率隐含了一定的金融系统风险，虽然"总体可控"，但由于各地和各领域杠杆率和债务量不平衡，发生区域性、领域性的系统性金融风险的概率实际上已经累积到不可轻视的程度。由于"去杠杆"压力加大，国家货币政策"稳健中性"意味着货币供给趋于从紧，各大国有商业银行分配到各地的供应计划指标均将严格控制，对地方金融机构的货币供应也将通过金融监管加强管控。安徽固定资产投资增长已经进入 L 型区间，并可能延续一段时期。以往宽松货币政策下的"不差钱"状况不再有，投资逆势大反弹的可能性也将减弱。

2. 货币政策体系突出存量调整取向。近几年我国经济的主要问题是结构性失衡，在宏观层面，总需求刺激政策的边际效果递减，并累积各种"泡沫"风险。从 2017 年以来，货币政策不再实行量化宽松取向，而转变为突出存量调整取向，加强了结构性政策工具的运用。一方面加大"去杠杆"力度，另一方面突出支持实体经济、科技创新、精准扶贫、乡村振兴等。这表明，货币政策已经从总量宽松、粗放刺激向有控有扶、局部宽松转变，如定向降准、再贷款、超短期逆回购（SLO）等非常规货币政策工具将扮演越来越重要的角色。2017 年间，央行并未全面降低准备金率，而是使用了再贷款、常设借贷便利（SLF）、公开市场操作以及定向降准等一系列政策工具。货币政策的这种取向，引导地方经济必须关注结构调适和存量优化。安徽投资要适应宏观货币政策导向，就要在投资的结构和存量调整上想办法、做文章。

二、当前影响安徽投资增长的两个突出问题

1. 金融机构"不良率"与企业间"连环债"叠加抑制投资。据调研，2017 年安徽金融机构的"不良率"均持续上升，其中地方金融有的上升幅度达 30%，个别中小银行上升达 50%。同时，企业间特别是中小企业间的应收款项普遍增加，导致"剪不断、理还乱"的"连环债"。"不良率"上升，迫使金

融机构增加拨备以覆盖呆坏账，这不仅挤占可用贷款资源，而且倒逼金融机构投放更趋谨慎；企业间"连环债"扰乱了企业资金流，使再生产投资循环及其节奏被打断，导致企业新增投资来源不足，资金周转不灵。两者叠加已经对投资增长产生抑制作用，并导致新的融资难现象。

2. 财政与货币手段搭配不协调不合拍影响投资。货币政策与财政政策是国家宏观调控的最主要工具，两者是互补、制衡的配合关系。以"紧"为特征的稳健中性货币政策与以相对较"松"为特征的积极财政政策搭配，是国家当前宏观调控两大政策搭配的基本结构。在金融"去杠杆"而趋于"紧运行"的同时，财政手段对投资的引导和激励作用便显得尤其突出。近年来，安徽财政支持社会固定资产投资的工具包括基础设施项目资金、创新引导资金、产业引导资金、技术改造引导资金等，有力地撬动了社会投资积极性。但是，现实中也存在两大政策手段搭配不协调不合拍问题。从调研获知，安徽 2017 年计划投放财政支持企业技术改造资金有 20 多亿，但直到当年第四季度有关部门才向财政申报立项，完成相关程序手续后要到年底方可下拨，而此时已是本年度企业经营收官期和金融机构资金回笼期，形成了"时滞"。这种彼此节奏不合拍现象降低了财政手段的撬动时效。

三、改进投资工作的三个对策

1. 坚定力促投资增长不失速的战略理念。固定资产投资是社会固定资产再生产的主要手段。安徽是"后发省份"，目前人均 GDP 水平与全国平均水平仍有较大差距，追赶任务极其繁重，需要保持全社会固定资产投资相对较高的增长速度，这是建设"现代化五大发展美好安徽"的重要支撑。根据经验数据研判，投资增速一般要高于区域经济增速至少 2 个百分点，否则下年经济增长就会下滑。因此，2018 年全省仍需把投资作为重要抓手，列为全年经济工作的战略重点。建议省市两级政府整体统筹，协调各经济职能部门和主要金融机构，及时跟踪和把握货币政策动态，协同谋划投融资的领域、项目、方式、工具，提高稳健中性货币政策下安徽投融资的实时适应和迭代反馈。

2. 加力推进资产重组，化解企业"连环债"。金融机构的"不良率"和企业间的"连环债"，实质都是资产存量问题。建立资产存量合理流动的重组机制以提高固定资产投资效益，是结构性改革面临的一项重要任务。世界各工业发达国家已经走过的道路表明，资产的存量同增量一样都是促进或束缚经济成长的基本因素，资产存量合理分布是提高增量投资效益的前提。在货币供给紧运行形势下，必须加大资产存量流动重组力度。据了解，安徽周边江苏、浙江等地，当发生企业连环债时，政府部门都能积极引导优势企业迅速进行收购、兼并、重组，金融机构也积极配合，企业债务风险与困境由此得到化解。其效应既使企业的存量资产得以盘活从而增加有效投资，又使金融机构的不良率得到化解从而提高投放能力。安徽与苏浙相比尚有明显差距。为此，建议把加强资产重组作为 2018 年的重点工作，结合处置"僵尸企业"，推动本地和外地优势企业重组负债企业存量资产，除争取金融机构配合外，还需要从财政手段上给予支持。可借鉴当年处置东北"三角债"和苏浙相关经验，省市两级政府适度运用财政工具促进企业资产重组。

3. 强化财政政策工具运用，发挥投资撬动功效。作为稳健中性货币政策的补充和搭配，要加大地方运用财政政策工具的力度。一是消除财政各类引导资产立项、投放的"时滞"现象，尽早下达并完成项目申报评估立项程序，给企业和金融机构以确定的预期，拉动企业和金融机构早计划、早安排、快速投融资。二是充分运用政府购买形式，在公共基础设施和服务设施投资上可引导社会资金先行投入，财政则合理利用好时间差加快资金周转，提高财政资金使用效率。三是谋划国家战略项目，争取国家建立专项基金。比如联合上海、北京向国家争取建立国家综合科学中心建设基金，又比如争取国家产业创新中心建设专项投资，再比如苏豫皖三省淮河生态经济带以及行蓄洪区移民搬迁精准扶贫国家专项支持资金等。

第二节 区域创新当前态势与有关政策动向调研

国家政策是一个区域创新发展的必要环境和生态要素，用足用好国家政策也就是塑造创新发展的良好生态。2019 年前几个月，笔者有机会赴京沪杭穗深等地调研，与科技部和各地科技管理部门有关人士交流，了解到我国区域创新当前态势和下一步国家有关部门工作思路政策谋划的情况，深感对于安徽把握动态、明晰位势、辨识动向很有意义，可供安徽谋划"十四五"时期科技工作和区域创新战略参考。这里作一概述。

一、从三个维度考量国内区域创新的当前态势

1. 从时间维度看，目前区域创新取得积极进展。特征是：（1）创新投入持续加大，保证了区域创新能力不断提升。一是全社会 R&D 经费支出占GDP 比重总体上呈稳步增长态势，其中京津冀、长三角、粤港澳均超过全国平均水平，中西部增速较快，高于全国平均增速。北京、上海、江苏排前三位，江西、宁夏、云南增速名列前茅。二是财政科技支出占公共财政支出比重，除东北外其他区域持续增长。东部高于全国平均水平，其中粤港澳接近全国的3 倍。广东、北京、上海排水平前三位，江西、湖北、宁夏增速领先。（2）创新产出成果丰硕。以万人发明专利拥有量为例，各区域均实现快速增长，党的十八大以来均翻了一番。在数量上，东部为全国平均值的 2 倍，其中粤港澳达到 3 倍。在增速上，中西部超过全国平均值，广西、安徽、宁夏增速较快。（3）科技创新有力驱动新兴经济发展。一是高新技术企业数，各区域均实现快速增长，自党的十八大以来翻了一番，其中粤港澳翻两番，东部占了全国的 3/4。二是高新技术企业营业收入占规上工业企业主营业务收入比重，全国平均增长 10 个百分点，其中京津冀增长超 20 个百分点。

2. 从空间维度看，区域创新格局不断优化。表现在：（1）中心引领。北京、上海、粤港澳三大科技创新中心汇聚了全国 30% 的 R&D 经费投入、35% 的地方财政科技投入、38% 的有效发明专利以及 43% 的高新技术企业；形成了创新型国家的三大核心支柱和动力源，并分别辐射京津冀、长三角、珠三角

等区域协同创新合作。（2）纵横带动。纵向的沿海"创新带"，包括天津、山东、江苏、浙江、福建、广东6省市；横向的长江"创新带"，涵盖四川、重庆、陕西、湖北、湖南、安徽6省市。有数据表明，这12省市加上京沪，汇聚了全国84%的R&D经费投入、全国80%的地方财政科技投入、全国86%的有效发明专利、全国86%的高新技术企业，而且覆盖了10个创新型省份（占比100%），46个创新型城市（占比60%），27个创新型县（占比52%），从而形成了创新型国家的脊梁。（3）多点支撑。主要是广泛分布各地的国家自主创新示范区（20个）、高新区（168个）等各类园区，共同形成了国家创新体系的面上支撑，并示范辐射周边区域创新发展。（4）东西合作深化拓展。主要是京沪深科技援疆援藏援青入滇支宁（夏）等对口合作，目的在于解决区域创新发展不平衡不充分问题。（5）各显特色。各地根据自身资源禀赋和创新基础，探索具有自身特色的创新发展路径和模式。据科技部有关研究成果，将全国作了定位分类和特色归纳，见表21-1。

表21-1　区域创新定位分类和特色

类型	特征	典型区域	发展路径
科教资源富集	集聚一批科研大院大所	北京、上海、安徽、武汉	打造高水平科技创新基地，深化科技体制改革，加强原始创新
产业技术创新	市场活跃度高，产业基础好	广东、江苏、深圳	发挥市场作用；培育高端企业，建设高新区，发展高新技术产业
创新创业活跃	拥有一定科教资源，民营经济发达，创新创业活跃	杭州、四川、福建	强化双创激励，搭建双创基地平台，优化创新生态
开放协同创新	科教优势相对欠缺，有一定区位优势，以开放合作促创新	苏州、宁夏、新疆、贵阳	深化国际合作，开展东西合作，无中生有发展新经济
绿色转型发展	老工业城市和资源型城市转型升级	太原、马鞍山、桂林	传统产业转型升级，打造可持续发展创新示范区等平台，生态环保和修复科技攻关

3. 从改革维度看，区域创新生态不断完善。各地按照中央关于科技改革发展的有关部署，结合自身实际，积极开展政策制度创新和改革先行先试，

取得了一批可在全国复制推广的改革经验。具有典型意义的是中关村园区，其科技创新支持政策以支撑现代化经济体系建设为出发点和落脚点。一是聚焦构建高精尖经济结构，激励企业有效发明专利、支持高新企业等，使该园区连续多年对北京市地区生产总值增长贡献率超过20%。二是着重营造高水平创新生态，风险投资活跃，其股权投资案例占全国的1/3，独角兽企业占全国的近一半，日均新设立科技型企业达90家。三是大力拓展对外合作，已与全国26个省区市、72个地区（单位）建立战略合作关系，共建24个合作园区。中关村上市公司在海外设立研发中心或分支机构千余家。调研中各地同志都认为，中关村探索成功的经验有很多突破性、建设性的新体制机制，值得认真借鉴，不是简单抄搬制度政策条文，更重要的是复制其执行落实机制。

二、科技部门有关区域创新的谋划动向

调研了解到，科技部和一些地方对于"十四五"时期区域创新正在深入研究、精心谋划，初步形成了一些思路。主要包括以下内容：

1. 科技部门职能从研发管理向创新服务转变。一直以来，科技部门主要是对科技研发活动进行管理，包括科研项目、科研机构等管理。今后要转变职能模式，秉持"创新＝发明与创意＋管理＋商业模式"的创新全周期理念，工作向创新全过程延伸覆盖，促进要素整合，鼓励发明、创意的商业化，通过要素整合提升微观企业的生产效率。打破只对科研机构管理的局限，强调企业是创新主体、企业家是创新灵魂，加强为企业创新的服务。

2. 大力建设国家技术创新中心，提升企业创新能力。贯彻习近平总书记在2016年全国科技创新大会上提出"支持依托企业建设国家技术创新中心"的要求，以促进重大基础研究成果产业化为目标，加大力度建设一批国家技术创新中心。国家技术创新中心要围绕落实国家重大区域发展战略和推动重点区域创新发展，面向国家长远发展、影响产业安全、参与全球竞争的重点领域，以关键技术攻关为核心使命，为区域和产业发展提供源头技术供给，

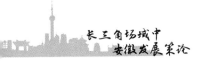

为中小企业孵化、培育和发展提供服务。

3.地方科技部门要以区域创新统领科技工作。一是健全区域创新体系，包括技术创新体系、国际技术转移体系、科技服务体系。二是推动转变近年来科技创新财政投入中央财政占比持续下降的局面，增加财政技术创新引导专项（国家科技成果转化引导基金、中小企业研发资金等）。三是落实中央引导地方科技发展资金对创新省、城市、县的重点支持。四是建设一批国家级技术创新平台，如国家科技成果转化示范基地、国家专业众创空间、国家级孵化器等，积极争取国家专项支持，形成央地合力。上述各方面工作都要突出以企业、产业、园区为着力点。

4.科技部的有关考虑。一是进一步加强区域创新体系基础研究分析和顶层设计。二是进一步加强监测评价和交流推广，进一步调动区域创新自觉性积极性。对创新型省、创新型城市的指标体系进一步完善，充分发挥指标体系定靶子、瞄方向、指挥棒的作用。三是进一步明确国家自主创新示范区和高新开发区的功能定位，支持各自主创新示范区开展创新政策先行先试，引导国家高新区进一步深化体制机制创新，打造创新驱动发展示范区和高质量发展先行区。四是支持开展"双自联动"，支持国家高新区开展自由贸易试验区相关改革试点，发挥政策叠加效应。

三、把握政策机遇谋划安徽科技创新战略

"十四五"时期将是区域创新的活跃期和高成长期，安徽必须牢牢把握这一战略机遇，建设创新强省。为此建议：省市各级政府及其科技部门以谋划"十四五"规划为契机，对全国的区域创新态势加强精细研判，进一步厘清今后时期的创新优势与短板，更加突出区域创新的新理念指引，转变和完善科技工作内容与重点，瞄准国家政策新动向争取更大支持，着力建设各类国家级创新平台，大力发展高新企业及其产业集群，以体制机制改革为内涵完善具有适应性、针对性和建设性的省市创新服务政策，形成"十四五"时期建设创新强省的系统战略。

第三节　长三角相对欠发达地区招商引资的模式创新与策略选择

招商引资是欠发达地区补充经济增长要素特别是资本、技术要素的有效举措。改革开放以来，中国从严重不发达状态发展到如今的世界第二大经济体，开放式招商引资功不可没；国内欠发达地区同样是通过招商引资，弥补了资本、技术等要素短缺，并与当地资源禀赋结合，许多地区成功实现了追赶甚至赶超。

长三角区域总体上虽然是中国经济最活跃、最发达区域之一，但还存在发展不平衡状态，区域内部目前仍有部分相对欠发达地区。近日颁布的《长三角一体化发展规划"十四五"实施方案》提出加快建立长三角中心区与苏北、浙西南、皖北等相对欠发达地区合作机制；苏浙皖"十四五"规划都强调了把欠发达地区着力招商引资作为重大战略举措，安徽更是突出了全面深入开展"双招双引"，即招商引资、招才引智。可以预料，招商引资将是"十四五"时期长三角区域一体化发展机体中极其活泼的一个脉动。处在新发展阶段和新发展格局，招商引资形势发生着新变化，招商引资的具体模式也在不断丰富创新，这正是提高招商引资效率所需要深入体认和灵活运用的。

一、深入体认招商引资形势新变化

招商引资本质上是要素流动和分布。当不同时期给出不同条件的约束，要素流动和分布的走向与趋势必然发生变化。就当前观察，招商引资形势的新变化至少呈现以下特征：

其一，国内超大规模市场是现阶段招商引资的主体空间。在当前时期，一方面，世界经济进入动荡变革期，后危机时代的复苏仍然十分艰难，新冠疫情此伏彼起加深了世界经济的不确定性，各国经济原先全球布局总体上趋于收缩。另一方面，中国成为世界第二大经济体后，国内超大规模市场不断发展，其容量、层次持续扩展和提升，内需消费对 GDP 贡献率从 2012 年开始连年超过投资，使国民经济朝向以国内大循环为主体、国内国际双循环相互促进的新格局发展。这种超大规模经济体积累释放与超大规模市场消纳的

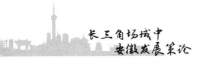
供需新格局,使国内要素流动和分布拥有巨大空间和回旋余地,从而带来了欠发达地区招商引资的战略机遇。

其二,现阶段要素流动和分布不再是简单的梯度转移,而是在国内外产业深刻调整和产业链重构大背景下产业和资本重新布局。其特征大体有四:一是贴近市场,表现为聚焦消费升级市场、贴近消费中心的投向偏好;二是靠近创新策源,为的是更加便捷地获取新技术开发新产品;三是区域化板块布局,以求得细分行业专业化规模经济效应和空间集聚的各种"红利";四是注重全产业链安全可控,表现为讲求上下游配套稳固和产业链系统相对完整。这些特征在战略性新兴产业投资领域彰显十分明显,传统产业投资在其引领下也呈现出相同趋势。

其三,综合成本成为推动产业和资本迁移的主要动因。综合成本不仅包括土地、人力资源等要素成本,还包括"双碳"约束下的能耗环保成本,并包括以营商环境为标志的制度成本等。综合成本有着复杂结构与总体结果的含义,即并非所有成本都要最低,如创新型产业的人力资源成本可能很高,而其他因素成本的降低可以对冲且覆盖人力资源成本,总体结果是总成本降低,由此形成综合成本"低洼之地"。因此,在成本上的单项比拼意义弱化,而综合成本上的统筹整合则是更重要的。

其四,欠发达地区"融圈"式招商引资已成趋势。在当今阶段,区域经济发展增长极已经不再是传统的散点分布,而是集聚度、中心化的分布趋势。这种趋势在空间形态上就是城市群、都市圈。都市圈成为区域经济增长的引擎和区域经济一体化的引擎。处于都市圈中心城市外围的欠发达地区,必须坚持"融圈"发展,参与一个都市圈的产业分工协作体系,招商引资也必须讲求"融圈",重在体系中招商引资。

二、结合实际创新招商引资模式

近年来,在招商引资与被招商引资双方互动探索下,招商引资模式日益创新丰富,可选余地大为扩展,主要的新模式有:

　　基金招商模式。新阶段的招商引资的技术含量和资本含量大幅提高,现代市场经济以金融为核心的逻辑显示出增强效应。目前,国内已有很多产业地产商和产业园区日益注重充分利用资本的催化和杠杆作用,运用产融结合的基金招商模式。欠发达地区的政府产业政策着重运用产业基金工具,以资本来招商和扶商;社会资本投资也偏好运用基金方式,以便于集聚资金和管理基金。欠发达地区现在着力建立本地基金并引进外部基金公司,形成基金支撑体系,现已几乎成为招商引资的标配,可能预示着招商引资现代化的走向。

　　众创孵化＋产业园区模式。欠发达地区为增强创新能力,在招商引资中注重建设众创孵化平台,引入创新团队,但如果没有与产业园区结合,这个科技产业生态系统则不完整,众创孵化空间成长起来的企业不能在当地落地发展就会流失到外部。为此,以"众创孵化＋产业园区"对接,形成科技产业生态闭环,是招商引资和招才引智的可行之道。

　　互联网招商模式。信息不对称是招商引资的严重障碍之一。互联网的普及和运用,已使双方能够快速、全面、准确地掌握相关信息,提高效率并降低风险。欠发达地区要着力建设招商信息平台并与外界联通,突破"信息孤岛"瓶颈,善于运用互联网招商"运筹于帷幄之中,决胜于千里之外"。

　　联合招商模式。以往有依靠龙头企业"以商招商"的模式,但存在势孤力单的缺陷。为此地方政府与产业龙头企业再加基金等运营商联合招商,形成多方集成的招商合力。这就要求多方的统一整合、协同配合,因而涉及招商引资的组织架构与运作机制的创新。

　　产业新城整体招商模式。中新苏州工业园招商建设的成功经验,推广成为产业新城整体招商模式。长三角区域活跃着一批产业新城开发投资运营机构,主要锚定欠发达地区与发达地区共建合作园区,以产城融合为指向,开发新区地产并招引产业和资本。当然,这需要巨大的投资量和极强的运营实力,因此一般必须分期分片推进。

此外，还有一些传统模式在改进后也仍然具有适用性。如基础设施建设PPP模式，这种模式是政府与社会资本合作，政府把基础建设项目以外包、特许经营等方式交由社会资本主体承担，确定运营期限，界定双方权益。这种模式适用于投资和收益时限较长且稳定的领域，以往在基础设施建设领域、生态环境修复领域运用较多，目前在各地的"新基建"领域也有显著的应用价值。再如亲情招商模式，欠发达地区多年来有众多外出打工创业者，其中许多创业成功人士怀有回报故乡、造福桑梓的情怀。长三角欠发达地区在发达地区中心城市普遍建立了商会，集聚了大批企业家，这是极好的招商渠道和招商对象。善于以亲情感召乡亲回来建功立业，是富含人文情愫的招商引资模式。

上述仅为可供选择的招商引资模式举例，现实中模式创新仍在继续演进、不断丰富，欠发达地区在实践中仍有必要再探索开拓。

三、招商引资策略必须关注三个逻辑

要素流动和分布具有内在的市场逻辑、空间逻辑和产业逻辑，因此欠发达地区谋划招商引资策略应有宽阔的视野，把握内在的逻辑。

其一，在空间逻辑上，充分运用点、廊、园等载体实现"融圈"和嵌入。要素流动和分布总是在一定的空间内进行，这就决定了招商引资需要注意空间载体。在长三角区域的有关实践中，欠发达地区融入长三角中心城市的科技创新，既有引进创新资源在本地合作建立创新中心或机构，也有被称为"离岸创新"即欠发达地区在都市圈中心城市合作建立创新中心或机构，比如皖北的界首市与上海交大、东华大学等合作，在杨浦区建立离岸创新中心，这可以视为"点"型的"融圈"招商引资、招才引智形式。"走廊经济"，即通过经济走廊把中心城市与外围欠发达地区连接起来，沿交通干线进行创新、产业、园区布局，使沿线地区更便宜地整合资源、配置要素，增强互补协同，提高融合发展效率。比如皖南宣城借助 G60 科创走廊，引进上海松江资源建设松江宣城产业园。园区载体，即欠发达地区与发达地区共建合作园区，包括

各地纷纷建立的"飞地园区"。比如浙江推进"山海协作"，浙西南丽水、衢州等地与杭州、宁波等中心城市协同建立山海协作产业园，2020年9个省级园区投资200亿元，当年实现工业总产值达300亿元。欠发达地区要结合自己的区位条件，主动融入周边都市圈分工体系，嵌入都市圈产业系统，接轨都市圈要素流动市场，这应该作为谋划招商引资策略的立足点。

其二，在市场逻辑上，着重建立对标战略合作。招商引资在一定意义上就是开拓市场联系合作，建立欠发达地区与发达地区共生共赢关系。这种关系如果只是偶发的或间歇的，那就不可能长久和稳固，因此必须着眼于长期、稳定和战略合作。欠发达地区追赶发达地区和面向发达地区招商引资，通常都选择"对标"，即以发达地区为标杆，但是如果"对标"仅仅是参照系，欠发达地区仍然沿袭独自发展，招商引资也只是"一次性交易"，那么与发达地区仍然是"两张皮"。融圈发展的"对标"应该是目标合作伙伴，与目标伙伴对接融合。欠发达地区应注重与发达地区都市圈及其具有互补性的城市建立战略合作，对标战略合作不能是偶发式或间歇式，而必须是全面、持续、深度的，为此在新阶段招商引资中从政府层面到微观主体层面都需要建立契约化的战略合作机制。

其三，在产业逻辑上，围绕"链主企业"开展精准招商。新阶段推进产业基础现代化和产业链现代化，关注点和聚焦点是产业链的连线与结网，其中具有关键地位和作用是"链主企业"。招商引资过去讲求"产业对接"，但常常忽视对产业链构造的深入了解和把握。现在则要进一步细化明晰某个行业全产业链连线和结网的构成，了解该产业链上"链主企业"和"头部企业"的战略布局，围绕行业的顶层战略布局再选择欠发达地区自己的产业链定位和环节，在此定位和环节领域开展精准招商。比如皖北蒙城县原有一定的汽车零部件产业基础，对标合肥江淮、蔚来和大众等新能源智能汽车"头部企业"，引入新技术新标准新工艺，建设新能源智能汽车产业的零部件配套供应基地。欠发达地区并非要强求独立建成大高强的产业集群，而应更注重在某个或若干行业的产业链中争取嵌入重要环节、建设重要基地，培育本地的"链主"企业，应该说这是可行的策略。

招商引资是一个常说常新的实践话题。随着长三角一体化发展的深入推进，特别是要素市场一体化扎实发展，欠发达地区与发达地区合作共生关系日益密切，招商引资必将更趋活跃，模式创新迭出，更加有力有效地促进欠发达地区发展，在加快形成长三角区域协调发展格局进程中显示更大功用。

第四节　适应网络舆情演变优化舆情与传播环境

随着安徽经济发展呈现一系列新特色新拓展，社会各界对于安徽的种种议论此起彼伏，相关的网络舆情与传播也备受瞩目。网络舆情与传播是社会舆情的重要组成，并且越来越成为舆情的主场域。我们必须科学认识网络传播规律，提高用网治网水平，使互联网这个最大变量变成事业发展的最大增量。在与部分国内高校著名学者、多家网络机构专家以及城市基层政府的舆情研究者的交流中，可以明显体认到，相关网络舆情与传播治理亟须聚焦研判网络舆情演变，着力提高网络治理水平。

一、网络舆情正在发生新的演变

学者专家们经过多年跟踪和数据分析，指出当前网络舆情正在发生新的重大演变，表现为以下主要特征：

1. 网民结构发生重大改变。以前是低收入、低学历、低占比的弱势群体在网络发声多，舆论场以这部分人群为主体。但现在高收入、高教育、高占比的中间阶层取代"三低人群"，占据网民主流，他们在前一阶段是一批沉默的群体，而现在他们开始说话、表达了。根据国家统计局 2018 年公布的数据，我国中间阶层已超过 3 亿人。预计未来十年，中间阶层将占到中国人口 40% 左右，成为中国社会数量和影响力最大的社会群体。中间阶层群体成为微信、微博、知乎、果壳等网络平台的主力，其网络影响力正在逐步提升。近年来的网络热点事件显示，中间阶层开始走上前台，成为舆论的主导力量和"意见表达派"。

2. 舆情焦点日益发生变化。以"三低人群"为主体阶段的网络舆情较多围绕个人收入、打工待遇、社会公平等问题，而且情绪化、宣泄式表达居多；然而在以"三高"中间阶层群体为主体阶段，舆情焦点则集中于教育、健康、养老、安全等领域，表达也呈现知识多元、有理有据、参与评判等特点。当前的城市中间阶层特别是 70 后、80 后年龄段人群感到生存和发展充满不确定性，导致了普遍共享的幸福感与高度蔓延的焦虑感复杂并存的矛盾状态。表现在网络舆情上，较多是预期不稳定的失衡。

3. 网络传播中资本力量增强。网络传播带来的巨大商机，吸引资本力量在网络空间攻城略地，多元化多形态融合，不仅自身快速发展壮大，也带动整个中国网络空间迅猛发展。资本力量与自媒体等结合扰动网络舆论场的事件，其影响程度趋于上升，其效应有正负两面。就负面的来看，以前的网络三大公害是网络谣言、群体激发和侵犯隐私，现在则是网络谣言、网络水军和网络欺诈，其中含有商业目的，甚至带有政治目的。

二、简单化的"治事"方式已不适应网络治理新要求

舆情专家通过大量案例分析认为，以往采用的以"治事"为特征的简单化方式已经不适应网络舆情演变的新形势。简单化的"治事"方式特征是就事论事，当舆情已呈汹涌后由网管部门加以删帖、封号，以平息事态为指向。但是，这种"消音器"工作方式难以真正平复人们的认知、情绪和态度，反而使之压抑并积累能量，常常到下一个即使是与己无关、微不足道的事件时却突然集中爆发。长此以往，这种能量蓄积越多，爆发就会越频繁越激烈。近两年，很多事件因处置不当引发严重次生灾害的状况越来越多。

无论在何地因何事发生网络舆情，当地基层政府都是必然的当事人，是处理事件的直接责任者。涉事相关政府主体如果不以主要责任单位的状态介入事件的早期处理，整个政府系统如果不从根本上总体提升治网水平，往往会出现严重的后果，网信部门最终也只能依靠简单删帖仓促了事，使得整个系统长期陷入应激反应式的干预机制。因此，要加快改变工作方式，网络治

理必须"下沉",以基层政府为基础,完善网络治理结构,加强早期处理工作。

三、近期舆情可能走势的研判

近几年来,国际经济环境不确定不稳定因素仍在发酵,国内经济社会发展面临多个领域攻坚和防化风险,并有季节性灾害、交通、刑事等因素交织,网络舆情将会更趋复杂。从大概率预判,舆情热点可能有:一是年终收入领域,如各地干部员工薪酬兑现、困难企业职工生活、对来年收入预期等。二是有关教育(包括幼儿教育)、医疗健康、养老、财产安全领域,如有关公共政策计划是否落实、承诺事项是否兑现、安全保障是否到位等。三是冬季常发事故、灾害处置领域,如重大交通事故、重大刑事案件、冰雪雾霾灾害等的处置。四是国际贸易摩擦和国内改革发展攻坚引起各界群体的经济政治纷繁复杂诉求,这可能在国家出台有关方针、政策、措施的节点上引发。

四、关于安徽网络舆情与传播治理的思考

坚决打好防范化解重大风险的攻坚战,防范网络舆情风险是其中重要组成,应予高度重视。结合安徽一个阶段以来的舆情情势,从网络治理结构角度提出两点建议。

1. 加强基层政府首先现身、主流媒体权威发声工作机制建设。一是舆情起点绝大多数在基层,最有效的防化风险是早期处置。基层政府在网络上要现身"第一现场、第一时间、实时处置、首先发声",使谣言止于真相,显示政府责任担当。安徽可借鉴广州、深圳等地经验,在城市大社区和农村乡镇政府机构中设置网络信息专职机构或专门人员,建立与党办新媒体和国内主流新闻网站的信息输送机制,现场实时掌握事件真实情况、政府处置情况,用文字、图片和视频等形式快速上网发布,取得舆情早期主动权。二是主流媒体应对舆情要打好"提前量",即根据一个阶段舆情热点和风险点预判,提前深入了解掌握党和政府有关政策、措施、办法及其地方执行落实情况,舆情一旦发生就能快速进行解读、评论和引导,取得舆情传播的主动权。党办媒体应设置舆情应对专门人员专司其责,并完善部门配合协同制度,改变简单化"不报道"

或一般新闻形式应对的状况，使主流媒体面临舆情敢于发声、权威发声。

2. 着手探索建设网络协同治理新模式。这一新模式的架构是"党政主导、企业监管、社会自律"的协同治理，目前一些互联网发达的大城市已在进行探索建设。"党政主导"主要是以党政网信办作为网络治理权威性主体单位，涉事基层政府作为舆情处置的第一责任主体，实行上下联动。"企业监管"是指网络企业作为传播平台，既是治理对象也是治理主体，要建立健全内部规范和网络监管运行机制。"社会自律"是引导和规制网民特别是"大咖"、公众号主、群主等自律，传播正能量，抵制网络公害。安徽网络舆情总体平衡，治理较为有效。贯彻中央提出的提高治理水平的要求，应着手探索建设网络协同治理新模式，以适应网络舆情演变和安徽各方面发展在全国影响力不断增长的新形势。可学习借鉴广深等地经验，先期选择在主流平台、网络机构、"三高人群"相对聚集的城市如合肥进行试点，取得经验模板后向全省推广复制，进而打造网络协同治理的"安徽模板"。

第五节　合肥提升现代化都市治理应把握五大要点

现代都市治理是一个常说常新的议题，也是随着都市发展运行变化而不断创新的实践。合肥都市区近年已成长为人口超过 500 万的特大型城市，作为长三角城市群副中心和国家科学中心、战新产业基地、综合交通枢纽等，都市能级不断提升，"十四五"时期还提出了建设国家中心城市的目标。不言而喻，都市的高成长，需要都市治理水平相应提升适配。基于一个时期以来的观察与思考，笔者认为，进入特大城市向国家中心城市迈进阶段，合肥提升现代都市治理需要把握五个要点。

第一，一体治理。在近年来的成长过程中，合肥都市形态和结构发生了新变化。一方面，都市空间形态呈现中心城区＋组团＋连绵区的新特征，除主城区外，新建运河新城、空港组团等外部组团，又有主城区与肥西、肥东县城以及长丰境内北城相连的连绵区，从而由单一城区变为多元网状都市区，都市区空间范围势必进一步扩大。另一方面，都市结构存在成熟区与新建区、城市与县城等二元化现象,它们的设施、功能和治理仍存在较大差异。根据"木桶效应"研判,都市治理的总体水平受制于二元结构中的短板,这显然是合肥都市治理亟待解决的问题。因此,合肥都市治理要从城区—郊县概念转变为都市区概念,应特别注重一体化治理,即在规划的顶层设计上应把主城区、组团、连绵区以及成熟区与新建区纳入都市区统一体系,在治理所需的硬件和软件配置上、治理标准规范上、要素分配保障上加快一体化、同质化,以求尽快消弭都市治理二元结构缺陷。

第二,精细治理。特大城市的显著特点之一是人口密度极高,这就使得都市治理的地域单元不同于大中城市。目前城市治理的地域单元最基层的是社区,但社区覆盖规模、人口数量过大常常导致"小马拉大车"效应,进而导致社区层级治理粗放和缺位。目前合肥都市治理的地域单元划分还是早些年份的尺度,比如政务区原规划人口仅 7 万~8 万,而今已超 30 万;滨湖新区原预期人口为 10 多万,但现已急剧增长达 50 万,致使早年设置一定数量的社区单元已然难以适应,高密度的拥挤效应使得现有不少社区服务资源和治理能力不堪重负。值得注意的是,国内超大型城市在精细化治理升级中越来越趋于将城市治理的地域单元小型化,提出"颗粒化单元和治理"的模式。大都市精细化治理犹如高清晰相机,要求像素更高、颗粒更细。颗粒化单元和治理讲求社区承载人口规模、社区服务功能完善、为民服务半径(国内多个大城市已从行走半小时半径标准改变为更适应老龄社会的行走 15 分钟半径标准)和多点散布形态等,由此达成精细到位、治理均衡。因此,合肥都市治理需要在一体治理的体系中调适地域单元的结构、梯次、布局和街道社区硬件软件配置。

第三,文明治理。现代化的内涵之一就是文明水平不断提高,都市治理现代化也即是着力提升文明治理的过程。都市文明水平与市民文化素质呈正相关,据第七次人口普查数据,合肥市拥有大学(指大专及以上)文化程度的人口为247.3万人,占总人口的1/4,构成了合肥都市文明治理的良好而重要的"底色"。在此次防疫中,合肥表现出以科学为依据研判决策、各项措施合法性审查、高速路上"暖心服务"、基层防控行为规范化等文明化善治,维护了生产生活稳定有序,赢得市内外良好"口碑"。提升合肥都市的文明治理,要弘扬科学、法治、规范、礼义、善良、包容等文明精神和优良品格。一方面,必须把都市治理所涉各级各层权力关进法治的笼子里,规制用权、依法行政、文明执法,坚决防止滥用权力、野蛮执法、欺压民众的恶劣现象,对违法违纪人和事严加惩戒,维护合肥文明善治的"口碑"。另一方面,持续营造社会文明风尚,以社会主义核心价值观为指导,深入开展社会公德、职业道德、家庭美德、个人品德教化,树立全社会的公序良俗,滋养市民的文明素质和都市的文明气质。在文明治理过程中,应注重行政力量治理与社会公众自治的协同互动,激发小区业主委员会、物业公司、志愿者组织等参与治理的积极性,厚筑文明治理的基础和动能。

第四,安全治理。"大城市病"和社会安全一直是都市治理的重点。都市基础设施安全、特种设备安全、高层建筑安全、水火灾害防范以及社会治安、刑事等公共安全事故与事件,都影响都市运行的机体和秩序,危害人民群众生命财产利益。合肥的"城市生命线"(水电气管线等)安全智能技术创新居于国内领先水平,产业化进程也日益加快,对于防治相关的"大城市病"具有重大功用。要着力发挥这一新技术和新产业优势,以此赋能都市安全治理,在技术产业创新和都市治理方式创新上领先一步,并推广造福于更多城市。"平安合肥"已有多年建设经验,也取得颇多进展,今后要加力在数字化、智能化赋能上提升监测、调度、处置等方面的效率,整合数据资源和信息平台,优化事件处理流程,增强大都市格局下的公共安全保障能力。

第五,智慧治理。智慧化是现代化大都市治理的新趋势新要求。在新一代信息网络技术变革背景下,都市治理智慧化技术和平台发展迅猛,应用场景不断扩展,呈现出人们生产生活智慧化与都市治理智慧化以数据为媒介的交叉融合的新现象。人工智能技术为都市治理提供了延伸人脑和人手的工具,赋予着新的能量。当下要做好基础性工作,如都市治理的底层数据形成、搜集、清洗、上网和应用,智慧社区硬软件建设,专门领域智慧平台建设,各类相关软件开发,以及都市治理智慧网络架构与系统控制。要抓住新基建的机遇,做好系统化整体建设方案,消除"信息孤岛"和技术不兼容壁垒,注重匹配性、实用性和高效性,加力有序有效推进。

最后应该指出,提升合肥现代都市治理要始终贯穿一个基本理念,这就是坚持以人民为中心。都市如何提升治理、又治理得如何,必须以人民群众是否有更多的获得感、幸福感、安全感为基准和检验。按照这一逻辑,应把人民群众诉求作为提升都市治理水平的第一信号,把解决都市治理突出矛盾问题作为优先重点,把人民群众在都市里宜居宜业怡心怡情作为根本目标,治理工具只能为目标服务,而不能本末倒置。要持续发力、久久为功,从而将合肥现代都市治理提升到新版本新境界新水平。

第六节　老工业城区转型发展的审视与对策——以合肥东部新中心建设为例

在安徽"十四五"时期发展中,有一个问题是回避不了且必须加大力度解决的,即老工业城区转型发展。这些老工业城区包括,一是依托资源开发采掘而形成的城市城区,如安徽"两淮"、铜陵等,二是20世纪五六十年代形成的传统工业城区,如马鞍山市、合肥原东市区等。由于当地资源长年开采已趋枯竭,或因原有传统工业淘汰或搬迁,使老工业城区产业出现"空心化",进而导致城区发展滞后,所以人们称之为"铁锈地区""工业锈区"。这些老工业城区发展滞后,是安徽区域发展不平衡不协调的突出表现之一。"十四五"时期要在现代化建设新征程上起好步,加快老工业城区转型发展势必成为一大战略重点。本文以合肥东部新城区建设为例加以审视。

一、合肥东部新城区的演变和存在问题

合肥东部新城区包括瑶海区和肥东县一部,是合肥近年来为推进老工业城区转型而提出的空间概念。合肥城区态势演变的轨迹大体如下:改革开放

前，合肥分为东市、中市和西市3个城区，东为以冶金、化工、机电等为主的工业区，中为政务区商务区，西为文教区，外围郊区为农业区。20世纪90年代后，合肥改为4个城区，其中原东市区改为瑶海区，各城区功能呈现"混杂型"，但仍带有原先的功能分区特征。进入21世纪，随着城市扩展转型和功能完善布局，东部老工业功能区逐渐弱化；同时，政务、滨湖等新建区和高新、经开、新站三大开发区崛起。

数据显示，目前合肥东部新中心在全市4个主城区中经济发展水平为倒数，在全市所辖8个区县市中排名也靠后。我们调研发现，合肥东部城区目前存在两大问题，即素质性和结构性矛盾。素质性问题主要表现为定位、要素和功能，按照合肥发展定位，东部现有的科创、产业、生态、城市服务等功能要素丰度不够，整体环境与其他三城区差距较大；结构性问题主要表现在核心、产业和生态，缺乏城区中心区（核心区）及其带动效应、新的主导产业集聚地与集群、优良充足的生态空间和营商环境等。

其一，从城市价值看东部城区素质问题。城市价值链理论认为，把检验城市价值定位在生活质量、品牌价值、综合竞争力三个维度上，秉持"为人的发展"理念，以"生活质量是检验城市价值的唯一标准"。有关研究表明，经济总量与城市价值相关度不大，而消费能力、信息化水平、公共设施完善程度和生态环境是影响城市价值的四大要素。在四大因素中，消费能力与就业及收入以及产业发展相关，信息化水平既取决于消费层次又取决于信息化基础设施，公共服务设施和生态环境则主要由政府提供。值得指出的是，我国城市化趋势及其空间结构呈现两个特征：一是目前已经不是简单按照功能区分割模式布局，而是产城融合的复合功能模式组团安排，由此减少城市人流"潮汐现象"，克服交通拥堵，降低居民工作生活成本。二是城市生态环境问题凸显，使城市生态因素在城市价值影响因素中权重上升，优良生态环境成为城市产业和居民选址的最重要偏好。

其二，从空间关系看东部结构问题。城市空间结构有同心圆、扇形、多核心等理论模式,所有模式都强调城市核心及其辐射带动作用。在一个城区的较小地理标度范围内,同心圆结构可能是空间关系合理布局和综合经济效益较高的选择。因此,核心不宜在城区边缘,而应尽可能处于中心区位,以缩短从核心向周边辐射的空间距离。东部目前缺乏城区核心,难以形成有核心集聚力的完整有机组团,因而打造城区核心应是当务之急。

其三,从时间维度看时间差的负效应。东部城区发展滞后有个"时间差"负效应现象。从合肥近年来的发展时间节点看,2005年至2015年合肥大建设迅猛,崛起了政务区、滨湖区、新站区等新区,城市价值上升最快。但东部城区由于重化工业及其污染影响,使该区建设开发受阻而未能同步跟上节奏。氯碱化工2014年底搬迁,合钢2015年关停,虽然具备了城区更新开发建设的有利条件,但此时全市开发已进入相对平稳低速通道。由于重化工业关迁和传统批发商务受新业态冲击而式微,产业接续更新不足,从而显现出"铁锈区"特征和"时间差"负效应。

二、老工业城区转型发展逻辑的审视

老工业城区的实际特点可能千差万别,但在我国工业化、城镇化发展到今天的阶段,从调研中可见,东部城区现存问题至少包括:生态修复、重塑产业、打造核心、吸引资源、交通联系、公共服务设施、营商环境、市容形象等,呈现素质性与结构性矛盾交织。尽管问题错综繁杂,但城市发展建设有着内在逻辑。用通俗语言表达就是:资源随着环境(生态和营商)走,居民随着服务设施走,城区随着核心走。这就意味着,城市资源要素和城市发展必然地趋向高价位流动。基于这样的因果逻辑关系,提升东部城区价值应该是东部建设的现实中心环节。从构建城区高价位考量,关键点是"211",即2个环境(生态和营商环境)、1个设施(公共服务设施)和1个核心(城区核心)。

理论研究揭示了老工业城区转型的逻辑,国内外"铁锈地带"转型实践经验也昭示了同样的逻辑。所谓"铁锈地带",是指在工业化时代依赖重化工业而兴起,但同时消耗资源环境,而在后工业化时代陷入衰落的城市和地区。

这里不妨观察 3 个案例。其一，美国匹兹堡的城市转型主要从环境治理入手。"三次复兴计划"首期即是环境治理，到第三次是教育兴起。以大学带动开发、研究、技术以及教育行业企业进入。匹兹堡大学医疗中心雇员高达 5 万人，比钢铁工业鼎盛时期的雇员还要多。城市从钢城转变成高科技研发中心。其二，德国鲁尔工业区于 20 世纪 60 年代通过提供优惠政策和财政补贴对传统产业进行清理改造和城市基础设施改造。兴建大批高校和科研机构，如鲁尔大学、多特蒙德大学。到 20 世纪 70 年代，逐步建立包括健康、生物、物流等新兴产业。统一开发，建成了覆盖整个鲁尔区的一条"工业遗产之路"的参观路线，使工业旅游成为鲁尔区的新经济增长点。其三，北京石景山钢城转型更新。2010 年首钢全面停产，随后十里钢城开始转型更新。建立首钢高端产业综合服务功能园区，以规划引领，从生态修复起步，重点对工业遗产进行织补保护改造，引入国家体育机构、训练和服务，利用老工业设施改造为办公、酒店、场馆等，形成"体育 +"产业，园区成为城区新核心。从上述案例经验教训中，可以得到如下启示：生态环境修复美化先导；更新要素充实增量，利用遗产活化存量，由此发展新产业；再造城市核心；坚韧的持久战。

三、建设合肥东部新中心的路径选择

建设东部新中心对于合肥城市"十四五"时期高质量发展意义重大，也正当其时。长三角一体化的竞争合作与发展的空间主体是城市群，特别是城市群的核心城市。提升核心城市能级是实现合肥新定位的关键，而协调性是城市能级的重要表现。一个城市内部的协调性低下，不仅拉低整体水平，而且产生内耗和冲突。合肥从体量快速扩张向高质量发展迈进，建设东部增强协调性，是提升城市能级的应有之义。

建设东部新中心，要根据东部全区发展机理，聚焦老工业片区改造更新，按照解决问题的逻辑，循序推进并坚持持久战。综合考量，东部新中心建设应以提升城区价值为中心，聚力于 2 个环境（生态环境、营商环境），1 个设施（公共服务设施），1 个核心（瑶海城区核心）。只有提升城区价值，才有要素吸引力、产业集聚力和城市发展活力。

　　具体路径的选择应关注以下几点：一是生态环境修复优化先行。老工业区生态修复不是简单地平整土地获得建设用地，而要考量带动更大范围城区升值的外溢效应以及总体效益。针对东部城区缺绿缺水的生态短板，应利用这一空间进行较大面积增绿增水，实施园林化修复改造。与此并行，建设工业遗产和文化创意公园。由此形成东部的"绿心"和特色文化中心。二是城区核心叠加营造。新的城区"绿心"北部周边大体处于东部版图的中心，适宜营造城区核心，形成"绿心＋核心"叠加和集商务、游憩、文化、旅游等功能为一体的组合格局。"叠加营造"是指城区核心与老工业片区生态修复相结合，细化统一规划，一体展开实施。三是公共服务设施弥补短板。主要是教育、医疗等，导入名牌学校医院等资源，提升公共服务设施及其服务水平，从而提升城区价值，提高对人力资本特别是中高端人才的吸引力。四是优化营商环境。需要根据科技创新、都市文化、高端制造、都市旅游以及各类服务等新兴产业的特点，细化有针对性的营商环境优化，注意不能简单沿用工业招商的思路方法。五是拓展与长三角发达城市（城区）合作。把握长三角一体化机遇，东向对接，建立与沪宁杭若干城区的战略合作，大力推进政府、企业、社会机构等多层面宽领域合作，引入优质资源，发展投资、产业、城市服务、专业园区建设等合作。六是理顺体制机制。东部建设进展不快与体制机制保障不足有关。要强化顶层指挥、做实公司执行、整合设立基金、延续优惠政策等。

第二十二章
安徽新兴制造业成长轨迹解析

　　在中国经济供给侧结构性改革深入推进的背景下，新经济、新产业、新业态、新动能将成为牵动国民经济创新发展的主引擎。在新产业领域，当下和未来一个时期是新兴技术群体迸发、新一轮产业深度变革的关键时期，培育发展战略性新兴产业已经成为各省市区的重大战略。2020年以来，安徽新兴产业成长陡然成为国内各界热议的话题，各类媒体一片惊叹安徽区域产业崛起一大批具有前沿性和竞争力的新兴产业之声。事实上，安徽新兴产业成长并非凭空而来，而是有其企业家们奋力创业的轨迹。众所周知，安徽省的"十三五"时期战略性新兴产业发展规划中提出的阶段性战略重点：立足市场前景、技术储备和产业基础，加快发展壮大新一代信息技术、高端装备和新材料、生物和大健康、绿色低碳、信息经济五大产业。截至2017年，这五大战略性产业都取得了长足的进展，尤其是有一批骨干企业或在全国同行中领先，或在区域产业变革中领跑。值得关注的是，近年间这些战略性新兴产业的产业组织也悄然发生着嬗变和演化，并与产业发展相辅相成，因而构成产业变革进程应有的内涵。本章以安徽智能语音、新型显示、新能源汽车和工业机器人的典型样本为案例，观察和刻画其产业组织演化的过程及机理。

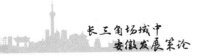
第一节　智能语音产业：从科大讯飞到"中国声谷"

随着移动互联网时代的到来，智能语音技术已成为全球 IT 产业以及"信息消费"热点，智能语音交互应用正在成为移动互联网时代最重要的信息流入口。智能语音主要解决人机之间语音信息的处理和反馈问题，从表现形式来看，即研究如何通过语音实现人机交互，相关支撑技术主要可划分为基础语音技术、智能化技术以及大数据技术；从应用来看，智能语音可以"植入"智能家居、可穿戴设备、无人驾驶、虚拟助理、家庭机器人等，拥有极其广泛的商业应用领域和空间。作为一个新兴产业，它的发展前景可谓不可限量。

诞生于安徽合肥的科大讯飞是我国最早新兴的智能语音企业之一，由于其技术全球领先而成为令人瞩目的智能语音技术和产业增长点。大部分新经济生长的历程，似乎都经历了"有技术而无企业、有企业而无产业"的嬗变过程甚至是尴尬遭遇。科大讯飞在相当一段时间里也是"一枝独秀"，虽然技术上做到了尖端，但长期未能形成规模化产业。2016 年到 2017 年，安徽智能语音产业终于显现出一种质的变化：以科大讯飞为核心依托，以"中国国际智能语音产业园"为基础，号称"中国声谷"的智能语音产业集群取得长足发展，产业规模发生了级数式跃升，成为中国最大的智能语音产业基地。这个变化实际上是产业组织的演进，特别在新兴产业培育和成长中具有一定的典型意义。

一、一枝独秀的科大讯飞

还是在 1999 年，当时在中国科技大学求学的十几位拥有技术报国情怀的学子，面对中文语音市场几乎被国外 IT 巨头垄断的状况，怀着"中文语音技术要由中国人做到全球最好，中文语音产业要掌握在中国人自己手中"的产业抱负，一同创立了科大讯飞。

秉持语音技术和产业的战略目标与发展方向，科大讯飞迄今历经了 18 年的艰辛创业创新。在其创业发展过程中，有如下重要节点：（1）1999 年初创，创业团队致力于语音技术研发，其间也遭遇盗版猖獗、经验缺乏、经营维艰等困扰，但创业团队依然坚持不懈。（2）创业5年后的2004年，公司终于实现盈亏平衡。（3）2008年，科大讯飞成功在深交所实现上市，从创业团队到创业公司进而成为现代企业。（4）2013年10月，工信部办公厅、国务院信息发展规划处领导专程赴安徽调研，将语音产业列入国家发展战略规划。同年12月23日，"中国国际智能语音产业园"在安徽合肥揭牌成立，科大讯飞作为核心企业得到国家层面的大力支持。

　　到2015年，在技术创新方面，科大讯飞已成长为亚太地区最大的智能语音与人工智能上市公司，在语音合成、声纹识别、人脸识别等核心技术上处于国际领先水平。在市场开拓方面，科大讯飞成为在中国拥有高占有率的领军企业，在国际上也是具有影响力和竞争力的著名公司。

　　目前中国智能语音市场被科大讯飞、百度和苹果占据绝大多数市场份额。据中国产业信息网2017年6月发布的《2017年中国智能语音行业市场现状及发展前景预测》披露，2015年科大讯飞、百度和苹果三家市场占有率合计达79%。其中，科大讯飞市场份额为44.2%，处于市场领先地位。百度进入势头强劲，市场份额增长快速，美国权威杂志《麻省理工科技评论》公布

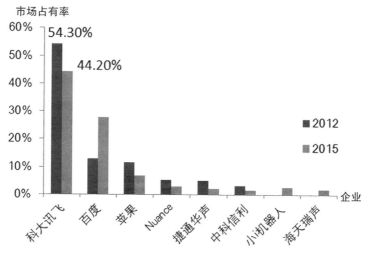

图22-1　中国智能语音市场格局（2015年）

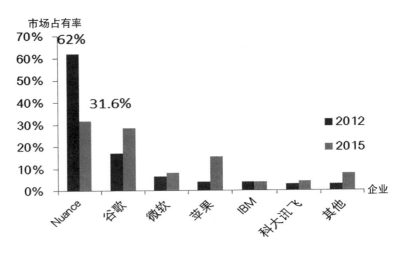

图 22-2　全球智能语音市场格局（2015 年）

的 2016 年十大突破技术,百度硅谷的 Deep Speech2 智能语音技术赫然在列。谷歌、微软、苹果、百度等互联网巨头在资金、数据和 2C 应用用户拓展三方面优势明显,各方强势介入将使得全球智能语音行业由一家独大演变成多方参与竞争的格局。（见图 22-1、图 22-2）

二、成长的困扰

科大讯飞支撑起安徽的智能语音产业,然而在产业成长过程中也遭遇到严峻的困扰,这就是有些议论所说的"有企业无产业",意味着其没有形成规模化的产业,也没有形成规模化的大企业。过去多年间,科大讯飞的语音业务收入徘徊在 10 亿至 20 亿元区间,在合肥的企业"丛林"中不过是家普通中型企业,就产业而言也只能属于小产业。智能语音作为战略性新兴产业,未来将成为支柱产业,但如果产业不能做大,不能形成一定的规模,则不可能达成支柱产业的发展目标。这种困扰在新兴产业成长中可能是绕不过去的一道坎,能否迈过这道坎也就决定了新兴产业能否发展壮大。这里不妨就此现象作进一步的分析。

从产业生命周期视域观照,新兴产业从技术创新到商业化的历程,在进入市场初期必然是弱小的,当下智能语音产业虽然在新兴产业中独树一帜、轰轰烈烈,但毕竟还处在产业生命周期的初级阶段,其市场规模远不能与传统制造业相提并论。2015 年全球智能语音市场规模达 62.1 亿美元,同比增长 34.2%。中国智能语音产业市场规模也逐步扩大,2015 年为 40.3 亿元(按当年汇率约合 6.33 亿美元),产业规模约占全球市场份额 10%,且增速显著

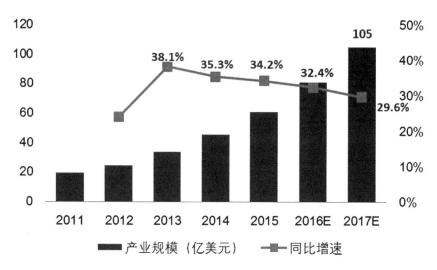

图 22-3 2011—2017 年全球语音产业规模和增速

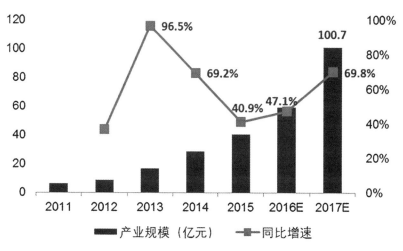

图 22-4 2011—2017 年中国语音产业规模和增速

高于全球市场。①

如图 22-3、图 22-4 显示,全球和中国新兴的智能语音产业市场尚在启动发育过程中,市场规模总量暂时有限,不可能如同成熟的传统制造业企业那样形成显著的规模经济,因而也不能企求专注智能语音技术的科大讯飞短期内陡然暴发为巨人企业。这就可以理解,科大讯飞在前些年间徘徊于中型企业的状况是有其必然性的。

但是,与科大讯飞同业竞争发展的苹果、谷歌、百度等公司,不像科大讯飞那样作为单一语音技术供应商只有孤立的一条语音业务线,而是涵盖了互联网经济多样化的经营业务线,它们的业务并非仅限于语音市场,而是囊括了众多人工智能领域的市场,因此这些企业能够做成非常大的巨人公司。此外还有一个原因在于,科大讯飞的商业化路径也与这些公司不同,长期以来科大讯飞采取的是"平台嵌入"服务,即将自身语音技术植入相关合作伙伴的产品中,业务以运营商、金融等行业客户和政府为主,在教育领域一直拥有绝对优势,政府便民工程、呼叫中心和客服也是讯飞长期深耕的领域。这种商业化路径使得科大讯飞的产品与市场扩张不仅仅取决于自身,而且更大程度地取决于"嵌入"的相关合作伙伴。当这些合作伙伴的相关技术和产品尚未成熟之时,科大讯飞的"嵌入"便极其有限;当在与这些合作伙伴关联松散状态下,科大讯飞的"嵌入"便有搜寻、谈判、交易成本高昂的困难,从而对科大讯飞的成长都形成了某种制约和局限。

从产业组织角度观测,科大讯飞的前期成长历程可以证明:新兴产业发端于技术创新的领先企业,实现了"从无到有"的突破;但倘若只有一家或少数几家企业孤立运营发展,技术、产品、服务单一或局限,那么新兴产业势必难以实现"从小到大"的成长,甚至陷入"小老树"的成长困境。

---

① 数据和图表来源:中国产业信息网 2017 年 6 月发布,《2017 年中国智能语音行业市场现状及发展前景预测》。

三、企业转型与产业组织演进

产生于新一轮科技产业变革浪潮的新兴产业,一个重要特征就是"融合",即突破传统分工体系下的产业分割,按照产业链关联体系实现交叉、跨界、集成式发展。

智能语音产业虽然是一个相对独立的产业,但在更大系统的人工智能产业体系中,则是其中的一个重要环节。从这一大产业链考察,人工智能产业链主要分为三个层次:(1)底层是基础设施,包括芯片、模组、传感器,以及以大数据平台、云计算服务和网络运营商。这部分参与者以芯片厂商、科技巨头、运营商为主。(2)中间层主要是一些基础技术研究和服务提供商。包括深度学习/机器学习、计算机视觉、语音技术和自然语言处理以及机器人等领域。这一模块需要有海量的数据,强大的算法,以及高性能运算平台支撑。代表性企业主要有 BAT、科大讯飞、微软、亚马逊、苹果、脸书等互联网巨头和国内一些具有较强科技实力的人工智能初创公司。(3)最上层是行业应用。大致分为 2B 和 2C 两个方向。2B 的代表领域包括安防、金融、医疗、教育、呼叫中心等。2C 的代表领域包括智能家居、可穿戴设备、无人驾驶、虚拟助理、家庭机器人等。相关代表性企业既包括互联网科技巨头,也包括一些初创厂商。由此不难看出,智能语音在人工智能产业链中居于中间层次或称中间环节,在产业链中分别与上游即底层产业和下游即上层产业相联。这就意味着,智能语音产业的发展壮大有赖于其上游和下游产业的匹配和联动。

有关资料显示,在国际上,目前智能语音产业的参与者可以分为三大类型:(1)从科研实验室走出来的独立语音技术研发和服务提供商,如源于斯坦福研究院 STAR 实验室的 Nuance、与中国科学技术大学合作的科大讯飞;(2)围绕智能语音技术研发到应用各环节的初创企业,如思必驰、云知声、出门问问、声智科技、三角兽、蓦然等创业公司;(3)希望抢占下一代人机交互入口的科技巨头,如苹果、谷歌、微软、亚马逊、百度、腾讯、搜狗等。这三类参与者在现实发展中相互依赖、相互协同、相互匹配,共同构成智能语音产业群落。同时，在产业内部也存在相互竞争、彼此博弈的关系。

在这样的背景下，科大讯飞意识到：人工智能不是一个企业对一个企业的竞争，而是一个体系对一个体系、一个生态对一个生态的竞争。在科大讯飞决策层看来，只有中国整体的人工智能产业生态全球领先，中国的人工智能参赛者才有竞争机会。近年来，科大讯飞启动了企业转型，致力于从单一的智能语音技术商全面转型为人工智能技术服务商。目前企业转型的标志主要表现为，从原先的业务以运营商、金融等行业客户和政府为主，转向发力智能家居、智能车载等领域，从单纯提供技术转向集成提供包括载体、设备、平台的技术服务。事实上，随着智能车载、智能家居及可穿戴设备风潮的兴起，加速了语音技术落地和广泛应用。如前所说，当下智能语音市场整体处于启动期，智能车载、智能家居、智能可穿戴等垂直领域处于爆发前夜，这个蕴含巨大商机的"风口"已经为国内外人工智能产业参与者，尤其是产业龙头企业所青睐，纷纷制定战略、展开布局，以抢占产业制高点。

很明显，在人工智能大产业链发展格局中，智能语音产业必须强链、补链和接链，在融合中寻求成长壮大的机会与空间。同样很明显，智能语音产业发展不能依靠企业单打独斗，而必须走产业链集群化的产业组织演进之路。

四、合肥"中国声谷"的诞生与发展

坐落于合肥高新区的"中国声谷"，是由工信部与安徽省人民政府共建的部省重点合作项目。就其诞生过程看，起始于 2012 年 8 月 1 日，工业和信息化部与安徽省人民政府签署了《关于共同推进安徽省语音产业发展合作备忘录》，正式建立了部省合作共同推进安徽省语音产业发展的工作机制。同年 12 月 21 日，工信部与安徽省在"部省共同推进安徽语音产业发展联席会议"中全面深入地探讨了语音产业发展工作计划，并达成高度共识。会议提出按照国内一流和国际水准的要求，建设"中国国际智能语音产业园"，成为带动国内语音产业发展的重要核心与集聚区域，形成全球语音产业高地。

2013 年 5 月，工信部召开语音产业发展座谈会，进一步明确智能语音产业发展方向。2013 年 10 月，工信部办公厅、国务院信息发展规划处领导专程赴安徽调研，将语音产业列入国家发展战略规划。2013 年 12 月 23 日，中国国际智能语音产业园在安徽合肥揭牌成立。该产业园依托科大讯飞先进的语音技术研发基础，按照"总体规划、分期实施、滚动发展"的原则，充分发挥"部省院市"合作机制的优势，逐渐形成政府主导、市场运作、社会参与的多元化投融资格局，完成产业化项目向语音产业园的聚集，完善语音产业链，形成产业化集中效应。

2016 年和 2017 年是合肥"中国声谷"建设获得长足进展的两年。（1）在基础设施建设方面，在合肥高新区内近期规划用地 1 平方公里，远期规划3 ~ 5 平方公里。"中国声谷"核心园总面积 200 亩，由科大讯飞公司负责运营，到 2017 年 8 月时讯飞 A3 楼已投入使用，讯飞数据中心及研发综合楼已开工建设。孵化园总占地面积 175 亩，研发中心楼已投入使用。（见表 22-1）中国声谷研发群楼和中国声谷孵化园二期载体项目全部建成后将达 40 万平方米，可容纳企业超 500 家。（2）在产业集群构造方面，截至 2017 年 8 月底，已入驻中国声谷基地企业达 150 家，基地推进重点项目 64 个，总投资 66.55亿元，其中新开工项目数 46 个，总投资额 26.24 亿元。表 22-1 是"中国声谷"已入驻的部分主要公司一览。

表 22-1　合肥"中国声谷"入驻的部分主要公司（2017 年）

科大讯飞	华米科技	科大国盾	赛为智能
方正医疗	大家社区	咪鼠科技	安徽声讯
协创物联网	必果科技	金健桥	范德科技
京瀚科技	宝信科技	德智教育	多威尔

2017 年还新引入了浪潮集团、新华集团等龙头企业，跟进在谈的人工智能细分领域项目超过 200 个，初步形成了从基础研究、技术研发、平台支撑到产业发展与应用的语音及人工智能产业链。此外，该基地继续以科

大讯飞为龙头，坚持源头技术创新，保持人工智能核心技术国际领先，科大讯飞人工智能开放平台已拥有 37.4 万创业团队，"中国声谷"的强链、补链、接链持续拓展。（3）在产出效益方面，产业链集群化的产业组织演进带来了可观的创新效率和产业效益。2016 年，"中国声谷"年产值 327 亿元，增长 44.1%，核心产业产值达到 47.43 亿元，同比增长 27.3%，占全国核心产业总产值的 9.6%。截至 2017 年 8 月，该基地完成产值约 236.2 亿元，其中工业产值约 72.2 亿元，完成年度目标任务的 67.49%；完成税收约 12.4 亿元，完成年度目标任务的 68.89%；完成固定资产投资约 7 亿元，完成年度目标任务的 70%。概而言之，"中国声谷"的建设发展改变了单个企业单一业务单打独斗的产业组织模式，突破了合肥智能语音产业发展前期遭遇的困扰和瓶颈，这不仅是技术创新的成果，而且是产业组织转型升级的成果。

"中国声谷"在技术创新和产业拓展上，将围绕以下着力点推进：（1）加强语音及人工智能核心技术研发。加快突破基于深度神经网络的感知智能机器学习、高表现力拟人化语音合成、多方言多场景个性化语音识别等新一代感知智能语音交互核心技术，以及口语表达及交流能力评测、纸笔考试全科学智能阅卷、中英文口语翻译等以自然语言理解为核心的认知智能核心技术，力争达到国际领先水平。（2）推进语音及人工智能核心技术成果的规模化应用。大力引进智能语音产业链各环节骨干企业，推动语音与人工智能技术融合，实现语音技术在智慧教育、智能家居、智能汽车、智能终端、智能机器人、信息安全等领域的应用。经过若干时间努力，实现安徽语音产业由技术研发高地向全国语音产业发展高地的转变，打造产业特色鲜明、产业集群优势突出、产业规模和影响居国际前列的产业园。

国内外智能语音产业发展方兴未艾，不仅安徽合肥正在建设"中国声谷"，而且邻省江苏扬州也在大力建设"中国声谷"——江苏信息服务产业基地。有资料表明，2007 年该基地创建时以呼叫中心为主，随着移动互联时代的到来，基地逐渐叠加了众多新的产业，以"+数据中心"的2.0版本产业，以"移动互联+跨境+互联网金融"的"3.0"产业纷纷进入，带动扬州"中国声谷"呈现出爆发式增长，迎来了大批知名企业，仅以入库税收计，2012—2014年三年间实现年年翻番的增长。2016年2月，基地内的民营软件企业江苏阿尼信息技术股份有限公司成功在"新三板"挂牌，这是基地内首家在中国上市的企业。目前基地内进驻企业数已由2012年的121家增长到了300多家，基地内的从业员工也从数千人扩展到了近2万人。

可以想象，智能语音技术创新和产业发展未来的竞争将日趋激烈，安徽合肥的"中国声谷"建设发展必须加倍努力、加快进度，在初步形成产业链集群化发展格局的基础上，继续变革完善产业组织，改革创新运行机制，推进产业链结构和布局合理化，提高智能语音产业集群化发展的创新效率与规模效益。

第二节　新型显示产业：从6代线到10.5代线

新型显示产业是安徽新经济中发展颇为突出的新兴产业，在安徽省经济社会"十三五"规划中，新型显示产业被列为重点发展战略性新兴产业；位于合肥新站区的以京东方为核心的新型显示产业集群在2015年被列入首批省级战略性新兴产业集聚发展基地。

一、"无中生有"的新兴产业

新型显示即平板显示，是指显示屏对角线的长度与整机厚度之比大于4∶1的显示器件，包括液晶显示器、等离子体显示器、电致发光显示器、真空荧光显示器、平板型阴极射线管和发光二极管等。平板显示器具有诸多优点：薄型而轻巧，整机可做成便携式；电压低、无X射线辐射、没有闪烁抖动、不产生静电，因而不会有碍健康；功耗低，可用电池供电；大部分平板显示器的寿命比阴极射线管的更长。平板显示器在军事、民用领域都有极其广泛的用途。在军事上凡是需要使用显示器的地方，几乎都可以使用平板显示器，如：C(U3)I系统、通信系统(特别是便携式通信机)、电子战系统、导弹火控系统，以及坦克、飞机和航天飞机的座舱等。在民用领域,如平板电脑、平板电视、可视智能设备等,都广泛运用平板显示器。平板显示器是近年来发展较快的高新技术,被认为是 20 世纪最后几项高技术之一。

安徽的新型显示产业原本是空白,凭着对外招商引进京东方等业界龙头企业而"无中生有"地勃兴起来。从 2006 年到 2008 年,合肥市领导与京东方公司主要负责人经过长达两年的多次高层会晤、沟通、协商,将京东方平板显示业务引进合肥。2008 年 9 月 12 日,合肥市、合肥新站开发区、京东方公司举行项目合作签字仪式,成立合肥京东方光电科技有限公司。2009年 4 月,总投资 175 亿元的京东方合肥液晶面板生产项目在合肥市新站区破土动工,这是当时国内首条 6 代液晶面板线,也是国家《电子信息产业振兴计划》出台后首个开工建设的大型项目。2009 年 6 月,京东方定向增发 120 亿元股票一次性发行成功,其中 90 亿元作为合肥项目注册资本金。2010 年 9 月,京东方首块屏点亮仪式在新站开发区举行。2010 年 9 月 9 日,国家发改委、工业和信息化部下达电子信息产业振兴和技术改造扩大内需中央预算内投资计划,给予合肥京东方光电科技有限公司项目 2 亿元资金补助,表明了国家对合肥打造新型平板显示产业基地的持续支持。2010 年11 月,合肥京东方 6 代线实现量产。

如果把源自本地技术创新而生长出来的科大讯飞智能语音产业喻为"内生型新兴产业",那么通过对外招商引进的京东方新型平板显示产业则可谓"外生型新兴产业"。当年一举引进总投资达 175 亿元的大项目,应该说是冒着相当大的风险和压力。合肥京东方 6 代线项目建设之际,正值 2008 年世界金融危机爆发前后,国内几乎所有行业和企业都面临巨大的困难和压力,当时京东方还处在亏损的窘境中。同时,2007 年合肥市财政收入只有 215 亿元,市本级财政收入刚过 100 亿元,用于发展的资金不足 30 亿元。京东方 6代线项目能不能建成,合肥能不能发展平板显示产业,在当时都引发了社会颇多疑虑。顶着如此风险的压力,合肥和京东方坚定建设项目发展产业的决心,以背水一战的果敢,采取多种融资形式,稳妥解决了投资难题。合肥市政府及其政府投资平台出资 30 亿元参与定向增发,又通过资本市场筹集了 60 亿元资本金,并协助京东方积极落实 85 亿元的银行贷款。上述的国家发改委、工业和信息化部给予合肥京东方光电科技有限公司项目 2 亿元资金补助,也起到了雪中送炭的作用。京东方 6 代线实现量产后,合肥平板显示产业一路挺进,茁壮成长,现已成为我国新型平板显示技术创新和产业创新的重要增长极之一。

二、集群发展的产业组织体系

京东方入驻合肥之际,合肥并不视其为孤立的单一产业项目,而是以建设产业基地的战略思路推动新型平板显示产业集群培育和发展。针对我国当时平板显示企业规模较小、产业链不完善的不足,全力做好核心项目和核心技术的引进、拉长产业链、积极规划相应配套产业项目,寻求关键零配件及装备制造业的本地化配套,着力打造相对完整的平板显示器件产业链和一定规模的产业集群;使基地规划满足并适应平板显示"超高投入、超大规模"的产业特征,从而提升企业的核心竞争力。为此,合肥在新站区规划建设了新型显示产业基地。基地规划总面积 64.5 平方公里,首期启动面积 21 平方公里。规划中明确提出,围绕"大项目—产业链—产业集群—产业基地"的发展思路,最终要打造成"布局集中、产业聚集、用地集约"的具有国际竞争力和国际影响力的平板显示产业基地。

早在建设合肥新型显示产业基地之初,合肥市的有关"十二五"规划就分析了建设基地、培育集群的可行性与实施路径。规划并研判:(1)面板产业生产集聚,提高了产业集中度。随着京东方 TFT–LCD6 代线、鑫昊 PDP(等离子)、彩虹(合肥)高世代玻璃基板、友达光电液晶面板、乐凯 TFT–LCD 用薄膜生产线等集聚,合肥已成为全国第一个同时拥有液晶面板和等离子面板生产线,将逐步成为新型平板显示产业门类最齐全的城市。(2)配套产品聚集,拉长了产业链。在京东方、鑫昊、彩虹等大项目带动下,包括世界500强公司的一批国内外配套企业跟随进入,提供背光源、导光板、大宗气体、工业纯水、表面贴装等配套,材料、元器件、设备和模组的研发。与平板显示产业密切相关的集成电路、整机模组、物流配送等上下游产业链也有良好发展。(3)终端产品集聚,增强了产业发展后劲。合肥作为全国家电产业基地,云集了海尔、格力、美的、长虹、荣事达等知名企业,拥有年产1000万台平板电视的产能。江淮汽车未来智能化产品对新型平板显示的需求也可望有大的前景。新型平板显示产业基地除能够满足合肥家电企业生产需求外,液晶显示器、液晶电视模组、车载显示等均可就地消化。本地终端产品聚集,为新型平板显示产业基地更低成本、更高效率延伸下游应用链条提供了切入点。按照这一路径,合肥新型平板显示产业基地依托京东方等核心企业,迅速带动了一批产业链上下游企业进入,较快形成了集群化集聚的格局。

产业集群并非简单化的企业在空间上"扎堆",而是基于产业链的有机关联进行系统建构。平板显示产业链由上游材料、中游组装和下游产品组成。如FPD光电玻璃精加工行业位于中游组装阶段,其中薄化、镀膜、切割业务的加工对象为光电玻璃,相关器件经过前序精加工后,由模组厂商用于生产显示模组、显示触控模组,最终用于智能手机、平板电脑等移动智能终端产品。平板显示产业是电子信息领域的核心支柱产业之一,包括玻璃基板、液晶材料、偏光片、彩色滤光片、光学薄膜、面板产业等众多细分领域,融合了光电子、微电子、化学、制造装备、半导体工程和材料等多个学科,具有产业链长、多领域交叉的特点,对上下游产业的拉动作用明显。如图22-5所示:

在推进的具体举措上,合肥基本是按四个步骤实施的。第一步:引进平板显示核心项目。在京东方第6代线的基础上,积极推进TFT-LCD 8代线、PDP项目和光伏项目。加快产业化步伐,形成规模效应。第二步:重点培育平板显示产业链,积极向下游整机延伸,同时兼顾光伏太阳能、半导体等产业。第三步:实现平板显示产业原辅材料的集聚,打造平板显示产业原辅材料生

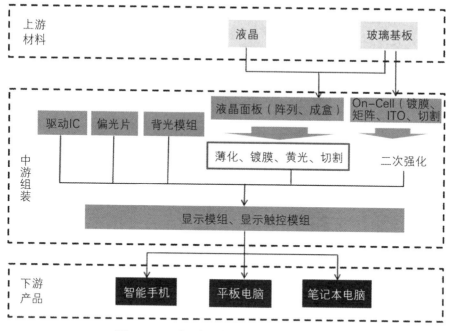

图 22-5 新型平板显示产业链构成

产加工基地。第四步：吸纳平板显示产业装备厂商，实现装备制造本地化，建设平板显示产业装备生产、出口基地。

当然，完善的产业链和茁壮的产业集群并非一蹴而就、一步到位，而是依托核心企业的凝聚力"做加法"，发挥产业集群的聚集效应，持续吸引产业链各节点和链条企业，不断补链、接链和延伸，从而逐步形成日臻完整并且迭代创新的产业链，产生"滚雪球"的放大效果。比如：继京东方6代线等投产后，2010年2月，一期投资10亿元的TFT产业设备制造基地项目在合肥签约，标志着国内最大的大型真空光电子成套生产设备制造商加盟基地。该项目主要建立TFT设备核心加工和制造，引进TFT重点设备厂商，不断推进产学研相结合，致力为合肥乃至全国TFT面板项目提供配套，打造具有国际一流技术水平的高科技平板显示设备生产、研发基地，填补国内TFT产业设备在技术和生产方面的空白，使得平板显示产业基地的产业链条得以再次充实。再比如：偏光片、光学膜和玻璃基板，是面板显示上游材料中最为核心的三个环节。之前在合肥平板显示基地，偏光片是上游产业链条中唯一的缺口。受安徽大力发展战略性新兴产业态势和合肥新型平板显示产业蓬勃发展的吸引，技术水平与世界同步的三利谱光电科技公司于 2015 年来到基地落户，补上了产业链中的缺口。

截至 2016 年底，以龙头企业为核心，在合肥新型显示产业集聚发展基地形成了面板（京东方）、核心材料（康宁、彩虹液晶、乐凯、三利谱）、关键零部件（翰博高新、江丰电子靶材）、基础装备（欣奕华、通彩）、终端生产（惠科、长虹、京东方整机）等环节的全产业链，汇聚上下游产业链从业企业 70 家，投资项目已超过 100 个，总投资超过 1300 亿元。基地的产业链实现了"从沙子到整机"整体布局，整体规模、创新能力、本地化配套能力等都跻身世界领先水平。

三、迭代创新引领产业升级

产业集群的发展有利于技术创新和产业创新，这一规律在合肥新型平板显示产业基地得到了现实的印证。从理论上考量，创新是新兴产业发展最根本的内在动力，但是由于创新活动的复杂性，企业很难单独开展创新活动，往往需要多个相关企业及科研部门的共同参与，创新才可能获得成功，这一要求恰好为产业集群的网络特性所体现。首先，在产业集群内部，容易产生专业知识、生产技能、市场信息等方面的累积效应。在产业集群内部，集聚着数量众多的相关生产企业、科研机构以及服务机构等，在产生较强的知识与信息累积效应的同时，大量生产企业也时刻面临同行竞争的压力，这一方面为企业提供了实现创新的重要来源以及所需的物质基础，另一方面也使集群内的企业时刻保持创新的动力。其次，企业之间紧密的网络关系，使得生产企业和相关机构之间更容易形成一个相互学习的整体，推动了集体学习的进程，降低了学习成本，促进更多有创新价值的活动发生。再次，产业集群使技术创新外溢效应更易于扩散和显现，形成创新链，一个核心技术或关键技术的创新，可以带动其他技术联动创新，进而推动集群内部各环节各企业技术整体升级和产业集群层次的全面升级。

近年来，平板显示行业受益于下游智能手机、平板电脑等消费类电子产品带动，产业规模持续扩大，技术和产品层次也越来越高。2009 年之前，中国内地面板产线最高世代为五代线，产量远远不能满足需求。2009 年中国内地开始掀起高世代面板生产线建设热潮，截至 2016 年 6 月，已有 8 条 8.5 代线投入生产，再加上规划建设中的中国电子成都 8.6 代线、中国电子咸阳 8.6 代线、惠科集团重庆 8.5 代线、京东方福州 8.5 代线、京东方合肥 10.5 代线、华星光电 11 代线等。

合肥新型平板显示产业 2009 年起步时的技术和产品层次为 6 代线，在当时的业界中可谓高起点开局。但是，新兴产业的技术革命和产业变革的速度远不像传统产业那样相对缓慢，而是犹如长江的洪流激浪，一浪推着一浪，一波高过一波。合肥新型平板显示 6 代线实现量产、赢得市场之后不久，国际和国内平板显示业便向 7 代线、8 代线升级；当合肥新型平板显示上马 8.5 代线后，国内外的 10 代线、11 代线技术又相继横空出世。很明显，合肥新型平板显示产业要成为国家重要的产业基地和增长点，不懈推进技术创新和产业升级乃是必由之路。为此，合肥新型平板显示产业基地不仅着力建设生产性项目，而且大力建设技术创新性项目，不断增强产业集群的技术创新素质，提高技术创新水平。截至 2017 年，基地拥有显示技术研究院、平板显示工程技术研究中心、企业技术中心等国家、省、市各级研发平台，涵盖玻璃基板、面板、光学膜、背光模组、特种显示等产业链各环节。高技术人才、年申请专利数量、首发新产品比例等方面居国内领先水平。

基地的产业集群网络带动了技术创新及其合作，核心企业新技术的运用和产品升级，旋即拉动相关上下游企业迅速跟进，加快技术创新。例如，基地里的乐凯公司，曾以优质的胶卷相纸等影像类产品享誉世界，一度与富士、柯达等国际品牌在全球市场一争高下，但随着数码技术的发展，传统的影像材料行业萎缩，其胶卷业务受到巨大冲击，而另一领域平板显示产业包括光学膜产业具有巨大的发展潜力。为了实现转型生存，也为了打破日本、韩国对关键光学膜材料垄断，乐凯决定向光学薄膜研发与生产领域转型。进入合肥新型平板显示产业基地，乐凯作为京东方的合作伙伴，建成了国内第一条光学级聚酯薄膜以及功能膜生产线，改变了 TFT、IMD 行业前端膜材料长期以来进口的局面；PG5 型光学聚酯薄膜、RG 型白色反射膜、光学扩散膜主要技术指标已达到国际主流水平，填补了国内空白。随着基地从 6 代线到 8.5 代线再向 10.5 代线升级，乐凯公司更是加强了技术创新能力建设，安徽省高性能膜材料工程技术研究中心及安徽省高性能膜材料工程实验室已建成投入使用，有力提升了中国平板显示产业前端重要原材料的自主开发水平，缩短了与国外先进企业的差距，适应了国家对平板显示产业快速发展的需求，也完善了新型平板显示产业链。乐凯还与世界著名公司企业如三星、夏普、LG 深入合作，走出了一条既引进来又走出去的技术创新和企业发展之路。合肥乐凯公司的体会是：产业集群形成完整的产业链后，既可以使各企业的自有业务业绩得到较快发展，技术上的交流也有利于促进创新。

由于持续的核心与关键技术创新和产业集群整体创新的支撑，合肥新型平板显示产业得以接连升级。2017 年 12 月 20 日，全球首条最高世代线——BOE（京东方）合肥第 10.5 代 TFT-LCD 生产线提前投产，成为全球显示产业新的里程碑，标志着中国在全球显示领域已成为领跑者。在不到 10 年的时间里，基地就实现了从 6 代线到 8.5 代线再到 10.5 代的技术迭代和产业升级。

四、百尺竿头更进一步

合肥新型平板显示产业基地目前已经取得的业绩令人瞩目。在面板领域，全球首条 TFT-LCD10.5 代线的投产，使京东方跃升全球显示行业三甲，引领大尺寸超高清显示新时代；上游核心材料和装备领域，康宁 10.5 代玻璃基板、欣奕华蒸镀机、三利谱偏光片等项目建成后将大幅提升新型显示产业关键材料本地配套水平，打破长期依赖进口的局面；终端应用领域，京东方 1800 万台整机项目已落户并开展前期工作，鑫昊 200 万台智能整机生产项目已实现满产。在产业链发育上，基本形成了涵盖面板、模组、装备、基板玻璃、光学膜、偏光片、显示光源、驱动IC、整机生产等上下游完整产业链。在经济效益上，数据表明：2015年，基地实现产值361.4亿元，同比增长57.8%；税收26亿元，同比增长25%。截至2017年10月，基地规模以上企业实现产值达545.45亿元，为2015年全年产值的1.5倍。

就产业今后发展而言，据《2017年中国平板显示产业现状及发展趋势分析》[①]研判：近年来，平板显示行业受益于下游智能手机、平板电脑等消费类电子产品带动，产业规模持续扩大，平板显示行业正迎来第三个行业周期大年，行业的生命周期规律驱动行业产值从千亿到万亿递进。中国大陆8.5代及以上高世代液晶面板生产线将多达14条。目前，中国大陆液晶面板总产能已超过中国台湾地区成为世界第二，预计很快将超过韩国达到世界第一。从全球LCD产能布局变化观测，面板产业经历日本—韩国—中国厂商的先后崛起及发展后，中国市场已成为国内外厂商必争之地。2016年行业龙头企业三星、LGD调整产能布局新市场，促使LCD面板价格触底反弹，我国面板企业受益及时补足了市场需求缺口，同时得益于国家政策的大力支持，我国面板企业在产能扩张、出货增加以及技术提升等方面崛起，加上受惠于国内终端电子产品市场的快速扩张，中国面板厂积极扩大出货量，国内企业如京东方、华星光电的出货量已达行业领先水平。根据中国产业调研网的研究数据，随着中国8代线TFT-LCD液晶板厂陆续投产，中国液晶面板2013—2015年全球市场占有率分别达到13%、17%和22%。与此同时，韩国、日本面板厂占全球供货市场占有率则从2013年到2015年逐步下滑。随着LCD需求端向大尺寸、高分辨率的转移，我国多条高世代LCD产线逐渐建成投产，中国平板显示产业市场份额提升，并会直接影响着FPD光电玻璃精加工配套产业的市场需求。在技术和产品升级方面，随着平板显示产业的发展及人们生活水平的提高，消费者对显示技术和显示产品的要求也不断提高，平板

---

① 中国产业信息网 www.chyxx.com, 2017年8月9日发布。

显示产品不断向"薄、轻、节能、高精度"等方向发展,对平板显示器件和相关零组件配套产业如薄化、镀膜、黄光、切割等生产设备的精度和性能要求也越来越高。平板显示行业技术要求的不断提高既推动了平板显示器件及相关零组件配套厂商生产设备制造业技术水平的提升,也刺激了作为平板显示器件及相关零组件配套环节的精加工产业市场需求增长。

在此产业变革发展的大趋势下,合肥新型平板显示产业必须把握脉搏、跟上节奏,加大建设发展创新力度,实现百尺竿头更进一步。据调研了解,基地将放眼全球显示产业发展大局,将瞄准大企业、大集团,紧密跟踪新技术、新产品,致力打造涵盖面板(京东方)、核心材料(康宁、彩虹液晶、乐凯、三利谱)、关键零部件(翰博高新、江丰)、基础装备(欣奕华)、终端生产(惠科、长虹、京东方整机)等环节的全产业链。基地今后一个时期的发展,主要着力从四个方面推动:(1)加快推进10.5代线核心项目的建设投产,积极布局下一代显示技术;(2)聚焦玻璃基板、偏光片、光学薄膜、驱动IC等核心配套环节,打造价值链高端产业;(3)壮大欣奕华、通彩等一批装备制造企业,突出核心;(4)依托惠科、长虹、京东方等发展家电,延伸产业链,做大下游产品。通过若干年的再努力,实现把合肥新型显示产业打造成为世界级新兴产业集群的目标。

第三节　机器人产业:皖江新经济的增长点

芜湖在安徽区域经济中一直是重要的工业城市,经济体量仅次于合肥稳居全省第二。在近年来国家有关安徽区域发展的战略布局中,芜湖是皖江城市带承接产业转移示范区、合芜蚌自主创新示范区和皖南国际文化旅游示范区的中心城市之一。据2017年的统计,芜湖工业的主要行业及产品有:水泥、钢材、铜材、汽车、汽车仪表、船舶、空调、发电、平板玻璃、电力电缆等。不言而喻,该市工业的结构层次偏重传统工业,因此转型升级就成为在新经济背景下工业发展的当务之急。近年来,芜湖为培育新经济、新产业付出了巨大努力,并且取得了可观进展。其中,机器人产业即是芜湖乃至皖江城市带新产业的增长点。

一、抢抓机遇培育新产业

机器人是集机械、电子、控制、计算机、传感器、人工智能等多学科先进技术于一体的现代制造业重要的自动化装备，已成为柔性制造系统（FMS）、自动化工厂（FA）、计算机集成制造系统（CIMS）的自动化工具。和计算机、网络技术、智能技术一样，机器人正在越来越广泛地应用到生产制造、生活服务各领域，不仅提高了产品的质量与产量，而且保障人身安全，改善劳动环境，减轻劳动强度，提高劳动生产率，节约原材料消耗以及降低生产成本，已经日益改变着人类的生产和生活方式。目前机器人主要分为工业机器人、服务机器人和特种机器人三大类，其中工业机器人细分有焊接机器人、搬运机器人、装配机器人、处理机器人、喷涂机器人等，服务机器人细分则有个人、家用机器人、专业服务机器人等，特种机器人则应用于特殊需求领域。随着需求和应用范围的扩大，机器人结构和形态的发展呈现多样化。高端机器人具有明显的仿生和智能特征，其性能不断提高，功能不断扩展和完善，各种机器人系统逐步向具有更高智能方向演进。在《中国制造2025》行动纲领中，机器人作为重点发展领域之一，是制造业升级智能制造的重要力量。

经过2008年的世界金融危机，全球市场需求和格局发生了深刻变化。我国虽然是世界制造业大国，但制造业结构层次总体上处于全球价值链的低端，产能庞大而层次低下，不能适应国内外市场需求演变。要扭转这一局面，我国制造业面临的迫切任务就是从产业中低端向中高端转型升级。2012年8月，国家发改委、财政部出台《关于推进区域战略性新兴产业集聚发展试点工作的指导意见》，提出将通过补助、贴息、风险投资、担保费用补贴等方式，支持重点区域聚焦发展战略性新兴产业。芜湖依托较好的汽车及零部件、家用电器、电子信息产业基础，重点引进华研机器人、斯玛特自动化等一批机器人系统集成企业，实现机器人整机研发生产和应用推广的衔接，由此规划发展机器人产业园。2012年10月，国家发改委、财政部正式批复安徽省战略性新兴产业区域集聚发展试点实施方案，支持安徽在全国率先发展机器人产业，打造以芜湖机器人产业集聚发展为主体、具有国际竞争力的机器人产业集聚区。2013 年，芜湖在鸠江经济开发区规划 3.53 平方公里的芜湖机器人产业园。同年 12 月，芜湖机器人产业园一期 1012 亩核心起步区启动建设，重点布局发展机器人整机、核心零部件、外围配套设备及工业自动化装备，建设 5.7 万平方米的机器人孵化器，当年实现 6 个项目开工建设。次年 4 月，芜湖在全国率先出台《芜湖市机器人产业集聚发展若干政策（试行）》，设立机器人产业集聚发展专项资金和机器人产业担保基金，着力打造政策支持、投融资、技术研发、检验检测、人才支撑、应用推广六大产业支撑平台，为机器人产业自主创新、集聚发展提供强有力的支撑。

截至 2017 年 9 月，基地已集聚机器人及智能装备产业企业 88 家；其中基地核心区鸠江经济开发区已集聚企业 56 家，计划总投资 66.17 亿元；哈尔滨行健、上海酷哇、意大利 CMA、意大利 EVOLUT、天津瑞思、济南海拓志永、中山大洋电机、南京海格力斯等一批机器人产业龙头企业落户发展。在第三届恰佩克颁奖典礼上，芜湖国家级机器人产业集聚区荣获 2016 年最佳机器人产业园奖。基地现已集聚了多自由度柔性关节、直角坐标等工业机器人企业；医疗康复、人性仿生、管道检测、反恐排爆等服务和特种机器人企业；精密减速机、驱动控制器、伺服电机等关键核心部件企业；针对搬运、装配、焊接、喷涂、打磨等领域的系统集成企业；在汽车零部件、石化等行业建设智慧工厂，初步形成了机器人全产业链。芜湖全市机器人产业 2016 年实现产值 84.7 亿元，同比增长 32.7%；2017 年上半年实现产值 51 亿元，增长 20%，全年产值有望突破 100 亿元，增速保持全国领先。

二、从传统产业"分蘖"而生又"反哺"母体的埃夫特机器人

在芜湖机器人产业群体中，埃夫特机器人公司可谓先行者和领导者，是芜湖机器人产业集聚区的"龙头"企业。与前述的科大讯飞由本地大学生创业而内生新兴产业、京东方新型显示由外部引入而生新兴产业的模式不同，

埃夫特机器人是从原有制造业企业中"分蘖"而生的新兴产业。

埃夫特机器人公司的前身是奇瑞汽车设备部下面不到 10 人的装备制造科，在奇瑞汽车公司中负责设备选型、维护保养的职能，在庞大的奇瑞汽车公司中众多职能部门和科室中属于再平常不过的小单位。之所以从奇瑞汽车公司中"分蘖"出来走上发展机器人的创新创业道路，用埃夫特公司人的话说就是："这都是被'逼'出来的。"过去奇瑞生产线上的工业机器人都是依赖进口，技术上受制于人。因为没有核心技术，每当机器人出现一个小问题，整条生产线都必须停下来，等着国外工程师飞越重洋前来维修，周期长、成本高，更耽误生产。面对这种被动窘境，奇瑞设备部一批人产生了自己造工业机器人的大胆想法。这一设想提出后，很快得到奇瑞公司高层的支持，脑海里的想法迅即转化为开发制造机器人的创新决心和创业行动。2007 年 8 月，埃夫特智能装备有限公司正式成立。

埃夫特公司在创业之初并没有核心技术，也没有研发经验，寻求合作伙伴联手创新就成为必需的选择。创业团队曾前往沈阳、广州等机器人产业集聚地，却发现没有一家国内企业的现成技术符合汽车制造业对 6 轴机器人的专业化要求。经过多方搜寻，最终埃夫特与哈尔滨工业大学建立合作，双方人员组成研发团队共同开发"中国造"机器人。整整一年的时间，研发团队从早到晚待在实验室，吃在学校食堂，终于成功打造出第一台机器人样机。2008 年 9 月 20 日，埃夫特自主研发的国内首台重载 165 公斤点焊机器人宣告试制成功。

沿着"试错—改进—提升"的技术迭代创新的轨道，埃夫特迅速积累着从单机试制到系统集成的丰富经验，为汽车制造应用的工业机器人产品日臻成熟。很快，在奇瑞汽车公司五焊车间的艾瑞泽 7 生产线上，出现了 60 多台机器人联动协作的生产画面。到了今天，奇瑞汽车生产线上 90% 以上的工业机器人都来自埃夫特制造。埃夫特从母体中"分蘖"出来，又反过来改造着母体的制造装备与生产方式。

创业 3 年后,为了更好地"放开手脚"走出去,埃夫特通过改制,从一家奇瑞全资子公司转变为混合所有制公司,为其开辟更加广阔的产业新领域创造了有利条件。"渐展身手"的埃夫特不满足于在汽车制造等通用机器人领域的红海竞争。他们坚持与国际接轨的"正向开发",与关键零部件厂商开展产业链深度合作,推出满足客户多元需求的定制化机型,形成产品竞争优势。特别是在系统集成方面,埃夫特是国内最早的开放系统集成工艺包的制造商。埃夫特与关键零部件厂商开展深度合作,抢占家具、卫浴、酿酒等细分市场,推出满足客户多元需求的定制化机型,开拓出一片蓝海。

持续创新是埃夫特发展的内在动能。埃夫特以关键技术和核心零部件为突破口,围绕产业链布局创新链,通过产学研平台建设、新兴技术研发、开展国际合作等多种形式,牢牢掌握核心竞争力。具体路径是:在坚持自主创新的同时,埃夫特通过强强联手的国际合作,迅速突破核心技术壁垒。通过并购实现技术的消化吸收再创新,加快在产业链关键节点落子,不断缩小与国外先进水平的差距。在国内,埃夫特先后组建了院士工作站、省工程技术研究中心、省级企业技术中心,与哈尔滨工业大学、安徽工程大学合作,分别组建独立法人的哈特、安普机器人产业技术研究院。在国外,2014 年以来,埃夫特在前期技术积累基础之上,陆续收购意大利 CMA、EVOLUT、ROBOX、WFC 等 4 家机器人企业,并在意大利成立智能喷涂机器人研发中心和智能机器人应用研发中心,在美国设立基于机器学习和云端专家系统的人工智能和下一代机器人研发中心。

基于技术创新上与国际先进水平"等高对接",埃夫特机器人产品的性能、质量、功用也得到提升。目前,埃夫特产品不仅替代进口机器人,应用于国内部分合资品牌生产线,而且已经进入了韩国、意大利等海外市场,形成了"学生"与"老师"同台竞技的局面。埃夫特把中国造机器人推向国际市场,对国际机器人市场竞争格局产生了一定的影响。随着埃夫特等一批自主品牌工业机器人参与国际市场竞争,日本、德国等国际知名机器人制造企业的在华同类产品都出现不同幅度的降价，有的降幅高达 20% 到 30%。以一款进口焊装机器人举例，几年前的市场价格在 40 万元左右，现在已经降到了 20 多万元。与此同时，埃夫特公司的机器人产品代替进口机器人，越来越多地出现在企业生产线上。这对于国内制造业自动化、智能化生产装备与工艺改造，向智能制造转型升级，具有着重大的战略意义。据调研，埃夫特公司产品连续 3 年获得"最畅销国内机器人品牌"奖；2017 年前 9 个月实现产值 13.13 亿元，出货量 1900 台。

三、建构新兴产业生态圈

在芜湖机器人产业集聚基地调研，一批机器人业界企业家提出"工业机器人生态圈"的概念令人印象深刻。比如埃夫特提出的"生态圈"，内容是依托机器人产业园，打通上游机器人关键零部件的研发制造，中游机器人整机厂和下游机器人集成应用、终端用户的全产业链。再如注资 8000 万元成立的芜湖滨江智能装备产业发展有限公司，定位于"生态圈"的一个有机环节，承担着产业谋划、投融资平台等多重功能，为这个"生态圈"提供资本支撑。又如滨江智能公司理解的"工业机器人生态圈"，除了企业自身的实力，"生态圈"内还将形成包括政策、科技研发、投融资、应用推广、人才支撑等在内的一整套支撑体系，增强整体竞争力。

从理论上说，产业生态圈是指某个或某些产业在一定地域范围内，形成以一个或几个主导产业为核心的、具有较强市场竞争力和产业可持续发展特征的地域产业多维网络体系，其实质是一种新的产业发展模式和一种新的产业布局形式。产业生态圈的多维体系主要包括：（1）生产维。在地域内聚集有众多的相互依存、相互协作的企业，包括专门从事产前、产中、产后的生产企业，横向和纵向的配套、协作企业，龙头的和外围的企业，即内在构成产业链的企业群落。（2）科技维。产业生态圈内形成产业的科研、设计、实验体系。（3）服务维。产业集聚区域内，有各类专业服务型机构，为产业提供方便快捷的市场和信息服务、金融投资服务、物流运销服务、商务中介服务等。

（4）人力资源维。拥有各配套及相关产业的熟练劳动力资源，相关的专业人员队伍，精通相关管理和市场营销、掌握相关业务关系网络的管理人员队伍。

（5）基础设施维。进行合理的产业园区规划和开发，建设基础设施和公共设施，通常也称"硬环境"。（6）制度维。主要指地方政府应提供相关的支持政策、法规与服务，维护良好的产业发展环境和秩序，维护生态环境，创建与产业发展相宜的人文氛围，通常称之为"软环境"。

应该说，较之于"产业园区""产业集群"，"产业生态圈"的内涵与外延更为拓展，它把产业创新发展的所需要素、产业链、配套保障、制度规制、人文氛围等囊括起来，构成更大的系统网络。新一轮科技创新和产业变革具有高度融合的特征，"产业生态圈"的大系统网络及其结构体现的就是这种全系统的有机融合。不难看出，新兴产业对发展条件的要求更高更全，要培育发展新兴产业必须适应和满足这一新的现实要求。

在企业和政府的共同发力下，芜湖机器人产业生态圈正在营造并取得一定的进展。首先，在集聚科技创新资源方面，2017年以来，芜湖在安徽机器人产业技术创新联盟、哈尔滨工业大学蔡鹤皋院士工作站、香港科技大学李泽湘院士工作站、哈特机器人研究院、安普机器人研究院的基础上，加快建设国家工业机器人产品质量与可靠性公共检测中心，截至目前，中心五大主体实验室建成投入运营。与此同时，赛宝机器人产业技术研究院有限公司获国家认证委批准筹建国家工业机器人产业质量监督检验中心（安徽）；新设安普研究院张裕恒院士工作站；引进上海酷哇公司投资设立酷哇服务机器人研究院。目前，机器人基地企业已获批高新技术企业13家，获发明专利授权80项。

其次，在构建产业链方面，截至2017年，芜湖机器人及智能装备产业基地已形成以埃夫特、瑞思、行健等企业为龙头的工业机器人企业集群；以奥一精机、固高自动化、翡叶动力等企业为龙头的关键零部件企业集群；以酷哇、黑石、海博特为代表的服务及特种行业机器人产业集群；以东旭光电装备、瑞祥工业、海格力斯等企业为龙头的系统集成企业集群，构建了较为完善的机器人及智能装备全产业链。产业链式多点支撑,使得芜湖机器人产业集聚效应和规模效应加速显现。

第三,在提升人力资源方面,芜湖大力实施人才优先发展战略,构建区域人才高地,机器人产业形成了从一线产业工人队伍到专科、本科、硕士、博士的多元化梯次人才培养机制。同时,出台系列优惠政策营造人才"洼地效应",如对机器人及智能装备产业引进创新创业人才给予补贴,项目包括购买人才公寓补贴、租住人才公寓租金补贴、租住社会房源租房补贴、高端外国专家年薪资助、中介费补助等。安徽酷哇机器人有限公司80多名员工中,研发人员占一半以上,融合了多个顶尖大学、著名机器人实验室的人才,从事机械设计、工业设计、电子工程、传感与系统架构、品牌策划等。基于强大的人才队伍,2017年上半年,酷哇独立开发了"低速无人驾驶技术平台",基于该平台推出的S1款智能行李箱,产品上市后广受好评。

最后,在政策支持方面,芜湖市为打造具有国际竞争力的机器人产业集聚区,出台了《芜湖市机器人产业集聚发展若干政策(试行)》,囊括产业发展基金扶持、购机补贴、研发平台及高端人才引进、技术成果产业化等20项扶持政策。例如在投融资政策支持上,中央、省、市按照1∶1∶2比例设立芜湖战略性新兴产业集聚发展专项资金,每年筹集约5亿元机器人产业发展资金,持续加大产业发展投入。该市还建立机器人中小企业融资担保服务平台,引导社会资本在芜设立芜湖机器人产业发展基金,强化金融合作,国开行等金融机构对列入规划的项目提供低息贷款。

目前,芜湖机器人产业生态圈的构建还是初步的,仍需进一步完善生态圈系统及其结构,增加内容丰度,提高功能水平。当然,这是一个系统创新过程,必须依靠产业主体和政府协同共建,更需要加倍努力。

四、面对产业全球布局提高国际竞争力

中国电子学会发布的《中国机器人产业发展报告(2017年)》①研判,近

---

① 中国电子学会2017年8月23日在世界机器人大会上发布。

几年全球机器人市场规模持续扩大，工业、特种机器人市场增速稳定，服务机器人增速突出。技术创新围绕仿生结构、人工智能和人机协作不断深入，产品在教育陪护、医疗康复、危险环境等领域的应用持续拓展，企业前瞻布局和投资并购异常活跃，全球机器人产业正迎来新一轮增长。我国机器人市场也进入高速增长期，工业机器人连续五年成为全球第一大应用市场，服务机器人需求潜力巨大，特种机器人应用场景显著扩展，核心零部件国产化进程不断加快，创新型企业大量涌现，部分技术已可形成规模化产品，并在某些领域具有明显优势。

新兴产业的发展是全球化现象和趋势，当下机器人产业的全球布局正在加速展开。该报告指出：在工业机器人领域，国际龙头公司加速布局中国市场，大力推动产品智能化。轻型、协作、智能型机器人成为重点研发对象。人机协作是未来工业机器人发展的必然选择，在确保安全的前提下，消除人与机器的隔阂，将人的认知能力与机器的效率和存储能力有机结合起来，研发轻型、协作、智能机器人，成为全球各大机器人企业的共同选择。例如安川发布了新一代小型机器人 MOTOMAN-GP 系列；发那科推出的重量仅为 53KG 的小型协作机器人 CR-7iA，可在没有安全围栏的情况下与人一起并肩工作，ABB 宣布与 IBM 战略合作，共同开发基于人工智能的智能型工业机器人。近年来，全球工业机器人巨头高度重视中国市场，纷纷在中国建立产业基地，全方位抢占市场高点。例如，ABB 在已建立珠海、青岛机器人应用中心的基础上，正筹划建立重庆机器人应用中心；安川电机与武进国家高新区二期项目签约，再度提升产能、启动建设第三工厂。库卡宣布再次加大对中国的投资，建设中国二期厂房，以求继续扩大产能，满足中国市场以及其他亚洲市场对自动化解决方案日益增长的需求。

再从国内工业机器人产业竞争趋势考量，该报告分析认为，机器人国产化进程再度提速，应用领域向更多细分行业快速拓展。国产工业机器人正逐步获得市场认可。目前我国已将突破机器人关键核心技术作为科技发展重要战略,国内厂商攻克了减速机、伺服控制、伺服电机等关键核心零部件领域的部分难题,核心零部件国产化的趋势逐渐显现。与此同时,国产工业机器人在市场总销量中的比重稳步提高。国产控制器等核心零部件在国产工业机器人中的使用也进一步增加,智能控制和应用系统的自主研发水平持续进步,制造工艺的自主设计能力不断提升,快速拓展至塑料、橡胶、食品等细分行业。继汽车和电子之后,五金卫浴、家具家电也成为国内工业机器人的主要应用领域。同时,随着近年来国家对环保和民生问题的高度重视,作为实现自动化、绿色化生产的重要工具,机器人在塑料、橡胶等高污染行业,以及与民生相关的食品、饮料和制药等行业的应用范围不断扩大,应用规模显著提升,对进一步降低环境污染,保障食品药品安全发挥着重大作用。

作为安徽省和芜湖市重点培育的战略性新兴产业,芜湖机器人产业是从替代国外进口而发端的,今后的发展仍然将面对全球包括国内的产业和市场竞争。因此,做强做大产业就成为芜湖机器人产业基地的必然战略选择。根据基地发展规划,到2020年,芜湖机器人及智能装备产业集聚发展基地产值突破300亿元、力争实现500亿元,实现减速机、驱动器、伺服电机三大关键核心零部件国产化;引进培育5名以上国家级领军人才、30个以上创新创业团队;建成5个以上国家级和10个以上省级研发平台,技术研发和生产达到国际先进水平;建成具有国际竞争力的机器人及智能装备产业基地。对此,人们充满期待。

本章描述了安徽新兴产业发展的3个典型案例,显现了安徽新兴产业迅速成长的轨迹。这里拟作简要解析,以作小结。

第一,在一个区域,新兴产业的生长具有丰富的可能性,在具体路径上并非"自古华山一条路",而是"条条大道通罗马"。本文所述的3个案例中,科大讯飞智能语音是由大学生创新创业而内生成长,京东方新型平板显示是外部引进而"无中生有",埃夫特机器人则是从传统产业中"分蘖"而出世生长。这就启示我们:培育发展新兴产业,必须充分发挥市场配置资源、支配产业生长的决定作用,切忌用一个模式、一条道路去套用于新兴产业,充分发挥创新创业者的自主能动性,让其因地制宜、因势而起,这样生长的新兴产业可能更具有发展活力。

第二,如前所指出的,新一轮科技革命和产业变革具有高度融合的特征,表现在新兴产业成长发展上的重要特征之一,就是基于全产业链的集群融合。在3个案例中,智能语音、新型显示、机器人产业的生长起点不同,历程相异,但都殊途同归,都走上了产业链、集群化的发展之道。这就启示我们:支持新兴产业生长发展,不可孤立地只顾单一企业,只做一个"盆景",而必须着眼产业链构造和集群化建设,这样发展的新兴产业可能更具有成长内力。

第三,产业生态圈已经成为新兴产业发展的必要条件和整体环境,诚如科大讯飞的企业家所提出的:新兴产业的发展与竞争"不是一个企业对一个企业的竞争,而是一个体系对一个体系、一个生态对一个生态的竞争"。本章案例中的"中国声谷"、芜湖机器人产业基地已经清晰明确地把构建产业生态圈作为重要的发展理念和战略选择,并且拥有了一定的实践经验。这就启示我们:在产业组织的基本理念上,需要扩展内涵与外延,用"生态圈"的思维去谋划新兴产业发展系统,尤其是新兴产业集聚园区和基地,有必要加快产业生态圈的建设与完善,从而使安徽新兴产业在"天时、地利、人和"的良好生态中不断涌现、茁壮成长。

本章参考文献

[1] 王寿兵,吴峰,刘晶茹.产业生态学 [M].北京:化学工业出版社,2006.

[2] 柯武刚,史漫飞.制度经济学——社会秩序与公共政策 [M].北京:商务印书馆,2000.

[3] 世界银行.2020 年营商环境报告 [R].中文互联网数据资讯网 199IT,2019.

[4] 安徽大学区域经济与城市发展研究院.对标长三角,推进安徽体制机制改革研究 [R].

[5] 安徽省人民政府.安徽省实施《优化营商环境条例》办法 [S],2020.

[6] 安徽省创优"四最"营商环境工作领导小组办公室 . 创优营商环境提升行动方案升级版 [R], 2020.

[7] 安徽省政府办公厅 . 进一步优化营商环境更好服务市场主体工作方案 [R], 2020.

[8] 粤港澳大湾区研究院, 21 世纪经济研究院 . 2020 年中国 296 个城市营商环境报告 [R], 2020.

[9] 上海市人民政府 . 上海市国民经济与社会发展第十四个五年规划和二〇三五年远景目标纲要 [R], 2021.

[10] 江苏省人民政府 . 江苏省国民经济与社会发展第十四个五年规划和二〇三五年远景目标纲要 [R], 2021.

[11] 浙江省人民政府 . 浙江省国民经济与社会发展第十四个五年规划和二〇三五年远景目标纲要 [R], 2021.

[12] 安徽省人民政府 . 安徽省国民经济与社会发展第十四个五年规划和二〇三五年远景目标纲要 [R], 2021.

后 记 //

　　本书是著者自 2017 年至 2022 年期间陆续创作的，可谓继以前所著十余本书的又一阶段性成果。

　　2017 年 1 月，我从耕耘 40 年的安徽日报社理论部职位上退休，旋即荣幸地受母校安徽大学之聘，接续在安徽省重点智库——安徽大学创新发展研究院任职，不知不觉迄今已有 7 个年头。其间，我还受聘担任了安徽大学重点科研平台——安徽大学长三角一体化研究院研究员。在这 7 年间，基于长年专注于区域经济、产业经济和管理学领域的学习研究，主要以长三角一体化和安徽区域发展为研究方向，通过省内外广泛调研考察和潜心研究思考，创作了一系列的调研报告、专题研究、资政建议和研究论文，并参与了国家长三角一体化发展规划纲要、长三角 G60 科创走廊规划、沪苏浙特别是安徽省多项有关规划编制和专项决策咨询工作，创作的资政建议也有多项被省部级党政决策部门采纳，为长三角一体化和安徽区域发展贡献绵薄之力。本书正是在这些工作的基础上形成的。

　　在本书即将付梓之际，我要衷心感谢安徽大学给予我的厚爱关照，让我有一个很好的继续工作平台；衷心感谢安徽大学长三角一体化研究院的慷慨支持，将本书列入该院系列丛书出版。诚挚感谢我的良师益友曾刚教授、李仁群教授、程雁雷教授、韦伟教授和胡艳教授等，他们对我 7 年来的工作和创作给予了诸多指导支持。衷心感谢安徽人民出版社白明、李芳两位编审，我的大部分专著都是由他们精心编辑而面世的。还要特别感谢我的家人一直以来对我的关爱照顾和理解支持。

宋　宏

2023 年 7 月